Inevitável

AS 12 FORÇAS TECNOLÓGICAS QUE MUDARÃO NOSSO MUNDO

Inevitável

AS 12 FORÇAS TECNOLÓGICAS QUE MUDARÃO NOSSO MUNDO

Kevin Kelly

Tradução:
Cristina Yamagami

ALTA BOOKS
EDITORA
Rio de Janeiro, 2019

Inevitável: As 12 forças tecnológicas que mudarão nosso mundo
Copyright © 2019 Starlin Alta Editora e Consultoria Eireli
*The Inevitable: Understanding The 12 Technological Forces
That Will Shape Our Future*
© 2015 by Kevin Kelly. All Rights Reserved.

Editora-chefe: Adriana Salles Gomes
Publisher: Lindsay Gois
Tradução: Cristina Yamagami
Preparação de texto: Silvio Fudissaku
Revisão: Cristina Fernandes, Fernanda Guarnieri e Marcia Menin
Diagramação: Carlos Borges Jr.
Capa: Hermes Ursini e Pedro Ursini
Índice remissivo: Probo Poletti
Produção Editorial – HSM Editora - CNPJ: 01.619.385/0001-32

Todos os direitos estão reservados e protegidos por Lei. Nenhuma parte deste livro, sem autorização prévia por escrito da editora, poderá ser reproduzida ou transmitida. A violação dos Direitos Autorais é crime estabelecido na Lei nº 9.610/98 e com punição de acordo com o artigo 184 do Código Penal.

> **Erratas e arquivos de apoio:** No site da editora relatamos, com a devida correção, qualquer erro encontrado em nossos livros, bem como disponibilizamos arquivos de apoio se aplicáveis à obra em questão.
>
> Acesse o site www.altabooks.com.br e procure pelo título do livro desejado para ter acesso às erratas, aos arquivos de apoio e/ou a outros conteúdos aplicáveis à obra.
>
> **Suporte Técnico:** A obra é comercializada na forma em que está, sem direito a suporte técnico ou orientação pessoal/exclusiva ao leitor.
>
> A editora não se responsabiliza pela manutenção, atualização e idioma dos sites referidos pelos autores nesta obra.

Dados Internacionais de Catalogação na Publicação (CIP)
Andreia de Almeida CRB-8/7889

    Kelly, Kevin
    Inevitável: as 12 forças tecnológicas que mudarão nosso mundo / Kevin Kelly ; tradução de Cristina Yamagami. – Rio de Janeiro : Alta Books, 2019.
    368 p.

    Bibliografia
    ISBN: 978-85-508-0715-7
    Título original: The inevitable: understanding the 12 technological forces that will shape our future.

    1. Inovações tecnológicas – Previsão 2. Negócios – Inovações tecnológicas I. Título II. Yamagami, Cristina

17-0430   CDD 303.483

Índices para catálogo sistemático:

1. Inovações tecnológicas

Rua Viúva Cláudio, 291 — Bairro Industrial do Jacaré
CEP: 20.970-031 — Rio de Janeiro (RJ)
Tels.: (21) 3278-8069 / 3278-8419
www.altabooks.com.br — altabooks@altabooks.com.br
www.facebook.com/altabooks — www.instagram.com/altabooks

PREFÁCIO À
EDIÇÃO BRASILEIRA

LUIS RASQUILHA*

O FUTURO É UMA CAIXA PRETA?

Nunca se falou tanto de futuro como agora. Nunca a sociedade e o mundo ficaram tão atentos e preocupados com o que está por vir como agora. Não só futuristas, mas também professores, consultores, profissionais das mais variadas áreas, dedicam-se ao estudo das mudanças que surgirão e não se limitando a identificar os padrões; eles sobretudo buscam mapear os cenários da transformação no futuro.

A velocidade em que o planeta gira tem subido drasticamente nos últimos anos. Alguns já chamam estes tempos de "a era exponencial", tal é a celeridade com que as mudanças ocorrem e as evoluções acontecem. Temos uma ideia do que estamos vivenciando quando lembramos que o telefone levou 75 anos para chegar a 50 milhões de pessoas, a rádio, 38 anos, a televisão, 13, a internet, 4, o iPhone (que completou 10 anos no início de 2017), apenas 3 e, mais recentemente, o Instagram, 2 anos, o *Angry Birds,* 35 dias e o *Pokémon Go,* apenas 15 dias.

O que aconteceu para que tudo tenha mudado de repente? (Na história da humanidade, pouco mais de uma década é *de repente.*) Já pensou que em apenas 15 ou 20 anos deixamos de enviar carta por correio, fax, telex, fitas K-7? Encostamos nossas fitas VHS, nossos computadores desktop com conexão dial-up (por linha telefônica), nossos disquetes de 1,44 MB, os celulares analógicos, os discos de vinil,as câmeras fotográficas de filme e aposentamos tantas outras *coisas* que faziam parte da rotina diária da geração dos anos 1990. Qual fenômeno nos tem feito vivenciar a maior transformação da história da humanidade?

O ano de 2016 já ficou conhecido em um certo meio como o da Quarta Revolução Industrial, a revolução das máquinas, baseada no uso de sistemas físicos cibernéticos (*cyber physical systems* – CPS) onde fenômenos como IoT (ou internet das coisas, na sigla em inglês), impressão 3D, big data, realidade aumentada ou inteligência artificial, para citar apenas alguns, deixaram o caminho da ficção para se afirmarem decisivamente como realidade.

A geração futura (nascida após 2010) dificilmente saberá o que é um boleto, um cartão de crédito, um carro, ou mesmo uma sala de aula. Nem saberá como consultar um dicionário ou atlas! (Por acaso, você sabe? Ainda se lembra?). Estamos diante da mudança inevitável do mundo, que está abandonando sua linearidade para assumir sua exponencialidade. E isso é simplesmente maravilhoso.

Faith Popcorn, futurista e "marketeer" norte-americana, lançou no final dos anos 1970 o *Porcorn Report* em que, com metodologias prospectivas, previa e enumerava os fatores de mudança que na virada do milênio influenciariam o mundo, e descrevia quais as grandes tendências que as empresas (e as pessoas) deveriam observar.

Popcorn foi a primeira pessoa a levantar a possibilidade de que o futuro não é uma caixa-preta. Foi criticada por sua ousadia de prever o depois de amanhã – o que mudou quando o "juiz" tempo provou que ela acertara cerca 95% das previsões feitas para a mudança do século em áreas tão diferentes como casa, emprego, carreira, relações pessoais, comportamento digital etc. – praticamente 30 anos antes.

Por tudo isso, a desatualização é cada vez maior. Algo hoje de sucesso pode não o ser amanhã, porque algo não controlável mudou. E as empresas não estão preparadas para mudar na velocidade que os mercados exigem. Olhando a lista das 500 maiores empresas do mundo em 2000 e a mesma lista em 2017, vemos alterações antes inimagináveis: em uma década, gigantes sumiram e outras surgiram do nada!

PREFÁCIO À EDIÇÃO BRASILEIRA | VII

A discrepância do ranking empresarial é ainda maior se olharmos os últimos 50 anos: arrisco dizer que 50% das maiores empresas há 30 anos hoje não existem mais. Não se trata de encolhimento; elas simplesmente desapareceram. Vivemos a época implacável da relevância (ou da falta dela) das empresas para os mercados. E está difícil enxergar. Para as que enxergam, está difícil atuar e reverter a tendência.

Compram-se estudos. Contratam-se consultorias. Desenvolvem-se equipes multidisciplinares de projeto. Montam-se metodologias, métricas e processos. Investem-se em treinamentos nacionais e internacionais – nas melhores universidades e em cursos *in-company*, com os melhores professores. Faz-se tudo para ajustar a empresa e preparar os profissionais para o futuro.

Então, onde está o erro? Por que está tão difícil? Acredito que muitos profissionais em toda a linha da hierarquia o sabem: por conta da cultura das empresas atualmente, ainda mais centrada em métodos e processos puramente analíticos e ultrapassados, em detrimento do mais importante – inovação, tecnologia e criatividade.

Não que os processos analíticos não sejam necessários e relevantes. São. Mas não bastam. Falta serem complementados pelas dimensões inovadoras, criativas e emocionais, ainda afastadas da cultura das empresas.

Parece estranho falar de cultura, mas deve-se considerar que a cultura empresarial existente em uma organização é composta por práticas, símbolos, hábitos, comportamentos, valores éticos e morais, além de princípios, crenças, políticas internas e externas, sistemas, jargão e clima organizacional – tudo isso influencia a forma como a empresa desenvolve sua atividade.

A cultura influencia todos os membros dessa organização, determinando as diretrizes e as premissas para guiar comportamentos e mentalidades. E hoje as empresas ainda não contemplam, na cultura, a urgente necessidade de olhar para frente, para o futuro. Para o *inevitável*, o tema deste livro.

Kevin Kelly tem certeza, e eu também, de que nada será como antes. A maneira como fazíamos negócios e gerenciávamos empresas mudou radicalmente na última década e mudará mais ainda na próxima. O futuro está aí e é descrito como o intervalo de tempo que se inicia após o presente e não tem um fim delimitado. Pela definição de Patrick Dixon

VIII | INEVITÁVEL

sobre futuro (ele montou o acrônimo FUTURE) entendemos os seis eixos que compõem o futuro. São eles:

- Fast (futuro veloz): a velocidade com que as coisas acontecem será bem maior. Para entendermos isso, basta ver, hoje, a evolução das crianças ou da tecnologia, por exemplo, e compará-las com 10 ou 15 anos atrás. E a previsão é continuar assim. A velocidade das coisas e a dificuldade de processar essa realidade rápida só tendem a aumentar.
- Urban (futuro urbano): o crescimento desmesurado das cidades no mundo tem alterado o conceito de metrópole para megalópole. Cada vez mais, as cidades concentrarão mais oportunidades, mais empresas, mais concorrência, mais poder de compra, mais oferta e mais desafios; por isso, as pessoas tendem a se mudar cada vez mais para as cidades, abandonando os campos e lugares menores, transformando as megalópoles em autênticos aglomerados de prédios, carros e pessoas, influenciando decisivamente a qualidade de vida de todos.
- Tribal (futuro em tribos): para entender os consumidores, será (já é) necessário abandonar a tradicional segmentação geográfica ou psicográfica e focar os comportamentos tribais e estereotipados. As tribos e os grupos polissociais assumem relevância quando queremos entender quem pode ser o nosso cliente ou qual a dimensão do nosso mercado potencial.
- Universal (futuro globalizado): a beleza do mundo conectado será aproximar culturas e pessoas, globalizar, universalizar. Hoje o que acontece em um lugar já é imediatamente conhecido do outro lado do mundo, não é? Fruto da conectividade permanente. Por isso é cada vez mais importante entender as culturas e conhecer outros países e povos para encontrar os pontos de contato e de universalidade, tornando mais fácil entender o futuro.
- Radical (futuro de extremos): o radicalismo positivo significará ter coragem para desafiar o estado atual das coisas, pensar fora da caixa, arriscar, sonhar e conseguir olhar com outros olhos e pontos de vista a realidade atual e o futuro que se aproxima.

PREFÁCIO À EDIÇÃO BRASILEIRA | IX

- **E**thical (futuro ético): é e será o eixo que tempera a atuação geral no mercado, pois não mais é um vale-tudo. Precisaremos inovar, ser criativos e disruptivos, mas respeitando as pessoas, o planeta e os vários agentes no mercado.

Essa definição simples de futuro deixa-nos algumas reflexões: Estamos prontos para ele? O que temos feito para preparar nossas empresas, nossas carreiras e – por que não dizer – nossas vidas para esse futuro? Estamos preparados para a disrupção? Conseguimos fazê-la?

Clayton Christensen, professor da Harvard Business School, diz que as empresas não conseguem fazer a própria disrupção porque se encontram inertes – e deixam que novos entrantes mudem os mercados em que atuam. E se analisarmos os fenômenos Uber, Airbnb, Netflix e Spotify – apenas para enumerar alguns –, vemos que esses novos entrantes foram de fato os responsáveis pelas maiores mudanças em seus respectivos segmentos, deixando quem estava nesses mercados em situações de total incapacidade para lidar com a mudança.

Os motivos para a inércia dessas empresas daria outro livro. Mas existe um sinal claro de por que isso ocorre. Como diz meu amigo Fernando Rodrigues (da ICN Agency), essas empresas estariam sob a influência da "Quarta Lei de Newton – o princípio da estabilidade regular", que diz: "um corpo em repouso continuará em repouso se a cama estiver quentinha". Empresas em camas quentinhas, mesmo que vislumbrem o futuro, têm sempre grande dificuldade em se movimentar em direção a ele, deixando para aquelas, que sem cama, sofá ou pufe, que acabaram de chegar o ônus (e o bônus) da mudança inevitável.

Escrever o prefácio de um livro como este, além de ser um orgulho e uma responsabilidade, me dá a oportunidade única de expressar o meu sentimento face ao momento que vivemos, momento de transformação global. Mas preciso falar sobre o Brasil, país em que moro por convicção. Será que nosso País está preparado para esta avalanche de mudanças descrita por Kevin Kelly?

Sou um convicto entusiasta do potencial do Brasil e do seu povo como agente de mudança, apesar do tamanho da avalanche a caminho e dos enormes desafios e transformações presentes, em termos políticos, econômicos, sociais e pessoais. O Brasil é dos poucos países que se pode afirmar pelo trinômio escala–maturidade–necessidade (um dos maiores mercados potenciais do mundo, iniciante em muitos quesitos e com inúmeras oportunidades). Sendo assim, acredito que nossas pessoas e organizações podem, sim, preparar-se para a avalanche , e este livro é um excelente apoio para quem quer começar a fazê-lo hoje.

O futuro acontece para todos, independentemente do país, da profissão, do mercado, das crenças, das convicções ou das certezas. Temos a convicção inevitável a respeito do que está sendo analisado e mapeado para o futuro. Porém, não sabemos quando, nem em que intensidade.

Mas a mudança é mesmo, como diz Kelly, inevitável, e o maior desafio já enfrentado pela humanidade até agora é o de nos prepararmos para esse futuro novo – e na velocidade dele, não na nossa.

Como dizia o Agente Smith, no primeiro filme *Matrix*, quando em determinada altura segura o herói Neo em uma linha de trem com objetivo de eliminá-lo: "Está escutando? Este é o som da inevitabilidade". O futuro é assim: uma *inevitabilidade*. Prepare-se para ela e aproveite tudo o que nos proporcionará.

*Luís Rasquilha é futurista, CEO da Inova Consulting e da Inova Business School, professor da FIA-USP, colunista da rádio CBN e coolhunter.

SUMÁRIO

INTRODUÇÃO 03

1. TORNAR-SE 13

2. COGNIFICAR 33

3. FLUIR 67

4. VISUALIZAR 91

5. ACESSAR 117

6. COMPARTILHAR 145

7. FILTRAR 177

8. REMIXAR 207

9. INTERAGIR 227

10. RASTREAR 255

11. QUESTIONAR 289

12. COMEÇAR 311

AGRADECIMENTOS 319

NOTAS 321

ÍNDICE REMISSIVO 339

INTRODUÇÃO

Quando eu tinha 13 anos, meu pai me levou para visitar uma feira de informática em Atlantic City, Nova Jersey. Era o ano de 1965 e ele estava muito empolgado com aquelas máquinas do tamanho de uma sala produzidas pelas corporações mais competentes dos Estados Unidos, como a IBM. Meu pai acreditava no progresso e aqueles primeiríssimos computadores eram vislumbres do futuro imaginado por ele. No entanto, eu, adolescente típico que fui, *não* me impressionei. Os computadores que enchiam o cavernoso galpão de exposições eram uma chatice. Não havia nada para ver lá, exceto alguns hectares de gabinetes de metal retangulares e estáticos. Nem um único monitor cintilante à vista. Os computadores não entendiam a fala e muito menos falavam. A única coisa que aquelas máquinas conseguiam fazer era imprimir linhas e mais linhas de números acinzentados em um longo papel dobrado. Eu era um ávido fã de livros de ficção científica, portanto sabia muito sobre computadores. E, de acordo com todo o meu conhecimento, aquelas máquinas não eram computadores *de verdade*.

Em 1981, tive a chance de usar um computador Apple II em um laboratório de ciências da University of Georgia, onde trabalhava na época. O equipamento tinha um minúsculo monitor preto capaz de exibir textos em letras e números verdes, mas aquela tecnologia também não me impressionou. Até dava para digitar melhor do que em uma máquina de escrever, e a máquina se provava genial na representação gráfica de números e no monitoramento de dados. Contudo, ainda não

4 | INEVITÁVEL

era um computador *de verdade*. Aquela tecnologia não estava fazendo nada para modificar minha vida.

Mudei totalmente de ideia alguns meses depois, quando usei um modem para conectar aquele mesmo Apple II a uma linha telefônica. Tudo se transformou. Um novo universo mostrou-se para mim no outro lado da linha – um universo colossal, quase infinito. De repente, eu me vi com acesso a quadros de avisos online, teleconferências experimentais e àquele lugar repleto de maravilhas chamado internet. O portal aberto por meio da linha telefônica me desvendou algo vasto e, ao mesmo tempo, de escala humana. Parecia um mundo orgânico e fabuloso, ligando pessoas e máquinas de maneira singular. Senti que minha vida saltava para um nível completamente distinto.

Olhando para trás agora, acho que a era do computador na verdade só começou naquele momento, quando os equipamentos se fundiram com o telefone. Isoladamente, os computadores eram inadequados. Todas as duradouras consequências da computação só começaram no início dos anos 1980, naquele momento em que, combinados, o computador e o telefone se entrelaçaram para formar um híbrido robusto.

Nas três décadas seguintes, essa convergência tecnológica entre informática e comunicação difundiu-se, acelerou, floresceu e evoluiu. O sistema internet/web/mobile saiu das margens da sociedade (em 1981, era praticamente ignorado) para ocupar o centro do palco da vida moderna. Nos últimos 30 anos, a economia social baseada nessa tecnologia teve seus altos e baixos e viu seus heróis surgirem e desaparecerem, mas já está bem claro que a evolução foi orientada por algumas amplas tendências.

Essas tendências históricas de grande escala são cruciais. As condições básicas que lhes deram origem ainda estão ativas e em evolução, o que sugere que continuarão a se intensificar e a se expandir. Nada indica que vão perder o vigor. Até forças que, como seria de esperar, poderiam solapar tais tendências – como a criminalidade, a guerra ou nossos próprios excessos – também estão a reboque delas. Neste livro, descrevo doze forças tecnológicas inevitáveis que prometem moldar nosso mundo nos próximos 30 anos.

"Inevitável" é um termo forte. Algumas pessoas desaprovam seu uso, argumentando que nada é inevitável. Sua alegação é a de que a força de vontade e o senso de propósito do ser humano podem – e devem! – rechaçar, dominar e controlar qualquer tendência mecanicista. Na opinião delas, a "inevitabilidade" não passa de uma desculpa à qual nos rendemos de boa vontade. Quando a noção do inevitável é vinculada a uma tecnologia sofisticada, como faço aqui, as objeções a um destino predeterminado são ainda mais ferozes e passionais. Uma definição de "inevitável" é o resultado final do clássico experimento mental da rebobinagem. Se pudéssemos rebobinar a fita da história até o início dos tempos e reprisar a trajetória de nossa civilização repetidas vezes, uma versão robusta da inevitabilidade diria que, independentemente de quantas vezes a aventura humana fosse reproduzida, acabaríamos sempre com adolescentes tuitando a cada cinco minutos na atualidade. Entretanto, não é isso que quero dizer quando me refiro a "inevitabilidade".

Uso a palavra "inevitável" com um sentido diferente. A natureza da tecnologia tem um viés que a orienta para determinadas direções. Se todos os outros fatores permanecerem inalterados, as leis da física e da matemática, que regem a dinâmica da tecnologia, tenderão a favorecer certos comportamentos. Essas tendências se fazem presentes sobretudo nas forças coletivas que estabelecem os contornos gerais das formas tecnológicas e não casos específicos. Por exemplo, o formato da internet – uma rede de redes englobando o planeta inteiro – era inevitável; o tipo específico de internet pelo qual optamos, não. A internet poderia ter sido essencialmente comercial, em vez de sem fins lucrativos; configurar-se como um sistema nacional, em vez de internacional. Ou, ainda, poderia ter se mantido fechada, secreta, em vez de pública. A telefonia – mensagens de voz convertidas em energia elétrica e transmitidas em longa distância – era inevitável; o iPhone, não. O formato genérico de um veículo de quatro rodas era inevitável, mas não as caminhonetes. As mensagens instantâneas eram inevitáveis; tuitar a cada cinco minutos, não.

Tuitar a cada cinco minutos não era inevitável também em outro sentido. Estamos nos transformando com tamanha rapidez, que nossa capacidade de inventar coisas é maior do que a velocidade com que conseguimos "civilizá-las". Atualmente, levamos uma década após o surgimento de uma tecnologia para chegar a um consenso social a respeito das implicações dela, estabelecendo quais normas de comportamento são necessárias para domá-la. Daqui a cinco anos, vamos criar regras de etiqueta para os tuítes, assim como descobrimos o que fazer para evitar a algazarra dos celulares tocando por toda parte (usar o modo silencioso/vibração). Seja qual for o caso, a consequência inicial da tecnologia desaparece rapidamente conforme a "civilizamos" e então vemos que ela nunca foi essencial nem inevitável.

O tipo de inevitabilidade ao qual me refiro aqui, no âmbito do mundo digital, é o resultado de uma dinâmica – a dinâmica de uma mudança tecnológica constante. As fortes marés que moldaram as tecnologias digitais nos últimos 30 anos vão continuar a se expandir e a se fortalecer nos próximos 30. Esse princípio vale não só para a América do Norte, mas para o mundo todo. Ao longo deste livro, uso exemplos dos Estados Unidos, porém, para cada um deles, poderia facilmente ter encontrado um caso parecido na Índia, em Mali, no Peru ou na Estônia. Os verdadeiros líderes do campo do dinheiro digital, por exemplo, estão na África e no Afeganistão, onde o e-money, não raro, é a única moeda corrente. A China está muito à frente de todos os outros países no desenvolvimento de aplicativos de compartilhamento no celular. Culturas locais podem até promover ou retardar as expressões da tecnologia, mas as forças básicas são universais.

Depois de viver online nas últimas três décadas – primeiro, como pioneiro em um território relativamente selvagem e desabitado; mais tarde, como desenvolvedor que construiu partes desse novo continente –, minha confiança na inevitabilidade baseia-se na profundidade dessas mudanças tecnológicas. O esplendor diário das novidades da alta tecnologia navega em correntezas lentas. As raízes do mundo digital estão ancoradas nas necessidades físicas e nas tendências naturais de bits, informações e redes. Não importa em qual localização geográfica, não importam quais empresas, não importam quais políticas, esses ingredientes fundamentais de bits e redes levarão a resultados semelhantes, vez após vez. Tal inevitabilidade resulta de sua física básica. Neste livro, busco expor essas raízes da tecnologia digital, porque é delas que se erguerão as tendências mais duradouras dos próximos 30 anos.

Nem todas as mudanças serão bem-vindas. Setores consolidados cairão por terra a partir da perda de eficácia de seus obsoletos modelos de negócio. Categorias profissionais inteiras vão desaparecer, bem como o ganha-pão de algumas pessoas. Novas ocupações nascerão, devendo prosperar de maneira desigual, o que semeará inveja e desigualdade. A continuidade e a extensão das tendências que esboço neste livro contestarão os pressupostos legais vigentes e farão incursões nos limites da ilegalidade, criando um obstáculo para os cidadãos cumpridores da lei. Por sua própria natureza, a tecnologia de rede digital desestabiliza as fronteiras internacionais pelo simples fato de desconhecer quaisquer fronteiras. Os maravilhosos benefícios serão acompanhados de dor, conflito e confusão.

Confrontados com as transformações radicais impostas pelo avanço da tecnologia no âmbito digital, nossa primeira reação pode ser tentar barrar o progresso – impedi-lo, proibi-lo, negá-lo ou, pelo menos, dificultar que ele seja usufruido pelas pessoas. (A título de exemplo, quando a internet facilitou a cópia de músicas e filmes, Hollywood e a indústria fonográfica fizeram de tudo para impedir. Em vão. A única coisa que conseguiram foi transformar os clientes em inimigos.) Tentar conter o inevitável, em geral, acaba sendo um tiro pela culatra. Na melhor das hipóteses, a proibição é temporária e, em longo prazo, contraproducente.

Uma adoção criteriosa, executada com os olhos bem abertos, costuma ser mais eficaz. Minha intenção neste livro é revelar as raízes da mudança digital para que a recebamos de braços abertos. Uma vez que essas raízes se revelem a nossos olhos, poderemos trabalhar com base no entendimento de sua natureza, em vez de lutar contra elas. As cópias em massa chegaram para ficar. O monitoramento em massa e a vigilância total chegaram para ficar. O conceito de propriedade está se esvaindo. A realidade virtual vem se tornando real. Não temos como impedir que a inteligência artificial e os robôs se desenvolvam, criem oportunidades de negócio e tomem nossos empregos atuais. Pode não ser nossa reação inicial, mas deveríamos acolher de bom grado a remixagem perpétua dessas tecnologias. Trabalhar com elas, em vez de tentar combatê-las, é o caminho para que possamos nos beneficiar do melhor que têm a oferecer. Não proponho aqui uma atitude passiva. Temos de

8 | INEVITÁVEL

administrar as novas invenções para impedir danos reais (e não apenas hipotéticos), valendo-nos de recursos tanto legais como tecnológicos. Precisamos civilizar e domar as novas invenções em suas especificidades. No entanto, só podemos fazer isso por meio de um envolvimento profundo, de uma experiência prática e de uma aceitação vigilante. Podemos e devemos regulamentar os serviços de táxi ao estilo do Uber, por exemplo, mas não podemos nem devemos tentar banir a inevitável descentralização dos serviços. Essas tecnologias não vão desaparecer.

A mudança é inevitável. Hoje sabemos que *tudo* é mutável e tudo evolui, apesar de grande parte dessa mudança ser imperceptível. As montanhas mais altas estão aos poucos se desgastando sob nossos pés, enquanto todas as espécies animais e vegetais do planeta evoluem para algo diferente em câmera ultralenta. Até o Sol, sempre brilhando no céu, vem se apagando de acordo com um cronograma astronômico (mas, quando isso acontecer, nós já não estaremos na face da Terra há um bom tempo). A cultura humana, bem como nossos fatores biológicos, faz parte dessa transformação imperceptível em direção a algo novo.

Hoje, no cerne de toda grande e importante mudança em nossa vida, encontra-se uma tecnologia de algum tipo. A tecnologia é o acelerador da humanidade. Por causa dela, tudo o que fazemos está sempre em processo de transformação. Cada tipo de coisa está se tornando algo diferente, percorrendo o caminho entre o "poderia ser" e o "é", ou seja, entre a possibilidade e o fato. Tudo está em fluxo. Nada está concluído. Nada está feito. Essa mudança sem fim constitui o eixo central do mundo moderno.

Esse fluxo constante não implica simplesmente que "as coisas serão diferentes", e sim que os processos – os impulsionadores do fluxo – são hoje mais importantes do que os produtos. Nossa maior invenção nos últimos 200 anos não foi um dispositivo ou uma ferramenta em particular, mas a criação do próprio processo científico. Uma vez que inventamos a metodologia para a ciência, pudemos começar imediatamente a criar milhares de outras coisas incríveis que jamais teríamos descoberto de outro modo. Esse processo metódico de constante mudança e melhoria revelou-se um milhão de vezes mais transformador do que a invenção de qualquer produto específico: desde sua criação, ao longo dos séculos, gerou milhões de produtos. Basta calibrar o processo <u>contínuo</u>

para ele permanecer gerando benefícios constantes. Nesta nossa nova era, o processo é mais relevante do que os produtos.

Esse novo olhar para os processos também significa que a mudança incessante é o destino de tudo o que fazemos. Estamos nos distanciando do mundo dos substantivos fixos na mesma medida em que nos avizinhamos do mundo dos verbos fluidos. Nos próximos 30 anos, vamos continuar a pegar objetos sólidos – um carro, um par de sapatos – e transformá-los em verbos intangíveis: os produtos se converterão em serviços e processos. Vitaminado por altas doses de tecnologia, um automóvel se torna um serviço de transporte, uma sequência sempre atualizada de bens físicos que se adapta com rapidez ao uso do cliente, ao feedback, à concorrência, às inovações e ao desgaste. Você pode ter um carro autônomo, sem motorista, ou dirigir o próprio veículo, mas, de qualquer maneira, esse serviço de transporte inclui flexibilidade, personalização, upgrades, conexões e novos benefícios. Um par de sapatos também deixa de ser um produto acabado e passa a ser um processo sem fim, que envolve reimaginar essa extensão dos pés, talvez com coberturas descartáveis, sandálias que se transformam à medida que você anda, solas mutáveis ou dispositivos que interagem com os pisos. "Sapatar" torna-se um serviço, uma ação, um verbo, no lugar do substantivo "sapato". No mundo digital intangível, nada é estático ou fixo. Tudo está em processo de vir a ser.

Todas as rupturas da modernidade dependem dessa mudança inexorável. Estudei a miríade de forças tecnológicas que emergem no presente momento e classifiquei as mudanças em 12 verbos, como *acessar*, *monitorar* e *compartilhar*, transmitindo a ideia de ação – mais especificamente, de ação *em andamento*. Essas forças são ações aceleradoras.

Cada uma das 12 ações contínuas constitui uma tendência em curso, que tem tudo para se manter por pelo menos mais três décadas. Considero tais metatendências "inevitáveis" por terem raízes na natureza da tecnologia e não na da sociedade. O caráter dos verbos segue um viés que todas as novas tecnologias têm em comum. Apesar de nós, os criadores, termos muito poder de escolha e responsabilidade pelo direcionamento das tecnologias, estas também envolvem muitos fatores que estão fora de nosso controle. Processos tecnológicos específicos favorecerão inerentemente determinados resultados. Por exemplo, processos industriais (como motores a vapor, fábricas de produtos químicos, barragens) favorecem pressões e temperaturas fora da zona de conforto do ser humano. Processos digitais (computadores, internet, apps) favorecem a duplicação ubíqua e barata. A tendência à alta pressão/alta temperatura, no caso dos processos industriais, afasta os locais de manufatura do ser humano e os configura como unidades centralizadas e de grande escala, não importando a cultura, o perfil ou a política. O viés na direção de cópias ubíquas e baratas nos processos digitais independe da nacionalidade, da conjuntura econômica ou do desejo humano e orienta a tecnologia na direção da ubiquidade social. Em outras palavras, esse viés está incorporado à natureza dos bits digitais. Nesses dois exemplos, poderemos nos beneficiar ao máximo das tecnologias se formos capazes de "ouvir" o direcionamento natural delas, flexibilizando nossas expectativas, regras e produtos conforme as tendências fundamentais que nos forem apresentadas. Teremos mais facilidade de gerenciar as complexidades, otimizar os benefícios e reduzir os danos de tecnologias específicas quando alinharmos nossos usos às tendências de sua trajetória. O objetivo deste livro é reunir as tendências que hoje se refletem nas mais recentes tecnologias e projetar as trajetórias que se estendem diante de nós, em direção ao futuro.

Esses verbos organizadores representam as metamudanças de nossa cultura no futuro imediato previsível. Trata-se de amplas tendências que já atuam no mundo de hoje. Não tenho a pretensão de prever quais produtos continuarão em uso no próximo ano ou na próxima década, muito menos dizer quais empresas vão triunfar. Essas especificidades são definidas por caprichos, moda ou comércio, revelando-se totalmente imprevisíveis. Por sua vez, as tendências gerais relativas a produtos e serviços daqui a 30 anos podem ser vislumbradas desde agora. Suas formas básicas estão enraizadas nos direcionamentos das tecnologias atualmente emergentes que estão a caminho da ubiquidade. Esse amplo e veloz sistema afeta a cultura de maneira sutil, porém constante, de modo a amplificar as seguintes forças: tornar-se, cognificar, fluir, visualizar, acessar, compartilhar, filtrar, remixar, interagir, rastrear, questionar e começar.

Embora eu dedique um capítulo a cada uma dessas forças, elas não são verbos distintos atuando de maneira independente. Ao contrário, estão sobrepostas, cada uma dependendo das demais e todas se acelerando mutuamente. Chega a ser difícil falar de uma sem fazer referência às outras. A força do *compartilhar* intensifica a (na mesma medida em que depende da) força do *fluir*. O neologismo *"cognificar"* [codificação cognitiva] implica *rastrear*. *Visualizar telas* é inseparável de *interagir digitalmente*. Os verbos em si são *remixados* e todas essas ações constituem variantes do processo de *tornar-se*. Juntas, formam um campo unificado de movimento.

Essas forças são trajetórias, não destinos. Elas não nos dão maneiras de prever onde vamos acabar. Só informam que, no futuro próximo, inevitavelmente seguiremos essas direções.

1
TORNAR-SE

Demorou 60 anos, mas finalmente tive uma epifania: tudo, sem exceção, requer ordem e energia adicionais para se manter. Eu já sabia disso em termos abstratos, com base na famosa segunda lei da termodinâmica, que afirma que tudo está se desfazendo lentamente. Essa percepção não se deve só à lamúria de um homem envelhecendo. Aprendi há muito tempo que até as coisas mais inanimadas que conhecemos – rochas, colunas de ferro, tubos de cobre, estradas de cascalho, folhas de papel – não duram muito sem atenção, conserto e o dedicação extra. A existência, ao que parece, é em grande parte uma questão de manutenção.

O que me surpreendeu recentemente foi perceber a extensão em que até o intangível é instável. Manter um site na internet ou um programa de computador em operação é como manter um barco flutuando. É um buraco negro que não para de sugar nossa atenção. Consigo entender por que um dispositivo mecânico como a bomba-d'água quebra depois de um tempo: à medida que a umidade enferruja o metal, o ar oxida as peças ou os lubrificantes evaporam – eis o motivo de todo esse sistema requerer manutenção. No entanto, não imaginava que o mundo imaterial dos bits também pode se degradar. O que há para quebrar? Aparentemente, tudo.

Computadores novinhos em folha vão se ossificar. Apps enfraquecem com o uso. Códigos se corroem. Um software que acabou de ser lançado começa imediatamente a se degenerar. Tudo por conta própria, sem precisarmos fazer nada. Quanto mais complexo o equipamento, mais (e não menos) atenção ele vai demandar. A inclinação natural para a mudança é inevitável, mesmo para as entidades mais abstratas que conhecemos: os bits.

E ainda temos o ataque do cenário digital em evolução. Quando tudo a nosso redor está em processo de atualização, o sistema digital é pressionado e requer manutenção. Podemos nem querer fazer o tal upgrade, mas acabamos forçados a isso, uma vez que todo mundo está fazendo. É uma verdadeira corrida armamentista do upgrade.

Eu costumava atualizar meus equipamentos a contragosto (para que fazer se ainda está funcionando bem?) e no último momento possível. Você sabe como é: basta atualizar isto e, de repente, você se dá conta de que precisa atualizar também aquilo, o que dispara a necessidade de upgrades por toda parte. Passava anos adiando a tarefa, porque já tive experiências com um "minúsculo" upgrade de uma pequena parte do sistema desestabilizando toda a minha vida no trabalho. Entretanto, à medida que nossa tecnologia pessoal fica cada vez mais complexa, mais codependente de periféricos, mais parecida com um ecossistema vivo, a decisão de *adiar* acaba criando ainda mais problemas. Se você deixa de fazer os pequenos upgrades, a mudança se acumula até um ponto em que, quando finalmente decidir fazer a grande atualização, a coisa atinge proporções traumáticas. Diante disso, hoje vejo os upgrades como uma espécie de higiene: nós os fazemos regularmente para manter nossa tecnologia saudável. Por se mostrarem tão cruciais para os sistemas tecnológicos, as atualizações contínuas hoje em dia são automáticas nos principais sistemas operacionais de computadores e alguns aplicativos. As máquinas se atualizam nos bastidores, lentamente mudando suas características com o tempo. Isso acontece de maneira gradual, de modo que não percebemos o que eles estão "se tornando".

Encaramos essa evolução como algo normal.

A vida tecnológica no futuro será uma série interminável de upgrades. E a velocidade dessas progressões graduais vem aumentando. Funcionalidades mudam, padrões desaparecem, menus se transformam. Eu abro um programa que não uso todo dia esperando ver certas opções e descubro que menus inteiros desapareceram.

Não importa por quanto tempo usamos determinada ferramenta: os upgrades sem fim nos transformam em eternos novatos, em usuários normalmente vistos como "sem noção". Na era do "tornar-se", todo mundo torna-se um novato. Pior: seremos novatos para sempre. Isso deveria ser o bastante para nos manter humildes.

Vale a pena repetir. Todos nós, sem exceção, seremos eternos novatos no futuro, humildemente tentando acompanhar os avanços. Há razões para acreditar nisso. Para começar, a maioria das importantes tecnologias que dominarão nossa vida daqui a 30 anos ainda não foi inventada, de modo que você será, de fato, um novato nelas. Em segundo lugar, como a nova tecnologia vai necessitar de upgrades intermináveis, você continuará a ter status de novato mesmo depois de conhecê-la. Em terceiro lugar, como o ciclo da obsolescência se acelera (o tempo médio de vida de um app de celular é de apenas 30 dias![1]), você não terá tempo de dominar qualquer coisa antes de ela ser substituída, de modo que permanecerá no modo novato para sempre. Eterno Novato é o novo padrão para todos nós, independentemente de idade ou experiência.

Se formos honestos, teremos de admitir que um aspecto dos incessantes upgrades e do eterno tornar-se do *technium** é drenar a esperança de nosso coração. Um dia, não muito tempo atrás, nós (todos nós) chegamos à conclusão de que não poderíamos viver mais um dia sem um smartphone. Dez anos antes, essa necessidade teria nos deixado de queixo caído. Hoje nos irritamos quando a rede está lenta, mas no passado, quando éramos inocentes, a ideia de uma rede nem sequer passava por nossa cabeça. Continuamos inventando coisas que produzem novos anseios, novos buracos negros que precisam ser preenchidos.

Algumas pessoas se enfurecem com o fato de nosso coração ser transpassado dessa maneira por aquilo que fazemos. Elas interpretam esse anseio insaciável como uma espécie de degradação, uma

---

* Termo cunhado pelo autor para se referir ao conjunto de todas as tecnologias. (N.T.)

diminuição da nobreza humana, a fonte de nosso insaciável descontentamento. Concordo que a tecnologia é a fonte. O ímpeto das tecnologias nos leva a buscar o mais recente, que está sempre desaparecendo sob o advento da próxima onda, de modo que a satisfação sempre foge de nosso alcance.

No entanto, eu celebro o descontentamento interminável produzido pela tecnologia. Somos diferentes de nossos ancestrais animais no sentido de que não nos contentamos em meramente sobreviver, mas nos mantivemos incrivelmente ocupados inventando comichões para coçar, criando desejos que jamais tivemos. Esse sentimento de insatisfação aciona a inventividade e o crescimento.

Não temos como expandir nosso *self*, nem nosso *self* coletivo, sem que a esperança seja drenada de nosso coração. Estamos sempre expandindo fronteiras e ampliando o pequeno repositório que contém nossa identidade. Pode ser que isso doa. Tal processo, sem dúvida, envolve quebrar uma ou outra coisa. Informes publicitários que passam de madrugada na TV e sites vendendo parafernálias prestes a se tornarem obsoletas dificilmente são práticas edificantes, mas o caminho para nosso engrandecimento é prosaico, trivial e cotidiano. Quando imaginamos um futuro melhor, deveríamos levar em conta o papel desse desconforto permanente.

Um mundo sem desconforto não passa de utopia, mas também traz a ideia de estagnação. Um mundo perfeitamente justo em algumas dimensões seria terrivelmente injusto em outras. A utopia não tem problemas para resolver, porém, em consequência disso, não apresenta oportunidades.

No entanto, não há motivo para se preocupar com paradoxos utópicos, uma vez que as utopias nunca dão certo. Todo cenário utópico contém falhas que se autocorrompem. Minha aversão às utopias vai ainda mais fundo. Nunca vi uma utopia especulativa na qual gostaria de viver; eu morreria de tédio. Já as distopias, seus opostos sombrios, são muito mais divertidas – e também muito mais fáceis de imaginar. Quem não consegue pensar num final apocalíptico do tipo "o último ser humano na Terra", um mundo governado por robôs, um planeta completamente ocupado por uma megacidade se desintegrando lentamente em favelas ou, o cenário mais óbvio de todos, um simples armagedom nuclear? Há infinitas possibilidades para o colapso da civilização moderna. Contudo, as distopias não são prováveis somente porque se mostram mais acessíveis à imaginação, mais dramáticas ou mais cinematográficas.

O grande defeito da maioria das narrativas distópicas é que elas não são sustentáveis. Na verdade, é difícil destruir a civilização. Quanto mais arrasador o desastre, mais rápido as chamas do caos se extinguem. Os foras da lei e seu submundo, que parecem tão ameaçadores à primeira vista, logo são tomados pelo crime organizado, de modo que, rapidamente, a ilegalidade se transforma em extorsão e, ainda mais rapidamente, a extorsão se transforma em algum tipo de governo corrompido... Tudo para maximizar a renda dos bandidos. Em certo sentido, a ganância cura a anarquia. As verdadeiras distopias estão mais para a antiga União Soviética do que para *Mad Max*: são sufocantemente burocráticas, não anárquicas. Governada pelo medo, a sociedade distópica só beneficia alguns poucos, mas, como os piratas de dois séculos atrás,[2] tem muito mais lei e ordem do que pode aparentar. Com efeito, nas sociedades verdadeiramente corrompidas, o ultrajante desrespeito às leis que costumamos associar às distopias não é permitido. Os mandachuvas da ilegalidade reduzem ao mínimo a pequena bandidagem e o caos distópico.

No entanto, nosso destino não passa nem pela distopia nem pela utopia. Em vez disso, a tecnologia está nos levando à *protopia*. Para ser mais preciso, nós já vivemos a protopia.

Protopia é um estado de tornar-se, não um destino. É um processo. No modo protópico, as coisas são (só um pouco) melhores hoje do que foram ontem. É uma melhoria incremental, um progresso brando. O "pro" de "protópico" deriva das noções de processo e progresso. Esse avanço sutil não é dramático nem empolgante. É fácil deixar de percebê-lo, porque a protopia cria quase tantos problemas quanto benefícios. Os problemas atuais foram causados pelos sucessos tecnológicos de ontem, e as soluções tecnológicas para as mazelas de hoje causarão os problemas de amanhã. Essa expansão circular de problemas e soluções oculta uma acumulação constante de pequenos benefícios líquidos ao longo do tempo. Desde o Iluminismo e a invenção da ciência, conseguimos criar um pouco mais do que destruímos, ano a ano. Essa pequena diferença percentual positiva acumula-se no decorrer das décadas para compor o que chamamos de civilização. Seus benefícios, porém, jamais ganham os holofotes.

A protopia é quase imperceptível, porque consiste em um processo de tornar-se, um processo que altera constantemente a maneira como as outras coisas mudam e, ao modificar a si mesmo, também está em mutação e crescimento constantes. É difícil se apaixonar por um processo brando que muda de forma o tempo todo, mas é importante percebê-lo.

Atualmente, somos tão cientes das desvantagens das inovações e estamos tão decepcionados com as promessas das utopias do passado que temos dificuldade de acreditar até mesmo em um futuro protópico brando, no qual o amanhã será um pouco melhor do que o hoje. Parece muito difícil imaginar qualquer tipo de futuro desejado. Você consegue pensar em um único futuro de ficção científica para este planeta que seja ao mesmo tempo plausível e desejável? (*Star Trek* não conta, pois se passa no espaço.)

Não existe mais um futuro feliz, repleto de carros voadores, esperando por nós. Ao contrário do século passado, hoje ninguém quer se mudar para um amanhã distante. Muitos temem essa possibilidade. Assim, fica difícil levar o futuro a sério. Acabamos presos ao agora, ao imediato, a um presente vazio de perspectivas geracionais. Algumas pessoas adotam a crença em uma singularidade, afirmando que é tecnicamente impossível imaginar o futuro daqui a cem anos. Isso faz com que sejamos cegos para ele. Essa cegueira para o futuro talvez expresse a aflição inescapável do mundo moderno. No atual estágio da civilização e do avanço tecnológico, o ser humano estaria em um presente permanente e incessante, sem passado nem futuro. Utopia, distopia e protopia... tudo teria desaparecido. Haveria apenas o Agora Cego.

A alternativa a esse quadro é receber o futuro (e seu contínuo tornar-se) de braços abertos. O futuro ao qual visamos é o produto de um processo – um tornar-se – que podemos identificar neste exato momento. Podemos abraçar agora as mudanças emergentes que se tornarão o futuro.

O problema do constante tornar-se (especialmente no lento rastejar protópico) é que o movimento de transformação ininterrupta pode nos levar a ignorar as mudanças incrementais. No movimento constante, deixamos de notar o próprio movimento. O tornar-se é, desse modo, uma ação de auto-ocultação, que muitas vezes só percebemos em retrospecto. Ainda mais desconcertante é nossa inclinação a enxergar o novo do ponto de vista do velho. Ou seja, estendemos nossa perspectiva atual ao futuro, o que, na verdade, só serve para distorcer o novo, a fim de encaixá-lo naquilo que já sabemos. Foi o que aconteceu com as primeiras produções cinematográficas, que eram basicamente teatro filmado, e também com as primeiras realidades virtuais, feitas como se fossem filmes. Essa propensão a "forçar a barra" para que o futuro caiba no presente nem sempre é negativa. Os contadores de histórias são mestres em explorar esse reflexo humano de associar o novo ao velho. No entanto, quando a ideia é tentar discernir o que vai acontecer a seguir, esse reflexo pode nos iludir. Há muita dificuldade em perceber a mudança no exato momento em que ela ocorre. Por vezes, a trajetória da mudança nos parece impossível, improvável ou ridícula, de modo que achamos melhor ignorá-la. É por isso que somos constantemente surpreendidos por coisas que já vêm acontecendo há 20 anos ou mais.

Não sou imune a essa distração. Estive profundamente envolvido no nascimento do mundo online 30 anos atrás e, uma década depois, vi de perto a chegada da web. Contudo, a cada etapa, foi difícil identificar que no momento um processo – um tornar-se – estava em curso. Em geral, era difícil de acreditar. Às vezes, não enxergávamos o tornar-se simplesmente porque não queríamos que acontecesse daquele jeito.

Não precisamos ser cegos a esse processo contínuo. A velocidade da mudança nos últimos tempos não tem precedentes, de maneira que todos são pegos desprevenidos. Agora, pelo menos, sabemos: somos, e continuaremos sendo, eternos novatos. Precisamos acreditar mais em coisas improváveis. Tudo está em fluxo e as novas formas serão um remix incômodo das antigas. Com esforço e imaginação, podemos nos livrar dos antolhos que nos limitam a visão e aprender a discernir com alguma clareza o que está por vir.

20 | INEVITÁVEL

Eis um exemplo, extraído da história bastante recente, sobre o que é possível aprender sobre o futuro. Antes de o navegador Netscape chegar para tirar a web das trevas, em 1994,[3] a interface de usuário com base em texto da internet não existia para a maioria das pessoas. A dificuldade de uso era enorme. O usuário tinha de saber programar. Não havia imagens. Quem perderia tempo com algo tão chato? Mesmo entre os pouquíssimos que a conheciam na década de 1980, a internet foi menosprezada por ter seu conceito normamelmente associado ao e-mail corporativo (tão empolgante quanto um nó de gravata) ou a um clubinho de nerds adolescentes. A internet existia, mas era completamente ignorada.

Qualquer invenção promissora tem opositores e, quanto mais grandiosas suas promessas, mais ruidosas são as objeções. Não é difícil encontrar pessoas esclarecidas que disseram verdadeiras sandices sobre a web e a internet na aurora dessas tecnologias. No fim de 1994, a revista *Time* explicou por que aquilo jamais se popularizaria: "A internet não foi projetada para o comércio e não acomoda com elegância as novidades".[4] Uau! A *Newsweek* destilou seu ceticismo de maneira mais incisiva em uma manchete de fevereiro de 1995: "Internet? Bah!".[5] O artigo foi escrito pelo astrofísico e especialista em redes Clifford Stoll, que argumentou que as comunidades virtuais e o comércio online não passavam de uma fantasia infundada que traía o bom senso. "A verdade é que nenhum banco de dados online vai substituir o jornal", declarou. "Mesmo assim, Nicholas Negroponte, diretor do Media Lab do MIT [Massachusetts Institute of Technology], prevê que em breve compraremos livros e jornais diretamente na internet. Pois é... pode esperar sentado." Stoll resumiu a descrença predominante em um mundo digital repleto de "bibliotecas interativas, comunidades virtuais e comércio eletrônico" em apenas uma palavra: "bobagem".

Essa atitude desdenhosa dominou uma reunião que tive com os líderes da ABC, a rede de TV norte-americana, em 1989. Fui lá com a missão de fazer uma apresentação à diretoria a respeito "dessa coisa chamada internet". Os executivos pelo menos tiveram o mérito de perceber que algo estava acontecendo. A ABC era uma das três cadeias de televisão mais poderosas do mundo e, na época, a internet não passava de um mosquito, em termos comparativos. No entanto, as pessoas do meio digital (como eu) não paravam de dizer que ela poderia desestabilizar o negócio tradicional da TV. Ainda assim, nada do que apresentei foi suficiente para convencê-los de que a internet era muito mais do que uma inovação marginal, um mero exercício de digitação ou, mais enfaticamente, um clubinho de nerds adolescentes. Todo o potencial de compartilhamento, todo o fluxo de coisas gratuitas, tudo soava inconcebível para aqueles homens de negócio. Stephen Weiswasser, vice-presidente sênior da ABC, jogou o balde de água fria definitivo. "A internet vai ser o radiocidadão* dos anos 1990",[6] ele me disse, profecia que, aliás, repetiu à imprensa em outra ocasião. Weiswasser resumiu da seguinte maneira o argumento da ABC para ignorar o novo meio de comunicação: "Ninguém vai transformar consumidores passivos em trolls ativos na internet".

Os executivos me mostraram a porta de saída, mas tive a chance de dar uma dica antes de ir embora. "Escutem", eu disse. "Fiquei sabendo que o domínio abc.com ainda não foi registrado. Desçam até o porão, encontrem seu melhor técnico de informática e peçam que ele o registre imediatamente. Vocês não vão se arrepender." Eles me agradeceram sem muito entusiasmo. Dei uma olhada uma semana depois e constatei que o domínio ainda estava sem registro.

Hoje é fácil zombar desses sonâmbulos da tevelândia, porém eles não foram os únicos incapazes de imaginar uma alternativa para os espectadores que assistiam passivamente, largados no sofá, aos programas de TV. A revista *Wired* também teve essa dificuldade. Fui cofundador e editor da publicação e, um dia desses, repassando edições do início dos anos 1990 (das quais me orgulho de ter participado), me surpreendi ao ver uma matéria apregoando um futuro em que haveria produção de conteúdo de alto valor – com 5 mil canais com programação ininterrupta e realidade virtual, além de uma pitada de bits da Biblioteca do Congresso. Na verdade, a *Wired* oferecia uma visão praticamente idêntica à dos aspirantes à internet que atuavam nas indústrias televisiva, editorial, de software e cinematográfica, como a ABC. Nesse futuro "oficial", a web era basicamente uma TV que funcionava. Com apenas alguns cliques, poderíamos escolher qualquer um dos 5 mil canais de

---

* Sistema de comunicação individual de curta distância via rádio. (N.T.)

conteúdo relevante para navegar, estudar ou assistir, em vez dos cinco canais disponíveis na TV da época. Poderíamos acessar qualquer programação, desde "esportes 24 horas por dia" até o canal de um aquário de vida marinha. A única incerteza: quem programaria isso tudo? A *Wired* apostava que uma constelação de novas empresas de mídia, como Nintendo e Yahoo!, se encarregaria de criar o conteúdo, deixando para trás dinossauros das velhas mídias, como a ABC.

No entanto, produzir conteúdo custava caro – ainda mais em se tratando de conteúdo para 5 mil canais. Para dar conta de tamanha empreitada, nenhuma empresa era tão rica, e nenhum setor, tão grande. As maiores companhias de telecomunicações, que deveriam entrar rapidamente na onda da revolução digital, estavam paralisadas pelas incertezas relativas ao financiamento da web. Em junho de 1994, David Quinn, da British Telecom, admitiu em uma conferência de editores de software: "Não sei como vocês vão conseguir ganhar dinheiro com a internet". A suposta necessidade de alocar imensos investimentos para rechear a rede de conteúdo causou furor entre muitos tecnocríticos, profundamente aborrecidos com a possibilidade de o ciberespaço se transformar em uma espécie de condomínio fechado, de propriedade e operação privadas.

O temor à comercialização era intenso também entre os programadores mais engajados, aqueles que estavam efetivamente construindo a web: os codificadores, os adeptos do Unix e os abnegados voluntários conhecedores de informática que mantinham a rede improvisada rodando. Esses administradores técnicos acreditavam que faziam um trabalho nobre, conferindo uma dádiva à humanidade. Viam a internet como um recurso comum, aberto a todos, que não poderia ser destruído pela ganância ou pela comercialização. É difícil acreditar agora, mas até 1991 os empreendimentos comerciais eram estritamente proibidos na internet, considerados de uso inaceitável. Nada era vendido, não havia anúncios. Aos olhos da National Science Foundation (que administrava o backbone do sistema), a internet havia surgido para a pesquisa, não para fins comerciais. Hoje pode parecer incrivelmente ingênuo, mas então as regras favoreciam instituições públicas e impediam "o uso extensivo para empreendimentos privados ou pessoais". Em meados dos anos 1980, eu estava envolvido na criação do WELL, um dos primeiros sistemas online com base em texto. Tivemos dificuldade de conectar nossa rede privada à internet emergente, em parte por causa da política do "uso aceitável" da NSF. O WELL não podia provar que seus usuários *não* fariam transações comerciais pela rede, de modo que não conseguimos autorização para nos conectar. Na época, as coisas estavam em pleno modo "tornar-se", mas ninguém enxergava isso.

Essa atitude anticomercial dominava até mesmo a equipe de redação da *Wired*. Em 1994, nas primeiras reuniões para definir o projeto gráfico do site embrionário da revista, o *HotWired*, os programadores manifestaram sua preocupação com a possibilidade de uma inovação que queríamos lançar – o primeiro anúncio de banner clicável – subverter o grande potencial social do novo território digital. Em sua opinião, a web mal tinha saído das fraldas e eles já estavam sendo forçados a arruinar a coisa toda com banners e anúncios publicitários. No entanto, era loucura proibir o fluxo de dinheiro nessa nova civilização paralela. A circulação de moeda no ciberespaço era inevitável.

Isso tudo não passou de um pequeno erro de percepção em comparação com o quadro geral que todos nós não conseguíamos perceber.

O pioneiro da computação Vannevar Bush descreveu em linhas gerais a ideia básica da web – páginas vinculadas com hiperlinks – já em 1945,[7] mas a primeira pessoa a tentar elaborar o conceito foi um livre-pensador chamado Ted Nelson, que idealizou seu próprio esquema em 1965.[8] Ele, porém, não teve muito sucesso conectando bits digitais em uma escala útil, e só um grupo isolado de discípulos soube de seu empenho desbravador.

Por sugestão de um amigo que entendia muito de computadores, entrei em contato com Nelson em 1984, uma década antes dos primeiros websites. Marcamos um encontro em um bar escuro no cais de Sausalito, Califórnia. Ele morava em uma casa flutuante alugada ali perto. Parecia ser alguém com tempo de sobra. Anotações em folhas dobradas saíam aos borbotões de seus bolsos e longas tiras de papel se derramavam de cadernos recheados de escritos. Com uma caneta esferográfica amarrada em um cordão ao redor do pescoço, ele me contou – com entusiasmo ligeiramente excessivo para o ambiente de um bar às quatro da tarde – sobre o esquema que vinha bolando para organizar todo o conhecimento da humanidade. A salvação estava ali, em fichas de indexação, que ele tinha em abundância.

24 | INEVITÁVEL

Nelson era um sujeito educado, charmoso e lisonjeiro, mas meu raciocínio se mostrou lento demais para sua veloz explanação. Mesmo assim, uma luz se acendeu em minha cabeça ao ouvir como se estruturava sua maravilhosa noção de hipertexto. Ele tinha certeza de que qualquer documento do mundo deveria ser uma nota de rodapé de algum outro documento: caberia aos computadores fazer com que as ligações entre os documentos fossem visíveis e permanentes. Tratava-se de uma ideia nova na época, mas era só o começo. Rabiscando às pressas em fichas de indexação, ele esboçou noções complexas de transferência de autoria de volta aos criadores, bem como o rastreamento de pagamentos à medida que os leitores saltavam de um lado ao outro nas redes de documentos, que ele chamava de "docuverso". Nelson citou termos como "transclusão"[9] e "intertwingularity"[10] ao descrever os grandiosos e utópicos benefícios de sua estrutura integrada. O mundo finalmente seria salvo da estupidez!

Eu acreditei nele. Apesar de suas esquisitices, ficou claro para mim que um mundo vinculado com hiperlinks seria inevitável... algum dia. No entanto, olhando para trás agora, depois de 30 anos vivendo online, o que me surpreende na história das origens da web é constatar tudo o que faltava na visão de Vannevar Bush, no "docuverso" de Nelson e, especialmente, em minhas próprias expectativas. Todos nós deixamos de ver o quadro geral. Não coube nem à velha ABC nem ao jovem Yahoo! criar conteúdo para 5 mil canais da web. Em vez disso, bilhões de usuários criaram conteúdo para todos os outros bilhões de usuários. A web não teve 5 mil canais, e sim 500 milhões, gerados e abastecidos pelos usuários. A ruptura que a ABC não pôde imaginar foi que "essa coisa chamada internet" possibilitou que os consumidores, passivos e até então menosprezados, se tornassem criadores ativos. A revolução lançada pela web não ficou centrada no hipertexto e no conhecimento humano. Seu cerne foi ocupado por um novo tipo de participação, que evoluiu para se transformar em uma nova cultura baseada no compartilhamento. E as formas de "compartilhamento" possibilitadas pelos hiperlinks agora estão gerando um novo tipo de pensamento – parte humano, parte máquina – que não pode ser encontrado em nenhum outro lugar do planeta ou da história. A web desencadeou uma nova forma de tornar-se.

Nós não fomos capazes de vislumbrar o que a web se tornaria. Agora, continuamos incapazes de enxergar esse tornar-se. Somos cegos ao milagre nascido da web. Vinte anos após seu nascimento, é difícil compreender seu imenso alcance. O número total de páginas, incluindo aquelas desenvolvidas dinamicamente sob solicitação, supera os 60 trilhões.[11] Isso equivale a quase 10 mil páginas por habitante na face da Terra. E toda essa abundância de informação foi criada em menos de 8 mil dias.

A lenta acumulação de minúsculas maravilhas pode nos entorpecer para a chegada do estupendo. Hoje, por meio de qualquer janela da internet, é possível obter uma incrível variedade de músicas e vídeos, uma enciclopédia em constante evolução, previsões do tempo, anúncios classificados, imagens por satélite de qualquer lugar do planeta, notícias de todo o mundo atualizadas minuto a minuto, formulários de declaração de imposto de renda, guias de TV, mapas de estradas com orientações a cada curva, cotações de ações em tempo real, anúncios de imóveis com visitas virtuais e ofertas de preço em tempo real, fotos de praticamente qualquer coisa, placares de competições esportivas atualizados, lugares para comprar de tudo, registros de doações para campanhas políticas, catálogos de bibliotecas, manuais de eletrodomésticos, notícias ao vivo do trânsito, edições anteriores dos principais jornais... E tudo isso pode ser acessado instantaneamente.

Essas possibilidades nos tornam tão parecidos com deuses, que chega a ser assustador. Temos o poder de ver um ponto do planeta em um mapa, em uma imagem de satélite ou em uma renderização 3D, mediante um único clique. Podemos recordar o passado ou ouvir as queixas e os pedidos de praticamente qualquer pessoa que tuíta ou posta mensagens nas mídias sociais (e quem não faz isso?). Duvido que os anjos tenham uma visão melhor da humanidade.

Por que não nos impressionamos mais com tudo isso? Os reis de outrora teriam ido à guerra para conquistar tamanhas habilidades, e só crianças ousariam sonhar com uma janela mágica dessa magnitude. Repassei as expectativas dos sábios da década de 1980 e posso afirmar que ninguém nem sequer sonhava que, em 20 anos, teríamos acesso a toda essa ampla riqueza de conteúdo, disponível sob demanda e de graça. Na época, qualquer pessoa que fosse ingênua a ponto de alardear a lista anterior como uma visão do futuro próximo teria sido confrontada com a evidência incontestável: nem todas as empresas de investimento do mundo inteiro teriam fundos suficientes para bancar tantas dádivas. O sucesso da web em tamanha escala era impossível.

Entretanto, se aprendemos alguma coisa nas últimas três décadas, é que o impossível é mais plausível do que parece.

A fantasia de um mercado de pulgas virtual não chegou a ser contemplada nos intricados esboços de transclusão hipertextual de Ted Nelson. Ele esperava abrir franquias de seus sistemas de hipertexto no mundo físico, à semelhança de uma rede de pequenas cafeterias de administração familiar – os clientes iriam às lojinhas para criar ou consultar hipertextos. Em vez disso, a web explodiu em mercados de pulgas globais e abertos, com sites como eBay, Craigslist e Alibaba movimentando vários bilhões de transações por ano sem contar com loja física alguma. E eis a surpresa: os usuários fazem a maior parte do trabalho. Fotografam, catalogam, postam e realizam as próprias vendas. E também se policiam. Apesar de alguns sites efetivamente entrarem em contato com as autoridades para prender eventuais transgressores, o principal método para assegurar a justiça é um sistema de avaliações feitas pelos usuários. Três bilhões de comentários de feedback podem fazer maravilhas.

O que todos nós não enxergamos foi quanto desse admirável mundo novo online seria produzido pelos usuários, e não pelas grandes instituições. A totalidade dos conteúdos oferecidos por Facebook, YouTube, Instagram e Twitter não é criada pelos sites, mas pelo público. A ascensão da Amazon foi uma surpresa não porque ela se tornou uma "loja de tudo" (não é difícil imaginar algo assim), e sim porque seus clientes (eu e você) se dispõem a escrever as avaliações que fazem com que a ampla seleção de produtos oferecidos pelo site seja utilizável. Hoje em dia, a maioria dos grandes produtores de software mantém uma central de ajuda mínima. Seus clientes mais entusiastas orientam e ajudam os outros usuários nos fóruns de suporte da empresa na internet, atuando como um serviço de atendimento de alta qualidade para os novos compradores. E, naquela que deve ser a maior alavancagem do usuário comum, o Google está transformando o tráfego e os padrões de links gerados por 90 bilhões de buscas por mês na inteligência organizadora de uma nova economia.[12] Ninguém jamais teria previsto essa virada do tipo "de baixo para cima" há 20 anos.

Nenhum fenômeno da web foi mais desconcertante do que a infinita toca de coelho dos vídeos do YouTube e do Facebook. Tudo o que os especialistas da mídia sabiam sobre os espectadores – e eles sabiam muito – promovia a crença de que o consumidor era um sujeito passivo, que jamais se daria ao trabalho de criar o próprio entretenimento. O público não passava de uma grande massa de apáticos viciados em TV, como os mandachuvas da ABC presumiam. Todo mundo dizia que ninguém mais lia nem escrevia; que fazer música dava trabalho demais e era mais fácil deitar no sofá e ouvir; que a produção de vídeo estava simplesmente fora do alcance de amadores por causa do custo e do conhecimento técnico. As criações geradas pelos usuários jamais aconteceriam em grande escala. Se acontecessem, nunca atrairiam um público considerável e, mesmo que atraíssem, não faria a menor diferença para a mídia tradicional. Imagine o tamanho do choque de quem pensava assim ao testemunhar a ascensão quase instantânea de 50 milhões de blogs no início dos anos 2000,[13] com dois novos blogs surgindo por segundo. Alguns anos depois, veio a explosão de vídeos criados pelos usuários – nada menos de 65 mil vídeos foram postados por dia no YouTube[14] ou 300 horas de vídeo por minuto em 2015.[15] Nos últimos anos, testemunhamos a incessante divulgação de alertas, dicas e notícias pelos internautas, ou seja, cada usuário está fazendo aquilo que ABC, AOL e *USA Today* – e praticamente todo o resto do mundo – acreditavam que só ABC, AOL e *USA Today* tinham condições de fazer. Os canais criados por usuários não têm sentido algum do ponto de vista econômico. De onde vêm o tempo, a energia e os recursos para mantê-los?

Do público.

A emoção de participar leva pessoas comuns a investir energia e tempo para escrever artigos em enciclopédias gratuitas, para criar tutoriais de troca de pneu ou para catalogar os votos do Senado. Uma parcela cada vez maior da web roda com esse tipo de contribuição. Alguns anos atrás, um estudo constatou que apenas 40% da web é produzida comercialmente; o resto existe em virtude do senso de dever ou da paixão dos usuários.

Para quem viveu na era industrial (quando os bens produzidos em massa eram melhores do que qualquer coisa que eu ou você poderíamos

28 | INEVITÁVEL

fazer por conta própria), essa súbita inclinação na direção do envolvimento do consumidor é no mínimo surpreendente. Nós pensamos: "Aquela coisa amadora do tipo faça você mesmo morreu há muito tempo, na época das carruagens puxadas a cavalo". O entusiasmo por produzir coisas, por interagir com mais profundidade do que meramente escolher entre opções, é a grande força que não foi levada em consideração – nem identificada – décadas atrás, apesar de já estar se manifestando na ocasião. Esse impulso, aparentemente primitivo, à participação tem abalado a economia e está aos poucos transformando o âmbito da rede social – por meio de smart mobs, mente coletiva e ação colaborativa – no evento principal.

Quando uma empresa abre parte de seu banco de dados e de suas funcionalidades aos usuários e a outras startups por meio de uma API (interface de programação de aplicativos, na sigla em inglês) pública, como fizeram Amazon, Google, eBay, Facebook e a maioria das grandes plataformas, está elevando a participação das pessoas a novos patamares. Os usuários que se beneficiam desses recursos deixam de ser meros clientes da empresa e se tornam seus desenvolvedores, fornecedores, laboratórios e profissionais de marketing.

Com o avanço constante de novas formas de participação para os clientes e o público, a web se imiscuiu em todas as atividades e regiões do planeta. Na verdade, a ansiedade das pessoas quanto à internet não ser aceita pelo mainstream parece estranha agora. A autêntica preocupação da década de 1990 com o fato de a rede ser um âmbito predominantemente masculino não fazia sentido. Embora ninguém tenha se dado conta, o ponto de virada aconteceu no já longínquo ano de 2002, quando pela primeira vez as mulheres foram mais numerosas do que os homens no mundo online.[16] Hoje, 51% dos internautas são do sexo feminino.[17] E, naturalmente, a internet não é, nem nunca foi, um reduto adolescente. Em 2014, a idade média dos usuários era de reumáticos 44 anos.[18]

E poderia haver um marco melhor de aceitação universal do que a adoção da internet pelos *amish*? Outro dia, fui visitar alguns agricultores dessa denominação religiosa. Eles correspondem perfeitamente ao arquétipo: homens de chapéu de palha e barba mal-aparada, mulheres de gorro, nada de eletricidade, telefones ou televisores, e charretes puxadas por cavalo. Os *amish* têm a injusta reputação de resistir a todo tipo de tecnologia, quando na verdade apenas demoram muito para adotar certas novidades. Ainda assim, fiquei surpreso ao ouvi-los mencionar seus websites.

"Sites *amish*?", perguntei.

"Para anunciar o negócio de nossa família. Nós fazemos churrasqueiras em nossa oficina."

"Sim, mas..."

"Ah, nós usamos a internet na biblioteca pública. E o Yahoo!."

Foi aí que entendi que a internet tinha dominado o mundo. Todos nós estamos nos tornando algo novo.

Quando tentamos imaginar como será essa exuberante internet daqui a três décadas, tendemos a pensar em uma web melhorada, 2.0. Entretanto, a web em 2050 não vai ser uma web melhor, assim como sua primeira versão não foi uma TV melhor, com mais canais. A futura web vai tornar-se algo novo, tão distinta da atual quanto a primeira foi diferente da TV.

No sentido técnico estrito, a web hoje pode ser definida como a soma de todas as coisas que podemos procurar no Google, ou seja, todos os arquivos acessíveis por meio de um hiperlink. Atualmente, grandes porções do mundo digital não podem ser encontradas no Google. Muito do que acontece no Facebook, ou em um app de celular, ou em um mundo virtual, ou até em um vídeo, ainda não pode ser pesquisado. Contudo, daqui a 30 anos, sim. Os tentáculos dos hiperlinks continuarão a se expandir para conectar todos os bits. Os eventos que ocorrem em um console de videogame serão tão pesquisáveis quanto as notícias de um país. Vamos ser capazes de procurar coisas que acontecem em um vídeo do YouTube. Digamos que você queira encontrar pelo celular o momento exato em que sua irmã soube que conseguiu entrar na faculdade dos sonhos. A web vai permitir isso. E essa possibilidade também se estenderá aos objetos físicos, tanto os feitos pelo homem como os naturais. Um minúsculo chip, quase gratuito, incorporado a produtos vai conectar esses objetos à web e integrar os dados deles. A maioria de seus bens pessoais será conectada, permitindo-lhe fazer buscas em seu quarto ou em sua casa pelo Google. Já temos uma ideia de como será isso. Hoje posso controlar o sistema de ar-condicionado de minha casa ou meu aparelho de som por meio do celular. Daqui a três décadas, o resto do mundo se juntará a meus dispositivos. Ninguém vai se surpreender quando a web se expandir para as dimensões do planeta físico.

E também se expandirá no tempo. A web dos dias atuais é extremamente ignorante no que diz respeito ao passado. Pode exibir um vídeo ao vivo de uma webcam instalada na Praça Tahrir, no Egito, mas um pouco mais difícil acessar as imagens de um ano atrás. Não é fácil visualizar uma versão anterior de um site. Daqui a 30 anos, porém, teremos escalas temporais que nos permitirão ver qualquer versão passada. Assim como as instruções de navegação do celular para dirigir pela cidade são aprimoradas com a inclusão de dias, semanas e meses anteriores de padrões de trânsito, a web de 2050 também contará com informações do contexto do passado. E ainda vai se estender para o futuro.

A partir do momento em que você acorda, a web já tenta se adiantar a suas intenções. Observando seus hábitos, ela busca se antecipar para lhe dar a resposta a uma pergunta quase antes de você fazê-la. Ela foi projetada para lhe entregar os arquivos de que precisa antes de sua reunião de trabalho e também para sugerir o lugar perfeito para almoçar com seu amigo, baseando a escolha no clima, em sua localização, em suas refeições durante a última semana e em todos os outros fatores que você mesmo poderia levar em consideração para tomar a decisão. Você vai dialogar com a web. Em vez de passar os olhos por milhares de fotos de amigos no celular, poderá simplesmente pedir ao aparelho que localize determinada pessoa. A web vai prever quais fotos você gostaria de ver e, dependendo de sua reação, mostrar mais fotos desse amigo ou as de outro. Ou, se sua próxima reunião de trabalho estiver prestes a começar, a web exibirá os dois e-mails que você precisaria consultar previamente. A web será cada vez mais parecida com uma presença com a qual você vai se relacionar e não mais com um lugar em que se faz coisas (como o famoso ciberespaço da década de 1980). Essa presença será discreta e constante, como a eletricidade: sempre ao redor, sempre ligada, sempre invisível. Em 2050, já estaremos pensando na web como uma espécie de diálogo constante.

Essa conversa melhorada abrirá as portas para muitas novas possibilidades. No entanto, o mundo digital já parece inchado demais, com tantas opções. A sensação é a de que não há espaço sobrando para acomodar qualquer coisa verdadeiramente nova nos próximos anos.

Dá para imaginar como teria sido incrível ser um empreendedor ambicioso nos idos de 1985, no despontar da internet? Naquele tempo, praticamente qualquer domínio estava disponível. Bastava pedir o que você quisesse: domínios de uma só palavra, nomes comuns... E nem era preciso pagar para registrá-los. Essa enorme oportunidade se manteve por anos. Em 1994, um redator da *Wired* notou que o domínio mcdonalds.com ainda não tinha sido registrado[19] e, mediante um empurrãozinho de minha parte, decidiu registrá-lo como seu. Feito isso, tentou, sem sucesso, *ceder* o domínio ao McDonald's, mas a empresa era tão desinformada sobre a internet, que a situação chegava a ser hilária. A história se transformou em um famoso artigo publicado na *Wired*.

A internet constituía uma verdadeira terra de ninguém. Era fácil ser o primeiro em qualquer categoria que você escolhesse. Os consumidores não esperavam muito e as barreiras eram extremamente baixas. Crie um motor de busca! Seja o primeiro a abrir uma loja online! Distribua vídeos amadores! É claro, esse foi o cenário daquela época. Olhando para trás agora, parece que ondas e mais ondas de colonos adentraram o território, demolindo tudo pelo caminho e construindo todo tipo de empreendimento possível. Restaram apenas os territórios mais difíceis e arriscados para os recém-chegados de hoje. Trinta anos depois, a internet parece saturada de apps, plataformas, dispositivos e conteúdo mais do que suficientes para ocupar nossa atenção nos próximos milhões de anos. Mesmo que você conseguisse introduzir alguma minúscula inovação, quem a notaria em meio à abundância milagrosa que se estende diante de nossos olhos?

Mas... a verdade é a seguinte: em termos de internet, nada aconteceu ainda! Ela se encontra no início de seu início. Está apenas se tornando algo. Se pudéssemos entrar em uma máquina do tempo, viajar 30 anos no futuro e, desse ponto de vista privilegiado, observar o que temos hoje, perceberíamos que a maioria dos melhores produtos que dominam a vida dos cidadãos em 2050 só foi inventada depois de 2016. As pessoas do futuro olhariam para seus holodecks, suas lentes de contato de realidade virtual, seus avatares baixados da internet e suas interfaces de inteligência artificial e, então, diriam: "Ah, mas vocês não tinham uma internet" – ou qualquer outro nome que ela viesse a ter – "de verdade naquela época".

E elas estariam certas, porque, dessa nova perspectiva, todas as melhores coisas online da primeira metade deste século já ficaram para trás. Todas essas invenções milagrosas estão à espera de um maluco visionário que desconheça o significado do impossível e consiga encontrar o melhor uso para esses frutos da tecnologia – que, de certa maneira, equivalem à abundância de nomes de domínio disponíveis para as ponto.com de 1984.

Os sujeitos grisalhos de 2050 também diriam: "Já pensou como teria sido incrível ser um inovador em 2016? Era uma verdadeira terra de ninguém na época! Dava para escolher praticamente qualquer categoria, salpicar a coisa com uma pitada de inteligência artificial e colocá-la na nuvem. Poucos dispositivos tinham mais de um ou dois sensores incorporados, ao contrário das atuais centenas de sensores. As expectativas e as barreiras eram baixas. Era fácil ser o primeiro". E eles suspirariam: "Ah, se a gente tivesse percebido como tudo era possível naquele tempo!".

A verdade é que hoje é o melhor dia para começar. Nunca houve um dia melhor em toda a história do mundo para inventar. Nunca houve um momento melhor, com mais oportunidades, mais aberturas, barreiras mais baixas, melhor risco / benefício, melhores retornos e melhores vantagens do que agora, neste minuto. É para este momento que o pessoal do futuro vai olhar pelo retrovisor e imaginar: "Ah, como teria sido incrível viver naquela época!".

Os últimos 30 anos estabeleceram um ponto de partida maravilhoso, uma plataforma sólida para criar coisas verdadeiramente incríveis. No entanto, o que está por vir será diferente. Estará além do que temos hoje. Não terá nada a ver com o que vemos atualmente. As coisas que produziremos estarão constante e implacavelmente se tornando outras coisas. E as coisas mais legais ainda não foram inventadas.

Hoje é verdadeiramente uma terra de ninguém, aberta a qualquer um. Todos nós estamos nos tornando algo que nem sabemos o que é. Vivemos a melhor época de toda a história da humanidade para começar.

Você chegou bem a tempo.

2
COGNIFICAR

É difícil imaginar algo mais revolucionário, capaz de "mudar tudo", do que a barata, poderosa e ubíqua inteligência artificial (IA). Em primeiro lugar, nada é tão consequente quanto uma coisa estúpida se tornar inteligente. Até uma dose mínima de inteligência incorporada a um processo existente eleva a eficácia do sistema a outro patamar. As vantagens resultantes daquilo que chamo de "cognificar", ou seja, de inserir IA em coisas inertes, revolucionariam nossa vida em uma escala muito maior do que as transformações resultantes da industrialização.

De preferência, essa inteligência adicional deveria ser não apenas barata, mas gratuita. Da mesma forma que os recursos de uso livre da web, a IA gratuita impulsionaria o comércio e a ciência como nenhuma outra força que se poderia imaginar – e se pagaria em um piscar de olhos. Até recentemente, as pessoas em geral acreditavam que os supercomputadores seriam os primeiros a abrigar essa mente sintética. Talvez depois minmentes equipariam nossas casas para, em seguida, entrar na cabeça de nossos robôs pessoais. Cada IA seria uma entidade delimitada e coesa: conseguiríamos saber onde nossos pensamentos terminariam e onde começariam os dela.

No entanto, a primeira IA de verdade não nascerá em um supercomputador independente, mas no superorganismo composto de 1 bilhão de chips conhecido como internet. Embora de dimensões planetárias, ela será discreta, embutida e livremente conectada. Será difícil dizer onde os pensamentos da IA começarão e onde os nossos terminarão.

34 | INEVITÁVEL

Qualquer dispositivo conectado a ela em rede vai se beneficiar de – e contribuir para – sua inteligência. Solitária e isolada, uma IA não terá como aprender tão rápido nem de maneira tão eficaz quanto se estiver conectada a 7 bilhões de mentes humanas, além de quintilhões de transistores online, centenas de exabytes de dados da vida real e ciclos de feedback autocorretivos de toda a civilização. Assim, a própria rede se cognificará, transformando-se em algo que misteriosamente ficará cada vez melhor. Mentes sintéticas independentes e isoladas poderão existir, mas provavelmente serão deficientes: um luxo para quem se dispuser a pagar por IA móvel e portátil, para usar em localidades remotas.

Quando a emergente IA se tornar real, sua própria ubiquidade vai ocultá-la. Usaremos sua crescente capacidade em todo tipo de tarefa monótona, porém ela não terá rosto, será invisível. Haverá 1 milhão de maneiras diferentes de acessar essa inteligência distribuída, por meio de qualquer tela digital em qualquer lugar do planeta, de modo que vai ser difícil entender onde exatamente ela está. E, como se trata de uma combinação da inteligência sintética com a humana (todo o nosso aprendizado do passado, todas as pessoas da comunidade online), também será difícil definir exatamente *o que* ela é. Seria nossa memória? Um acordo consensual? Nós a buscamos ou é ela que nos busca?

O advento do pensamento artificial acelera todas as outras rupturas que descrevo neste livro. A IA será a força primordial no futuro. Podemos afirmar com absoluta certeza que a cognificação é inevitável, uma vez que ela já está entre nós.

Dois anos atrás, visitei o campus arborizado dos laboratórios de pesquisa da IBM em Yorktown Heights, Nova York, a fim de dar uma primeira olhada nessa inteligência artificial que, embora esteja surgindo rapidamente, já chega com muito atraso. O campus é o lar de Watson, o gênio eletrônico que em 2011 venceu o *Jeopardy!*, famoso quiz show da TV norte-americana. O Watson original continua lá: tem mais ou menos o tamanho de um dormitório, com dez máquinas no formato de geladeira compondo quatro paredes. A minúscula cavidade interior dá aos técnicos acesso ao emaranhado de fios e cabos da parte traseira das máquinas. É surpreendentemente morno ali dentro, como se fosse um organismo vivo.

O Watson de hoje em dia é muito diferente. Ele já não existe apenas entre as paredes de gabinetes; está espalhado em uma nuvem formada por servidores de padrão aberto rodando várias centenas de "instâncias" de IA ao mesmo tempo.[1] Como tudo o que está na nuvem, o Watson é apresentado simultaneamente a usuários em qualquer lugar do mundo, os quais podem acessá-lo usando celular, desktop ou o próprio servidor de dados. É possível escalar esse tipo de IA para cima ou para baixo sob demanda. Como melhora conforme as pessoas o usam, o Watson fica sempre mais inteligente. Tudo o que aprende em uma instância pode ser rapidamente transferido para as outras. E, em vez de um único programa isolado, o Watson é um agregado de diversos softwares funcionais – o bloco de lógica e dedução e o bloco de análise de linguagem podem operar com códigos diferentes, em chips diferentes, em locais diferentes –, todos engenhosamente integrados em um fluxo de inteligência unificado.

Os consumidores podem se beneficiar diretamente da capacidade do Watson, mas também se valer de apps terceirizados que mobilizam o poder dessa nuvem. A exemplo de muitos pais de crianças brilhantes, a IBM gostaria que o Watson fosse doutor quando crescesse e, de fato, sem surpresa, a principal aplicação em desenvolvimento atualmente é uma ferramenta de diagnóstico médico. A maioria das tentativas anteriores de criar uma IA de diagnóstico não passou da etapa do fracasso patético, enquanto o Watson funciona de verdade. Quando lhe informei, em linguagem simples e leiga, os sintomas de uma doença que certa vez contraí na Índia, ele exibiu uma lista de possíveis diagnósticos, organizada conforme a probabilidade, em ordem decrescente, e o mais provável, sentenciou, seria giardíase – a resposta correta. Esse conhecimento ainda não foi disponibilizado diretamente aos pacientes comuns. A IBM fornece a inteligência médica do Watson a parceiros como a CVS, cadeia de farmácias norte-americana, ajudando-a a desenvolver, com base nos dados coletados pela rede, orientações de saúde personalizadas para clientes portadores de doenças crônicas. "Acredito que, em breve, algo como o Watson será o melhor diagnosticador do mundo, incluindo tanto máquinas como seres humanos",[2] diz Alan Greene, diretor médico da

Scanadu, startup que desenvolve um dispositivo de diagnose com IA incorporada – ideia inspirada no fictício *tricorder* médico de *Star Trek*. "Na velocidade em que a tecnologia de IA está melhorando, um bebê nascido hoje dificilmente vai precisar consultar um médico para obter um diagnóstico quando crescer."

A medicina é apenas o começo. Todas as principais empresas da nuvem, além de dezenas de startups, disputam uma corrida alucinada para lançar algum serviço cognitivo ao estilo do Watson. De acordo com a companhia de análise Quid, o setor de IA atraiu investimentos de US$ 18 bilhões desde 2009.[3] Só em 2014, mais de US$ 2 bilhões foram injetados em 322 organizações com tecnologia similar à IA. Facebook, Google e seus equivalentes chineses, TenCent e Baidu, recrutaram especialistas para atuar em suas equipes internas de pesquisa de inteligência artificial.[4] Por sua vez, Yahoo!, Intel, Dropbox, LinkedIn, Pinterest e Twitter vêm adquirindo empresas desenvolvedoras de IA desde 2014.[5] O investimento privado no setor tem crescido em média 70% ao ano nos últimos quatro anos,[6] taxa que tende a se manter.

Uma das companhias de IA em estágio inicial adquiridas pelo Google é a DeepMind, sediada em Londres. Em 2015, pesquisadores da DeepMind publicaram um artigo na revista *Nature* descrevendo como ensinaram uma IA a aprender a jogar games da era dos fliperamas, nos anos 1980, como o *Video Pinball*.[7] Não foi ensinado como jogar, e sim como *aprender a jogar*, o que faz uma enorme diferença. Os pesquisadores deram um game do Atari, como o *Breakout*, uma variante do *Pong*, a uma IA baseada em nuvem e ela aprendeu por conta própria a aumentar sua pontuação. Um vídeo do progresso da IA no jogo é simplesmente impressionante: ela começa jogando quase aleatoriamente, mas vai melhorando aos poucos. Após meia hora, a taxa de erros cai para apenas um em cada quatro vezes. Por volta da 300ª tentativa, depois de uma hora jogando, a IA deixa de errar. E continua aprendendo tão rápido que, na segunda hora, consegue encontrar uma brecha no game *Breakout* que nenhum dos milhões de jogadores humanos tinha descoberto. Esse hack permitiu à IA vencer o desafio contornando uma parede por um túnel, solução que nem mesmo os criadores do jogo jamais imaginaram. Ao fim de várias horas jogando, sem orientação alguma dos pesquisadores da DeepMind, os algoritmos, chamados de aprendizado de máquina por reforço profundo, foram capazes de vencer os seres humanos em metade dos 49 videogames do Atari que aprenderam a jogar. Inteligências artificiais como essa ficam mais capazes a cada mês, ao contrário dos jogadores humanos.

Em meio a toda essa atividade, já podemos vislumbrar o futuro da IA. Esse cenário não envolve nem o HAL 9000 – a discreta máquina autônoma do filme *2001, Uma Odisseia no Espaço*, animada por uma carismática (e potencialmente homicida) consciência similar à humana – nem o arrebatamento da singularidade tecnológica. A inteligência artificial que já podemos ver despontando no horizonte é mais parecida com a Amazon Web Services – barata, confiável, com sua perspicácia em escala industrial por trás de tudo e quase invisível, exceto quando pisca ao ser desligada. Esse serviço público vai oferecer todo o QI que desejarmos, mas não mais do que precisaremos. Bastará conectar-se à rede para receber a IA como se fosse energia elétrica. Ela vai dar vida a objetos inertes, da mesma forma que a eletricidade fez mais de um século atrás. Há três gerações, muitos cientistas malucos fizeram fortunas criando versões elétricas para ferramentas e equipamentos comuns – por exemplo, a bomba manual e a máquina de lavar mecânica. Os empreendedores daquela época não precisavam gerar a eletricidade. Eles a compravam na rede elétrica para automatizar o que antes era manual. Agora vamos cognificar aquilo que eletrificamos no passado. Praticamente tudo o que imaginarmos pode se tornar algo novo, diferente ou mais valioso com uma injeção de QI. Com efeito, é fácil prever como serão os planos de negócio das próximas 10 mil startups: "Pegue X e adicione IA. Encontre algo que pode ser melhorado e o transforme por meio da inteligência online".

Um excelente exemplo da magia proporcionada quando se adiciona IA a X está na fotografia. Na década de 1970, eu era fotógrafo de viagem, arrastando de um lado ao outro uma pesada mala cheia de equipamentos. Além da mochila com 500 rolos de filme, levava duas desengonçadas câmeras Nikon, um flash e cinco robustas lentes de vidro, com mais de meio quilo cada uma. Para tirar uma boa foto, eram necessários um "grande vidro" para capturar fótons em ambientes com pouca iluminação e caixas seladas à prova de luz, dotadas de maravilhas da engenharia mecânica para focar, medir e refratar a luz em milésimos

38 | INEVITÁVEL

de segundo. O que aconteceu depois? Hoje, minha Nikon compacta não pesa quase nada, tira fotos praticamente no escuro e é capaz de dar um zoom desde meu nariz até o infinito. A câmera de meu celular, claro, é ainda menor, está sempre comigo e pode criar imagens tão boas quanto minhas antigas, pesadas e desajeitadas geringonças mecânicas. As novas máquinas são menores, mais rápidas, mais silenciosas e mais econômicas, não apenas por causa dos avanços na área da miniaturização, mas porque grande parte dos dispositivos tradicionais foi substituída pela inteligência. O X da fotografia foi cognificado. As câmeras dos celulares contemporâneos eliminaram as camadas de vidro pesado na medida em que ganharam algoritmos e computação para fazer o trabalho que antes era feito pelas lentes físicas. Elas usam a inteligência intangível para substituir um obturador físico. A câmara escura e o filme foram substituídos por mais computação e inteligência óptica. Já existem projetos para uma câmera toda achatada, sem lente. No lugar do vidro, um sensor de luz perfeitamente plano utiliza quantidades insanas de cognição computacional para processar uma imagem a partir dos diferentes raios luminosos que incidem sobre ele. A cognificação da fotografia revolucionou a área porque a inteligência permite que as câmeras caibam em qualquer coisa (em óculos de sol, em peças de roupa, em canetas) e tenham mais desempenho, incluindo calcular 3D, HD e muitas outras opções que, antes, só estariam ao alcance de quem tivesse uma van recheada com US$ 100 mil em equipamentos. Agora, a fotografia cognificada é algo que praticamente qualquer dispositivo executa, mesmo aqueles cuja função primária não é fotografar.

Transformação similar está prestes a ocorrer em todos os outros X de nossa vida. Tome como exemplo a área da química, que requer laboratórios cheios de tubos de ensaio, pipetas e béqueres repletos de soluções. Mover átomos... Qual trabalho poderia ser mais físico do que esse? Ao adicionar IA à química, no entanto, os cientistas podem fazer experimentos virtuais. É possível explorar virtualmente números absurdos de combinações químicas a fim de selecionar apenas alguns poucos compostos promissores, que valham a pena examinar em laboratório, com mais acuidade. O X também pode ser algo de baixa tecnologia, como o design de interiores. Basta acrescentar IA a um sistema que identifica os níveis de interesse dos clientes enquanto percorrem simulações de ambientes decorados. A IA analisa as reações deles, distingue padrões e, com base nesses dados, altera, ajusta e incorpora detalhes de design a novas simulações de ambientes decorados, que também serão testadas. Pela repetição constante desses testes, a IA aprende a criar o design ideal para cada pessoa. Também se pode cognificar com sucesso a área do direito, com a IA a serviço de vascular montanhas de documentos para encontrar incongruências entre os casos estudados ou para compilar argumentos legais.

A lista dos X é interminável. Quanto mais improvável o campo de aplicação, mais a inclusão da inteligência artificial será eficaz. Investimentos cognificados? Isso já acontece em empresas como a Betterment ou a Wealthfront,[8] que incluem IA no gerenciamento dos índices das ações para otimizar estratégias fiscais ou equilibrar portfólios de investimento. Trata-se do tipo de trabalho que um gestor de recursos financeiros poderia fazer uma vez por ano, mas que a IA tem como executar todos os dias ou de hora em hora.

Veja outras áreas improváveis prontas para serem revolucionadas pela inteligência artificial:

Música cognificada – Poderá ser criada em tempo real com base em algoritmos e usada como trilha sonora de um videogame ou de um mundo virtual. Dependendo de suas ações durante o jogo, a música mudará. Centenas de horas de música original e sob medida poderão ser compostas para cada jogador.

Lavanderia cognificada – Roupas "dirão" às máquinas de lavar como "querem" ser lavadas. O ciclo de lavagem se ajustará ao conteúdo de cada carga, de acordo com as orientações das roupas inteligentes.

Marketing cognificado – A quantidade de atenção que um leitor ou espectador dedica a um anúncio poderá ser multiplicada pela influência social desse indivíduo (número de seus seguidores e a influência exercida sobre eles). Com base nesses dados, será possível otimizar os níveis de atenção e influência. Pensando em uma escala de milhões de pessoas, este será um trabalho para a IA.

Imobiliária cognificada – Compradores e vendedores se aproximarão por meio de uma IA capaz de mostrar opções do tipo "pessoas que gostaram deste apartamento também gostaram desses". O sistema poderá, ainda, gerar um plano de financiamento de acordo com as circunstâncias específicas do comprador.

Enfermagem cognificada – Com base em dados de sensores de monitoramento de sinais vitais ligados aos pacientes 24 horas por dia, a IA recomendará tratamentos altamente personalizados, que serão refinados todos os dias conforme a evolução do quadro de saúde.

Construção civil cognificada – Imagine um software de gerenciamento de projetos esperto o suficiente para levar em conta previsões meteorológicas, atrasos no tráfego portuário, taxas de câmbio e acidentes, além de sugerir alterações para não prejudicar o andamento das obras.

Ética cognificada – Será preciso ensinar prioridades e normas de comportamento aos carros autônomos. A segurança dos pedestres deverá preceder a dos motoristas. Qualquer outra coisa com alguma autonomia real que dependa de normas também necessitará de um código de ética inteligente.

Brinquedos cognificados – Os Furbies eram primitivos em comparação com o enorme apelo que um brinquedo inteligente, parecido com um bichinho de estimação, evocará no público. Quem não vai gostar de brinquedos capazes de dialogar com as crianças? As bonecas provavelmente serão os primeiros robôs realmente populares.

Esportes cognificados – Sensores inteligentes e IA poderão criar novas maneiras de marcar pontos e arbitrar jogos esportivos, monitorando e interpretando jogadas e movimentos sutis dos atletas. Além disso, estatísticas refinadíssimas poderão ser extraídas de cada segundo da atividade dos esportistas para criar ligas de elite em fantasy games.

Tricô cognificado – Quem sabe? Mas vai acontecer!

Cognificar o mundo vai revolucionar a vida, e isso já está acontecendo neste exato momento.

Por volta de 2002, fui a uma festa particular do Google, antes de sua oferta pública inicial de ações, quando ainda era uma pequena empresa focada somente em buscas. Puxei conversa com Larry Page, seu brilhante cofundador: "Larry, eu ainda não entendi. Já existem muitas empresas de busca na internet. Por que oferecer buscas de graça? O que vocês vão ganhar com isso?". Minha cegueira pouco imaginativa é um excelente exemplo da dificuldade geral de fazer boas previsões, mas, em minha defesa, essa conversa aconteceu antes de o Google lançar seu esquema de leilão de anúncios para gerar uma renda concreta – e, também, muito antes do YouTube ou de quaisquer outras aquisições importantes. Eu não era o único ávido usuário do buscador Google que achava que a farra gratuita não duraria muito. Nunca me esqueci da resposta de Page: "Ah... Na verdade, o que a gente está fazendo é uma inteligência artificial".

Pensei muito sobre essa conversa nos últimos anos, quando o Google adquiriu outras 13 empresas de IA e de robótica, além da DeepMind. À primeira vista, o Google estaria apenas reforçando sua carteira de inteligência artificial para melhorar as funcionalidades de busca, uma vez que as buscas constituem 80% da receita da companhia.[9] No entanto, creio que esse é um jeito retrógrado de raciocinar. Em vez de usar IA para melhorar seus mecanismos de busca, o Google está usando as buscas para melhorar sua IA. Cada vez que você pesquisa no site, clica em um link gerado por uma busca ou cria uma busca na web, está treinando a inteligência artificial do Google. Quando digita "coelhinho da Páscoa" na barra de pesquisa de imagens e clica na ilustração mais parecida com o que tinha em mente, está ensinando o Google como um coelhinho da Páscoa deve se parecer. Cada uma dos 3 bilhões de buscas que o Google conduz *todo dia* é uma aula particular de aprendizado para sua IA, vez após vez.[10] Com mais dez anos de melhoria contínua em seus algoritmos, mil vezes mais dados e cem vezes mais capacidade computacional, o Google terá uma IA inigualável. Em uma teleconferência no último trimestre de 2015, Sundar Pichai, CEO do Google, declarou que a IA seria "uma forma transformativa básica na qual estamos repensando tudo o que fazemos. [...] Estamos aplicando a inteligência artificial em todos os nossos produtos, incluindo as buscas, o YouTube, o Play etc.".[11] Minha previsão: em 2026, o principal produto da empresa não será mais a busca, mas a IA.

Nesse ponto, é justo que muitos ainda se mostrem céticos. Por quase seis décadas, os pesquisadores da área vinham prevendo que a

IA estaria logo ali, no futuro próximo, mas até alguns anos atrás parecia que a tecnologia jamais sairia do papel. Chegou a ser cunhado um termo para descrever a era em que as pesquisas no setor tinham parcos resultados e financiamento ainda mais minguado: o inverno da IA.[12] Será que alguma coisa de fato mudou?

Sim. Três avanços recentes desencadearam o advento há muito aguardado da inteligência artificial:

1. COMPUTAÇÃO PARALELA BARATA

Pensar é um processo inerentemente paralelo. Bilhões de neurônios são acionados simultaneamente no cérebro para criar ondas sincrônicas de computação.[13] Criar uma rede neural – a arquitetura primária do software de IA – também requer a ocorrência simultânea de muitos processos diferentes. Cada nó de uma rede neural imita vagamente um neurônio do cérebro, interagindo mutuamente com seus vizinhos para interpretar os sinais recebidos. Para reconhecer uma palavra falada, um programa deve ser capaz de ouvir cada fonema relacionando-se com os outros fonemas; para identificar uma imagem, precisa interpretar cada pixel no contexto dos pixels que o cercam. São típicas tarefas paralelas do cérebro humano. Entretanto, até tempos recentes, o processador de computador típico só conseguia processar uma coisa por vez.

Isso começou a mudar há mais de uma década, quando um novo tipo de chip, chamado unidade de processamento gráfico (GPU, na sigla em inglês), foi projetado para dar conta das demandas intensamente visuais – e paralelas – dos videogames, nos quais milhões de pixels de uma imagem tinham de ser recalculados muitas vezes por segundo. Isso exigia um chip de computação paralela especializado, incluído como um suplemento da placa-mãe do PC. Os chips gráficos paralelos funcionaram às mil maravilhas e os games ganharam popularidade. Em 2005, as GPUs já eram produzidas em enormes quantidades, o que barateou seu custo a ponto de torná-las praticamente uma commodity. Em 2009, Andrew Ng e uma equipe da Stanford University perceberam que os chips GPU poderiam rodar redes neurais em paralelo.[14]

Essa descoberta descortinou grandes possibilidades para as redes neurais, as quais podem incluir centenas de milhões de conexões entre seus nós. Processadores tradicionais exigiam várias semanas para calcular as possibilidades em cascata de uma rede neural com 100 milhões de parâmetros. Andrew Ng descobriu que um cluster de GPUs poderia fazer a mesma coisa em um único dia. Hoje, já é comum a utilização de redes neurais rodando em GPUs[15] por empresas habilitadas na nuvem – é o que faz o Facebook ao identificar pessoas em fotos ou a Netflix ao fazer recomendações confiáveis para seus mais de 50 milhões de assinantes.

2. BIG DATA

Toda inteligência precisa ser ensinada. O cérebro humano, geneticamente configurado para categorizar as coisas, tem de ver uma dúzia de exemplos na infância antes de conseguir distinguir entre gatos e cachorros.[16] Essa premissa é especialmente verdadeira para mentes artificiais. Até o mais bem programado computador do mundo precisa jogar pelo menos mil partidas de xadrez antes de se tornar um bom enxadrista.[17] Parte do avanço da IA baseia-se na incrível avalanche de dados coletados sobre o mundo, o que proporciona toda a educação de que ela precisa. Bancos de dados gigantescos, automonitoramento, cookies da web, pegadas online, terabytes de armazenamento, décadas de resultados de buscas, a Wikipédia e todo o universo digital cumprem o papel de professores da IA. De acordo com a explicação de Andrew Ng: "A inteligência artificial é como construir uma nave espacial. Você precisa de um motor enorme e muito combustível. O motor da nave espacial equivale aos algoritmos de aprendizado, mas o combustível é o enorme volume de dados que alimenta esses algoritmos".[18]

3. ALGORITMOS MELHORES

As redes neurais digitais foram inventadas nos anos 1950, porém os cientistas da computação levaram décadas para aprender a dominar as incrivelmente vastas relações combinatórias entre 1 milhão – ou 100 milhões – de neurônios. A solução foi organizar as redes neurais em camadas empilhadas. Considere a tarefa relativamente simples de reconhecer que um rosto é um rosto. Quando um grupo de bits de uma rede neural aciona um padrão – a imagem de um olho, por exemplo –, esse resultado

("É um olho!") é enviado a outro nível da rede neural para análise posterior. O próximo nível pode agrupar esse olho a outro olho, transmitindo esse significado a outro nível de estrutura hierárquica, o qual associa o par de olhos ao padrão de um nariz. Muitos milhões desses nós (cada um produzindo um cálculo e alimentando outros nós a seu redor) podem ser necessários, empilhados em até 15 níveis, para reconhecer um rosto humano. Em 2006, Geoffrey Hinton,[19] então na University of Toronto, fez um ajuste importante nesse método, que apelidou de "aprendizado profundo".[20] Hinton otimizou matematicamente os resultados de cada camada de rede neural para que o aprendizado se acumulasse mais rapidamente conforme fosse processado pilha acima. Os algoritmos de aprendizado profundo foram enormemente acelerados alguns anos depois, quando levados às GPUs. O código de aprendizado profundo por si só é insuficiente para gerar um pensamento lógico complexo, mas constitui um componente essencial de todas as inteligências artificiais atuais, incluindo o Watson, da IBM, a DeepMind, o motor de busca do Google e os algoritmos do Facebook.

Essa tempestade perfeita de computação paralela barata, volume de dados maior e algoritmos mais profundos gerou o sucesso "da noite para o dia" que levou 60 anos para se formar: a IA. Tamanha convergência sugere que, se essas tendências tecnológicas se mantiverem – e não há razão para supor que isso não vá acontecer –, a IA continuará melhorando.

Enquanto isso se desenrola, a IA baseada em nuvem se tornará uma parte cada vez mais arraigada da vida cotidiana. No entanto, isso também terá seu preço. A computação em nuvem reforça a lei dos rendimentos crescentes, às vezes chamada de efeito de rede,[21] que sustenta que o valor de uma rede aumenta muito mais rápido à medida que ela cresce. Quanto maior a rede, mais ela atrai usuários, o que faz com que cresça e, em consequência, exerça maior apelo e atraia mais pessoas... e assim por diante. Uma nuvem que hospede uma IA obedecerá à mesma lei. Quanto mais pessoas usarem a IA, mais inteligente ela ficará. E, quanto mais inteligente ela for, maior será o número de pessoas atraídas a usá-la, o que a tornará mais inteligente, e por aí vai. Quando uma empresa entra nesse círculo virtuoso, tende a crescer tanto e tão rápido que supera quaisquer concorrentes. É de esperar, portanto, que toda IA no futuro seja governada por uma oligarquia composta de duas ou três poderosas inteligências comerciais, baseadas na nuvem e de uso geral.

Em 1997, um precursor do Watson, o Deep Blue, da IBM, derrotou o grande mestre e campeão de xadrez Garry Kasparov em uma histórica partida de homem contra máquina.[22] Depois que os computadores repetiram suas vitórias em mais algumas disputas, os seres humanos perderam o interesse em competições como essas. Você até pode achar que esse foi o fim da história (se não o fim da história humana), mas Kasparov percebeu que poderia ter jogado melhor contra o Deep Blue se tivesse o mesmo acesso imediato ao enorme banco de dados de seu adversário, contendo toda a sua movimentação de peças anterior no tabuleiro de xadrez. Se era justo que essa ferramenta de banco de dados fosse usada por uma IA, por que não seria para um ser humano? Por que não ampliar o cérebro humano da mesma forma que o Deep Blue foi aperfeiçoado? Seguindo essa ideia, Kasparov desbravou o conceito de partidas de homem *mais* máquina, nas quais a IA soma forças com enxadristas humanos em vez de competir contra eles.[23]

Hoje enquadradas na modalidade de xadrez avançado,[24] essas partidas são como lutas de artes marciais mistas, nas quais os jogadores usam as técnicas de combate que quiserem. O enxadrista pode jogar autonomamente, servir apenas como mão humana que move as peças de acordo com as instruções de seu computador superinteligente ou, ainda, disputar como jogador "centauro" – meio humano, meio IA –, seguindo a linha de Kasparov. Um enxadrista centauro terá acesso às sugestões da IA, mas pode optar por ignorá-las, assim como um motorista usa o sistema de navegação GPS no carro. No campeonato Freestyle Battle de 2014, aberto a todas as modalidades de jogo, a inteligência artificial pura venceu 42 jogos, e os centauros, 53.[25] Hoje, o melhor enxadrista vivo é um centauro que atende pelo nome Intagrand – na verdade, trata-se de uma equipe composta de seres humanos e vários programas de xadrez.[26]

O mais surpreendente é que o advento da IA não reduz o desempenho dos enxadristas puramente humanos. Ao contrário. Programas de xadrez baratos e superinteligentes têm inspirado cada vez mais pessoas a se dedicar ao tabuleiro: a frequência aos torneios é maior do que nunca e os jogadores jamais tiveram tão alto nível. Desde que o Deep Blue derrotou Kasparov, o número de grandes mestres dobrou. O enxadrista que hoje encabeça o ranking mundial, Magnus Carlsen, foi treinado com inteligências artificiais e é considerado, entre todos os jogadores humanos, o que mais se assemelha a um computador. Carlsen também atingiu o melhor rating entre os grandes mestres de todos os tempos.[27]

Se a IA consegue ajudar pessoas a se tornar enxadristas melhores, faz sentido pensar que ela também pode nos tornar melhores pilotos, melhores médicos, melhores juízes, melhores professores.

No entanto, a maior parte do trabalho comercial realizado pela IA será feita por programas não humanos. Basicamente, a IA será composta de cérebros informatizados voltados a propósitos específicos, capazes de, por exemplo, traduzir qualquer idioma para qualquer outro, mas que não farão muito mais. Poderão também dirigir um carro, mas não conversar. Vão se lembrar de cada pixel de todos os vídeos do YouTube, mas não antecipar as rotinas do trabalho de uma pessoa. Nos próximos dez anos, 99% da IA com a qual vamos interagir, direta ou indiretamente, será composta de uma superinteligência com a especialização e o jogo de cintura de um nerd.

Na verdade, uma inteligência robusta pode representar uma desvantagem, especialmente quando se entende "inteligência" como a peculiar autoconsciência humana, ou seja, todas as nossas espirais frenéticas de introspecção e fluxos intricados e confusos de consciência. Queremos que o carro autônomo seja focado no trânsito, e não em um entrevero que presenciou na oficina e não consegue esquecer. O dr. Watson sintético dos hospitais deve ser um workaholic, e não viver frustrado por ter preferido a medicina a trabalhar no mercado financeiro. O que queremos no lugar da inteligência consciente é uma sagacidade artificial. À medida que as IAs se desenvolvem, talvez tenhamos de conceber maneiras de *evitar* que ganhem consciência. No futuro, ao anunciar serviços premium de IA, as propagandas provavelmente vão destacá-los como "sem consciência".

A inteligência sintética não é um bug, e sim uma funcionalidade. O mais importante que devemos saber sobre as máquinas pensantes é que elas vão pensar diferente.

Em razão de uma peculiaridade de nossa história evolutiva, navegamos como a única espécie autoconsciente do planeta, o que nos legou a equivocada ideia de que a inteligência humana é singular. Não é. Nossa inteligência é uma sociedade de inteligências, e tal "pacote" só ocupa um minúsculo cantinho do universo entre os vários tipos de inteligência e consciência possíveis. Gostamos de achar que a inteligência humana é de "propósito geral", porque, em comparação com outros tipos conhecidos de mentes, ela consegue de solucionar uma variedade de problemas maior. No entanto, conforme se criam cada vez mais mentes sintéticas, constata-se que o pensamento humano não tem nada de "multiúso"; é apenas um tipo de pensamento.

Um tipo de pensamento, aliás, bem diferente daquele que é processado pelas inteligências artificiais contemporâneas. Apesar de estas serem capazes de realizar tarefas complexas – como jogar xadrez, dirigir um carro, descrever o conteúdo de uma foto, atividades que antes se acreditava que fossem exclusivas dos seres humanos –, não as executam de forma humanoide. Recentemente, fiz o upload de 130 mil fotos de meu arquivo pessoal (meu álbum inteiro) no Google Photo – a nova inteligência artificial do Google agora pode se lembrar de todos os objetos de todas as imagens de minha vida. Quando eu pedir ao Google que me mostre qualquer imagem contendo uma bicicleta, uma ponte ou minha mãe, as fotos serão exibidas imediatamente. O Facebook tem a capacidade de rodar uma IA que, com base em uma foto, pode identificar corretamente qualquer pessoa do planeta dentre os cerca de 3 bilhões de internautas.[28] O cérebro humano não tem como se expandir nesse nível, o que faz dessa capacidade artificial algo bem distinto do humano – algo praticamente *desumano*. Sabemos que somos ruins em pensamento estatístico, de modo que concebemos inteligências com excelentes habilidades estatísticas, ou seja, para que elas pensem por nós, e não como nós. Uma das vantagens dos carros dirigidos pela IA é que ela *não* vai dirigir como nós, motoristas humanos sujeitos a nos distrair com facilidade.

Em um mundo superconectado, pensar diferente é uma fonte de inovação e riqueza. Não basta ser inteligente. Incentivos comerciais popularizarão a IA em escala industrial, incorporando, a baixo custo, altas doses de sagacidade em tudo o que fazemos. O maior retorno virá, porém, quando surgirem formas de inteligência e de pensamento totalmente inéditas – do jeito como uma calculadora é um gênio em aritmética. O cálculo constitui apenas um tipo de esperteza. Ainda não conhecemos toda a taxonomia da inteligência. Alguns traços do pensamento humano serão comuns (tão comuns quanto são a simetria bilateral, a segmentação e as vísceras tubulares na biologia), mas há espaço para que as novas mentes viabilizadas provavelmente apresentem características muito além do ponto ao qual evoluímos. Esse tipo de pensamento sintético não precisa ser mais rápido do que o humano, nem mais amplo, nem mais profundo. Em alguns casos, ele será mais simples.

A variedade de potenciais mentes no universo é ampla. A exploração da mente de espécies animais de nosso planeta começou em tempos recentes e, de modo cada vez mais respeitoso, descobrimos muitos outros tipos de inteligência. Baleias e golfinhos continuam a nos surpreender com sua complexa e estranhamente distinta maneira de pensar. É muito difícil imaginar exatamente como uma mente pode ser diferente ou superior à nossa. Criar uma taxonomia para mapear a variedade de tipos de mente talvez pudesse ser útil para nos ajudar a conceber como seriam essas inteligências melhores e, ao mesmo tempo, distintas. Tal matriz teórica incluiria mentes animais, mentes de máquina e mentes possíveis, como as transumanas, concebidas por escritores de ficção científica.

Esse elaborado exercício valerá a pena, porque, embora seja inevitável embutirmos inteligências sintéticas em tudo o que fazemos, não são inevitáveis nem óbvias as características básicas que elas terão. O caráter dessas inteligências ditará seu valor econômico e suas funções em nossa cultura. Delinear as possíveis maneiras como uma máquina pode ser mais esperta do que nós (mesmo que apenas em teoria) ajudará a direcionar e, ao mesmo tempo, administrar esse avanço tecnológico. Algumas personalidades brilhantes, como o astrônomo Stephen Hawking e o genial inventor Elon Musk, temem que as inteligências artificiais superdotadas possam ser a última invenção dos humanos, uma vez que elas nos substituirão (tese na qual não acredito), de modo que explorar seus possíveis tipos seria prudente.

Imagine uma visita a um planeta alienígena. Como poderíamos mensurar o nível das inteligências encontradas por lá? Trata-se de uma questão dificílima por não termos nenhuma definição concreta de nossa própria inteligência – em parte porque até agora nunca precisamos defini-la.

No mundo real – inclusive no âmbito das mentes poderosas – os trade-offs imperam. Uma mente não tem como fazer tudo à perfeição. Determinado tipo de mente será melhor em certas dimensões, mas menos habilidoso em outras. A inteligência que guia um caminhão autônomo será de um tipo diferente daquela que avalia hipotecas. A IA que diagnostica uma doença será consideravelmente distinta daquela que zela pela segurança e vigilância de uma casa. O supercérebro que prevê o clima com precisão vai operar em um âmbito completamente diverso dos sensores de tecnologia vestível de nossas roupas. A taxonomia de mentes deve refletir as diferentes maneiras pelas quais as mentes são projetadas, levando em consideração esses trade-offs. Na lista a seguir apresento apenas um resumo dos tipos de mente que poderíamos considerar superiores à nossa. Omiti os milhares de tipos de perspicácia moderada das máquinas – como o cérebro de uma calculadora – que cognificarão a maior parte da internet das coisas.

Algumas possíveis novas mentes incluem:

- Uma mente como a humana, só que capaz de reagir com mais rapidez (o tipo de IA mais fácil de imaginar).
- Uma mente bastante lenta, caracterizada principalmente pelo amplo armazenamento e pela grande memória.
- Uma supramente global composta de milhões de mentes "burras" individuais atuando em harmonia.
- Uma mente coletiva composta de muitas mentes inteligentíssimas, mas sem a consciência de que, juntas, formam uma unidade.
- Uma supramente robótica composta de muitas mentes inteligentes e conscientes de que formam uma unidade.
- Uma mente treinada e especializada em melhorar a mente de um indivíduo, porém inútil para qualquer outra pessoa.
- Uma mente capaz de imaginar uma mente maior, mas não de criá-la.
- Uma mente capaz de criar uma mente maior, só que sem autoconsciência suficiente para imaginá-la.
- Uma mente capaz de criar uma mente maior, apenas uma vez.

- Uma mente capaz de criar uma mente maior e, depois, outra ainda maior, e assim sucessivamente.
- Uma mente com acesso operacional a seu código-fonte, para que possa ajustar os próprios processos como parte de sua rotina.
- Uma mente superlógica, sem emoção.
- Uma mente voltada a resolver problemas gerais, mas sem qualquer autoconsciência.
- Uma mente autoconsciente, porém incapaz de resolver problemas gerais.
- Uma mente que leva muito tempo para se desenvolver e, por isso, requer uma espécie de "mente protetora" até atingir a maturidade.
- Uma mente superlenta espalhada por uma vasta distância física e que parece "invisível" para as mentes rápidas.
- Uma mente capaz de se clonar com exatidão, muitas vezes e rapidamente.
- Uma mente capaz de se clonar e manter a união com seus clones.
- Uma mente imortal capaz de migrar de uma plataforma à outra.
- Uma mente rápida e dinâmica capaz de alterar o processo e a natureza de sua cognição.
- Uma nanomente, constituindo a menor unidade possível (em tamanho e perfil de energia) de uma mente autoconsciente.
- Uma mente especializada em criar cenários e projeções.
- Uma mente que nunca apaga ou esquece nada, incluindo informações incorretas ou falsas.
- Uma demimáquina, mente simbiótica metade animal.
- Uma demimáquina, mente ciborgue metade máquina.
- Uma mente que utiliza computação quântica, cuja lógica os seres humanos não têm como compreender.

Se qualquer uma dessas mentes imaginárias for possível, ela deverá ser criada a partir de, no mínimo, duas décadas. Organizei essa lista especulativa para enfatizar que toda cognição é especializada. Os tipos de mente artificial que criamos agora e que criaremos no próximo século serão projetados para realizar tarefas especializadas e que, em geral, estão além de nossa capacidade de execução. As invenções mecânicas mais importantes não são as que fazem melhor do que o ser humano faz, mas aquelas que realizam coisas de que somos incapazes. Nossas máquinas pensantes mais importantes não vão pensar melhor e mais rápido do que nós. Vão pensar aquilo que não somos capazes de pensar.

Para realmente resolver os grandiosos mistérios da gravidade quântica, da energia escura e da matéria escura, provavelmente vamos precisar de outras inteligências além da humana. E as questões ainda mais difíceis que se seguirão podem exigir inteligências ainda mais diferentes e complexas. Na verdade, talvez seja necessário primeiro inventar inteligências intermediárias, para nos ajudar a conceber inteligências mais sofisticadas que não conseguiríamos conceber sozinhos. Precisamos de maneiras de pensar diferente.

Hoje, muitas descobertas científicas requerem a contribuição de centenas de mentes humanas, porém, em um futuro próximo, pode haver tipos de problema tão profundos que sua solução vai requerer centenas de *espécies* de mentes. Isso criará um conflito cultural, porque não seria fácil aceitar, por exemplo, as respostas de uma inteligência de natureza não humana. Já detectamos essa relutância em nossa dificuldade de aprovar evidências matemáticas demonstradas por computadores. Algumas delas são tão complexas que só computadores são capazes de verificar com rigor todas as etapas – ainda assim, tais evidências nem sempre são aceitas como "provas" por todos os matemáticos. Como as evidências não são compreensíveis pelos seres humanos sozinhos, faz-se necessário confiar em uma sucessão de algoritmos, o que, por sua vez, requer que aprendamos a saber quando confiar nessas criações. Lidar com inteligências de outra natureza exigirá um aprendizado semelhante e uma visão mais arejada de nós mesmos. A IA embutida mudará o modo como lidamos com a ciência. Instrumentos verdadeiramente inteligentes vão acelerar e alterar nossas métricas; conjuntos enormes de dados constantes em tempo real vão acelerar e alterar a maneira como criamos modelos; documentos inteligentes vão acelerar e alterar nossa admissão de quando "sabemos" alguma coisa. O método científico é uma forma de saber, mas até agora se baseia no modo como os seres humanos sabem. Quando incluirmos um novo tipo de inteligência nesse método, a ciência terá de saber, e progredir, de acordo com os critérios de novas mentes. Nesse ponto, tudo muda.

O termo "inteligência artificial" poderia muito bem ser um sinônimo de "inteligência alienígena". Não temos certeza se vamos entrar em contato com seres extraterrestres de um dos bilhões de planetas como a Terra nos próximos 200 anos, mas é quase 100% certo que teremos criado uma inteligência alienígena nesse meio-tempo. Quando estivermos diante desses alienígenas sintéticos, encontraremos os mesmos benefícios e problemas que teríamos ao entrar em contato com ETs. Eles nos forçarão a repensar nossas funções, nossas crenças, nossos objetivos, nossa identidade. Para que servem os seres humanos? Acredito que a primeira resposta será: os seres humanos servem para inventar tipos de inteligência que não poderiam evoluir com base unicamente em fatores biológicos. Nosso trabalho é desenvolver máquinas que pensam de um jeito diferente, criar inteligências alienígenas. Na verdade, seria mais apropriado chamarmos as inteligências artificiais de "alienígenas artificiais".

Uma inteligência artificial pensará sobre a ciência como um alienígena, um ser totalmente distinto de qualquer cientista, e, dessa maneira, levará os seres humanos a pensar sobre a ciência de um jeito bem diferente – um jeito inédito de pensar que também se estenderia para as matérias-primas usadas na indústria, para as roupas, para os derivativos financeiros ou para qualquer ramo dos negócios, da ciência ou da arte. O caráter alienígena da IA passará a ser mais valioso para nós do que sua velocidade ou sua potência.

A IA vai nos ajudar a entender melhor o que queremos dizer com "inteligência", para início de conversa. No passado, diríamos que *só* a IA seria capaz de dirigir um carro, vencer um competidor humano no *Jeopardy!* ou reconhecer 1 bilhão de rostos. Entretanto, uma vez que nossos computadores realizaram cada uma dessas façanhas nos últimos anos, passamos a considerar os feitos como algo obviamente mecânico, que não merece ser categorizado como uma verdadeira inteligência. Seria apenas um "aprendizado de máquina". Cada conquista da IA é logo redefinida como algo alheio ao campo da IA.

Contudo, não estamos apenas redefinindo o que queremos dizer com o termo "inteligência artificial". Estamos redefinindo o que significa "ser humano". Nos últimos 60 anos, conforme processos mecânicos passaram a replicar comportamentos e habilidades até então considerados exclusivos dos humanos, tivemos de repensar o que nos diferencia das máquinas. À medida que inventarmos espécies de IA, seremos forçados, cada vez mais, a abrir mão de coisas que supostamente são próprias dos seres humanos. Cada passo desse caminho de renúncia – não seremos mais a única mente capaz de jogar xadrez, pilotar um avião, compor música ou inventar uma lei matemática – será doloroso e triste. Passaremos as próximas três décadas (na verdade, o próximo século inteiro) em uma constante crise de identidade, continuamente nos perguntando para que serve o ser humano. Se não somos os únicos fabricantes de ferramentas, artistas ou definidores da ética, o que faz com que sejamos (se é que realmente somos) especiais? Ironicamente, o maior benefício de uma inteligência artificial utilitária e rotineira não será uma produtividade maior, uma economia de adundância ou uma nova forma de fazer ciência. Embora tudo isso de fato vá acontecer, o maior benefício do advento da IA é que ela ajudará a definir a humanidade. Precisamos das inteligências artificiais para nos dizer quem somos.

As mentes alienígenas às quais dedicaremos maior atenção nos próximos anos são aquelas às quais daremos corpos. Nós as chamamos de robôs. Eles virão em todas as formas, tamanhos e configurações, manifestando-se em diversas espécies, por assim dizer. Alguns terão mobilidade, como animais, porém muitos serão imóveis, como plantas, ou difusos, como um recife de coral. Os robôs já chegaram, sem alarde. Modelos mais espalhafatosos e inteligentes em breve serão inevitáveis. A ruptura causada por eles afetará o âmago de nosso ser.

Imagine que sete em cada dez pessoas sejam demitidas amanhã. O que todos esses desempregados fariam?

É difícil acreditar que a economia terá como se manter se mais da metade da força de trabalho for para o olho da rua. Entretanto, foi exatamente isso – só que em câmera lenta – que a Revolução Industrial fez no início do século 19. Duzentos anos atrás, 70% dos trabalhadores norte-americanos viviam da agricultura.[29] Hoje, esses postos de trabalho, com exceção de apenas 1%,[30] não existem mais: foram substituídos, junto com a tração animal, por máquinas. Contudo, os ocupantes daquelas vagas não ficaram ociosos. Ao contrário, a automação criou centenas de milhões de empregos em áreas completamente novas. Trabalhadores que antes viviam da lavoura rumaram para as inúmeras fábricas dedicadas à produção em massa de equipamentos agrícolas, automóveis e outros bens industriais. Em ondas sucessivas, surgiram novas profissões – técnico de manutenção de eletrodomésticos, operador de impressoras offset, químico de alimentos, fotógrafo, web designer –, cada uma delas vindo no bojo da automação anterior. Hoje, a grande maioria de nós se ocupa de trabalhos que um lavrador do século 19 jamais teria imaginado.

Pode ser difícil de acreditar, mas, antes do fim deste século, 70% das atuais profissões também serão substituídas pela automação – incluindo a sua. Em outras palavras, os robôs são inevitáveis e a substituição do trabalho é uma questão de tempo. Tal reviravolta tem sido encabeçada por uma segunda onda de automação, centrada na cognição artificial, em sensores baratos, no aprendizado de máquina e na inteligência distribuída. Esse amplo movimento afetará todos os empregos, desde os manuais até os ligados ao conhecimento.

Para começar, as máquinas consolidarão sua vantagem nas indústrias já automatizadas. Depois de eliminarem a mão de obra humana da linha de montagem, os robôs substituirão os trabalhadores de armazéns e depósitos. Máquinas robustas passarão o dia todo selecionando, movimentando e carregando caminhões com caixas e mais caixas de 70 quilos, como já se vê nos centros de logística da Amazon. A colheita de frutas e vegetais continuará em processo de robotização até só restar a ocupação de colhedor para humanos em fazendas especializadas. Farmácias contarão com um único robô de distribuição de medicamentos nos fundos da loja, enquanto os farmacêuticos se dedicarão apenas às consultas com os pacientes. Na verdade, protótipos de robôs de distribuição de remédios já estão em pleno funcionamento em hospitais da Califórnia, nos Estados Unidos. Até o momento, nunca erraram uma única prescrição, o que não pode ser dito de qualquer farmacêutico humano. Em seguida, serviços que requerem mais destreza, como a limpeza de escritórios e escolas, serão assumidos por robôs que trabalharão de madrugada: no começo, executarão apenas as tarefas mais simples, como limpar pisos e vidros, até serem capazes de encarar desafios mais complexos, como higienizar banheiros. Caminhões de transporte de carga serão dirigidos por robôs incorporados à cabine. Em 2050, a maioria dos caminhoneiros já não será mais humana. Considerando que essa é a profissão mais comum nos Estados Unidos dos tempos atuais, representará uma mudança e tanto.[31]

Enquanto isso, outros robôs vão migrar para o trabalho de escritório. Hoje, muitas de nossas máquinas já têm inteligência artificial – só não usamos esse nome. Tome como exemplo um dos mais recentes softwares do Google, capaz de elaborar legendas precisas para quaisquer fotos.[32] Escolha uma foto qualquer na web: o programa vai "observar" a imagem e "pensar" na legenda perfeita para ela. Ele é capaz de descrever corretamente o que está acontecendo em uma série de fotos, da mesma forma que um ser humano, com a diferença de que nunca se cansa. A IA de tradução do Google transforma um celular em um tradutor pessoal. Basta falar inglês ao microfone e o aparelho imediatamente repete o que você disse em chinês, russo, árabe ou dezenas de outros idiomas. Aponte o telefone para seu interlocutor e o app traduz instantaneamente a resposta. O tradutor automático é versátil, traduzindo de turco para híndi ou de francês para coreano, e ainda tem capacidade de trabalhar com qualquer texto. Levará algum tempo para os tradutores juramentados perderem o emprego, mas a tradução cotidiana feita por máquinas no contexto corporativo ficará cada vez melhor. Com efeito, qualquer trabalho que envolva lidar com documentos será assumido por robôs, incluindo grande parte da medicina. As tarefas repetitivas de qualquer ramo de atividade que envolva informação intensiva podem ser automatizadas. Não importa se você for médico, tradutor, editor, advogado, arquiteto, repórter ou programador: a invasão do mundo do trabalho pelos robôs será épica.

Já chegamos ao ponto de inflexão.

Nossos preconceitos quanto a como devem ser o aspecto externo de um robô inteligente e seu modo de agir podem nos cegar para o que já está acontecendo a nosso redor. Exigir que a IA assuma a forma humanoide segue a mesma lógica imperfeita de exigir que os aviões batam asas para voar como os pássaros. Para além da aparência, os robôs também vão pensar diferente.

É o caso do Baxter, novo e revolucionário robô de trabalho da Rethink Robotics. Projetado por Rodney Brooks, ex-professor do MIT que inventou o aspirador de pó robotizado Roomba e seus descendentes, trata-se de um dos primeiros exemplos de uma nova categoria de máquinas industriais criadas para trabalhar ao lado de seres humanos. O Baxter não tem uma aparência impressionante. Possui braços grandes e fortes e um visor de tela plana, como muitos autômatos do gênero. E suas mãos executam tarefas manuais repetitivas, da mesma forma que os robôs de fábrica. No entanto, o Baxter é diferente em três importantes aspectos.

Em primeiro lugar, ele tem a capacidade de olhar ao redor de si e também de indicar para onde está olhando, por meio do movimento dos olhos de desenho animado instalados em sua cabeça. Assim, ele consegue perceber pessoas que estão trabalhando por perto, evitando feri-las. Por sua vez, os colegas humanos sabem quando estão sob o olhar do Baxter. Os robôs industriais anteriores não possuíam essas funcionalidades e, por isso, tinham de ser fisicamente segregados dos seres humanos. Hoje, os autômatos industriais trabalham isolados dentro de jaulas de arame ou aprisionados em caixas de vidro. Revelam-se perigosos demais para ficar perto de pessoas, porque são alheios ao outro. Esse isolamento preventivo impede a utilização de robôs em pequenas oficinas, por falta de espaço. Idealmente, no decorrer da jornada de trabalho, os operários deveriam poder se aproximar dos robôs para levar matérias-primas, recolher peças manufaturadas ou ajustar manualmente os controles das máquinas, mas o isolamento dificulta tais tarefas. O Baxter, contudo, está consciente da movimentação a seu redor. Equipado com tecnologia háptica, que lhe permite detectar se está fisicamente próximo de uma pessoa ou de outro robô, ele é um colega cuidadoso. Você pode plugá-lo na tomada da parede da garagem e trabalhar tranquilamente ao lado dele.

O segundo grande diferencial do Baxter está no fato de que qualquer pessoa pode treiná-lo. Embora não seja tão rápido, forte ou preciso quanto outros robôs industriais, ele é mais inteligente. O treinamento consiste em pegar seus braços e fazer os movimentos certos na sequência desejada. É um exercício do tipo "olha só como é que se faz": qualquer pessoa, mesmo sem alfabetização, pode fazer essa demonstração, desde que conheça a prática do trabalho. O Baxter aprende o procedimento e o repete. Até agora, instruir robôs de trabalho a fazer uma simples mudança em sua rotina exige engenheiros altamente qualificados e os melhores programadores para escrever milhares de linhas de código (e para depois depurá-las, eliminando os bugs). O código tem de ser carregado em modo batch – ou, em outras palavras, em lotes grandes e infrequentes –, uma vez que não há como reprogramar um robô enquanto ele está em uso. Na verdade, a maior parte do custo real de um robô industrial típico não vem do hardware, e sim de sua operação. Uma máquina do gênero tem preço de aquisição superior a US$ 100 mil,[33] mas pode demandar o quádruplo desse valor ao longo de sua vida útil para ser programada, treinada e mantida.[34] Os custos acumulados para desfrutar do trabalho de um robô industrial, portanto, chegam facilmente ao patamar de meio milhão de dólares.

E aí desponta a terceira diferença crucial: o Baxter é muito mais barato. Vendido a US$ 25 mil,[35] ele pertence a uma categoria diferente de seus antecessores de US$ 500 mil. Em uma boa analogia, é como se os velhos robôs programados em modo batch fossem os computadores mainframe, enquanto o Baxter chega para ser o primeiro PC. Muitos podem até desprezá-lo, classificando-o como mero brinquedo para amadores por não possuir funcionalidades importantes, como uma precisão de menos de 1 milímetro. Entretanto, como o PC e ao contrário do antigo mainframe, qualquer usuário pode interagir com ele direta e imediatamente, sem esperar pela intermediação de especialistas, além de usá-lo para realizar tarefas simples e até frívolas, divertidas. O Baxter é barato o suficiente para que pequenos fabricantes tenham condições de pagar por ele para empacotar mercadorias, fazer pinturas personalizadas em produtos, lidar com uma impressora 3D ou mesmo substituir os operários de uma linha de montagem de iPhones.

O Baxter foi inventado em um prédio de mais de um século perto do rio Charles, em Boston. Em 1895, o edifício surgiu como uma maravilha industrial, ocupando o centro do novo mundo manufatureiro. Era tão moderno que gerava a própria eletricidade. Por cem anos, as fábricas abrigadas entre suas paredes mudaram a sociedade. Agora, as funcionalidades do Baxter e a iminente série de novos e superiores trabalhadores robotizados levam o inventor Brooks a especular sobre como esses autômatos prometem transformar o processo produtivo, concretizando uma ruptura ainda maior do que a provocada pela última Revolução Industrial. Olhando pela janela de seu escritório no antigo bairro industrial, ele diz: "Hoje em dia pensamos na produção industrial como algo que está acontecendo na China. No entanto, à medida que os custos de manufatura despencam graças aos robôs, os de transporte passam a ser um fator muito mais importante. Vai ficar barato produzir aqui perto. Então, vamos ter uma rede de fábricas locais franqueadas e a maioria das coisas será produzida em um raio de 10 quilômetros de onde elas serão utilizadas".

Isso pode ser verdade para a fabricação de produtos, mas muitos dos empregos que sobrarão para os seres humanos estarão no setor de serviços. Convido Brooks a ir comigo a um McDonald's para me mostrar quais trabalhos esse tipo de automação poderá substituir. Ele objeta e sugere que pode levar 30 anos para que os robôs estejam aptos a cozinhar para nós. "Em uma lanchonete, ninguém passa muito tempo fazendo a mesma tarefa. Todos estão sempre se movimentando às pressas e precisam de soluções especiais. Nós não estamos tentando vender uma solução específica. Estamos criando uma máquina de uso geral que as pessoas podem configurar sozinhas e trabalhar lado a lado com ela." Quando pudermos trabalhar com colegas robôs, será inevitável que nossas tarefas se misturem, e não vai demorar para que nosso trabalho se torne o trabalho deles... E então, provavelmente, teremos um novo trabalho que mal podemos imaginar hoje.

Para entender como será a substituição da mão de obra humana, é interessante dividir nosso relacionamento com os robôs em quatro categorias:

1. TRABALHOS QUE OS SERES HUMANOS FAZEM, MAS QUE OS ROBÔS PODEM FAZER MELHOR

Os seres humanos podem tecer algodão com grande esforço, enquanto os teares automatizados produzem quilômetros de tecido perfeito por apenas alguns centavos. Hoje, não há razão para comprar tecido artesanal, exceto quando o interesse do comprador está justamente nas imperfeições do produto resultantes da intervenção humana. No entanto, teríamos pouquíssimos motivos para desejar um carro imperfeito, por exemplo. Ninguém quer irregularidades no automóvel ao percorrer uma rodovia a 120 quilômetros por hora, de modo que, em nossa cabeça, quanto menos mãos humanas tocarem o carro durante o processo de fabricação, melhor.

Para tarefas mais complicadas, ainda impera a crença equivocada de que computadores e robôs não são confiáveis. É por isso que demoramos para admitir que eles já dominam algumas rotinas conceituais, em certos casos superando o domínio das rotinas físicas. O cérebro computadorizado conhecido como piloto automático é capaz de pilotar um jato 787 sozinho durante todo o tempo, exceto por sete minutos, de um voo típico.[36] Ainda contamos com pilotos humanos na cabine para comandar a aeronave nesses sete minutos por garantia, apenas por questões de segurança, mas o tempo necessário de pilotagem humana vem diminuindo rapidamente. Na década de 1990, avaliações informatizadas de hipoteca substituíram avaliadores humanos a torto e a direito. Grande parte da burocracia fiscal passou para os computadores, bem como a análise rotineira de exames de raios X e a coleta de provas pré-julgamento, e tudo isso costumava ser feito por pessoas inteligentes e bem remuneradas. Já reconhecemos a absoluta confiabilidade dos robôs em processos industriais e logo aceitaremos o fato de que eles também podem ser melhores do que nós no setor de serviços e no trabalho intelectual.

2. TRABALHOS QUE OS SERES HUMANOS NÃO FAZEM, MAS QUE OS ROBÔS PODEM FAZER

Um exemplo trivial: o ser humano tem dificuldade de produzir um único parafuso de bronze com as próprias mãos, mas a automação pode fazer mil parafusos perfeitos por hora. Sem a automação, seríamos incapazes de fabricar um chip de computador, trabalho que requer um grau de precisão, controle e atenção que nosso corpo animal não tem como atingir. De maneira similar, nenhum ser humano – na verdade, nenhum grupo de seres humanos, independentemente de seu grau de instrução – conseguiria pesquisar rapidamente todas as páginas da web para encontrar a única que informa o preço dos ovos em Katmandu ontem. Cada vez que clicamos no botão de busca do navegador, estamos empregando um robô para realizar algo que nós, como espécie, somos incapazes de fazer por conta própria.

Enquanto a substituição de funções antes executadas por humanos ganha todas as manchetes, os maiores benefícios possibilitados pelos robôs e pela automação resultam de trabalhos inexequíveis por nós. Não temos o poder de concentração necessário para inspecionar cada milímetro quadrado de cada imagem de tomografia computadorizada em busca de células cancerígenas. Não temos os reflexos de milissegundo indispensáveis para inflar vidro fundido a fim de produzir garrafas em série, idênticas. Não temos uma memória infalível para monitorar cada arremesso de um jogo de beisebol profissional e calcular a probabilidade de acerto do próximo arremesso em tempo real.

Não estamos dando os "bons trabalhos" aos robôs. Na maioria das vezes, estamos lhes dando apenas tarefas que jamais seríamos capazes de fazer. Sem os robôs, tais trabalhos (e os benefícios resultantes) jamais existiriam.

3. TRABALHOS QUE NÃO SABÍAMOS QUE QUERÍAMOS FAZER

Esse é o toque de mestre da substituição pelos robôs: com a ajuda dos autômatos e da inteligência computadorizada, podemos fazer coisas que ninguém imaginaria 150 anos atrás. Hoje é possível remover um tumor de intestino pelo umbigo, gravar um vídeo de casamento, dirigir um carrinho em Marte, imprimir no tecido uma estampa que um amigo nos enviou por uma mensagem transmitida pelo ar. Estamos fazendo, e às vezes pagando para fazer, 1 milhão de novas atividades que teriam deslumbrado e chocado os lavradores do século 19. Essas façanhas modernas são mais do que tarefas antes consideradas difíceis. Na verdade, trata-se de sonhos que se tornaram realidade, principalmente por causa das funcionalidades de máquinas aptas a executar tais tarefas. São trabalhos criados pelas máquinas.

Antes da invenção do automóvel, do ar-condicionado, do televisor de tela plana e do desenho animado, nenhum cidadão da Roma antiga teve vontade de assistir a um desenho animado na TV de um carro enquanto viajava para Atenas no conforto de um clima controlado. No entanto, eu mesmo fiz isso, ainda outro dia. Cem anos atrás, nem um único chinês teria dito que gostaria de comprar uma pequena tabuleta de metal e vidro para falar com amigos distantes e reclamar da falta de acesso à água encanada em seu vilarejo. Hoje, porém, todo dia, camponeses chineses com casa sem abastecimento de água compram smartphones. Inteligências artificiais incorporadas em jogos de tiro em primeira pessoa despertam em milhões de adolescentes o desejo, e até a necessidade, de ganhar a vida desenvolvendo videogames, sonho que nunca passou pela cabeça de um rapaz da Inglaterra vitoriana. De maneira bastante concreta, nossas invenções criam empregos para nós. Cada automação gera novas ocupações, as quais jamais teríamos imaginado se a automação não existisse.

A maior parte das atividades criadas pela automação é composta de tarefas que só outra automação consegue realizar. Agora que temos motores de busca como o Google, é possível delegar a esse novo operário digital mil novas incumbências. "Google, você pode dizer onde está meu celular? Google, você pode pôr em contato pessoas que sofrem de depressão com médicos que prescrevem receitas? Google, você pode prever quando será a próxima epidemia viral?" A tecnologia é indiscriminada nesse sentido, acumulando possibilidades e opções tanto para os seres humanos como para as máquinas.

Podemos apostar com relativa segurança que as profissões mais bem-pagas em 2050 vão depender de automações e máquinas que ainda não foram inventadas. Ou seja, por enquanto, não temos como saber quais serão esses empregos, porque ainda não sabemos como serão as máquinas e as tecnologias que vão torná-los possíveis. Os robôs criam trabalhos que nem sabíamos que queríamos fazer.

4. TRABALHOS QUE SÓ OS SERES HUMANOS PODEM FAZER... A PRINCÍPIO

A única coisa que os seres humanos conseguem fazer e os robôs não (pelo menos por um bom tempo) é decidir o que os seres humanos querem fazer. Não se trata de uma pegadinha semântica ou de um jogo de palavras. Nossos desejos se baseiam em nossas invenções anteriores, de modo que essa questão é circular.

62 | INEVITÁVEL

Quando os robôs e a automação se encarregam do trabalho mais básico, facilitando para o ser humano as tarefas essenciais de ser alimentado, vestido e protegido, cabe formular a pergunta: "Para que nós, humanos, servimos?". A industrialização fez mais do que apenas prolongar nossa expectativa de vida. Também levou uma parcela maior da população a decidir que fomos feitos para ser bailarinos, músicos, matemáticos, atletas, estilistas, iogues, autores de fan fiction e outras tantas ocupações para imprimir nos cartões de visita. Com a ajuda das máquinas, pudemos nos dedicar a essas atividades, mas, naturalmente, com o tempo, a automação também se encarregará delas. Nesse momento, estaremos então nos perguntando: "O que deveríamos fazer?". Levará muitas gerações até que um robô consiga responder a essa questão.

A economia pós-industrial vai continuar se expandindo, porque a tarefa de cada pessoa (em parte) será inventar coisas novas para fazer, as quais mais tarde acabarão se tornando tarefas repetitivas para a automação. Nos próximos anos, carros e caminhões dirigidos por robôs serão vistos por toda parte. Esse fenômeno vai gerar uma nova ocupação para os ex-motoristas humanos, que talvez se encarreguem de otimizar as rotas, ajustando algoritmos de trânsito para obter a utilização ideal de combustível e tempo. A cirurgia robótica de rotina vai demandar novas habilidades médicas para cuidar da esterilização da complexa maquinaria. Quando o autorrastreamento automático de todas as nossas atividades passar a ser normal, uma nova estirpe de analistas profissionais vai surgir para nos ajudar a interpretar os dados obtidos. E, é claro, vamos precisar de todo um exército de pessoas dedicadas à manutenção de nossos robôs pessoais. Cada um desses novos ofícios também será substituído mais adiante pela automação.

A verdadeira revolução vai ocorrer quando todos tiverem à disposição robôs de uso pessoal, os descendentes do Baxter. Imagine que, nesse futuro, você faça parte do 0,1% da população que ainda vai se dedicar à agricultura. Os produtos de sua pequena lavoura orgânica serão distribuídos diretamente para os clientes. Você ainda será um agricultor, mas os robôs darão conta da maior parte do trabalho pesado. Seu pequeno time de autômatos vai lidar com o campo de sol a sol – capinando, eliminando pragas, colhendo –, seguindo as orientações de uma malha inteligente de sondas distribuídas pelo solo. Sua nova ocupação na lavoura será supervisionar o sistema agrícola. Um dia, você poderá se dedicar à pesquisa das variedades de tomates a serem semeadas; no dia seguinte, fazer uma pesquisa para descobrir os desejos dos clientes; no outro, atualizar as informações das etiquetas que identificam seus produtos. Os robôs se encarregarão de todos os demais trabalhos passíveis de mensuração.

Agora tudo isso parece impensável. Não conseguimos imaginar um robô capaz de transformar uma pilha de matérias-primas em um presente, de fabricar peças de reposição para o cortador de grama ou de confeccionar materiais para a reforma da cozinha. Não podemos conceber nossos sobrinhos e sobrinhas, na garagem, instruindo uma dúzia de robôs na produção de inversores de frequência elétrica para o sistema de partida do veículo elétrico de um amiguinho. Não há como projetar a imagem de nossos filhos trabalhando como designers de eletrodomésticos, produzindo lotes personalizados de máquinas de sobremesa de nitrogênio líquido para vender a milionários chineses. No entanto, tudo isso será possibilitado pela automação dos robôs pessoais.

Todos terão acesso a um robô para chamar de seu, mas isso não é garantia de sucesso para ninguém. O êxito virá para as pessoas que conseguirem otimizar seu próprio processo de trabalho com robôs e máquinas. Clusters geográficos de produção farão a diferença, não em razão de algum diferencial nos custos operacionais, mas por causa do diferencial em termos de expertise humana. Haverá uma verdadeira simbiose entre seres humanos e robôs. Nossa missão será continuar criando tarefas para os robôs, uma atividade que nunca terá fim. Por isso, pode-se dizer que sempre teremos, no mínimo, um "trabalho".

Nos próximos anos, nosso relacionamento com os robôs se tornará cada vez mais complexo. Entretanto, um padrão recorrente já vem se anunciando. Não importa qual seja seu emprego ou salário atual, você vai passar por um ciclo previsível de negação, vez após vez. Eis os Sete Estágios da Substituição por Robôs:

1. Um robô/computador jamais teria como fazer minhas tarefas.
2. *[Depois.]*
Tudo bem, até pode executar muitas dessas tarefas, mas não consegue fazer tudo o que faço.
3. *[Depois.]*
Tudo bem, pode até fazer tudo o que faço, só que precisa de mim quando falha, o que acontece com frequência.
4. *[Depois.]*
Tudo bem, ele funciona perfeitamente nas atividades de rotina, mas preciso treiná-lo para fazer novas tarefas.
5. *[Depois.]*
Tudo bem, ele pode ficar com meu antigo trabalho enfadonho, porque é claro que não era algo que o ser humano foi feito para fazer.
6. *[Depois.]*
Uau, agora que os robôs fazem meu antigo trabalho, minha nova profissão é muito mais interessante e ainda paga mais!
7. *[Depois.]*
Que bom que um robô/computador jamais teria como fazer o que faço agora!
[Reinício do ciclo.]

Não estamos disputando uma corrida contra as máquinas; se tentarmos disputar, com certeza vamos perder. Estamos em uma corrida *com* as máquinas. No futuro, quanto mais soubermos trabalhar com robôs, maior será nosso salário. Noventa por cento de nossos colegas de trabalho serão máquinas invisíveis. A maior parte de nossas tarefas não será possível sem eles. E não haverá clareza no limite entre o que faremos e o que eles farão. Você talvez não encare essa atividade como uma profissão, pelo menos a princípio, porque qualquer coisa parecida com uma labuta enfadonha será entregue aos robôs.

Precisamos deixar os robôs assumirem seu lugar. Muitos dos empregos que os políticos lutam para que sigam exclusivos do ser humano consistem em atividades que ninguém acorda de manhã ansioso para realizar. Os robôs se encarregarão de trabalhos que fizemos até então e os farão muito melhor do que nós. Executarão tarefas que simplesmente não temos como fazer. Realizarão coisas que nunca sequer imaginamos que seriam feitas. E ajudarão a descobrir novas ocupações para o ser humano, novos desafios que expandirão quem somos. Graças aos robôs, vamos poder nos concentrar em nos tornar mais humanos do que jamais fomos.

É inevitável. Deixemos que os robôs assumam nossos empregos. Deixemos que eles nos permitam almejar um novo trabalho, que realmente faça a diferença.

3
FLUIR

A internet é a maior copiadora do mundo. Em seu nível mais fundamental, copia todas as ações que fazemos, todas as teclas que pressionamos, todos os pensamentos que temos ao utilizá-la. Para enviar uma mensagem de um canto da internet a outro, protocolos de comunicação requerem que a mensagem inteira seja copiada várias vezes pelo caminho. Alguns bits de dados podem ser rotineiramente copiados dezenas de vezes à medida que circulam pela memória, cache, servidor e roteadores, tanto na ida como na volta. Empresas de tecnologia ganham muito dinheiro vendendo equipamentos para facilitar essa cópia incessante. Qualquer coisa reprodutível – uma canção, um filme, um livro – que entre na internet, mesmo que por apenas um segundo, com certeza será copiada.

A economia digital opera no fluxo livre desse rio de cópias. Na verdade, a rede de comunicação digital foi concebida de modo a possibilitar que as cópias fluam com o menor atrito possível. Elas fluem tão livremente que poderíamos pensar a internet como um supercondutor, no qual uma cópia, assim que introduzida, continuará a fluir para sempre pela rede, de um jeito bem parecido como a eletricidade o faz em um fio supercondutor. Essa é a ideia quando algo vira um fenômeno viral na internet. As cópias são reproduzidas e essas duplicatas vão avançando, lançando novas cópias, em uma infinita onda contagiosa. Uma vez que uma cópia toca a internet, nunca mais sai de lá.

68 | INEVITÁVEL

Esse sistema de superdistribuição tornou-se a base de nossa economia e riqueza. A duplicação instantânea de dados, ideias e mídia fundamenta os principais segmentos econômicos do século 21. Produtos copiáveis, como softwares, músicas, filmes e jogos, figuram entre as exportações mais valiosas dos Estados Unidos e provêm de setores em que o país tem vantagem competitiva global. A riqueza norte-americana, portanto, está fundamentada em um dispositivo gigantesco que copia de maneira promíscua e constante.

Não temos como impedir a reprodução indiscriminada em massa. Isso não apenas sabotaria o motor da riqueza, como também paralisaria a própria internet. Cópias fluindo livremente constituem uma parte integral da natureza desse sistema de comunicação global. A tecnologia da rede precisa funcionar assim, sem restrição. O fluxo de cópias é inevitável.

A economia do estágio anterior de nossa civilização baseou-se em armazéns de produtos e fábricas abastecidas com matérias-primas. Esses estoques físicos ainda são necessários, porém já não bastam para garantir a riqueza e o bem-estar gerais. Nossa atenção se afastou dos estoques de produtos concretos e se voltou para os fluxos de bens intangíveis, como as cópias. Valorizamos não apenas os átomos de uma coisa, mas seu design, seu arranjo imaterial e, mais ainda, sua capacidade de se adaptar e fluir em resposta a nossas necessidades.

Produtos antes feitos de aço e couro hoje são vendidos como serviços fluidos em constante atualização. O sólido automóvel parado no estacionamento foi transformado em um serviço de transporte pessoal sob demanda, prestado por sistemas como Uber, Lyft, Zip e Sidecar, que estão evoluindo mais rápido do que os próprios carros. Fazer compras no supermercado não é mais um evento isolado: atualmente, um fluxo de produtos entra nos lares, sem interrupção.[1] Seu smartphone fica melhor no intervalo de alguns meses porque um fluxo de novos sistemas operacionais é automaticamente instalado nele, acrescentando funcionalidades e benefícios que, no passado, teriam exigido um novo hardware. No entanto, no caso de compra de um novo hardware, o serviço mantém o sistema operacional que você tinha e conhecia, fluindo sua personalização para o novo smartphone. Essa sequência completa de atualizações é incessante. Trata-se de um sonho realizado para nosso insaciável apetite humano: rios e mais rios de melhoria contínua.

No cerne desse novo regime de fluxo constante encontram-se partículas cada vez mais minúsculas de computação. Agora, estamos ingressando na terceira fase da computação: a era dos fluxos.

A etapa inicial inspirou-se, obviamente, na era industrial. Como Marshall McLuhan observou, a primeira versão de um novo meio imita o meio substituído.[2] Os primeiros computadores comerciais valeram-se de metáforas com base no universo do escritório: eles vinham com uma "área de trabalho", "pastas" e "arquivos". Sua organização obedecia a critérios hierárquicos, assim como grande parte da era industrial que a computação destronou.

A segunda era digital derrubou a metáfora do escritório e trouxe o princípio organizador da web. A unidade básica deixou de ser o arquivo para se tornar a "página". As páginas não eram organizadas em pastas, mas arranjadas em uma teia em rede. A web constituía-se de 1 bilhão de páginas vinculadas por hiperlinks que continham de tudo, tanto informações armazenadas como conhecimento ativo. A interface da área de trabalho deu lugar a um "navegador", uma janela uniforme que dava para todas e quaisquer páginas. A teia de links era plana.

Agora, quando vivemos o início da terceira era da informática, páginas e navegadores perdem importância. As unidades principais hoje consistem nos fluxos e streams. Constantemente monitoramos os streams do Twitter e os fluxos de posts em nosso mural do Facebook. Transmitimos fotos, filmes e músicas por streaming. Banners de notícias passam fluindo no rodapé da tela de nossa TV. Assinamos streams, chamados canais, do YouTube. E nos cadastramos para receber feeds RSS de blogs. Somos imersos em streams de notificações e atualizações. Nossos apps melhoram em um fluxo permanente de atualizações. As tags substituíram os links. Marcamos, "curtimos" e "favoritamos" momentos dos streams. Alguns, como Snapchat, WeChat e WhatsApp, funcionam exclusivamente no tempo presente, sem passado nem futuro algum. Eles simplesmente fluem. Se você vir algo, ótimo. Se não, já era.

O fluxo do tempo também mudou. Na primeira era, as tarefas eram realizadas em modo batch (em lotes). Recebiam-se as contas todo mês.

Pagavam-se os impostos sempre na mesma data. O serviço telefônico só podia ser contratado em unidades de 30 dias. Itens eram empilhados e processados em lotes. Depois, veio a web da segunda era e, de repente, o tempo se estreitou. O saque de dinheiro no banco surgia no extrato da conta no mesmo dia, e não no fim do mês. Esperava-se a resposta a um e-mail, no máximo, até o fim do expediente no escritório, e não duas semanas depois, como podia acontecer com as cartas enviadas pelo correio. Nosso tempo de ciclo saltou do modo batch para o modo diário. Uma mudança enorme. As expectativas mudaram com tanta rapidez que muitas instituições foram pegas de surpresa.

Agora, na terceira era, passamos do modo diário para o tempo real. Quando enviamos uma mensagem a alguém, queremos uma resposta na hora. Se pagamos uma compra no cartão, esperamos que o saldo da conta se atualize no mesmo momento. Por que os laboratórios de diagnósticos médicos levam dias para disponibilizar os resultados, em vez de nos dar acesso imediato a eles? Quando um estudante faz uma prova na escola, por que não pode conferir a nota instantaneamente? No caso das notícias, exigimos saber o que está acontecendo ao vivo, e não o que aconteceu uma hora atrás. O que não estiver ocorrendo em tempo real não existe. A inferência natural – eis uma observação importante – é que, para funcionar em tempo real, tudo tem de fluir.

Por exemplo, a oferta de filmes sob demanda implica o fluxo livre desses produtos. Como a maioria dos assinantes da Netflix, nos transformamos em verdadeiros "esnobes do tempo real". Um título que não está disponível no stream é simplesmente ignorado. Nos Estados Unidos, o catálogo de DVDs da Netflix é cerca de dez vezes maior (e com qualidade melhor) do que o de streaming, mas ainda assim preferimos ver um filme pior em tempo real do que esperar dois dias para receber algo melhor em DVD. Vitória da simultaneidade sobre a qualidade.

O mesmo pode ser dito dos livros em tempo real. Na era pré-digital, sempre comprei livros impressos muito antes de ter tempo para lê-los. Se visse um título interessante na livraria, eu o comprava e o adicionava à fila de leituras a serem postas em dia. No começo, a internet aumentou a minha já extensa lista de obras à espera, uma vez que eu encontrava cada vez mais boas recomendações na rede. Quando o Kindle chegou, passei a comprar principalmente livros digitais, mantendo o velho hábito de encomendar todo e qualquer título que me parecesse bem-recomendado. Era tão fácil! Bastava dar um clique para ser dono do livro. Tive então uma epifania que, tenho certeza, muita gente também teve. Se eu compro um e-book antes de poder lê-lo, ele fica armazenado no mesmo lugar onde estão todos os livros que ainda não comprei – na nuvem –, só que em uma página de produtos já pagos, e não na seção de livros não comercializados. Assim sendo, por que comprá-lo com antecedência? Que diferença faz? Agora, eu só compro um livro quando estou pronto para lê-lo nos próximos 30 segundos. Esse tipo de compra just-in-time é uma consequência lógica do streaming em tempo real.

Na era industrial, as empresas faziam de tudo para poupar tempo, aumentando sua eficiência e produtividade. Hoje, isso não basta. As organizações também precisam poupar o tempo de seus clientes e cidadãos. Têm de fazer de tudo para interagir em tempo real. O tempo real é o tempo humano. É muito mais rápido – e eficiente – fazer um saque no caixa eletrônico do que ser atendido pelo caixa do banco, mas o que realmente desejamos nessa operação é o dinheiro instantâneo de fácil acesso, algo parecido com o dinheiro em tempo real oferecido por serviços de streaming como Square, PayPal, Alipay e Apple Pay. Por tudo isso, nossa infraestrutura tecnológica precisou se liquefazer para operar em tempo real. Os substantivos se tornaram verbos. Coisas sólidas e fixas se transformaram em serviços. Os dados não podiam ficar parados, estagnados. Tudo tinha de fluir para o streaming do agora.

A união de 1 zilhão de fluxos de informação se entrelaçando, fluindo de um lado para o outro, é o que chamamos de nuvem. Um software flui a partir da nuvem até nosso celular na forma de um stream de atualizações. A nuvem é o lugar para onde seu stream de textos flui antes de chegar à tela do dispositivo de seu amigo. É na nuvem que o desfile de filmes de sua conta na Netflix descansa até você resolver assistir a algum deles. A nuvem constitui um reservatório do qual suas canções favoritas escapam. Lá também é a casa da inteligência da Siri, inclusive quando ela fala conosco. A nuvem representa a nova metáfora organizadora para os computadores. As unidades fundamentais desse terceiro regime digital, portanto, são os fluxos, as tags e as nuvens.

A indústria fonográfica foi a primeira a ser abalada pela transição ao tempo real e à nuvem de cópias. Talvez pelo fato de a música em si ser tão fluida – um fluxo de notas cuja beleza só dura enquanto estiverem fluindo –, ela foi a primeira a experimentar o processo transformativo da liquidez. Pressionado pelo avanço tecnológico, o setor fonográfico, com relutância, teve de acompanhar a transformação, inaugurando um padrão de mudanças que viria a se repetir em outras mídias, como livros, filmes, jogos e notícias. Mais adiante, a mesma transformação de objetos tangíveis em fluxos estendeu-se para as compras, o transporte e a educação. Essa mudança inevitável na direção da fluidez está modificando quase todos os outros aspectos da sociedade. A saga do upgrade de músicas ao reino da fluidez nos revelará para onde estamos indo.

A música tem sido alterada pela tecnologia há mais de um século. Os primeiros gramofones podiam fazer gravações de não mais de quatro minutos e meio, de modo que os músicos abreviaram suas sinuosas composições para se encaixar ao fonógrafo – até hoje, a duração média de uma canção pop continua nessa faixa de tempo. Há 50 anos, o baixo custo da reprodução industrial das gravações fonográficas levou a quantidades absurdas de cópias de boa qualidade, exatas e acessíveis, assim como à noção de que a música constituía um bem de consumo.

A grande virada pela qual a música passa atualmente – a transformação que pioneiros como o Napster e o BitTorrent anunciaram uma década atrás – é a transição do analógico para o digital. A era industrial foi impulsionada por cópias analógicas exatas e baratas. A era da informação é impulsionada por cópias digitais exatas e gratuitas.

Não dá para ignorar a força do gratuito. É esse fator que faz a duplicação avançar em uma escala que antes teria sido inacreditável. Os dez videoclipes de música mais vistos foram assistidos (de graça) mais de 10 bilhões de vezes.[3] Como seria de esperar, não é só a música que tem sido copiada livremente e de graça, mas também textos, imagens, vídeos, games, sites inteiros, softwares empresariais e arquivos para impressora 3D. Nesse novo mundo online, tudo o que pode ser copiado será copiado gratuitamente.

Segundo a lei universal da economia, no instante em que algo se torna gratuito e ubíquo, sua posição na equação econômica se inverte subitamente. Quando a iluminação elétrica noturna era recente e escassa, os pobres usavam velas em suas casas. Mais tarde, quando a eletricidade tornou-se amplamente acessível e quase gratuita, jantar à luz de velas tornou-se um símbolo de luxo. Na era industrial, cópias exatas manufaturadas eram mais valiosas do que uma matriz feita à mão. Ninguém queria o desajeitado protótipo "original" da geladeira construído pelo inventor. A maioria das pessoas almejava um clone em perfeito funcionamento. Quanto mais comum o clone, mais desejável ele era, já que a seu reboque vinha toda uma rede de assistência técnica e oficinas de manutenção.

Agora, o eixo de valor passou por uma inversão. Rios de cópias gratuitas solaparam a ordem estabelecida. Nesse novo universo digital, supersaturado de duplicação digital gratuita e infinita, as cópias são tão ubíquas, tão baratas – ou gratuitas – que as únicas coisas realmente valiosas são aquelas que não podem ser copiadas. A tecnologia nos sugere que as cópias já não contam mais. Em outras palavras, a superabundância fez com que perdessem valor. Quando isso acontece, as escassas coisas irreprodutíveis tornam-se valiosas.

Quando as cópias são gratuitas, precisamos vender aquilo que não pode ser copiado. Mas o que se enquadra nessa categoria?

Confiança, por exemplo. A confiança não pode ser reproduzida em massa. Não é possível comprá-la no atacado. Não dá para fazer download de confiança e armazená-la no banco de dados ou no depósito. Não podemos simplesmente duplicar a confiança de alguém. Trata-se de algo a ser conquistado com o tempo. Ela não pode ser simulada, tampouco falsificada (pelo menos não por muito tempo). Como preferimos lidar com entidades confiáveis, em geral nos dispomos a pagar mais por esse privilégio. Chamamos isso de branding. Empresas de marca conseguem cobrar preços mais altos por seus produtos e serviços do que os concorrentes sem marca, uma vez que as pessoas confiam que elas cumprirão suas promessas. Desse modo, a confiança é um bem intangível que adquire valor crescente em um mundo saturado de cópias.

Uma série de qualidades semelhantes à confiança, igualmente difíceis de copiar, passa a ser valorizada na economia da nuvem. A melhor maneira de identificar tais qualidades é começar com perguntas simples. Por que alguém pagaria por algo que poderia obter de graça? E, quando as pessoas pagam por algo que conseguiriam de graça, o que elas estão exatamente comprando?

Em um sentido bastante concreto, tais valores não copiáveis são "melhores do que grátis". A gratuidade é boa, mas esses valores devem ser melhores, uma vez que nos dispomos a pagar por eles. Chamo essas qualidades de "generativas". Um valor generativo é um atributo que deve ser gerado no momento da transação. Uma qualidade generativa não pode ser copiada, clonada, estocada ou armazenada. Um generativo não admite falsificação nem replicação. Ele é gerado especificamente para aquela determinada transação, em tempo real. As qualidades generativas agregam valor às cópias gratuitas, de modo que constituem algo que pode ser vendido.

Vejamos oito generativos que são "melhores do que grátis".

Imediatismo

Mais cedo ou mais tarde, você vai conseguir encontrar uma cópia gratuita do que quiser. No entanto, receber na caixa postal uma cópia recém-lançada – ou, melhor ainda, recém-produzida – por seus criadores tem um valor generativo. Muitas pessoas pagam um preço altíssimo para ir ao cinema em pré-estreias e estreias de filmes que, em pouco tempo, estarão disponíveis gratuitamente, ou quase, para download ou locação. Na prática, elas não estão pagando pelo filme (que de outra maneira seria "gratuito"), mas pelo imediatismo. Livros recém-lançados também podem ter um preço mais elevado em razão desse fator. O primeiro da fila muitas vezes paga mais caro. Como uma qualidade vendável, o imediatismo tem vários níveis, inclusive o acesso a versões beta. No passado, as versões beta de apps ou softwares, obviamente incompletas, eram desvalorizadas. Porém, com o tempo, o público reconheceu que elas também são imbuídas da valiosa qualidade do imediatismo – um termo um tanto relativo, pois pode se referir a intervalos variáveis de minutos a meses, mas que costuma estar agregado a todo tipo de produto ou serviço.

Personalização

A versão genérica da gravação de um show de música pode ser gratuita, mas muita gente se dispõe a pagar caro para ter acesso a uma cópia ajustada para soar acusticamente perfeita na sala de casa, como se a banda estivesse tocando ali. Nesse caso, a pessoa não estaria pagando pela cópia do show, e sim pela personalização generativa. A cópia gratuita de um livro pode ser personalizada pelos editores para refletir seu histórico de leituras. Um filme gratuito pode ser editado (com cortes de cenas picantes e linguajar impróprio) para se adaptar à faixa etária dos espectadores domésticos. Nesses dois exemplos, você recebe a cópia gratuitamente e paga pela personalização. Uma aspirina sai quase de graça hoje em dia, mas um medicamento à base de ácido acetilsalicílico criado sob medida para seu DNA poderia ser muito valioso e, portanto, caro. A personalização requer um diálogo constante entre o criador e o consumidor, entre o artista e o fã, entre o produtor e o usuário. Trata-se de uma qualidade profundamente generativa por ser recorrente e duradoura. Os profissionais de marketing chamam isso de "perdurabilidade", porque os dois lados da relação ficam envolvidos com esse bem generativo e relutam em trocá-lo. Não dá para "copiar e colar" um valor tão profundo como esse.

Interpretação

Uma velha piada diz que "o software é gratuito, mas o manual do usuário custa US$ 10 mil". E é assim mesmo que funciona. Algumas empresas de alta visibilidade, como Red Hat, Apache e outras do gênero, sobrevivem vendendo instruções e suporte técnico para programas de software livre. A cópia do código, composta de meros bits, é gratuita. As linhas de código aberto só têm valor com orientação e suporte. Muitas informações médicas e genéticas devem seguir esse mesmo caminho nas próximas décadas. Hoje custa muito caro obter uma cópia completa de nosso DNA (US$ 10 mil), mas esse preço não vai se manter. Na verdade, já está caindo e tão rápido que em pouco tempo baterá na casa dos US$ 100, para no ano seguinte ser oferecida de graça pelas companhias seguradoras. Quando a cópia de seu sequenciamento genético sair de graça, o que custará muito caro será a interpretação dessas informações: como usá-las e, com base nelas, o que fazer a respeito em prol de sua saúde – o manual de instruções de seus genes, por assim dizer. O generativo da interpretação pode ser aplicado a muitos outros serviços complexos, como viagens e cuidados médicos.

Autenticidade

Quem baixar um programa de computador de graça na dark web não necessariamente precisará de um manual de instruções para usá-lo, mas certamente gostaria de ter a certeza de que ele está livre de bugs, malware ou spams. Nesse caso, portanto, toparia pagar por uma cópia autêntica. Note o detalhe de que o software, em si, continua "gratuito": o usuário não paga pela cópia, e sim por sua autenticidade (e pela intangível paz de espírito que isso proporciona). É possível encontrar um número quase infinito de interpretações de canções do Grateful Dead, porém comprar uma versão autêntica, da própria banda, dá a garantia de obter aquilo que você quer, ou seja, a gravação de uma performance que, de fato, leva a assinatura do Dead. Os artistas convivem com essa questão há um bom tempo. Reproduções gráficas, como fotografias e litografias, não raro vêm com o selo de autenticidade do artista – uma assinatura – para elevar o preço da cópia. Marcas-d'água digitais e outras tecnologias de autenticação dificilmente funcionam como esquemas de proteção anticópias (as cópias são supercondutores líquidos, lembra?), mas podem entregar a qualidade generativa da autenticidade para as pessoas dispostas a pagar por isso.

Acessibilidade

Às vezes, ser proprietário de algo é muito chato. Você precisa manter essa propriedade em ordem, atualizada e, no caso de itens digitais, certificar-se de fazer o backup. E, neste nosso mundo portátil, também tem de levar tal bem consigo, para onde quer que vá. Muitas pessoas – eu inclusive – ficariam aliviadas se contassem com alguém para cuidar de suas coisas enquanto preguiçosamente se limitassem a colocá-las na nuvem: um livro ou uma canção adquiridos previamente, por exemplo, e que façam parte de seus tesouros pessoais. Não seria absurdo acreditar que você pagaria de bom grado para algum serviço de armazenagem cuidar dessas posses, dando-lhe acesso a elas a qualquer hora e de qualquer maneira. Muitos desses bens provavelmente estariam disponíveis de graça em algum outro lugar, mas não de modo tão conveniente. O serviço pago forneceria acesso ao conteúdo gratuito em qualquer lugar onde o consumidor estivesse, em qualquer um dos vários dispositivos existentes e com uma excelente interface de usuário.

Em parte, é exatamente isso o que recebemos com o iTunes na nuvem. Pagamos pelo fácil acesso a uma canção que poderíamos baixar de graça em algum outro lugar. Repare que não se trata de compra de conteúdos, e sim de acesso a eles, de maneira prática, fácil e sem a chateação de ter de gerenciar esses bens.

Corporificação

Em sua essência, uma cópia digital não tem corpo. Não reclamo de ler um livro em PDF, mas às vezes aprecio o luxo de usufruir das mesmas palavras impressas em papel especial e protegidas por uma capa de couro. É tão bom... Da mesma forma, os gamers costumam se divertir online com seus amigos, porém gostam das ocasiões em que todo mundo se reúne para jogar na mesma sala. Isso sem falar nas pessoas que pagam milhares de dólares pelo ingresso para um evento que, transmitido ao vivo na rede, poderia ser visto de graça. São infinitas as maneiras de a corporificação gerar valor em um mundo no qual as coisas ficam cada vez mais intangíveis. Sempre haverá uma nova e absurdamente maravilhosa tecnologia de display que os consumidores não poderão ter em casa, o que os obrigará a mover seu corpo para algum lugar público, como um cinema ou auditório. Muito provavelmente, a sala de cinema será pioneira em abrigar projeções a laser, displays holográficos e o próprio holodeck. E nada é mais corporificado do que a música em um show, com a performance ao vivo de instrumentistas. Hoje, a música é quase de graça, enquanto a apresentação corporificada custa caro. Com efeito, muitas bandas ganham a vida com shows, não com a venda de suas músicas. Essa fórmula está rapidamente se popularizando não apenas entre os músicos, mas também entre escritores. O livro é gratuito ou quase; eventos literários com a presença de autores costumam ter ingresso a preço alto. Turnês de espetáculos, palestras do TED Talks, programas de rádio ao vivo, viagens gastronômicas... tudo isso tem o poder e o valor de uma corporificação efêmera – e paga – de algo que poderíamos baixar gratuitamente na internet.

Patronagem

Na verdade, plateias e fãs ávidos *querem* pagar aos criadores. Adoram recompensar artistas, músicos, autores, atores e outros criadores com

78 | INEVITÁVEL

provas de seu apreço, porque isso lhes permite uma forma de conexão com os ídolos. No entanto, os fãs só pagarão mediante quatro condições, que muitas vezes não são cumpridas: 1) o pagamento deve ser extremamente fácil de fazer; 2) o montante tem de ser razoável; 3) há um benefício claro em troca; 4) o dinheiro, sem dúvida, vai beneficiar diretamente os criadores. De vez em quando, uma nova banda ou artista faz experimentos deixando que os fãs paguem o que quiserem por uma cópia gratuita. O esquema em geral funciona. Trata-se de um excelente exemplo do poder da patronagem. A conexão fugaz que flui entre fãs e artistas definitivamente tem algum valor. Uma das primeiras bandas a oferecer ao fã a opção de pagar o quanto quiser foi o Radiohead. O grupo acabou faturando em média US$ 2,26 por download de *In Rainbows*, seu álbum de 2007, o que proporcionou uma renda maior do que todos os álbuns anteriores lançados com gravadoras, por conta dos vários milhões de CDs vendidos.[4] Há muitos outros exemplos que demonstram como o público aceita pagar pelo prazer intangível de patrocinar pessoas que admiram.

Encontrabilidade

Os generativos anteriores concentram-se em obras criativas. A encontrabilidade, por sua vez, é um valor que se aplica a um agregado de muitas obras. Não importa o preço, uma obra não tem valor algum se não for encontrada pelo público. Obras-primas não descobertas nada valem. Em um mundo com milhões de livros, milhões de músicas, milhões de filmes, milhões de apps, milhões de tudo exigindo uma parcela de nossa atenção, a capacidade de ser encontrado tem grande valor. E, dado o número em rápido crescimento de obras criadas dia após dia, ser encontrado torna-se cada vez mais improvável. Os fãs usam muitas maneiras de descobrir o que vale a pena dentre os zilhões de obras produzidas. Recorrem à opinião de críticos e analistas, baseiam-se no prestígio das marcas (de editoras, gravadoras e estúdios de cinema, por exemplo) em questão e, também, com frequência crescente, conferem as recomendações de amigos e outros consumidores. Cada vez mais, as pessoas se dispõem a pagar por orientação. Não muito tempo atrás, o *TV Guide*, semanário norte-americano especializado em programação de TV, tinha 1 milhão de assinantes, que pagavam pela indicação das melhores atrações em exibição na telinha. Vale sublinhar: tais programas eram vistos de graça pelos telespectadores. O *TV Guide* supostamente ganhou mais dinheiro vendendo orientação do que as três maiores redes de TV juntas. O maior trunfo da Amazon não é seu serviço de entrega, mas os milhões de comentários de leitores que o site acumulou ao longo de décadas. Os leitores pagam pelo Kindle Unlimited (serviço do tipo "bufê livre" de e-books, em que você lê tudo o que quiser e puder mediante uma tarifa única) apesar de terem como encontrar títulos de graça em outro lugar, porque confiam que as avaliações da Amazon vão indicar leituras de que, de fato, vão gostar mais. O mesmo vale para a Netflix. O sistema de recomendações da plataforma encontra pérolas sob medida para cada cliente, propondo filmes e séries que, de outra maneira, o consumidor dificilmente conseguiria descobrir – atrações que até poderiam ser acessadas gratuitamente em outro lugar, mas que daria muito trabalho para serem encontradas. Nesses casos, não pagamos pelas cópias, e sim pela encontrabilidade.

Essas oito qualidades requerem um novo conjunto de habilidades dos criadores. O sucesso não resulta mais do domínio da distribuição. Esta é quase automática e está em todos os fluxos. A nuvem, esta Grande Máquina Copiadora Celeste, encarrega-se disso. As habilidades técnicas de proteção anticópias perderam a eficácia simplesmente porque é impossível impedir as cópias. Proibi-las, por meio de ameaças legais ou truques tecnológicos, não funciona, assim como de nada adianta tentar se apropriar delas ou diminuir sua circulação. Esses oito novos generativos, contudo, descortinam qualidades de proteção de valor que não podem ser copiadas com um clique do mouse. O sucesso nesse novo campo requer o domínio desta era de nova liquidez.

Uma vez que alguma coisa, como a música, é digitalizada, torna-se líquida: começa a fluir pelos links. Em um primeiro momento do fenômeno da música digital, os executivos da indústria fonográfica avaliaram que o público era atraído à internet pela ganância por coisas gratuitas. Na verdade, porém, a gratuidade compunha apenas uma parte do apelo – talvez a menos importante. Milhões de pessoas inicialmente podem ter baixado músicas pelo fato de serem gratuitas, mas, de repente, descobriram algo ainda melhor. A música gratuita era desimpedida. Podia migrar alegremente para novas mídias, novas funções, novos cantos da vida dos ouvintes. Depois disso, a corrida para baixar música na internet foi impulsionada pelo crescente poder de fluir do som digitalizado.

Antes da liquidez, a música era estanque. Há 30 anos, nossas opções mostravam-se limitadas. Pelas estações de rádio, você ouvia as compilações específicas de canções escolhidas por quem fazia a programação e DJs. Caso comprasse um álbum, escutava as músicas na sequência em que haviam sido gravadas no disco de vinil ou, mais tarde, no CD. Outra opção consistia em comprar um instrumento e sair à caça da partitura de sua composição favorita em especializadíssimas lojas de música. E isso era tudo o que você podia fazer.

A liquidez chegou para nos oferecer novos poderes. A tirania do radialista ficou para trás. Com a música líquida, cada ouvinte determina a sequência de músicas de um álbum, ou dos vários álbuns, que pretende escutar. Ganhamos o poder de encurtar uma música ou prolongá-la. Passamos a ter a possibilidade de extrair uma amostra de notas de determinada canção para usá-la do jeito que quisermos e até de trocar a letra original. É possível ajustar a música para que soe melhor no aparelho de som do carro. Dá até para juntar duas mil versões da mesma obra e criar um coral, como uma pessoa de fato chegou a fazer.[5] A supercondutividade da digitalização rompeu os grilhões da música, libertando-a dos restritos confins de um disco de vinil ou de uma fita magnética. Passamos a ter a capacidade de desagregar uma canção de seu antes fechado pacote de quatro minutos para filtrá-la, dobrá-la, arquivá-la, reorganizá-la, remixá-la, desarrumá-la. O apelo não está só na gratuidade, mas no fato de a música tornar-se livre de restrições. Ganhamos milhares de novos jeitos de brincar com as notas.

O que conta não é o número de cópias, mas o número de maneiras pelas quais uma cópia pode ser combinada, manipulada, anotada, etiquetada, salientada, marcada, traduzida e animada com outras mídias. O valor deixou de estar associado à cópia para se aproximar dos muitos modos de lembrar, anotar, personalizar, editar, autenticar, exibir, marcar, transferir e se engajar com uma obra. O que importa é a capacidade de a música poder fluir.

Pelo menos 30 serviços de streaming – muito mais refinados do que o Napster original – proporcionam aos ouvintes uma ampla gama de maneiras de brincar com os elementos não confinados da música. O meu preferido é o Spotify, por condensar muitas das possibilidades que um serviço fluido pode proporcionar. O Spotify é uma nuvem contendo 30 milhões de canções.[6] Posso fazer uma busca nesse oceano sonoro e encontrar a canção mais específica, esquisita e obscura possível. Enquanto ela toca, clico em um botão para ter acesso à letra. Posso criar uma estação de rádio pessoal virtual com uma pequena seleção de minhas músicas favoritas. Posso ajustar a playlist dessa estação pulando músicas ou apontando aquelas que não quero mais ouvir. Esse grau de interação teria deixado as pessoas de queixo caído uma geração atrás. Gosto de ouvir as coisas que meu amigo Chris descobre porque ele é um garimpeiro de novidades muito mais empenhado do que eu. Como sigo a playlist dele, isso significa que consigo efetivamente estar alinhado com suas mais novas descobertas ou até mesmo escutar a canção que ele está ouvindo neste exato momento, em tempo real. Se eu gostar muito do que ouvi na lista dele – digamos, uma antiga fita gravada por Bob Dylan em um porão, recém-descoberta –, posso copiar para minha playlist e compartilhar com outros amigos.

Como seria de esperar, esse serviço de streaming é gratuito. Se não quiser ver ou ouvir os anúncios que o Spotify exibe para remunerar os artistas, tenho a opção de pagar uma assinatura mensal. Na versão paga, posso fazer o download dos arquivos digitais para meu computador e até remixar as faixas, se eu quiser. Como estamos na era do fluxo, tenho acesso a minhas playlists e estações de rádio pessoais em qualquer dispositivo, incluindo o celular, ou posso direcionar as músicas para minhas caixas de som na sala ou na cozinha. Outros serviços de streaming, como o SoundCloud, funcionam mais como um YouTube de áudio, encorajando seus 250 milhões de fãs a fazer o upload em massa de suas próprias músicas.[7]

Compare essa esplêndida abundância líquida com as pobres opções fixas disponíveis apenas algumas décadas atrás. Não é de admirar que os fãs tenham migrado em peso para o "gratuito", apesar das ameaças de prisão aos "infratores" feitas pela indústria fonográfica.

Onde é que isso vai parar? Nos Estados Unidos, 27% das vendas de música provêm de serviços de streaming, o que equivale às vendas de CDs.[8] O Spotify paga 70% da receita proveniente dos assinantes às gravadoras dos artistas.[9] Apesar desse sucesso inicial, seu catálogo de músicas poderia ser maior. No entanto, o serviço ainda enfrenta grandes obstáculos, com artistas como Taylor Swift se opondo ao streaming. Contudo, como admitiu o presidente-executivo da maior gravadora do mundo, trata-se de uma invasão "inevitável".[10] Com o streaming fluindo, a música transforma-se de substantivo em verbo.

A liquidez agrega uma nova facilidade para a criação. As formas intercambiáveis de música incentivam amadores a criar a própria música e fazer o upload na internet. Está aberta a temporada de invenção de novos formatos. Ferramentas inéditas, disponíveis gratuitamente na internet, permitem aos fãs de música remixar faixas, brincar com sons diferentes, estudar letras e produzir batidas com instrumentos sintéticos. Os aficionados podem compor música da mesma forma como os escritores concebem um livro, rearranjando os elementos encontrados (palavras para escritores, acordes para músicos) de acordo com seu ponto de vista.

A supercondutividade de bits digitais atua como lubrificante para o escoamento de opções musicais inexploradas. A música flui em frequências digitais para vastos e desconhecidos territórios. Na era pré-digital, ela ocupava alguns poucos nichos. Vinha enclausurada no vinil, era tocada no rádio, ouvida em concertos e shows ao vivo e em algumas centenas de filmes produzidos anualmente. Em tempos pós-digitais, a música flui por nossa vida, tentando nos acompanhar em todos os nossos momentos despertos. Carregada na nuvem, chove sobre nós: atravessa os fones de ouvido enquanto nos exercitamos, quando estamos de férias em Roma ou quando esperamos na fila do supermercado. O número de nichos para a música multiplicou-se rapidamente. Os milhares de documentários de cinema produzidos por ano requerem trilhas sonoras. Os longa-metragens, por sua vez, consomem grandes volumes de composições originais e antigas, incluindo milhares de músicas pop. Os criadores do YouTube também conhecem a carga emocional que uma trilha sonora adequada pode acrescentar a um vídeo. Apesar de a maioria reciclar músicas existentes, sem pagar nada por isso, uma minoria crescente está se dando conta do valor da criação de músicas próprias. Também é importante lembrar as centenas de horas de música necessárias para acompanhar um bom videogame.[11] Dezenas de milhares de comerciais precisam de jingles memoráveis. Uma mídia que entrou na moda é o podcast, uma espécie de documentário sonoro. Pelo menos 27 novos podcasts são lançados todos os dias.[12] Um podcast que se preze deve ter uma vinheta e, com frequência cada vez maior, seleções musicais, no caso de conteúdos mais longos. Nossa vida está ganhando uma trilha sonora. Tudo isso representa mercados em crescimento, expandindo-se com a mesma rapidez dos fluxos de bits.

As mídias sociais já foram o domínio dos textos. A próxima geração de mídia social está se direcionando para o vídeo e o som. Apps como WeChat, WhatsApp, Vine, Meerkat, Periscope e muitos outros nos possibilitam compartilhar vídeo e áudio em tempo real com nossa rede de amigos e também com os amigos de nossos amigos. Não estão muito longe de serem criadas ferramentas para compor rapidamente uma versão de uma música conhecida ou gerar com algoritmos composições que poderão ser compartilhadas em tempo real. A música personalizada – ou, em outras palavras, gerada pelos usuários – se tornará a norma: deverá ser hegemônica entre as composições musicais criadas a cada ano. À medida que flui, a música se expande.

Enquanto aprendemos com a contínua democratização das outras artes, logo seremos capazes de compor música mesmo sem ser do ramo. Cem anos atrás, havia poucas pessoas tecnicamente capazes de tirar uma fotografia, apenas alguns poucos experimentadores especializados. Tratava-se de um processo extremamente elaborado, que demandava grande habilidade técnica e muita paciência até produzir uma foto que valesse a pena ser vista. Um fotógrafo especializado tirava apenas uma dúzia de fotos por ano. Hoje, qualquer pessoa com um celular – isto é, todo mundo – pode produzir instantaneamente uma imagem cem vezes melhor, em quase todos os sentidos, do que um fotograma profissional de um século atrás. Somos todos fotógrafos. De maneira similar, a tipografia já foi uma profissão hermética. Um tipógrafo precisava de muitos anos de experiência para aprender a dispor o texto na página de uma forma agradável e clara, já que na época não existia a possibilidade de manipular e visualizar o texto na tela do computador, a fim de deixá-lo do jeito que se desejava que fosse impresso. Talvez apenas mil pessoas no mundo inteiro soubessem da importância do *kerning*, termo que designa o ajuste do espaçamento entre os caracteres de uma palavra. Hoje, até crianças da escola primária sabem ajustar o *kerning* de uma palavra e mesmo novatos em ferramentas digitais dispõem textos em uma página com mais eficiência e elegância do que os antigos tipógrafos. O mesmo se aplica à cartografia. Qualquer pessoa com alguma familiaridade com a web pode fazer mais com os mapas hoje do que os melhores cartógrafos conseguiam outrora. Fenômeno semelhante acontecerá com a música. Com novas ferramentas acelerando o fluxo fluido de bits e cópias, todos seremos músicos no futuro.

A evolução da música vai chegar às outras mídias e, depois, às outras indústrias.

O cinema descreveu esse mesmo padrão no passado. Um filme de longa-metragem era um evento raro, de produção muito onerosa. Era necessário contratar profissionais sindicalizados, e muito bem-remunerados, até mesmo quando se fazia um filme B. As salas de exibição precisavam de equipamentos de projeção caríssimos, de modo que era trabalhoso e raro assistir a qualquer filme. Mais tarde, chegaram as câmeras de vídeo, acompanhadas de redes de compartilhamento de arquivos, e as produções feitas para o cinema passaram a poder ser vistas em qualquer lugar. Ganhamos a possibilidade de assistir ao mesmo filme centenas de vezes, inclusive títulos que, até não muito tempo atrás, só tínhamos a oportunidade de ver uma vez na vida. Por conta disso, cem milhões de pessoas tornaram-se estudantes informais de linguagem audiovisual e começaram a criar os próprios vídeos, fazendo o upload de bilhões de produções no YouTube. Mais uma vez, inverteu-se a pirâmide. Antes, todo mundo era público; hoje, todos são cineastas.

Um bom exemplo da grandiosa transição da fixidez para o fluxo é o status dos livros. Produzidos com muito cuidado e reverência, eles surgiram como obras-primas valiosíssimas, feitas para durar gerações. Um grande e sólido volume impresso é a própria essência da estabilidade. Fica assentado na estante, às vezes sem sair do lugar por centenas, até milhares de anos. Nicholas Carr, amante e crítico de livros, listou quatro maneiras pelas quais os livros incorporam a fixidez.[13] Eis minha interpretação:

Fixidez da página – A página continua sempre igual. É a mesma cada vez que o leitor abre o livro. Você pode contar com isso. Essa característica permite que se faça a citação ou referência ao número da página, uma vez que ela nunca sairá daquele lugar.

Fixidez da edição – Não importa qual exemplar do livro, não importa onde ou quando você comprou o volume, o texto será exatamente o mesmo a ser lido por quem tem uma cópia da mesma edição. Isso permite que conversemos sobre esse livro com a certeza de que estamos falando do mesmíssimo conteúdo.

Fixidez do objeto – Com os devidos cuidados, os livros de papel duram muito tempo (séculos mais do que os formatos digitais). E, ao longo desse período, o conteúdo continua o mesmo.

Fixidez da completude – Um livro de papel é imbuído de um senso de conclusão, de encerramento. O produto está feito, acabado, completo. Parte da atração da literatura impressa está no fato de ela estar comprometida com o papel, quase como um juramento. O autor assina embaixo do que escreveu.

Esses quatro tipos de estabilidade constituem qualidades bastante atraentes. Conferem monumentalidade aos livros, uma relevância a ser levada em conta. No entanto, até o mais apaixonado bibliófilo sabe que os volumes impressos estão cada vez mais caros em comparação com as cópias digitais, de modo que não é difícil imaginar o dia em que os títulos em papel serão exceção. Hoje, em geral, os livros nascem predominantemente em berço digital, nos processadores de texto. Até títulos antigos tiveram seus textos digitalizados e espalhados por todos os cantos da internet, com a possibilidade de fluir livremente pelos cabos supercondutores da rede. Os quatro elementos da fixidez não estão presentes nos e-books – pelo menos, não nas versões atuais. Apesar de os amantes dos livros lamentarem a ausência dessas qualidades, não podemos nos esquecer de que, para compensar a falta de fixidez, os e-books oferecem quatro fatores de fluidez:

Fluidez da página – A página é uma unidade flexível. O conteúdo flui para ocupar o espaço disponível, seja uma tela minúscula embutida em um par de óculos, seja uma projeção na parede. O texto se ajusta a seu dispositivo de leitura preferido ou a seu estilo de leitura. A página se molda a você.

Fluidez da edição – O conteúdo de um livro pode ser personalizado. Uma edição sob medida para um estudante poderia conter notas explicativas sobre novos vocábulos; outra, feita especialmente para fãs que acompanham uma narrativa em série, "saltar" partes do texto que recapitulam a trama dos volumes anteriores. A fluidez permite que o livro seja editado ao gosto do leitor.

Fluidez do recipiente – O custo de manutenção de um título na nuvem é tão insignificante que se pode mantê-lo armazenado "de graça" até o momento efetivo da leitura. Então, basta baixá-lo instantaneamente dessa infinita biblioteca – a qualquer momento e em qualquer lugar do planeta onde esteja o leitor.

Fluidez do crescimento – O conteúdo pode ser corrigido ou aperfeiçoado de maneira incremental. A qualidade de um e-book de sempre estar melhor hoje do que esteve ontem, e pior do que estará amanhã, o assemelha mais a um organismo animado do que a uma pedra morta. Uma fluidez viva que nos inspira como criadores e leitores.

––––––––––

Atualmente, vemos esses dois conjuntos de características – fixidez e fluidez – como opostos, impulsionados pela tecnologia dominante de cada época. O papel favorece a fixidez; os elétrons, a fluidez. No entanto, nada nos impede de pensar em uma terceira via, com elétrons incorporados ao papel ou qualquer outro material físico. Imagine cem páginas, cada uma delas sendo uma finíssima e flexível tela digital, encadernadas e com uma vistosa lombada, assim como um livro tradicional. Não deixaria de ser um e-book. Quase tudo o que é sólido pode ter um pouco de fluidez, assim como quase tudo o que é fluido pode adquirir alguma solidez.

O que já aconteceu com a música, com os livros e com os filmes agora está acontecendo com os jogos, os jornais e a educação. E esse mesmo padrão vai se estender para o transporte, a agricultura e a saúde. Itens que hoje habitam o âmbito da fixidez – como veículos, terrenos e medicamentos – vão se transformar em fluxos. Tratores vão se tornar computadores velozes equipados com rodas, o solo vai virar substrato para uma rede de sensores e os medicamentos serão como cápsulas de informações moleculares fluindo do paciente para o médico e vice-versa.

Veja a seguir os quatro estágios do fluxo:

1. **Fixo. Raro.** De início, a norma é ter produtos preciosos, cuja criação requer muita expertise. Cada item é um trabalho artesanal, completo e autônomo, vendido em reproduções de alta qualidade para remunerar os criadores.
2. **Livre. Ubíquo.** A primeira ruptura vem com a reprodução indiscriminada do produto, duplicado tão implacavelmente que passa a ser uma commodity. Cópias baratas e perfeitas são usadas livremente e espalhadas por qualquer lugar onde houver demanda. Essa extravagante disseminação desestabiliza a economia tradicional.
3. **Fluir. Compartilhar.** A segunda ruptura traz uma desagregação do produto em partes, com cada elemento fluindo para encontrar novos usos próprios e/ou sendo remixado para formar novos pacotes. O produto passa a ser um fluxo de serviços fluindo a partir da nuvem compartilhada. Torna-se uma plataforma para a riqueza e a inovação.
4. **Abrir-se. Tornar-se.** A terceira ruptura é possibilitada pelas duas anteriores. Poderosos fluxos de serviços e peças prontas, convenientemente de baixo custo, permitem que amadores inexperientes criem não só produtos, mas até categorias inéditas de produtos. O status da criação se inverte, de modo que o próprio público passa a ser o artista. A produção, a seleção e a qualidade decolam.

Esses quatro estágios do fluxo aplicam-se a todas as mídias. Todos os gêneros terão alguma fluidez. No entanto, a fixidez não desaparecerá.

88 | INEVITÁVEL

A maioria das boas coisas fixas da civilização (estradas, arranha-céus) não vai a lugar algum. Vamos continuar a fabricar objetos analógicos (cadeiras, pratos, sapatos), mas eles também vão adquirir uma essência digital, com chips embutidos (a exceção: uma pequena minoria de artefatos artesanais de luxo). O desenvolvimento dos fluxos líquidos é um processo de soma, não de subtração. As antigas formas de mídia vão perdurar, porém sobrepostas pelas novas mídias. A diferença importante é que a fixidez deixa de ser a única *opção*. Coisas boas não têm de ser estáticas, imutáveis. Ou, em outras palavras, a instabilidade pode ser boa, desde que do tipo certo. A transição de estoques a fluxos, da fixidez à fluidez, não implica abandonar a estabilidade. Implica, sim, beneficiar-se de uma fronteira escancarada, com acesso a incontáveis opções adicionais baseadas na mutabilidade. Estamos à beira de explorar todas as maneiras de fazer coisas com base na mudança incessante e em novos processos multiformes.

Vale a pena imaginar como será um dia típico no futuro próximo. Eu acesso a nuvem para visitar a biblioteca contendo todos os filmes, músicas, livros, mundos de realidade virtual e games. Escolho uma música (mas, se quisesse, poderia obter trechos dela tão diminutos quanto um acorde). Os elementos de uma canção estão divididos em canais, o que significa que posso selecionar a faixa da guitarra, ou a da bateria, ou apenas os vocais. Ou, então, baixar o arranjo instrumental inteiro sem os vocais, para usar no karaoke. Novas ferramentas me possibilitam estender ou reduzir a duração de uma música sem alterar o tom ou a melodia. Outras, de uso profissional, me possibilitam trocar instrumentos na canção que escolhi. Por um custo adicional, posso ter acesso a versões alternativas de músicas interpretadas por minha artista favorita, que também oferece aos fãs um histórico registro gravado de seu processo de criação.

O mesmo acontecerá com os filmes. Os vários componentes de uma produção cinematográfica, desagregados, podem ser lançados autonomamente – e não me refiro apenas à trilha sonora. Posso baixar os efeitos sonoros, os efeitos especiais (antes e depois) de cada cena, tomadas feitas por câmeras alternativas, narrações em off, tudo em formato editável. Alguns estúdios lançam todo um conjunto de cenas cortadas na edição final, para serem reeditadas conforme o gosto do espectador.

Valendo-se dessa abundância de elementos desagregados, uma comunidade de amadores reedita filmes lançados, na esperança de suplantar a versão do diretor original. Tive a oportunidade de fazer uma ou outra dessas coisas que acabei de mencionar quando frequentei as aulas de um curso de mídia. É bem verdade que nem todo diretor tem interesse em ver suas obras reeditadas em massa por amadores, mas a demanda é tão grande e as vendas dessas cenas cortadas, tão boas que os estúdios não hesitam em aderir à onda. Assim, filmes adultos são remontados na forma de versões mais leves, para o público familiar. Na mão oposta, a partir de produções para o público infantil, produzem-se versões pornográficas distribuídas ilicitamente na internet. Muitas das centenas de milhares de documentários já lançados são atualizadas com conteúdo adicionado por espectadores, por entusiastas ou pelo próprio diretor, à medida que o assunto já abordado ganha novos desdobramentos.

Os streams de vídeo produzidos e compartilhados por meus dispositivos móveis já nascem fragmentados para circular por diferentes canais, a fim de que sejam facilmente reeditados por meus amigos. Modificando o fundo de cena do vídeo para um cenário exótico, eles podem criar um efeito cômico e convincente, por exemplo. Cada vídeo postado gera uma resposta com outro vídeo baseado nele. A resposta natural ao receber um clipe, uma música, um texto – seja de um amigo, seja de um profissional – não é apenas consumi-lo, mas executar alguma ação com ele. Adicionar, subtrair, responder, alterar, dobrar, combinar, traduzir, elevar a outro nível. Dar prosseguimento a seu fluxo. Maximizar o fluir. O stream de partes desagregadas permite que você consuma algumas delas tal como as recebe, enquanto intervém de alguma forma em relação à maioria do fluxo.

Nós mal começamos a fluir. Demos início aos quatro estágios do fluxo para alguns tipos de mídia digital, mas, dentro do cenário geral, ainda estamos no primeiro estágio. Uma parcela muito grande de nossa rotina e de nossa infraestrutura ainda está para ser liquefeita e entrar em fluxo, porém isso será inevitável. A poderosa e constante tendência na direção da desmaterialização e da descentralização levará à inevitabilidade dos outros fluxos. Pode parecer exagero dizer que a maioria dos aparatos sólidos e fixos do mundo manufaturado se transformará em forças etéreas, mas a verdade é que o imaterial vai, sim, sobrepujar o tangível. O conhecimento comandará os átomos. Itens líquidos generativos vão ascender do mundo do gratuito. No futuro, o mundo fluirá.

4
VISUALIZAR

Nos tempos antigos, a cultura girava em torno da palavra falada. As habilidades orais de memorização, recitação e retórica incutiam nas sociedades uma reverência ao passado, ao ambíguo, ao ornamento e ao subjetivismo. Éramos o povo da palavra. Em seguida, há mais de 500 anos, a oralidade foi destronada pela tecnologia. O aprimoramento da prensa de tipos móveis, feito por Gutenberg em torno de 1450, colocou a escrita na posição central de nossa cultura. Com a possibilidade de criar cópias baratas e perfeitas, o texto impresso tornou-se o impulsionador da mudança e a base da estabilidade. A prensa tipográfica gerou o jornalismo, a ciência, as bibliotecas e o direito. Incutiu na sociedade a reverência à precisão (o preto no branco da tinta sobre o papel), a valorização da lógica linear (frases em sequência expressando ideias), a paixão pela objetividade (dos fatos impressos) e certa submissão à autoridade (os autores, produtores do saber), cuja verdade era tão fixa e definitiva quanto um livro.

Livros produzidos em massa transformaram a mentalidade das pessoas. A tecnologia da prensa tipográfica aumentou o vocabulário – o inglês antigo compunha-se de cerca de 50 mil termos, enquanto hoje são usados 1 milhão.[1] Um número maior de opções de palavras expandiu o que podia ser comunicado. Da mesma forma, um número maior de opções de mídia ampliou o universo de temas e conteúdos. Os autores não precisavam mais se limitar a compor apenas tomos eruditos: passaram a ter o luxo de fazer também livros baratos com

92 | INEVITÁVEL

melosas histórias de amor (o romance foi inventado em 1740)[2] ou publicar biografias que não fossem de reis. As pessoas podiam escrever tratados para contestar a mentalidade da época e, por meio da difusão proporcionada por livros baratos, uma ideia pouco ortodoxa tinha como ganhar influência suficiente para derrubar um monarca ou um papa. Com o tempo, o poder dos autores deu origem à reverência geral aos autores e à autoridade, inaugurando uma cultura de expertise. A perfeição era atingida por quem agisse de acordo com as regras imortalizadas nos livros. Leis foram compiladas em volumes oficiais, contratos eram formalizados por escrito e nada tinha validade enquanto não fosse fixado em palavras no papel. Pintura, música, arquitetura e dança eram importantes, mas o coração da cultura ocidental pulsava no virar das páginas de um livro. Em 1910, três quartos das cidades dos Estados Unidos com mais de 2.500 moradores tinham uma biblioteca pública.[3] O país tem sua história arraigada em documentos: a Constituição, a Declaração de Independência e, indiretamente, a Bíblia. O sucesso norte-americano dependia de uma alta taxa de alfabetização, da imprensa livre e robusta, da lealdade ao Estado de direito (explanado em livros) e de uma língua comum em todo o território. Os ideais de prosperidade e a liberdade desenvolveram-se com base na cultura da leitura e da escrita. Nós nos tornamos o povo do livro.

Hoje, contudo, mais de 5 bilhões de telas digitais iluminam nossa vida.[4] Fabricantes de displays vão produzir 3,8 bilhões de telas por ano.[5] Isso equivale a quase uma nova tela por ano para cada dois habitantes do planeta. Vamos começar a incluir telas assistíveis em qualquer superfície plana. As palavras migraram da polpa de madeira para pixels em computadores, celulares, laptops, consoles de videogame, televisores, outdoors e tablets. As letras não são mais fixadas em tinta preta no papel, mas tremulam na superfície de vidro em um arco-íris de cores tão rápido quanto um piscar de olhos. As telas enchem bolsos, maletas, painéis de controle, paredes na sala de estar e fachadas laterais de edifícios. Estão diante de nós enquanto trabalhamos, não importa qual seja nossa ocupação. Somos agora o povo da tela.

Essa mudança levou ao atual choque cultural entre o povo do livro e o povo da tela. Os primeiros são aquelas pessoas boas e trabalhadoras que fazem os jornais, as revistas, as doutrinas da lei, as regulamentações e as regras financeiras. Seguem as normas imortalizadas nos livros, obedecem à autoridade dos autores. A base dessa cultura tem raízes nos textos. Os integrantes desse grupo estão todos na mesma página, por assim dizer.

O imenso poder cultural dos livros emanava do maquinário de reprodução. As prensas tipográficas duplicavam livros com rapidez, precisão e baixo custo. Qualquer um passou a poder adquirir um exemplar de *Os Elementos*, de Euclides, ou a Bíblia, de modo que os exemplares impressos iluminaram a mente de todos os cidadãos, não só da aristocracia. Esse mesmo maquinário transformativo de reprodução foi aplicado às artes e à música, levando a uma empolgação similar. Cópias impressas de gravuras e xilogravuras levaram o talento das artes visuais às massas. O baixo custo das cópias de diagramas e gráficos ajudou a acelerar a ciência. Reproduções baratas de fotos e músicas gravadas acabaram disseminando ainda mais o imperativo reprodutivo. Tivemos a possibilidade de produzir arte e música com a mesma rapidez e baixo custo com os quais já produzíamos livros.

Do último século em diante, essa cultura reprodutiva levou ao maior desabrochar da realização humana que o mundo já viu: uma magnífica era dourada de obras criativas. As cópias físicas baratas permitiram a milhões de pessoas ganharem a vida vendendo sua arte diretamente ao público, sem a estranha dinâmica de ter de depender apenas da patronagem. Não só os autores e artistas beneficiam-se desse novo modelo; o público também sai ganhando. Pela primeira vez, bilhões de pessoas comuns tiveram a chance de entrar em contato regular com grandes obras. Na época de Beethoven, pouquíssimos privilegiados tiveram a oportunidade de ouvir uma de suas sinfonias mais de uma vez. Com o advento das gravações de áudio em massa, um barbeiro de Bombaim tem a chance de passar o dia inteiro ouvindo as obras-primas do grande compositor.

Atualmente, a maioria de nós alinhou-se ao povo da tela. Como tal, tendemos a ignorar a lógica clássica dos livros ou a reverência às cópias, preferindo o fluxo dinâmico dos pixels. Estes orbitam ao redor

94 | INEVITÁVEL

de telas de cinema, de TV, de computador, de iPhone, de realidade virtual, de tablets e, no futuro próximo, de enormes telas Day-Glo de alta resolução incorporadas a todas as superfícies. A cultura da tela é um mundo de fluxos constantes, clipes sonoros intermináveis, cortes rápidos e ideias incompletas. É um fluxo de tuítes, manchetes, instagrams, mensagens de texto casuais e primeiras impressões flutuantes. As noções não são isoladas, mas vinculadas por meio de incontáveis links a todo o resto. A verdade deixa de ser exclusividade de autores e autoridade e é montada, peça por peça, em tempo real, pelo público. O povo da tela produz o próprio conteúdo e constrói a própria verdade. Cópias fixas não têm a mesma importância que o acesso fluido. A cultura da tela é rápida como um teaser de cinema de 30 segundos e tão líquida e aberta quanto uma página da Wikipédia.

Em uma tela, as palavras movem-se e fundem-se com imagens, mudam de cor e talvez até de sentido. A tela pode não conter palavra alguma, apenas imagens, diagramas ou glifos a serem decifrados, compondo diversos significados. Essa liquidez é terrivelmente irritante para qualquer civilização baseada na lógica do texto. Neste novo mundo, o código veloz – como em versões atualizadas de um código de computador – tem mais relevância que a lei, que é fixa. O código exibido em uma tela pode ser submetido a infinitos ajustes pelos usuários, mas não a lei gravada nos livros. No entanto, o código afeta o comportamento tanto quanto – se não mais que – a lei. Se você quiser mudar o modo como as pessoas se comportam na internet e diante das telas, basta alterar os algoritmos que governam tal espaço, efetivamente policiando o comportamento coletivo ou induzindo as pessoas a determinadas direções.

O povo do livro privilegia soluções regidas por leis, ao passo que o povo da tela vê na tecnologia a solução para todos os problemas. A verdade é que estamos em transição e o choque entre as culturas do livro e da tela constitui uma batalha travada também dentro de cada um de nós. Se você for uma pessoa moderna e instruída, deve estar sentindo esse conflito interno. Essa tensão é a nova norma. Tudo começou com as primeiras telas que invadiram a sala das casas 50 anos atrás: os grandes, rotundos e quentes tubos de televisão. Aqueles altares reluzentes reduziram nosso tempo de leitura a tal ponto que, nas décadas seguintes, parecia que os hábitos de ler e escrever já estavam mortos. Educadores, intelectuais, políticos e pais da última metade do século passado preocupavam-se profundamente com a possibilidade de a geração da TV tornar-se iletrada. As telas foram responsabilizadas por uma lista incrível de males sociais. Naturalmente, ninguém parou de ver TV. E, por um tempo, de fato, a impressão era a de que ninguém mais se interessava pela escrita, à medida que, por décadas, as notas dos alunos em interpretação de textos caíam.[6] Porém, para surpresa de todos, as telas modernas, interconectadas e ultrafinas dos monitores (as novas TVs) e dos tablets no início do século 21 desencadearam uma epidemia de textos escritos, a qual não para de crescer. O tempo que as pessoas passam lendo quase triplicou desde 1980.[7] Em 2015, mais de 60 trilhões de páginas foram adicionadas à World Wide Web e vários bilhões delas são acrescentados todo dia.[8] Cada uma dessas páginas foi escrita por alguém. Hoje, pessoas comuns produzem 80 milhões de posts de blog por dia.[9] Usando os polegares no lugar de canetas, jovens do mundo inteiro digitam 500 milhões de piadinhas diariamente no celular.[10] O aumento do número de telas continua a expandir o volume de leitura e escrita. A taxa de alfabetização nos Estados Unidos manteve-se inalterada nos últimos 20 anos, mas as pessoas letradas decerto estão lendo e escrevendo mais. Se considerarmos todas as suas comunicações em todas as telas de seu cotidiano, você escreve muito mais por semana do que sua avó, não importa qual seja o país onde vive.

Além de ler palavras em uma página, agora também lemos palavras flutuando de maneira não linear nas letras de um videoclipe ou rolando nos créditos finais de um filme. Podemos ler balões com diálogos travados por avatares de algum mundo de realidade virtual, clicar nas legendas de objetos de um videogame ou decifrar os termos de um diagrama na internet. Seria mais adequado chamar essa nova atividade de "visualizar", mais do que ler. Visualizar inclui não só decifrar o texto, mas também assistir às palavras e ler as imagens. Essa atividade tem características próprias. As telas estão sempre ligadas. Nunca paramos de olhar para elas, diferentemente dos livros. Essa nova plataforma visual aos poucos funde palavras com imagens em movimento. Na tela, as palavras passam velozes e flutuam sobre imagens, servindo como notas de rodapé ou comentários, vinculando-se a outras palavras ou imagens. Você não estaria errado se dissesse que esse novo meio é como um livro de assistir ou uma TV de ler.

Apesar desse ressurgimento das palavras, o povo do livro teme, com certa razão, que os livros – e, portanto, a leitura e a escrita clássicas – logo deixem de existir como norma cultural. Se isso acontecer, quem vai aderir à racionalidade linear incentivada pela leitura da palavra impressa? Quem vai obedecer às regras se não houver mais tanto respeito aos tomos das leis e as regras forem substituídas por linhas de código que tentarão controlar nosso comportamento? Quem pagará aos autores para escrever quando quase tudo estará disponível de graça em telas cintilantes? Há o temor de que apenas os ricos vão ler livros físicos. Talvez só alguns poucos darão atenção à sabedoria contida em suas páginas. Talvez um número ainda menor de leitores se disponha a pagar por isso. O que poderia substituir a estabilidade do livro em nossa cultura? Será que vamos simplesmente abandonar o alicerce textual que fundamenta a civilização de hoje? O velho jeito de ler – e não a nova maneira de visualizar – teve papel essencial na criação da maioria das coisas que tanto valorizamos na sociedade moderna: alfabetização, pensamento racional, ciência, equidade, Estado de direito. O que isso tudo tem a ver com as telas? O que vai acontecer com os livros?

Vale a pena investigar em detalhes o destino dos livros, porque eles constituem apenas a primeira de muitas mídias que as telas vão reconfigurar. A mudança vai começar pelos livros, estender-se às bibliotecas, depois afetará filmes e vídeos, desestabilizará os games e a educação e, por fim, transformará tudo o mais.

O povo do livro acha que sabe o que é um livro: um volume manuseável de folhas encadernadas. No passado, praticamente qualquer coisa impressa entre duas capas seria considerada um livro. Uma lista de nomes e números de telefone organizados na forma de um catálogo tinha esse status, apesar de não ter começo, meio ou fim lógicos. Em inglês, uma pilha de folhas em branco encadernadas é chamada de *sketchbook*, apesar de ser descaradamente vazia, mas, como tem capa e contracapa, recebeu a denominação de *book*. Uma galeria de fotos impressas formando uma pilha de páginas encadernadas enquadra-se na categoria editorial dos *coffee table books*, publicações de luxo chamadas de livros, mesmo sem conter palavras.

Hoje, as folhas de papel estão desaparecendo. O que sobra em seu lugar é a estrutura conceitual de um livro, um monte de símbolos unidos por um tema para formar uma experiência que demanda certo tempo para ser concluída.

Como a carcaça tradicional do livro está em extinção, é justo se perguntar se esse tipo de organização conceitual não seria um fóssil. Será que o recipiente intangível de um livro oferece alguma vantagem sobre as muitas outras formas de texto disponíveis atualmente?

Alguns teóricos da literatura afirmam que o livro, na verdade, é um lugar virtual para onde nossa mente viaja quando o lemos;[11] é um estado conceitual de imaginação que poderia ser chamado de "espaço da literatura". De acordo com tais especialistas, quando estamos envolvidos nesse espaço de leitura, o cérebro funciona de maneira diferente do que quando estamos "visualizando". Estudos neurológicos mostram que aprender a ler altera a configuração do cérebro.[12] Quando lemos, em vez de pular de um lado ao outro distraidamente coletando bits, somos transportados, nossa atenção se fixa, ficamos imersos.

Podemos passar horas lendo na web sem nunca encontrar esse espaço de literatura. Achamos, sim, fragmentos, tópicos de discussão, vislumbres. Essa é a grande atração da web: elementos variados esparsamente unidos. No entanto, sem algum tipo de contenção, tais elementos frouxamente conectados entre si giram formando círculos concêntricos cada vez mais amplos, carregando a atenção do leitor pelas ondas que se propagam e levando-o a divagar, distanciando-o da narrativa ou do argumento central.

O tipo de dispositivo de leitura pode ajudar na concentração. Incluem-se aí tablets, pads, Kindles e smartphones. Estes últimos são os mais surpreendentes de todos. Analistas juraram que ninguém jamais se disporia a ler um livro na minúscula tela brilhante. Estavam todos errados. E erraram feio. Eu e muitas pessoas que conheço ficamos mais do que satisfeitos ao ler livros no celular. Na verdade, nem sabemos ainda até que ponto a tela de leitura de livros pode encolher. Um tipo experimental de leitura chamado de apresentação visual serial

98 | INEVITÁVEL

rápida (*rapid serial visual presentation* ou RSVP, na sigla em inglês) usa uma tela de apenas uma palavra de largura.[13] Tem o tamanho de um selo postal. Os olhos do leitor permanecem estacionários, fixos em uma palavra, que é substituída pela próxima palavra do texto e assim por diante. Desse modo, os olhos leem uma fila dinâmica de palavras, uma "atrás" da outra, em vez de uma longa sequência de palavras entrelaçadas uma ao lado da outra. A tela minúscula de apenas uma palavra de largura pode caber praticamente em qualquer lugar, expandindo o território de dispositivos nos quais podemos ler.

Foram vendidos mais de 36 milhões de Kindles e leitores de e-books com e-ink, a tinta eletrônica.[14] Um e-book é uma prancheta que exibe uma página por vez. Mediante um clique na prancheta, a página lida se dissolve na seguinte. A e-ink reflexiva das gerações mais recentes do Kindle é tão nítida e legível quanto a tinta tradicional em papel. No entanto, ao contrário das palavras impressas, com esses e-books é possível recortar e colar textos da página, clicar em hiperlinks e interagir com ilustrações.

E não há razão alguma para um e-book ser uma prancheta. O papel de e-ink pode ser incorporado a folhas de baixo custo tão finas e flexíveis quanto o papel. Umas cem folhas podem ser encadernadas como livro, formando uma lombada e com duas belas capas a proteger o conjunto. Assim, hoje, o e-book é bem parecido com um livro de antigamente, inclusive na espessura, mas com a capacidade de ter seu conteúdo alterado. Agora a página pode exibir um poema e, no instante seguinte, uma receita de bolo. No entanto, ainda folheamos as páginas finas (uma forma de navegar pelo texto que é difícil de melhorar). Quando não queremos mais ler o livro, acionamos o comando e as mesmas páginas mostram um conteúdo diferente. Não é mais um romance de mistério, e sim um guia para criação de águas-vivas. O artefato foi projetado com primor e é agradável de manusear. Um leitor de e-book muito bem-bolado, cujo prazer tátil pode ser tamanho a ponto de valer a compra de um belo modelo encapado com macio couro marroquino que se molda à mão, protegendo as folhas finas e acetinadas como lençóis de mil fios. No futuro, você provavelmente terá vários leitores de e-book, de tamanhos e formatos diferentes, otimizados para conteúdos distintos.

Pessoalmente, gosto de páginas grandes em meus livros. Sonho com um leitor de e-book que se desdobre como um origami, até chegar a um formato tão grande quanto o de um jornal – e, talvez, até com o mesmo número de páginas de um jornal. Não me importarei de, quando terminar a leitura, ter de dobrar o livro de volta até o tamanho de meu bolso. Adoro a possibilidade de passar os olhos por várias e longas colunas de texto, saltando de uma manchete à outra em uma página só. Vários laboratórios de pesquisa testam protótipos de livros com páginas largas e grandes que podem ser projetadas a partir de um dispositivo de bolso em qualquer superfície plana.[15] Uma mesa ou uma parede se transformarão em páginas de livros, que poderemos folhear com as mãos. As páginas de tamanho grande vão resgatar a velha satisfação de passar os olhos por múltiplas colunas e várias justaposições de matérias e artigos.

O efeito imediato de livros que já nascem digitais é que eles podem fluir para qualquer tela, a qualquer momento. O livro aparece assim que convocado. Não existe mais a necessidade de comprar ou estocar o livro antes de lê-lo. Um livro é menos um artefato e mais um fluxo que cruza nosso campo de visão.

Essa liquidez aplica-se tanto à criação quanto ao consumo do livro. Pense nele, em todos os seus estágios, como um processo, não como um objeto. Também ele deixa de ser substantivo para tornar-se verbo. Um livro constitui algo que está para além do papel ou do texto. Algo que está em pleno "tornar-se": um fluxo contínuo de pensamento, escrita, pesquisa, edição, reescrita, compartilhamento, socialização, cognificação, desagregação, marketing, mais compartilhamento e visualização. Um fluxo que gera uma obra ao longo do trajeto. Os e-books, especialmente, são subprodutos desse processo em curso de tornar-se. Exibidos em telas, formam teias de relações geradas pelo fluxo de palavras e ideias, resultando em nossa nova concepção de livro: uma experiência de conexão de leitores, autores, personagens, ideias, fatos, noções e histórias. Tais relações são amplificadas, aceleradas, alavancadas e redefinidas pelas novas modalidades de visualização.

No entanto, ainda existe certa tensão entre o livro e a tela. Os atuais guardiões dos e-books – empresas de telas, como Amazon e Google, sob as ordens das grandes companhias editoriais e a aprovação de alguns autores best-sellers – concordaram em congelar a extrema liquidez dos e-books, impedindo os leitores de cortar e colar textos com facilidade, de copiar grandes trechos das obras ou de manipular o conteúdo de algum outro modo. O resultado é que, hoje, os e-books não têm permutabilidade semelhante à da primordial enciclopédia das telas, a Wikipédia. No entanto, mais cedo ou mais tarde, o texto dos e-books será libertado dessas amarras, possibilitando o aflorar da verdadeira natureza dos livros. Vamos descobrir que eles nunca tiveram nada a ver com listas telefônicas impressas, catálogos físicos em papel ou manuais em brochura. Essas tarefas – na verdade, nada apropriadas nem para o papel nem para as narrativas – são desempenhadas com muito mais eficácia pelos bits, mais adequados para atender às demandas de buscas e atualizações de informações. Os livros, em essência, sempre quiseram dialogar com os leitores, sendo anotados, marcados, sublinhados, indicados, resumidos, referenciados, hiperlinkados, compartilhados. A conversão em fluxos digitais lhes permite fazer tudo isso e muito mais.

Já podemos notar os primeiros vislumbres dessa nova liberdade nos Kindles e nos Fires. Nesses dispositivos, quando leio um livro, posso, ainda que com alguma dificuldade, destacar um trecho que gostaria de lembrar. Também não é fácil, mas consigo compilar todos os trechos destacados e reler minha seleção de partes que considerei relevantes ou memoráveis. E, mais importante, com minha permissão, esses destaques particulares podem ser compartilhados com outros leitores – e ainda dá para ler destaques alheios, assinalados por amigos, acadêmicos ou críticos literários. Outra opção consiste em filtrar os trechos destacados mais populares entre os leitores – uma forma completamente nova de usufruir daquela obra. Com isso, o público geral ganha acesso às preciosas anotações pessoais de outros leitores (com a permissão deles) com base na leitura atenta do livro, privilégio que, antes, só os colecionadores bibliófilos eventualmente tinham, ao folhear volumes antigos.

A leitura torna-se social. Com as telas, podemos compartilhar não apenas os livros que estamos lendo, mas também nossos destaques e anotações nas "margens" do e-book. Hoje é possível sublinhar um trecho. Amanhã, seremos capazes de vincular trechos sublinhados usando links. Por exemplo, haverá como vincular uma frase da obra que você está lendo a uma passagem de outra narrativa já lida, uma palavra específica ao verbete do dicionário ou determinada cena descrita em um livro a sua encenação cinematográfica. (Todos esses truques vão demandar ferramentas para identificar trechos relevantes.) Poderemos nos cadastrar para receber o feed de anotações de livros de um leitor que respeitamos, de modo que, mais do que saber quais títulos ele está lendo, ficaremos a par de seus destaques, comentários, questionamentos e reflexões.

O tipo de debate inteligente que é travado em clubes de leitura ou em sites de compartilhamento de livros como o Goodreads [e o Skoob] poderá, então, estar vinculado ao próprio livro e ser aprofundado por meio de hiperlinks. Assim, quando uma pessoa citar determinado trecho de livro, um link bidirecional associará o comentário ao trecho e vice-versa. Nesse contexto, até obras de menor relevância acumulariam um conjunto de comentários críticos (similar a um wiki ou site colaborativo) de vários leitores a respeito do texto.

Uma densa rede de hiperlinks entre diferentes obras transformaria cada uma delas em um evento em rede. A noção convencional de futuro presume que os livros continuarão sendo itens isolados, independentes uns dos outros, como volumes nas estantes de uma biblioteca, alheios aos vizinhos de prateleira. Quando um autor conclui uma obra, ela é fixa e acabada. O único movimento posterior resulta do leitor pegando o livro e lhe dando vida por meio de sua imaginação. Segundo essa visão conservadora, a maior vantagem da nova biblioteca digital está na portabilidade, a engenhosa tradução do texto completo de um livro para bits, possibilitando que ele seja lido em uma tela em qualquer lugar. Essa percepção, contudo, ignora a maior revolução advinda desse movimento de digitalização: nenhum livro será uma ilha na biblioteca universal. Tudo estará conectado.

Transformar letras impressas com tinta em pontos eletrônicos legíveis em uma tela é apenas o primeiro passo da criação dessa nova biblioteca. A verdadeira magia acontecerá no segundo ato, quando todas as palavras de todos os livros serão vinculadas por meio de links cruzados, agrupados, citados, extraídos, indexados, analisados, anotados, comentados e incorporados à cultura, com mais profundidade do que nunca. No novo mundo de e-books e e-textos, todos os bits fundamentam uns aos outros, todas as páginas leem umas às outras.

102 | INEVITÁVEL

Hoje, o máximo que se pode fazer em termos de interconexão é vincular algum texto ao título de sua fonte em uma bibliografia ou nota de rodapé. Muito melhor seria estabelecer o link de um trecho específico a outro trecho de uma obra, proeza técnica ainda impossível. Entretanto, quando pudermos realizá-la, estabelecendo relações de documentos entre si a partir de uma única frase ou criando links bidirecionais, teremos livros em rede.

Uma boa olhada na Wikipédia pode transmitir uma ideia de como isso funcionaria. Pense nela como um livro gigante – uma enciclopédia única –, o que o site, de fato, é. A maioria de seus 34 milhões de páginas está repleta de palavras sublinhadas em azul, o que indica que estão ligadas por hiperlinks a outros conceitos apresentados na enciclopédia.[16] Esse emaranhado de relações é justamente o que dá à Wikipédia, e à web, sua imensa força. A Wikipédia é o primeiro livro em rede. Com o tempo, todas as suas páginas ficarão saturadas de links azuis, com uma referência cruzada para cada fato. À medida que todos os livros forem totalmente digitalizados, vão acumular cada vez mais trechos sublinhados em azul, conforme se forma uma rede em que cada referência literária vincula um livro a outros e assim sucessivamente. Cada página de determinada obra leva à descoberta de outras páginas e outras obras. É desse modo, escoando do antigo formato encadernado, que os livros vão se ligar uns aos outros para desaguar em um grande metalivro: a biblioteca universal. A inteligência coletiva resultante dessas sinapses nos possibilitará entender coisas que jamais teríamos como interpretar com a leitura de um único livro isolado.

O sonho de uma biblioteca universal é antigo: reunir em um só lugar todo o conhecimento, passado e presente. Todos os livros, todos os documentos, todas as obras conceituais, em todas as línguas... tudo conectado. Trata-se de um anseio conhecido, em parte porque muito tempo atrás a humanidade efetivamente construiu uma biblioteca como essa. Pena que não durou muito. A grande Biblioteca de Alexandria, erigida em torno de 300 a.C., foi concebida para abrigar todos os pergaminhos que circulavam no mundo conhecido.[17] Chegou a conter cerca de meio milhão de pergaminhos, que, segundo estimativas, representavam entre 30% e 70% de todos os registros escritos da época. No entanto, mesmo antes da destruição dessa grande biblioteca, já havia passado o momento no qual todo o conhecimento do mundo caberia em um único edifício. A constante expansão do conhecimento começou a sobrepujar nossa capacidade de contê-lo. Por 2 mil anos, a biblioteca universal, ao lado de outros desejos perenes da humanidade (como mantos de invisibilidade, sapatos antigravidade e escritórios sem papel), foi um sonho mítico que continuou se distanciando no futuro infinito. Será que finalmente estaria pronto para se concretizar agora?

Brewster Kahle, arquivista que vem trabalhando no backup da internet inteira, afirma que sim: a biblioteca universal já está a nosso alcance.[18] "Essa é nossa chance de superar os gregos!", proclama ele. "Isso já é possível com a tecnologia de hoje, não de amanhã. Já podemos oferecer todas as obras da humanidade a todas as pessoas do mundo. Será uma façanha lembrada por toda a eternidade, como levar o homem à Lua." E, ao contrário dos templos do saber de antigamente, restritos à elite, essa biblioteca será verdadeiramente democrática, oferecendo todos os livros, em todas as línguas, a todas as pessoas do planeta.

Com uma biblioteca tão completa, teremos acesso a todos os artigos publicados em todos os jornais e revistas. Como se trata de um projeto universal, também deveria incluir cópias de todas as pinturas, fotografias, filmes e composições musicais produzidos por artistas do presente e do passado, e também todas as transmissões de rádio e TV, incluindo os anúncios publicitários. Naturalmente, a grande biblioteca também abrigaria cópias dos bilhões de páginas mortas, que já saíram da web, e das dezenas de milhões de posts de blogs que não estão mais no ar, a literatura efêmera de nossos tempos. Em suma, todas as obras da humanidade, desde o início da história documentada, disponíveis a todo mundo, o tempo todo.

Estamos falando de algo gigantesco. Desde a época das tábuas de argila dos sumérios até os dias atuais, os seres humanos "publicaram" pelo menos 310 milhões de livros,[19] 1,4 bilhão de artigos e ensaios,[20] 180 milhões de músicas,[21] 3,5 trilhões de imagens,[22] 330 mil filmes,[23] 1 bilhão de horas de vídeo, programas de TV e curtas-metragens[24] e 60 trilhões de páginas públicas na web.[25] Todo esse material está contido em biblotecas, acervos e arquivos espalhados pelo mundo. Quando estiver totalmente digitalizado, esse conteúdo poderá ser comprimido (considerando a tecnologia atual) em discos rígidos de 50 petabytes.[26] Dez anos atrás, seria preciso um edifício do tamanho de uma biblioteca municipal para abrigar 50 petabytes. Hoje, toda a biblioteca universal caberia em seu quarto. Com a tecnologia do futuro, caberá em seu celular. Quando isso acontecer, a biblioteca de todas as bibliotecas será levada no bolso ou na carteira... se é que não estará conectada diretamente a seu cérebro por delgados fiozinhos brancos. Algumas pessoas têm a esperança de viver o bastante para testemunhar essas façanhas; outras, principalmente as mais jovens, querem saber por que está demorando tanto.

As tecnologias que viabilizarão a dádiva de uma fonte planetária jorrando todo o material escrito também vão transformar a natureza daquilo que atualmente chamamos livros e as bibliotecas que os contêm. A biblioteca universal e seus "livros" serão diferentes das coisas às quais damos esses nomes hoje, porque, em vez de ler, vamos "visualizar". Inspirados pelo sucesso dos incontáveis interlinks da Wikipédia, muitos nerds acreditam que 1 bilhão de leitores humanos poderão interligar de maneira confiável as páginas de livros antigos, um hiperlink por vez. Com o tempo, os apaixonados por temas muito específicos, autores obscuros ou livros amplamente desconhecidos vão estabelecer até as vinculações mais improváveis. Multiplique esse simples ato de generosidade por milhões de leitores e o resultado será a biblioteca universal, integrada pelos fãs e para os fãs.

Além do link, que vincula explicitamente uma palavra, frase ou livro a outros conteúdos, os leitores também serão capazes de incluir tags. A tecnologia de buscas baseadas em IA prescinde de sistemas de classificação superfundamentados, de modo que as tags geradas por usuários bastarão para encontrar as coisas. Com efeito, a esperteza eternamente vigilante da IA marcará automaticamente milhões de textos e imagens, para que a biblioteca universal distribua sabedoria a qualquer pessoa que estiver interessada.

Percebemos esse efeito com bastante clareza na ciência. A ciência embarcou em uma longa caminhada para coletar todo o conhecimento do mundo e tecer uma teia de saberes vasta, interconectada, vinculada a notas de rodapé e revisada por especialistas. Fatos independentes, mesmo aqueles que têm sentido em seu próprio mundo, são de pouco valor para a ciência. (As pseudociências e as paraciências, na verdade, não passam de pequenas poças de conhecimento não conectadas à grande rede da ciência. São válidas apenas no âmbito de suas próprias redes.) Dessa maneira, cada nova observação ou bit de dados incorporado à teia da ciência aumenta o valor de todos os outros pontos de dados.

Uma vez que um livro é integrado à biblioteca recém-expandida por meio desses links, seu texto deixará de ser isolado do conteúdo dos outros livros. Por exemplo, hoje, qualquer obra séria de não ficção normalmente inclui bibliografia e algum tipo de nota de rodapé. Quando os livros forem profundamente linkados, poderemos clicar no título de qualquer bibliografia ou em qualquer nota de rodapé e encontrar a obra referenciada. Todos os livros relacionados em uma bibliografia estarão disponíveis, de modo que nos será possível saltar de uma obra para outra na biblioteca universal, da mesma forma como saltamos por meio de links na web. Vamos surfar de uma nota de rodapé à outra para investigar as coisas a fundo.

E, depois, isso será feito com as palavras. Assim como um artigo na web sobre, digamos, recifes de coral pode ter algumas de suas palavras vinculadas por links a definições de nomes de peixes, todas e quaisquer palavras de uma obra digitalizada poderão ser vinculadas por hiperlinks a outras partes de outras obras. Os livros, incluindo os de ficção, vão se tornar uma teia de nomes e uma comunidade de ideias. (Naturalmente, poderemos ocultar os links – e suas conexões – quando preferirmos ignorá-los, ao ler um romance, por exemplo. Romances, contudo, não passam de um pequeno subconjunto de todos os textos escritos.)

Nas próximas três décadas, estudiosos e aficionados, com a ajuda de algoritmos computacionais, vão reunir todos os livros do mundo em uma única rede textual. Um leitor poderá gerar um gráfico social de uma ideia, uma linha temporal de um conceito ou um mapa de influência de qualquer noção contida na biblioteca. Perceberemos que nenhuma obra ou ideia é uma ilha, mas que todas as coisas boas, verdadeiras e belas constituem ecossistemas formados de partes entrelaçadas e entidades inter-relacionadas, do passado e do presente.

106 | INEVITÁVEL

Mesmo quando o núcleo central de um texto tiver um autor isolado (como pode ser o caso de muitos livros de ficção), as referências auxiliares em rede, discussões, críticas, bibliografias e hiperlinks associados à obra provavelmente serão colaborativos. Livros que não gerarem essa rede parecerão vazios, despidos de um significado mais amplo.

Ao mesmo tempo, uma vez digitalizados, os livros poderão ser desbastados em páginas isoladas ou ainda mais reduzidos, em fragmentos de uma única página, que serão remixados em livros reordenados e estantes virtuais. Da mesma forma como o público hoje manipula e reordena as músicas para criar álbuns ou playlists a seu gosto, a biblioteca universal em rede vai incentivar a criação de "estantes" virtuais – coletâneas temáticas de textos, alguns tão curtos quanto um parágrafo, outros tão longos como um livro –, formando prateleiras de informações especializadas que valem a pena. E, como acontece com as playlists de música, uma vez criadas, essas "estantes" serão publicadas e compartilhadas pelos usuários. Alguns autores provavelmente escreverão livros para serem lidos como fragmentos; outros, para serem remixados como páginas. A capacidade de comprar, ler e manipular páginas ou fragmentos isolados sem dúvida fundamentará o setor de obras de referência no futuro (livros de receitas, manuais, guias de viagem). Você poderá criar sua estante de livros de culinária ou seu scrapbook de receitas indianas compiladas de diferentes fontes, incluindo páginas da web, recortes de revistas e livros inteiros sobre cozinha da Índia. Isso já está começando a acontecer. Os murais do Pinterest permitem que as pessoas criem álbuns de citações, imagens, frases de efeito e fotos. A Amazon possibilita ao leitor postar suas próprias estantes ("Listmanias"), na forma de listas comentadas de leituras recomendáveis acerca de algum tema obscuro específico. E já há quem use o Google Books para formar minibibliotecas especializadas em determinado tópico – todos os livros sobre saunas suecas, por exemplo, ou os melhores sobre relógios. Quando trechos, artigos e páginas das obras se tornarem ubíquos, embaralháveis e transferíveis, os usuários vão ganhar prestígio de criadores e, talvez, até alguma renda pela curadoria de uma coleção excepcionalmente boa.

As bibliotecas (assim como muitas pessoas) não estão dispostas a abdicar das antigas edições de tinta e papel, já que o livro impresso é, de longe, a mais durável e confiável tecnologia de armazenamento de longo prazo. Obras impressas não requerem dispositivos de mediação para serem lidas, o que as torna imunes à obsolescência tecnológica. O papel também é um suporte extremamente estável, em comparação com, digamos, discos rígidos ou CDs. A edição física de um livro (imutável e que ancora a visão original de um autor sem a interferência de mashups e remixes) continuará a ser, com frequência, mais valiosa do que seus congêneres digitais. Nesse sentido, a estabilidade e a fixidez do livro em papel são uma bênção. Em sua fisicalidade, revela-se constante, fiel à criação original. No entanto, é isolado.

Então, o que acontecerá quando todos os livros do mundo se tornarem um único tecido líquido de palavras e ideias interligadas? Quatro coisas.

Para começar, obras obscuras e marginais encontrarão um pequeno público, maior do que a audiência quase nula que possuem hoje. Vai ser mais fácil descobrir aquela joia escondida de receitas veganas de iogues do sul da Índia. Bem na extremidade da longa curva de distribuição – aquela de vendas baixas ou inexistentes, na qual reside a maioria dos livros do mundo –, os interlinks digitais vão elevar o número de leitores de praticamente qualquer livro, por mais hermético que seja seu assunto.

Em segundo lugar, a biblioteca universal vai aprofundar nosso entendimento da história quando todos os documentos originais de toda a trajetória da civilização forem digitalizados e referenciados. Isso inclui jornais amarelados, catálogos telefônicos carcomidos por traças, registros públicos empoeirados e velhos livros contábeis acumulando mofo em porões. Muito mais história será vinculada aos dias de hoje, ampliando nosso conhecimento e nosso apreço pelo passado.

Em terceiro lugar, a biblioteca universal em rede, composta de todos os livros, vai engendrar um novo senso de autoridade. Se realmente for possível incorporar todos os textos sobre determinado tema – do passado e do presente, em quaisquer idiomas –, teremos uma ideia mais clara do que somos como civilização e como espécie, do que sabemos e do que desconhecemos. As lacunas da ignorância coletiva ficarão demonstradas, enquanto os picos dourados do conhecimento serão recobertos de completude. Esse grau de autoridade raramente é atingido no mundo acadêmico atual, mas se tornará rotineiro no futuro.

108 | INEVITÁVEL

Em quarto e último lugar, a biblioteca universal completa será mais do que apenas um acervo de melhor qualidade e mais fácil de pesquisar. Consistirá em uma plataforma para a vida cultural, de certa maneira resgatando a essência do conhecimento livresco. Hoje, combinando o Google Maps com o site de empregos Monster.com, podemos obter mapas de localização de vagas disponíveis, organizadas por nível salarial. Da mesma forma, é fácil vislumbrar que, na futura grande biblioteca em rede, tudo o que já foi escrito sobre a Trafalgar Square poderá ser acessado por alguém que estiver lá, alimentando os pombos na famosa praça de Londres, por meio de uma tela vestível como o Google Glass. De modo análogo, tudo o que já foi escrito em qualquer livro, em qualquer idioma e a qualquer tempo sobre cada objeto, evento ou lugar do planeta será "sabido". Essa profunda estruturação do conhecimento resultará em uma nova cultura de participação. Estaremos interagindo – inclusive com todo o corpo físico – com o livro universal.

Em pouco tempo, um livro ausente da Biblioteca de Tudo universal será como uma página da internet desconectada da web, um peixe fora d'água lutando para respirar. Na verdade, a única maneira de os livros reverterem seu declínio e preservarem sua autoridade cultural será ter seus conteúdos conectados à biblioteca universal. A maioria das novas obras já nascerá digital e fluirá para lá naturalmente, da mesma forma que novas palavras fluem para compor uma longa narrativa. O grande continente dos livros analógicos em domínio público e os 25 milhões de obras órfãs[27] (que não foram impressas nem estão em domínio público) acabarão digitalizados e conectados. No confronto entre as convenções do livro e os protocolos da tela, esta última sairá ganhando.

Uma peculiaridade dos livros em rede é que eles nunca estão prontos. Em outras palavras, estão mais para a dinâmica de um fluxo de palavras do que para um monumento estático. A Wikipédia constitui um fluxo de edições, como sabe qualquer pessoa que já tenha tentado fazer uma citação no site. Um livro será ligado à rede no tempo e no espaço.

E por que deveríamos chamar esses fluxos de livros? Um livro em rede, por definição, não tem centro: é todo feito de arestas continuamente aparadas. Por que a unidade básica da biblioteca universal continua sendo o livro e não o capítulo, o artigo, o parágrafo ou mesmo a frase? Essas outras possibilidades seriam até viáveis, mas o formato longo tem seu poder. Uma história completa, uma narrativa coesa e um argumento fechado exercem grande apelo. Ressoam naturalmente, o que atrai toda uma rede a seu redor. Nós vamos desagregar as obras em seus bits e partes constitutivas e entrelaçá-los na web, porém a organização de nível superior do livro estará no foco da atenção – aquele escasso item remanescente de nossa economia. O livro é uma unidade de atenção. Um fato é interessante, uma ideia é importante, mas só uma grande história com bom argumento e narrativa bem-trabalhada – ou seja, um livro – é extraordinária e memorável. Como disse Muriel Rukeyser: "O universo é feito de histórias, não de átomos".[28]

Essas histórias vão ser contadas nas telas. Onde quer que os olhos alcancem, vemos telas. Dia desses, dei uma espiada no teaser de um filme enquanto abastecia o carro. Outra noite, assisti a um filme em uma viagem de avião. Ontem mesmo, vi outro filme no celular. Isso só tende a crescer: assistiremos a tudo em qualquer lugar, por toda parte. Telas reproduzindo vídeos pipocam nos locais mais inesperados, como caixas eletrônicos e filas no supermercado. Essas telas onipresentes cultivaram um público para filmes curtíssimos, de apenas três minutos, enquanto ferramentas baratas de criação digital capacitaram toda uma nova geração de cineastas, encarregados de gerar conteúdo para atender a essa demanda. Estamos nos aproximando da ubiquidade das telas.

A tela reivindica mais do que nossos olhos. A maior ação ao ler um livro físico é folheá-lo ou, no máximo, dobrar o canto de uma página para marcá-la. Já as telas convocam nosso corpo, em muitos casos reagindo, sensíveis, às carícias frenéticas do toque de nossos dedos. Sensores em consoles de videogame, como o Nintendo Wii, acompanham nossos movimentos de mãos e braços. A tela de um game reage imediatamente ao rápido apertar de botões no joystick. As telas mais recentes, que vemos em headsets e óculos de realidade virtual, convidam todo o nosso corpo a se mover. Elas induzem à interação. Alguns modelos modernos (como as telas dos celulares Samsung Galaxy) têm a capacidade de rastrear nosso olhar e identificar para onde ele se move. Uma tela saberá para onde estamos olhando e por quanto tempo.[29] Hoje, o software inteligente já é capaz de perceber nossas emoções quando olhamos para a tela[30] – e, de acordo com o que interpreta, pode alterar as imagens que

110 | INEVITÁVEL

veremos na sequência. A leitura torna-se, assim, uma atividade quase atlética. Cinco séculos atrás, era muito estranho ver alguém lendo em silêncio (a capacidade e o hábito de leitura eram tão raros que os textos eram publicamente lidos em voz alta, para benefício de mais pessoas). No futuro, será igualmente estranho ver alguém diante de uma tela sem ter alguma parte do corpo reagindo ao conteúdo visualizado.

Os livros foram bons em desenvolver uma mente contemplativa. As telas incentivam um pensamento mais utilitário. Quando uma nova ideia ou fato desconhecido é revelado, as telas instigam nosso instinto de agir: pesquisar o termo, consultar a opinião de nossos amigos na web, buscar pontos de vista alternativos, criar uma tag, tuitar ou interagir com o conteúdo, em vez de simplesmente contemplá-lo. A leitura de livros fortaleceu as habilidades analíticas, incentivando-nos a aprofundar a observação, mergulhando até as notas de rodapé. As telas encorajam a rápida criação de padrões, associando uma ideia à outra, equipando-nos para lidar com os milhares de novos pensamentos expressos todos os dias. As telas estimulam o pensamento em tempo real. Elaboramos a avaliação de um filme enquanto assistimos a ele, sacamos da manga um dado obscuro para fortalecer nossos argumentos em uma discussão e lemos o manual do proprietário de um gadget antes de comprá-lo, e não depois de chegar em casa e descobrir que ele não consegue fazer o que queríamos. As telas são instrumentos do agora.

Elas instigam a ação no lugar da persuasão. A propaganda é menos eficaz em um mundo de telas, pois, apesar de a desinformação se disseminar na velocidade dos elétrons, o mesmo pode ser dito das retificações. A Wikipédia é eficaz porque remove o erro em um único clique, fazendo com que seja mais fácil eliminar uma mentira do que postá-la, para início de conversa. No livro, encontramos uma verdade revelada; na tela, juntamos partes para montar nossos próprios mitos. Nas telas conectadas em rede, tudo está ligado a todo o resto. O status de uma criação não é decidido pela classificação que lhe é atribuída pelos avaliadores, mas pela extensão em que ela se vincula ao resto do mundo. Pessoas, artefatos ou fatos só "existem" quando estão vinculados.

Uma tela pode revelar a natureza interna das coisas. Direcionar o olho da câmera de um smartphone para um produto manufaturado pode nos informar seu preço, local de fabricação, matérias-primas e até comentários relevantes feitos por outros proprietários. Com o app certo, como o Google Translate, a tela de um celular pode traduzir instantaneamente as palavras de um cardápio ou placa em um país estrangeiro para nosso idioma, usando a mesma fonte. Outro app de celular pode dotar um bichinho de pelúcia de comportamentos e interações que só são exibidos na tela. É como se a tela revelasse a essência intangível do objeto.

À medida que ficarem cada vez mais leves, potentes e maiores, as telas portáteis serão usadas para revelar cada vez mais esse mundo interior. Leve um tablet para um passeio ao ar livre e a tela lhe mostrará uma sobreposição comentada da rua real que se estende a sua frente: informações como onde encontrar banheiros públicos, quais lojas vendem seus produtos favoritos, onde seus amigos estão no momento. Os chips de computador estão ficando tão pequenos e as telas, tão finas e baratas que nos próximos 30 anos óculos semitransparentes aplicarão essa camada de informações à realidade.[31] Se você visualizar um objeto enquanto olha para o mundo através desses óculos high-tech, informações básicas sobre o objeto serão exibidas em um texto sobreposto. Ou seja, as telas nos possibilitarão "ler" as coisas e não apenas textos sobre as coisas.

É bem verdade que os óculos high-tech talvez não representem o ápice da elegância, como o Google Glass deixou claro. Vai levar algum tempo até que seja criado um projeto melhor, mais confortável e de desenho mais refinado. No entanto, só em 2015, 5 quintilhões (10 elevado à 18ª potência) de transistores foram incorporados a outros objetos que não computadores. Em pouco tempo, a maioria dos produtos manufaturados, de sapatos a latas de sopa, conterá uma pequena lasca de inteligência, e as telas serão o meio utilizado para interagir com essa cognificação ubíqua. Nós vamos querer assistir a elas, cada vez mais.

E, ainda mais importante, as telas também nos assistirão. Serão os espelhos que contemplaremos para nos conhecer melhor. Isso não significa examinar o próprio rosto, mas ver quem de fato somos. Milhões de pessoas já usam telas portáteis para registrar sua localização, o que comem, seu peso, seu estado de espírito, seus padrões de sono e o que veem para se divertir ou se informar. Alguns pioneiros já aderiram ao lifelogging ou, em outras palavras, ao registro minucioso de cada

112 | INEVITÁVEL

detalhe, conversa, imagem e ação de sua vida. Uma tela ao mesmo tempo grava e exibe esse banco de dados de atividades. O resultado desse constante automonitoramento é uma "memória" impecável desses cotidianos e uma visão surpreendentemente objetiva e quantificável dessas pessoas a respeito de si mesmas – uma visão que nenhum livro tem como proporcionar. A tela torna-se parte da identidade.

Nós visualizamos em todas as escalas e tamanhos, do IMAX até o Apple Watch. Em um futuro próximo, jamais estaremos distantes de algum tipo de tela. Elas serão o primeiro lugar ao qual vamos recorrer para procurar respostas, amigos, notícias, significado e um senso do que somos e do que podemos ser.

———

Algum dia, em um futuro próximo, meu dia será assim:

De manhã, antes de me levantar da cama, já começo a "visualizar". Na tela que levo no pulso, desligo o despertador, confiro as horas e aproveito para checar as notícias de última hora e a previsão do tempo. O minúsculo painel perto da cama exibe mensagens de meus amigos. Leio e as deleto com o polegar. Vou ao banheiro, em cuja parede observo meus novos quadros – fotos legais enviadas por meus amigos; as de hoje estão mais inspiradas e alegres do que as de ontem. Vou me vestir e a tela do guarda-roupa me mostra qual par de meias vermelhas combinaria mais com a camisa e a calça que escolhi.

Na cozinha, visualizo o noticiário da manhã no monitor horizontal incorporado à mesa. Movo os braços para direcionar o fluxo de texto. Volto-me para os armários em busca de meu cereal favorito: as telas das portas informam os produtos disponíveis lá dentro. Outro monitor, acima da geladeira, mostra que ainda há leite. Pego a caixinha do leite e uma tela na lateral da embalagem tenta me atrair para jogar um game, mas eu a silencio. Visualizo a tela do lava-louças para saber se a máquina considera limpa a tigela que quero usar. Como o cereal enquanto dou uma olhada na tela da caixa, para me certificar de que o produto está dentro da validade e de que aquele alimento contém mesmo os marcadores genéticos que fizeram meu amigo recomendar aquela marca para mim. Aceno com a cabeça na direção da mesa e o noticiário recomeça. Quando algo me chama a atenção em especial, a tela nota e me apresenta notícias mais detalhadas. Eu me aprofundo na leitura e, em resposta, o texto gera mais links e ilustrações mais densas. Começo a visualizar uma extensa reportagem investigativa sobre o prefeito, mas preciso levar meu filho para a escola.

Vou correndo para o carro, onde retomo a leitura da matéria, do ponto de onde havia parado de ler na cozinha. Meu carro lê em voz alta a reportagem para mim, enquanto dirijo. Nas laterais dos prédios pelos quais passamos, grandes telas reconhecem meu carro e exibem anúncios direcionados só para mim. São projeções a laser, o que significa que podem focar imagens segundo meu interesse na mesma tela em que exibem imagens diferentes para outros motoristas. Como sempre, eu as ignoro, exceto quando mostram alguma ilustração ou diagrama do artigo que o carro está lendo para mim. Visualizo o trânsito em busca da rota menos congestionada. Como o sistema de navegação do automóvel aprende com o trajeto dos outros motoristas, ele em geral escolhe o melhor caminho, mas ainda não é infalível, de maneira que gosto de dar uma olhada nas informações do trânsito.

Na escola de meu filho, consulto um dos monitores na parede do corredor. Levanto a mão, digo meu nome e a tela processa o reconhecimento facial, ocular, digital e de voz. Ela passa para o modo de interface pessoal, e assim posso "visualizar" minhas mensagens particulares. Se eu me incomodasse com a falta de privacidade daquele local, daria para usar a telinha em meu pulso. Confiro as mensagens, escolho as que me interessam mais e as expando na tela. Aceno para pular algumas e para arquivar outras. Uma delas é urgente. Belisco o ar e passo a visualizar uma conferência virtual. Minha sócia na Índia quer falar comigo. Ela está me visualizando de Bangalore. A imagem é tão boa que parece real.

Finalmente chego ao escritório. Quando toco na cadeira, minha sala me reconhece e todas as telas do ambiente se acendem e exibem o trabalho no ponto em que foi interrompido ontem. Os olhos das telas me acompanham de perto enquanto dou continuidade a meu dia; veem minhas mãos e meu olhar. Com a prática, dominei os novos comandos baseados em gestos, além da digitação. Depois de 16 anos me observando trabalhar, as telas aprenderam a se adiantar a muitas de minhas ações. A sequência de símbolos que elas me apresentam não faz sentido para qualquer outra pessoa além de mim, assim como não me é possível decifrar as sequências exibidas nas telas de meus colegas. Mesmo quando trabalhamos juntos, em equipe, nós visualizamos ambientes totalmente diferentes. Como sou um pouco antiquado, ainda gosto de segurar telas menores com as mãos. A minha favorita vem envolta em uma capa de couro que carrego desde os tempos de faculdade (a tela é nova, só a capa é velha). Com esse mesmo dispositivo, logo depois de me formar, filmei um documentário sobre imigrantes que dormiam em um shopping center. Minhas mãos estão acostumadas com essa tela e ela está acostumada com meus gestos.

Depois do trabalho, coloco meus óculos com lentes de projeção e saio para dar uma corrida. O trajeto costumeiro é apresentado a minha frente. Sobrepostos ao caminho que percorro, vejo textos com estatísticas de meu desempenho, como frequência cardíaca e metabolismo, exibidas em tempo real. Também consigo visualizar os mais recentes comentários postados sobre praticamente todos os lugares pelos quais passo. Um desvio alternativo me é informado por meio do aviso virtual deixado por um de meus amigos, que uma hora atrás fez este mesmo percurso de corrida. Ao passar pelos principais marcos da cidade, tenho a possibilidade de conferir dados históricos compilados e postados pela associação de valorização da memória do município (da qual faço parte). Um dia ainda vou experimentar o app que promete identificar em tempo real as espécies de pássaros que observo enquanto corro pelo parque.

Em casa, não permitimos telas pessoais à mesa de jantar, mas, depois de comer, gosto de "visualizar" para relaxar um pouco. Coloco um headset de realidade virtual e exploro uma nova cidade alienígena criada por um incrível construtor de mundos, do qual sou seguidor. Vez por outra, salto para dentro de um filme 3D ou participo de alguma comunidade virtual. Como a maioria dos estudantes, meu filho visualiza seu dever de casa, especialmente os tutoriais. Embora ele goste de jogos de aventura, nós limitamos os games a uma hora diária nos dias de semana. Ele consegue visualizar um filme inteiro de realidade virtual em cerca de uma hora, acelerando as imagens, enquanto passa os olhos pelas mensagens e fotos de três outras telas ao mesmo tempo. Ao contrário dele, eu tento desacelerar. Às vezes, visualizo um bom livro no tablet enquanto projeto nas paredes cenários tranquilos que convidam à contemplação, gerados de meus arquivos de imagens. Já minha mulher adora deitar na cama e visualizar uma história na tela do teto até pegar no sono. Antes de dormir, configuro a tela de meu pulso para tocar às seis da manhã. Fecho os olhos e interrompo minha "visualização" por oito horas.

5
ACESSAR

Um repórter do site de notícias *TechCrunch* recentemente observou: "O Uber, a maior empresa de táxis do mundo, não tem nenhum veículo. O Facebook, a corporação de mídia mais popular, não cria conteúdo. O Alibaba, o varejista mais valioso, não conta com estoque. E o Airbnb, a maior rede de hospedagem do planeta, não possui nenhum imóvel. Um fenômeno interessante está ocorrendo".[1]

Essa ausência de propriedade, na prática, também se estende às mídias digitais. A Netflix, maior central de vídeos do mundo, me permite assistir a um filme sem que eu precise comprá-lo. O Spotify, o maior provedor de streaming de música, me deixa ouvir músicas sem que eu precise ser dono delas. O Kindle Unlimited, da Amazon, me possibilita ler qualquer título de um acervo de 800 mil volumes sem que eu precise ter qualquer livro.[2] E, com o PlayStation Now, consigo jogar games sem comprá-los. A cada ano que passa, possuo menos do que uso.

A posse já não tem a relevância de antes. O acesso é mais importante do que nunca.

Imagine que você viva em um mundo que é uma grande locadora de tudo. Por que, então, comprar coisas? Basta pegar emprestado o que quiser, na hora que precisar. Esses empréstimos instantâneos trazem a maioria dos benefícios (e poucas das desvantagens) proporcionados pela posse de um bem. Você fica livre da obrigação de limpar, consertar, armazenar, classificar, contratar seguro, fazer atualizações e manutenção. Agora, imagine que essa grande locadora planetária é como a bolsa fantástica de Mary Poppins, uma espécie de armário sem fundo contendo uma infinita variedade de coisas. Tudo o que você precisaria fazer seria dar umas batidas na porta do armário e pedir qualquer coisa para – abracadabra! – o item desejado aparecer a sua frente.

A tecnologia avançada vem possibilitando essa magia. É o mundo da internet/web/smartphone. Seus armários virtuais são infinitos. Nessa suprema locadora, até o mais comum dos mortais tem acesso a um bem ou serviço com prontidão – como se fosse o proprietário desse bem ou serviço. Em alguns casos, o acesso é tão ou mais rápido do que encontrar algo que de fato pertence a você no porão de sua casa. E a qualidade da experiência de uso do item alugado é a mesma que lhe seria proporcionada caso você fosse dono dele. O acesso – por ser muito mais vantajoso do que a posse, em vários aspectos – está expandindo as fronteiras da economia.

Cinco grandes tendências tecnológicas aceleram o gradual movimento que nos aproxima do acesso e nos distancia da posse.

DESMATERIALIZAÇÃO

A tendência nos últimos 30 anos tem sido melhorar as coisas usando menos materiais. Um exemplo clássico: a lata de cerveja, cujo formato, tamanho e função básica mantiveram-se inalterados por 80 anos. Em 1950, era feita de aço estanhado e pesava 73 gramas.[3] Em 1972, o alumínio, mais leve, mais fino e moldável em novos formatos, reduziu o peso para 21 gramas. Mais adiante, engenhosas soluções possibilitaram ainda mais reduções nas matérias-primas, de modo que a lata atual de 13 gramas tem um quinto de seu peso original.[4] E as latas há tempos prescindem do abridor. Mais benefícios por apenas 20% do material. Eis a chamada desmaterialização.

A maioria dos produtos modernos passou pelo processo. Desde os anos 1970, o peso dos automóveis caiu em média 25%.[5] Os eletrodomésticos tendem a pesar cada vez menos. Naturalmente, nenhuma desmaterialização é mais clara do que a da tecnologia das comunicações. Os gigantescos monitores de PC encolheram para se transformar em telas planas e finas (as TVs, também afinadas, perderam volume, mas ganharam muito mais área de exibição!), enquanto os telefones de mesa de antigamente, fixos e pesadões, deram lugar a modelos que são levados no bolso. Há casos de produtos que ganham muitos novos benefícios sem perder massa, mas a tendência geral aponta mesmo para itens compostos de menos átomos. Isso talvez passe despercebido, porque, embora cada produto individualmente leve menos materiais, usamos um número muito maior de produtos à medida que a economia se expande e acumulamos coisas. No entanto, a quantidade total de material usado por dólar de PIB está diminuindo, o que significa que menos materiais têm gerado maior valor. O índice de massa necessária para gerar uma unidade de PIB vem caindo há 150 anos, em ritmo mais rápido nas últimas duas décadas. Em 1870, eram necessários 4 quilos de material para gerar uma unidade de PIB nos Estados Unidos. Em 1930, a proporção caiu para 1 quilograma.[6] Recentemente, o valor do PIB por quilo de material subiu de US$ 1,64, em 1977, para US$ 3,58, em 2000, ou seja, a desmaterialização dobrou em 23 anos.[7]

A tecnologia digital acelera a desmaterialização e apressa a migração dos produtos para os serviços, cuja própria natureza líquida implica uma dissociação da matéria. Contudo, o movimento não se restringe aos bens digitais. A razão pela qual até bens físicos, como uma lata de refrigerante, podem oferecer mais benefícios ao mesmo tempo que se constituem de menos massa é que seus pesados átomos dão lugar a bits imponderáveis. O tangível é substituído pelo intangível – itens imateriais, como design melhor, processos inovadores, chips inteligentes e, com o tempo, conectividade na internet –, dando conta com mais eficiência do trabalho antes realizado por um número maior de átomos (de alumínio, no caso da lata de cerveja). Itens *soft*, como a inteligência, são incorporados a itens *hard*, como o alumínio, em um processo que faz com que estes últimos gradualmente sejam imbuídos das características dos primeiros. Bens materiais com bits incorporados cada vez mais se apresentam como se fossem serviços intangíveis. Mais uma vez, os substantivos transformam-se em verbos. O hardware comporta-se como o software. "O software come tudo",[8] costumam dizer no Vale do Silício.

A decrescente massa de aço de um automóvel já tem dado lugar ao levíssimo silício. Hoje, um carro é, na verdade, um computador sobre rodas. A inteligência do silício melhora o desempenho do motor, o sistema de frenagem, o nível de segurança. E isso é ainda mais verdadeiro para automóveis elétricos. Prestes a ser conectado, o atual computador sobre rodas logo se tornará um carro da internet. A conexão sem fio vai garantir a navegação autônoma, a manutenção e a segurança, além de oferecer a mais recente e melhor tecnologia de entretenimento de vídeo HD em 3D. O webcarro também poderá ser o novo escritório. Dentro dele, se não estiver dirigindo, provavelmente você estará se divertindo ou trabalhando. Prevejo que, em 2025, a largura de banda de um carro autônomo de luxo superará a de sua casa.

À medida que se digitalizarem, os automóveis tenderão a ser trocados e compartilhados entre as pessoas – forma social de uso semelhante às atuais trocas de mídias digitais entre amigos. Quanto mais incorporarmos inteligência e sagacidade aos objetos de casa e do escritório, mais trataremos esses itens como bens sociais. Vamos compartilhar aspectos deles (do que são feitos, onde estão, o que veem), o que é quase como compartilhar os próprios itens.

Quando o fundador da Amazon, Jeff Bezos, lançou o Kindle, em 2007, afirmou que o leitor de e-books não era um produto. Segundo ele, tratava-se de um serviço de venda de acesso a material de leitura. Essa observação ficou mais clara sete anos depois, quando a Amazon criou uma biblioteca por assinatura do tipo "leia quanto puder", disponibilizando quase 1 milhão de e-books. Com isso, o bibliófilo que tivesse um Kindle e fizesse a assinatura não precisaria mais comprar livros, mas poderia ler tudo o que desejasse, com acesso livre à maioria dos títulos publicados na atualidade. (O preço do Kindle básico vem caindo aos poucos e, em breve, será quase de graça.) Os produtos incentivam a posse, enquanto os serviços a desestimulam, por não incluírem o tipo de exclusividade, controle e obrigações que acompanham o senso de propriedade.

A transição da "posse comprada" para o "acesso assinado" subverte muitas convenções. A posse é casual, inconstante. Perde lugar rapidamente para uma novidade melhor. A assinatura, por outro lado, proporciona uma torrente infinita de atualizações, edições e versões, o que implica uma interação constante entre produtor e consumidor. Não é evento isolado, e sim relação contínua. Ao acessar um serviço, o cliente compromete-se com ele de uma forma muito mais profunda do que quando adquire um produto. Não raro, acabamos presos a uma assinatura (pense em sua operadora de telefonia celular ou em seu provedor de TV a cabo), pois é difícil abandonar essa relação. Quanto mais tempo mantemos o serviço, mais chances ele tem de nos conhecer, e, quanto mais ele nos conhece, mais difícil fica abandoná-lo por outro. É quase como um casamento. Naturalmente, o produtor valoriza esse tipo de lealdade, mas o cliente também recebe (ou deveria receber) muitas vantagens por ser fiel: qualidade ininterrupta, melhorias contínuas, personalização atenciosa – tudo o que um bom serviço tem a oferecer.

O acesso aproxima o consumidor do produtor de tal modo que, com efeito, o consumidor muitas vezes chega a atuar como produtor – torna-se um "prosumidor", segundo a definição cunhada por Alvin Toffler em 1980.[9] Se não é mais preciso, por exemplo, ter a posse de um software para usufruir de suas melhorias, nós nos beneficiamos da possibilidade do acesso. No entanto, o acesso nos engaja a trabalhar pelo software: como "prosumidores", somos encorajados a identificar e reportar bugs (assumindo a tarefa de elaborar uma lista de perguntas e respostas ao cliente), a participar de fóruns de usuários para resolver questões técnicas (reduzindo a dispendiosa área de suporte técnico) e a desenvolver nossos próprios *add-ons* e melhorias (substituindo os pesquisadores da equipe de desenvolvimento). O acesso estende as interações do consumidor a todos os processos do serviço.

O software foi o primeiro produto independente a "virar serviço". Hoje, a modalidade de venda SaaS (sigla em inglês para "Software as a Service" ou software como serviço) tem se tornado um padrão na maioria dos casos. Por exemplo, a Adobe já não vende seu venerável Photoshop e outras ferramentas de design como produtos com versões datadas (6.5, 7.0 ou qualquer outra denominação). Em vez disso, pagamos uma assinatura do Photoshop, do InDesign, do Premiere etc. ou do pacote completo de programas e de todo o seu stream de atualizações.[10] Mediante o pagamento de uma assinatura mensal, seu computador opera sempre com as melhores e mais recentes versões de cada software. Esse novo modelo implica uma adaptação dos clientes acostumados a serem proprietários das coisas.

Softwares, TVs e telefones como serviços, e não mais como produtos, representam apenas o começo. Nos últimos anos, ganhamos acesso a hotéis como serviço (Airbnb), ferramentas como serviço (TechShop), roupas como serviço (Stitch Fix, Bombfell) e até brinquedos como serviço (Nerd Block, Sparkbox). Já existem várias centenas de startups tentando descobrir como oferecer comida como serviço (FaaS – Food as a Service). Tais empresas estão bolando diferentes sistemas para fornecer uma *assinatura* de comida, no lugar da tradicional compra. Por exemplo, em um esquema de assinatura, podemos não comprar pratos específicos, mas ganhar acesso aos benefícios que queremos ou esperamos de determinadas refeições, como, digamos, certos níveis de proteína, qualidades funcionais, balanceamento nutricional, variedade culinária, sabores.

As possibilidades, como se vê, são ilimitadas. Podemos imaginar mobília, saúde, habitação, férias, escola e muitas outras coisas como serviços.

É claro que pagaremos por tudo isso. A diferença, no entanto, estará no relacionamento mais profundo que os serviços implicam e encorajam entre clientes e fornecedores.

EM TEMPO REAL E SOB DEMANDA

O acesso também é uma forma de entregar coisas novas quase em tempo real. O que não reflete a dimensão do tempo real não se enquadra nessa noção de acesso. Por mais práticos que sejam, os táxis convencionais não são acessíveis, na acepção aqui utilizada. Em regra, mesmo quando pede um carro por telefone, você tem de esperar muito para ser atendido. E, ao fim da viagem, o inconveniente processo de pagamento é sempre motivo de aborrecimento. Sem contar, claro, que o serviço poderia ser bem mais barato.

O Uber, o serviço de transporte pessoal sob demanda, desestabilizou o setor de táxis por transformar a equação do tempo. Quando pedimos uma corrida, não precisamos informar onde estamos: o celular faz isso por nós, além de calcular o valor e a duração do trajeto. Não precisamos acertar o pagamento no fim da corrida: o celular também cuida disso. O Uber rastreia os smartphones dos motoristas para saber sua localização em tempo real com uma precisão de centímetros, de modo a identificar quem está mais próximo do passageiro, que, por sua vez, pode confiar na estimativa de tempo, com precisão de minutos, de chegada do carro acionado. Como qualquer pessoa interessada em ganhar um dinheiro extra pode ser motorista da empresa, em geral o número de carros do Uber em circulação é superior ao de táxis, especialmente na hora do rush. E as tarifas, já mais baratas do que a dos táxis, podem ter preço ainda menor: caso você se disponha a compartilhar uma corrida, o Uber pode identificar e dar carona para mais dois ou três passageiros com destino semelhante ao seu e o valor da conta é dividido. Uma viagem compartilhada nessa modalidade, o UberPool, pode chegar a um quarto do custo de um táxi. Por tantos motivos, ninguém duvida de que vale muito a pena usar o Uber (ou serviços concorrentes, como o Lyft).

Todo mundo sabe o efeito do Uber sobre o negócio dos táxis, mas seu mesmíssimo modelo de "acesso" sob demanda continua a desestabilizar dezenas de outros setores produtivos, um após o outro. Nos últimos anos, milhares de empreendedores em busca de financiamento apresentaram a investidores de risco diversas ideias de um "Uber do setor X" – no lugar de X, leia-se qualquer negócio no qual o cliente ainda se sujeita a uma inconveniente espera para ser atendido. Exemplos de X não faltam. Já existem três Ubers do setor de floriculturas (Florist Now, ProFlowers, BloomThat), três Ubers do segmento de lavanderias,[11] dois Ubers de jardinagem doméstica (Mowdo, Lawnly), um Uber de suporte em tecnologia (Geekatoo), um Uber de consultas médicas domiciliares,[12] três Ubers de entrega de maconha legalizada (Eaze, Canary, Meadow) e uma centena de outros serviços do gênero. A promessa para os clientes é semelhante: você não precisa pilotar uma máquina de lavar ou um cortador de grama, nem colher flores para presentear um ente querido. Alguém pode fazer isso em seu lugar – quando e como você quiser, em tempo real e a um preço irresistível. Empresas ao estilo do Uber conseguem honrar suas promessas porque, em vez de um prédio cheio de funcionários, mantêm apenas um software. Todo o trabalho é terceirizado e executado por freelancers ("prosumidores") prontos para pôr a mão na massa. A grande tarefa de qualquer "Uber do setor X" é coordenar esse trabalho descentralizado, fazendo com que aconteça em tempo real. Até a Amazon entrou na dança: por meio do Amazon Home Services, oferece às pessoas acesso a profissionais especializados em uma gama de serviços

domésticos, da faxina geral e da configuração de equipamentos eletrônicos ao pastoreio de cabras.

Entre outros motivos, os investimentos estão fluindo na direção da
indústria de serviços por uma razão simples: há muito mais possibilidades de servir do que de produzir. É quase ilimitado o número de maneiras de reinventar o serviço de transporte. O próprio Uber não passa
de uma das muitas variações. Já existem dezenas de serviços estabele-
cidos e inúmeros outros a caminho. Uma abordagem genérica para os
empreendedores envolveria desagregar os benefícios do transporte (ou
de qualquer setor X) em produtos constituintes isolados, recombinan-
do-os de modo diferente e criativo.

Vejamos o exemplo do transporte de passageiros. Como você poderia se deslocar de carro do ponto A ao ponto B? Hoje, isso poderia ser
feito de oito maneiras:

1. Comprar um carro e dirigir (padrão atual).
2. Contratar uma empresa para fazer o transporte (táxi).
3. Alugar um carro de uma empresa e dirigir (locadora de veículos).
4. Contratar um motorista com carro para fazer o transporte (Uber).
5. Alugar um carro de alguém e dirigir (RelayRides).
6. Contratar uma empresa para fazer o transporte, a ser compartilhado com vários outros passageiros, até a parada mais próxima
   de seu destino (ônibus).
7. Contratar uma pessoa para fazer o transporte, a ser compartilhado com outros passageiros, até seu destino (Lyft Line).
8. Contratar uma pessoa para fazer o transporte, a ser compartilhado
   com outros passageiros, até um destino comum a todos (BlaBlaCar).

E também há variações das variações. É o caso do serviço
Shuddle, para transporte de terceiros – que você contrata, por exemplo, para levar seu filho da escola para casa, em uma espécie de
Uber para crianças. Por sua vez, o Sidecar é como o Uber, mas utiliza um sistema de leilão reverso. O passageiro informa o preço que
está disposto a pagar e os motoristas dão seus lances: quem oferecer
a menor tarifa ganha o direito de fazer a corrida. Dezenas de empresas emergentes (como a SherpaShare) voltam-se para atender os

motoristas, e não os passageiros, ajudando-os a administrar mais de um sistema e otimizar suas rotas.

Essas startups tentam explorar as ineficiências das novas modalidades. Catalogam ativos ociosos, ou seja, que não são utilizados em boa parte do tempo (um quarto vazio, um carro parado na garagem, um espaço vago no escritório) e os oferecem a pessoas que estão precisando usar tais bens naquele exato momento. Empregando uma rede bem-distribuída de freelancers, as empresas podem trabalhar com entregas em tempo quase real. Quem quiser pode aplicar esse mesmo modelo de negócio experimental a outros setores. Encomendas: contrate uma rede de freelancers para entregar pacotes em domicílio (um Uber de FedEx). Design: convoque uma multidão de designers para apresentar projetos e só pague pelo melhor deles (crowdSPRING). Saúde: crie um serviço que coordene o compartilhamento de bombas de insulina. Imóveis: alugue sua garagem como espaço de armazenamento ou um quarto vago como escritório para uma startup (WeWork).

A maioria dessas empresas vai morrer na praia mesmo que a ideia vingue. Contudo, é muito fácil abrir negócios baseados em descentralização, por causa do baixo custo de entrada. Caso esses inovadores modelos de negócio revelem-se eficazes, as empresas estabelecidas estarão prontas para se adaptar à nova ordem. Nada impede uma locadora de automóveis como a Hertz de contratar carros de freelancers, assim como qualquer companhia de táxi pode copiar vários aspectos do Uber. No entanto, a remixagem de benefícios continuará a florescer e se expandir.

Nosso apetite pelo instantâneo é insaciável. O custo do engajamento em tempo real requer enorme coordenação e graus de colaboração simplesmente impensáveis alguns anos atrás. Agora que a maioria das pessoas está equipada com um supercomputador no bolso, forças econômicas completamente novas tornaram-se viáveis. Com uma conexão inteligente, uma multidão de amadores pode ser tão eficaz quanto um profissional isolado. Com uma conexão inteligente, os benefícios dos produtos existentes tendem a ser desagregados e remixados de maneiras inesperadas e encantadoras. Com uma conexão inteligente, os produtos fundem-se para formar serviços continuamente acessados. Com uma conexão inteligente, o acessar torna-se o padrão.

126 | INEVITÁVEL

Acessar não é muito diferente de alugar. Na locação, o locatário goza de muitos dos benefícios da propriedade sem ter de pagar pela aquisição ou manutenção de um dispendioso capital. Naturalmente, os locatários também têm suas desvantagens: não gozam de todos os benefícios da propriedade tradicional, como o direito de modificá-la, acesso em longo prazo ou ganhos de valor. A invenção da locação seguiu de perto a da propriedade, de modo que hoje é possível alugar praticamente tudo. É o caso das bolsas femininas, por exemplo, já que as de marcas sofisticadas custam mais de US$ 500. Como todo mundo sabe, porém, o acessório em geral tem de combinar com as roupas ou com a moda da estação, de modo que sai muito caro montar uma diversificada seleção de belas bolsas para ficar guardada no closet. Por isso, foi criado um setor de tamanho considerável dedicado à locação de bolsas.[13] O valor do aluguel começa em mais ou menos US$ 50 por semana, dependendo da demanda do modelo. Como seria de esperar, a tecnologia dos apps e da coordenação facilitam todo o processo. O conceito deu certo, porque, para muitos usos, é melhor alugar do que possuir. Bolsas que combinam com vestidos usados apenas em determinadas ocasiões podem ser alugadas e devolvidas após o uso. Não há razão para armazená-las. A posse compartilhada faz bastante sentido para a utilização de curto prazo, e, para muitas das coisas do novo mundo, essa será a norma. À medida que mais bens são inventados e fabricados – enquanto o número de horas do dia para desfrutar deles permanece fixo –, passamos cada vez menos tempo com cada item. Em outras palavras, a tendência para o futuro é de, em sua maior parte, os produtos e serviços serem de utilização de curto prazo e, portanto, bons candidatos tanto para a locação como para o compartilhamento.

A desvantagem do negócio tradicional de locação é a "rivalidade" dos bens físicos. A rivalidade implica um jogo de soma zero: só um lado prevalece. Enquanto eu estiver alugando seu barco, ninguém mais poderá usá-lo. Se eu alugar uma bolsa para você, não posso alugá-la para mais ninguém enquanto ela não for devolvida. Para garantir o crescimento de uma locadora de bens físicos, o proprietário precisa continuar comprando mais produtos – sejam eles barcos ou bolsas. No mundo dos bens e serviços intangíveis, não funciona assim. Não há a "rivalidade" da dimensão física: você pode alugar um mesmo filme para todas as pessoas que quiserem vê-lo naquele exato momento. O compartilhamento de bens intangíveis tem uma capacidade magnífica de expansão – em grande escala e sem prejuízo à satisfação dos locatários individuais. Algo simplesmente revolucionário. O custo total de utilização despenca (afinal, o bem é compartilhado por milhões de pessoas e não por uma só). De repente, a posse pelo consumidor deixa de ser importante. Para que possuir algo que você pode apenas alugar, arrendar, licenciar ou compartilhar, desfrutando integralmente da experiência de uso em tempo real?

Bem ou mal, a vida se acelera e a única dimensão rápida o suficiente para acompanhá-la é a do instantâneo. A velocidade dos elétrons será a velocidade do futuro. Abdicar de seguir o ritmo dessa nova realidade continuará sendo uma opção, mas, em geral, a tendência da tecnologia de comunicação será mesmo proporcionar tudo sob demanda – um contexto que favorece o acesso no lugar da posse.

DESCENTRALIZAÇÃO

Estamos a meio caminho da corrida de cem anos na direção de uma descentralização maior. A cola que une instituições e processos, à medida que passam por um gigantesco processo descentralizador, é a comunicação barata e ubíqua. Sem a capacidade de permanecerem conectadas enquanto as coisas espalham-se em redes, as empresas entrariam em colapso. É até justificável pensar assim, mas também um pouco retrógrado. Seria mais correto dizer que os recursos tecnológicos de comunicações instantâneas de longa distância *viabilizaram* essa era de descentralização. Em outras palavras, quando envolvemos o mundo em círculos intermináveis de fios cruzando desertos e oceanos, a descentralização tornou-se não apenas possível, mas inevitável.

A consequência de migrar da organização centralizada para os mundos mais horizontalizados das redes é que tudo – tanto o tangível como o intangível – deve fluir mais rápido para que as coisas sigam em progressão. Apossar-se dos fluxos é difícil – a posse parece esvair-se entre nossos dedos. O acesso é um modo mais compatível com as relações fluidas que regem um aparato descentralizado.

128 | INEVITÁVEL

Praticamente todos os aspectos da civilização moderna estão se horizontalizando, exceto o dinheiro. A maioria dos partidos políticos concorda que a cunhagem de moeda é uma das últimas funções legitimamente exclusivas que restaram aos governos. Faz-se necessário um banco central para combater os eternos flagelos da falsificação e da fraude. Alguém precisa regular o montante de dinheiro emitido, manter o controle dos números de série, garantir a confiabilidade. Uma moeda robusta requer precisão, coordenação, segurança, fiscalização... e uma instituição capaz de se responsabilizar por tudo isso. Desse modo, por trás de toda moeda existe um banco central vigilante.

E se fosse possível descentralizar o dinheiro também? E se criássemos uma moeda distribuída cuja segurança, precisão e confiabilidade não dependessem de uma instância central? Se até o dinheiro puder ser descentralizado, *qualquer coisa* também poderá. Contudo, mesmo que isso fosse possível, por que alguém o faria?

Não só é possível descentralizar o dinheiro, como a tecnologia para fazer isso tende a se revelar crucial para transformar muitas outras instituições centralizadas. O exemplo de descentralização da moeda contém lições importantes para vários setores de atividade.

Vale lembrar, de início, que, quando uma pessoa paga a outra com dinheiro vivo, há uma transação descentralizada, que é anônima para um banco central. No entanto, pagamentos em dinheiro não são práticos nem comuns, ainda mais no contexto de uma economia cada vez mais globalizada. O PayPal e outros sistemas eletrônicos *peer-to-peer* (P2P) são capazes de fazer a ponte entre as vastas extensões geográficas da economia global, mas cada um dos pagamentos P2P tem de passar por um banco de dados central, para garantir que certa quantia não seja gasto duas vezes ou para evitar fraudes. Empresas de telefonia celular e de internet criaram esquemas de pagamento muito interessantes em regiões carentes, com base em um app de celular, como o M-Pesa.[14] Entretanto, até pouco tempo atrás, o sistema de e-money mais avançado ainda precisava de um banco central para garantir a idoneidade das transações. Antes da virada para a década de 2010, pessoas de índole duvidosa interessadas em vender drogas pela internet, mas com o anonimato do dinheiro vivo, buscavam uma moeda que circulasse fora do alcance do governo. De outro lado, admiráveis defensores dos direitos humanos tentavam desenvolver um sistema monetário que operasse à margem de governos corruptos ou repressivos ou em regiões que não contavam com qualquer tipo de gestão pública. Desses interesses díspares emergiu o bitcoin.

Bitcoin é uma moeda completamente descentralizada e distribuída, que prescinde de um banco central para garantir sua precisão, fiscalização ou regulamentação. Desde seu lançamento, em 2009, foram postos em circulação o equivalente a US$ 3 bilhões.[15] Cem mil fornecedores e comerciantes já aceitam pagamentos em bitcoins.[16] Boa parte da fama da moeda vem do fato de ela circular fora da vista de governos, viabilizando alguns mercados negros. Mas esqueça a questão do anonimato. A inovação mais importante do bitcoin foi seu "blockchain", a tecnologia matemática que o fundamenta. O blockchain é uma invenção radical, capaz de descentralizar muitos outros sistemas além do monetário.

Se eu envio US$ 1 para você por meio do cartão de crédito ou de uma conta do PayPal, um banco central precisa verificar a transação e, no mínimo, confirmar que tenho esse dólar para enviar. Quando envio um bitcoin, não há nenhum intermediário central. A transação é postada em um livro contábil público – chamado de blockchain –, distribuído a todos os outros donos de bitcoins do mundo. Esse banco de dados compartilhado consiste em uma longa "cadeia" (chain) contendo o histórico de transações de todos os bitcoins existentes e seus respectivos donos. Quaisquer transações são abertas à inspeção, por qualquer pessoa. Trata-se de algo que, a rigor, beira o absurdo. É como se todas as pessoas pudessem ter acesso ao histórico completo da circulação pelo planeta de todas as notas de US$ 1 existentes. Esse banco de dados distribuído e aberto é atualizado seis vezes por hora com todas as novas transações de bitcoins.[17] Cada nova transação deve ser matematicamente confirmada por vários outros proprietários de bitcoins antes de ser aceita como legítima. Desse modo, um blockchain gera confiança com base na contabilidade P2P mútua. O sistema em si, que roda em dezenas de milhares de computadores individuais, assegura a moeda. Os defensores dessa inovação gostam de dizer que a confiança no bitcoin é construída pela matemática e não por governos.

130 | INEVITÁVEL

Várias startups e investidores de risco tentam desenvolver maneiras de usar a tecnologia do blockchain como mecanismo confiável de uso geral, para além do dinheiro. Em transações que requerem alto grau de confiança entre desconhecidos, como escrituras de imóveis e contratos de hipoteca, essa validação costumava ser fornecida por um corretor de imóveis profissional. Contudo, enquanto o cartório tradicional cobra pequenas fortunas para verificar uma transação complexa como a venda de um imóvel, um sistema de blockchain P2P pode realizar o mesmo serviço a custo bem baixo, talvez até de graça. Há quem proponha a criação de ferramentas para executar uma série complexa de operações que dependem de verificação (como negócios de importação/ exportação) usando apenas a tecnologia automatizada e descentralizada do blockchain. Isso desestabilizaria diversas atividades que hoje dependem de corretores ou intermediários. O bitcoin pode prevalecer ou não, mas a inovação do blockchain, capaz de gerar níveis extremamente elevados de confiança entre desconhecidos, promete descentralizar cada vez mais instituições e setores.

Um aspecto importante do blockchain é o fato de ser um bem público comum. Ninguém é dono dele, porque o blockchain pertence a todos. Quando uma criação se digitaliza, ela tende a se tornar compartilhável e, uma vez que é compartilhada, também passa a não ter dono. Aquilo que todo mundo possui não pertence a ninguém. Muitas vezes, é isso que queremos dizer com "propriedade pública" ou "bens comuns". Eu uso estradas e ruas apesar de não ser dono delas. Tenho acesso imediato a 99% das vias e rodovias do mundo (há as raríssimas exceções de uso particular), porque elas constituem um patrimônio público comum. Todos temos o direito de acesso a ruas e estradas por meio do pagamento de impostos locais. Posso utilizar essas vias como se fosse dono delas ou, melhor ainda, com mais vantagens do que se fosse dono, já que não preciso me preocupar com a manutenção. A maior parte da infraestrutura pública oferece esses mesmos benefícios do tipo "melhor do que ser dono".

A web/internet descentralizada de hoje é nosso grande bem comum público. Eu me beneficio dela como se fosse seu dono e faço muito pouco para cuidar de sua manutenção. Posso usá-la a qualquer momento, com o estalar de um dedo. Usufruo de todas as suas incríveis possibilidades

– ela responde a perguntas como um gênio, me teletransporta como um feiticeiro e me diverte como um *entertainer* profissional – sem os encargos da posse. Basta acessar a web (e pagar os impostos embutidos em minhas assinaturas de serviços pela internet). Quanto mais a sociedade se descentraliza, mais o acesso ganha importância.

SINERGIA DE PLATAFORMAS

Por muito tempo, organizou-se o trabalho humano em torno de dois pilares: a empresa e o mercado. A empresa tinha fronteiras definidas, operava mediante autorização e capacitava as pessoas a aumentar sua eficiência pela colaboração coletiva, mais do que se elas trabalhassem fora daquele ambiente. O mercado tinha fronteiras mais permeáveis, não precisava de autorização para operar e, com sua "mão invisível", alocava recursos da maneira mais eficiente possível. Há pouco tempo, surgiu uma terceira forma de organização do trabalho: a plataforma.

Plataforma é a base fundada por determinada empresa para abrigar a construção de produtos e serviços criados por outras companhias. Não é mercado nem empresa, mas algo novo. Uma plataforma, como uma loja de departamentos, oferece coisas que ela não criou. Uma das primeiras plataformas de sucesso foi o sistema operacional da Microsoft. Qualquer um com capacidade técnica e alguma ambição podia desenvolver e vender um programa que rodasse nesse sistema. E foi o que muitas pessoas fizeram. Alguns programas, como o primeiro software de planilha eletrônica, o Lotus 1-2-3, tiveram tanto êxito que se transformaram em miniplataformas, levando à criação de plug-ins e outros derivados, desenvolvidos por terceiros. Produtos e serviços altamente interdependentes compõem o "ecossistema" que se abriga em uma plataforma. "Ecossistema" é uma boa descrição, na medida em que a sobrevivência de uma espécie (produto) está relacionada à das outras espécies do mesmo ambiente, como em uma floresta. Essa profunda interdependência ecológica da plataforma desencoraja a posse e promove o acesso.

Uma segunda geração de plataformas incorporou atributos típicos do mercado, ampliando o hibridismo com a faceta "empresa". Uma das pioneiras nesse sentido foi o iTunes do iPhone. A Apple era a

132 | INEVITÁVEL

proprietária da plataforma, que acabou se tornando também um mercado para os apps do iPhone: o lugar onde vendedores instalavam suas barracas virtuais para ofertar aplicativos de criação própria. A Apple regulava o iTunes, banindo dali apps desengonçados, maliciosos ou defeituosos. A empresa definiu regras e protocolos, supervisionando as trocas financeiras. Seria possível dizer que aquele produto constituía o próprio mercado: o iTunes era todo um ecossistema de apps criados com base nas funcionalidades incorporadas ao iPhone. Foi um tremendo sucesso. À medida que a Apple continuava acrescentando novas e engenhosas formas de o consumidor interagir com o celular, incluindo câmera, GPS e acelerômetro, milhares de novas espécies de inovações aprofundavam a ecologia do iPhone.

Uma terceira geração de plataformas avançou ainda mais, sofisticando o mecanismo característico do mercado. Fugindo da tradição dos mercados bilaterais – como uma feira livre, que reúne compradores de um lado e vendedores de outro –, o ecossistema de plataformas transformou-se em um mercado multifacetado. Um bom exemplo disso é o Facebook. Em sua origem, a empresa estabeleceu regras e protocolos que formaram um mercado no qual vendedores independentes (universitários) criavam o próprio perfil, que era emparelhado com os perfis de amigos em um mercado (a rede social). Nesse mercado, anunciantes compravam a atenção dos estudantes, que compravam produtos de empresas de games, que pagavam para anunciar e também compravam jogos de desenvolvedores terceirizados, que compravam aplicativos de outros terceiros e assim por diante, em combinações multifacetadas. Esse ecossistema de espécies interdependentes continua a crescer e manterá sua expansão enquanto o Facebook conseguir administrar suas regras e seu próprio crescimento como empresa.

Os mais prósperos e inovadores negócios da atualidade são, quase todos, plataformas multifacetadas – Apple, Microsoft, Google, Facebook. Esses gigantes empregam fornecedores terceirizados para ampliar a diversidade de espécies – e o valor – de seus ecossistemas. Eles utilizam extensivamente interfaces de programação de aplicativos (API, na sigla em inglês) para facilitar e encorajar pessoas e empresas a se engajar na plataforma. Uber, Alibaba, Airbnb, PayPal, Square,

WeChat e Android são os mais recentes mercados multifacetados administrados por empresas: proporcionam robustos ecossistemas de produtos e serviços derivados e interdependentes.

Ecossistemas são regidos pela coevolução, um tipo de codependência biológica, uma mistura de concorrência com cooperação. De maneira verdadeiramente ecológica, os fornecedores que colaboram em uma dimensão também podem competir em outras. Por exemplo, a Amazon comercializa tanto livros novos como exemplares usados desses mesmos títulos, mais baratos, encontrados em sebos. Nesse ecossistema, portanto, editoras competem com vendedores de livros usados, os quais competem também entre si. O trabalho da plataforma é ganhar dinheiro (e agregar valor!) independentemente de seus integrantes cooperarem ou competirem. Em outras palavras, a função da plataforma, no caso, é garantir o benefício da Amazon.

O compartilhamento, ainda que só das regras de concorrência, é o padrão em quase todos os níveis de uma plataforma. O sucesso de um depende do sucesso dos outros. A ideia de posse dentro de uma plataforma torna-se, assim, insustentável, uma vez que ela se baseia na noção de "propriedade privada". Entretanto, nem o conceito de "propriedade" nem o de "privada" fazem sentido em um ecossistema. Quanto mais compartilhadas, menos as coisas são entendidas como propriedades ou posses. Não é coincidência, portanto, que pouca privacidade (compartilhamento constante da vida íntima) e muita pirataria (desrespeito à propriedade intelectual) caracterizem o ambiente das plataformas.

A transição da posse ao acesso tem seu preço. O proprietário goza do direito – e da capacidade – de modificar ou controlar o uso de sua propriedade. Esse direito de modificação é inexistente em muitas plataformas digitais da atualidade, cujos termos gerais de serviço proíbem qualquer tipo de alteração. Há restrições legais ao que você pode fazer com as coisas que acessa, diferentemente do que ocorre com as coisas das quais você toma posse. O direito e a possibilidade de modificar e controlar, no entanto, seguem preservados em plataformas e ferramentas de código aberto, como o sistema operacional Linux ou a plataforma de hardware Arduino – até porque, em ambos os casos, isso faz parte de seu apelo. A oportunidade de melhorar, personalizar ou se apropriar do que é compartilhado constituirá uma questão importantíssima a ser respondida pela próxima geração das plataformas.

Juntas, a desmaterialização, a descentralização e a comunicação em massa vão semear mais e mais plataformas. Elas são fábricas de serviços – serviços que, por definição, privilegiam o acesso em detrimento da posse.

NUVENS

Os filmes, músicas, livros e jogos que acessamos residem nas nuvens. Nuvem é uma colônia composta de milhões de computadores entrelaçados para atuar como um único computador de grande porte. Hoje, a maior parte de nossas atividades na web e no celular é feita por meio da computação em nuvem. Embora invisíveis, as nuvens regem a vida digital.

A potência da nuvem supera a de um supercomputador tradicional porque ela tem um núcleo dinamicamente distribuído: tanto sua memória como seu trabalho espalham-se por muitos chips de um modo massivamente redundante. Digamos que você esteja vendo um longa-metragem em um serviço de streaming e, de repente, um asteroide destrói um décimo de todas as máquinas que compõem a nuvem. Resultado: você nem chega a notar qualquer interrupção no filme, pois o arquivo de vídeo não está guardado em nenhuma máquina específica, e sim distribuído em um padrão redundante em muitos processadores. Se qualquer um deles falhar, a nuvem pode se recompor por si só. É quase como uma cura orgânica.

Hiperlinks vinculam dados entre si na nuvem, assim como documentos são vinculados entre si na web. No fim das contas, a principal razão para armazenar tudo na nuvem é promover um profundo compartilhamento dos dados. Entrelaçados, os bits ficam muito mais inteligentes e potentes do que poderiam ser sozinhos. As nuvens não seguem uma arquitetura específica, de modo que suas características evoluem rapidamente. Como regra, porém, são enormes – tão grandes que o substrato de uma única nuvem corresponderia a vários depósitos do tamanho de um campo de futebol americano repletos de computadores, localizados em dezenas de cidades a milhares de quilômetros umas das outras. As nuvens também são plásticas, o que significa que podem se expandir ou encolher quase em tempo real, mediante o acréscimo ou a retirada de computadores de sua rede. Por sua natureza inerentemente redundante e distribuída, as nuvens figuram entre as máquinas mais confiáveis que existem. Têm o poder de proporcionar os famosos cinco noves (99,999%) de um desempenho de serviço praticamente perfeito.

Uma grande vantagem da nuvem é o fato de que, quanto mais ela cresce, menores e mais delgados podem se tornar os dispositivos do dia a dia – afinal, eles não passam de janelas de onde assistimos à nuvem fazer todo o trabalho pesado. De fato, quando me distraio com um stream de vídeo ao vivo na tela do smartphone, estou olhando para a nuvem. Quando folheio as páginas de um livro no tablet, estou surfando na nuvem. Quando meu smartwatch se ilumina, sei que chegou uma mensagem vinda da nuvem. Quando produzo minhas coisas ao teclado do cloudbook, o trabalho não se realiza dentro do laptop, mas em outro lugar: na nuvem.

Há uma ambiguidade evidente quando me refiro a "onde" produzo "minhas" coisas, conforme revela o simples exemplo da redação de um documento no Google. Costumo usar o app Google Drive para escrever cartas comerciais. Embora possam ser exibidas no laptop ou no celular, elas basicamente moram na nuvem do Google, espalhada em muitas máquinas bem longe de mim. Uso o Google Drive principalmente pela facilidade de colaboração coletiva que o app proporciona. Dez ou mais colegas podem visualizar "minhas" cartas em seus próprios dispositivos e mexer no texto – editar, incluir trechos, modificar – como se fossem documentos "deles". As alterações adicionadas em uma dessas cópias aparecem, em tempo real, em todas as outras cópias do documento, em qualquer lugar do mundo. É um tipo de milagre essa existência distribuída na nuvem. Cada versão da carta é muito mais do que mera "cópia", palavra que sugere reprodução inerte. Na verdade, trata-se do contrário: cada colaborador relaciona-se com o texto distribuído como se fosse um documento original. E, de fato, cada uma das dez possíveis cópias é tão autêntica quanto aquela exibida na tela de meu computador. A autenticidade também é distribuída. A interação coletiva e a qualidade distributiva fazem com que a carta não seja nem minha nem deles, mas "nossa".

No futuro, o Google poderia facilmente aplicar a essa carta uma injeção de inteligência artificial baseada em nuvem. Além de corrigir automaticamente erros de ortografia e gramática, o site checaria as informações relatadas no texto com seu novo verificador de fatos batizado de Knowledge-Based Trust.[18] O Google poderia criar hiperlinks para os termos apropriados e fazer (com meu consentimento) acréscimos inteligentes para melhorar o conteúdo, o que dissolveria ainda mais meu senso de autoria e posse daquele texto. Uma parcela crescente do trabalho e do entretenimento deixará o âmbito isolado da propriedade individual e migrará para o mundo compartilhado da nuvem, beneficiando-se ao máximo da IA e de outras forças ali baseadas.

Quando a memória vacila, eu já procuro as respostas na nuvem em vez de tentar me lembrar de uma URL ou da ortografia de uma palavra difícil. Não raro, pesquiso em minha caixa postal armazenada em nuvem para me lembrar do que disse a determinada pessoa. Se confio tanto na nuvem a ponto de usá-la como minha memória, onde termina meu "eu" e onde começa a nuvem? Se todas as imagens de minha vida, todos os fragmentos de meus interesses, todas as minhas anotações, todos os meus papos com amigos, todas as minhas escolhas, todas as minhas recomendações, todos os meus pensamentos e desejos estão guardados em algum lugar – mas em nenhum lugar em particular –, esse fato muda o jeito como penso sobre mim mesmo. Torno-me maior do que antes, mas também mais tênue. Fico mais rápido, porém às vezes mais raso. Penso mais como uma nuvem, com menos fronteiras, aberto às mudanças e repleto de contradições. Eu sou as multidões! Essa nova condição será ainda mais reforçada com a IA e as máquinas inteligentes. O "eu melhorado" evoluirá para o "nós melhorado".

No entanto, o que aconteceria se a nuvem desaparecesse? Um "eu" bastante difuso desapareceria também. Um casal de amigos teve de colocar a filha de castigo por uma grave infração e confiscou-lhe o celular. Horrorizados, viram a garota começar a passar mal a ponto de vomitar. Era quase como se lhe tivessem amputado um braço ou uma perna – em sentido figurado, foi exatamente o que aconteceu. Se uma empresa da nuvem resolver restringir ou censurar nossas ações, nós vamos sofrer. Ficar longe do conforto e da nova identidade proporcionados pela nuvem será terrível e insuportável. Se McLuhan está certo quando diz que as ferramentas são extensões de nosso ser[19] – a roda é a extensão da perna; a câmera, a extensão do olho –, pode-se supor que a nuvem é a extensão de nossa alma ou, se preferir, a extensão do "eu" – pelo menos a extensão do "eu" ao qual temos acesso, mas não o "eu" do qual temos posse.

As nuvens por enquanto são, em sua maioria, comerciais. Temos o Oracle Cloud, o SmartCloud, da IBM, e o Elastic Compute Cloud, da Amazon. Google e Facebook operam nuvens gigantescas internamente. Sempre voltamos para a nuvem simplesmente porque ela é mais confiável do que nós mesmos e, sem dúvida, mais confiável do que outros tipos de máquina. Meu Mac é bastante estável, mas congela ou precisa ser reiniciado uma vez por mês. Por sua vez, a plataforma de nuvem do Google só ficou fora do ar por 14 minutos durante todo o ano de 2014,[20] uma queda praticamente insignificante considerando seu imenso volume de tráfego. A nuvem é o backup – o backup de nossa vida.

Hoje, todas as empresas de grande parte da sociedade dependem de computadores. As nuvens oferecem um poder de computação com confiabilidade impressionante, grande velocidade e profundidade expansível, tudo isso sem que os usuários precisem se preocupar com sua manutenção. Qualquer dono de computador conhece a chateação: ele ocupa espaço, pede atenção especializada constante e fica obsoleto quase instantaneamente. Diante disso, quem vai querer ter esse tipo de máquina? A resposta, cada vez mais, é: ninguém. Por motivo análogo, ninguém quer ter a própria usina elétrica, mas apenas comprar eletricidade. As nuvens possibilitam acessar os benefícios dos computadores sem a chateação da posse. A computação em nuvem expansível a preços cada vez mais baixos facilitou enormemente a tarefa de abrir negócios no setor de tecnologia. Em vez de comprar a própria infraestrutura complexa de computação, essas pequenas startups pagam pelo uso dos recursos em nuvem. No jargão do setor, essa é a "infraestrutura como serviço". A opção pelo uso dos computadores como serviço, e não como produto, espelha o triunfo do acesso sobre a posse. A possibilidade de levar suas operações à nuvem para obter acesso barato a uma infraestrutura de ponta foi uma das razões pelas quais tantas empresas pipocaram no Vale do Silício na última década. Com o rápido

138 | INEVITÁVEL

crescimento, elas passam a acessar cada vez mais coisas que não possuem – ficou fácil se expandir para acompanhar o sucesso. As prestadoras de serviços em nuvem adoram esse crescimento veloz e essa dependência crescente. Afinal, quanto mais as pessoas e as empresas usam a nuvem e acessam seus benefícios, mais inteligência e mais potência ela adquire.

Alguns limites práticos restringem até que ponto a nuvem de uma empresa pode se expandir, de modo que o próximo passo nas décadas que estão por vir será a fusão de nuvens, com a formação de uma gigantesca "internuvem" – a nuvem das nuvens, assim como a internet é a rede das redes. De maneira lenta e segura, as nuvens da Amazon, do Google, do Facebook e de outras grandes organizações estão se entrelaçando para formar um sistema que atuará como nuvem única – ou A Nuvem – para usuários e empresas. As forças contrárias a essa fusão argumentam que uma internuvem requer o compartilhamento de dados pertencentes às nuvens comerciais, mas tais informações continuam sendo segredos protegidos a sete chaves. O ato de entesourar dados ainda é entendido como vantagem competitiva, ao mesmo tempo que a legislação dificulta seu compartilhamento, de modo que ainda levará anos (talvez décadas) até que as empresas aprendam uma forma criativa, produtiva e responsável de compartilhar seus dados.

A marcha inexorável em direção ao acesso descentralizado requer um último passo. Quando se fala em chegar à internuvem, entende-se uma aproximação cada vez maior do conceito de uma nuvem completamente descentralizada e P2P. Aqui vale ressaltar que, embora distribuídas, as imensas nuvens da Amazon, do Facebook e do Google são centralizadas em máquinas operadas por empresas enormes, não por uma rede difusa e numerosa de computadores administrada somente pelos usuários. Existem, porém, maneiras de criar nuvens rodando em hardware descentralizado. Sabemos que tal experiência é factível e pode dar certo, uma vez que uma dessas nuvens funcionou muito bem durante os protestos estudantis de Hong Kong em 2014. Para fugir da vigilância obsessiva do governo chinês sobre as comunicações, estudantes de Hong Kong bolaram uma forma de trocar informações sem submeter suas mensagens a uma torre central de telefonia celular ou a servidores corporativos da Weibo (o Twitter chinês), do WeChat (o

Facebook chinês) ou do e-mail. A solução foi baixar um app minúsculo chamado FireChat no celular.[21] Dois telefones com FireChat podiam conversar diretamente um com o outro, por rádio Wi-Fi, sem recorrer a nenhuma torre de celular. E, ainda mais importante, qualquer um desses dois celulares podia encaminhar uma mensagem a um terceiro telefone que tivesse o FireChat instalado. O acréscimo contínuo de aparelhos com o app, em pouco tempo, resultou em toda uma rede de telefonia operando sem enviar sinais às torres. As mensagens não destinadas a determinado celular eram retransmitidas de aparelho em aparelho até chegar a seu destinatário. Tal variedade intensivamente P2P de rede (chamada de malha) não é eficiente, mas funciona. Esse intricado encaminhamento fundamenta o modo como a internet funciona em determinado nível, o que explica por que ela é tão robusta. O resultado da malha do FireChat em Hong Kong foi a criação de uma nuvem de rádio da qual ninguém era o dono (e que, portanto, era difícil de destruir). Usando uma malha composta exclusivamente por seus dispositivos pessoais, os estudantes implantaram um sistema de comunicações que despistou o governo chinês por meses. Essa mesma arquitetura pode ser estendida para rodar qualquer tipo de nuvem.

Há algumas excelentes razões não políticas para adotar um sistema de comunicação descentralizado como esse. Em uma emergência de grande escala envolvendo queda de energia, por exemplo, uma malha telefônica P2P poderia ser o único sistema em funcionamento. Cada celular individual seria recarregado em uma fonte de energia solar, de modo que as comunicações funcionariam fora da rede elétrica. Para ampliar o alcance limitado dos aparelhos, seria possível instalar pequenos "repetidores" celulares (também alimentados com energia solar) no telhado dos prédios. Os repetidores apenas replicariam e encaminhariam uma mensagem a uma distância maior do que a alcançada por um telefone: operariam como nanotorres, mas não seriam de propriedade de nenhuma empresa. Uma rede de repetidores nos telhados e milhões de celulares bastariam para criar uma rede sem dono. Mais de uma startup nasceu para oferecer esse tipo de serviço em malha.

Uma rede sem dono desestabiliza muitas leis e regras que hoje regem o funcionamento da infraestrutura de comunicação. As nuvens, contudo, desconhecem fronteiras geográficas. Nesse caso, qual legislação deve prevalecer? As leis do país de origem do usuário? As do país de origem de seu servidor? As internacionais? Quem ficará com os impostos que você vai pagar quando todo o trabalho estiver sendo feito na nuvem? De quem são os dados: seus ou da nuvem? Se todos os seus e-mails e chamadas de voz passam pela nuvem, quem é o responsável pelas mensagens? Na nova intimidade da nuvem, seus devaneios e divagações não deveriam receber um tratamento diferente daquele dado a suas crenças e convicções públicas? Você é dono de seus pensamentos ou só acessa aquilo que pensa? Todas essas perguntas se aplicam não apenas a nuvens e malhas, mas a todos os sistemas descentralizados.

Nos próximos 30 anos, a tendência ao desmaterializado, ao descentralizado, ao simultâneo, ao habilitado por plataformas e à nuvem se manterá com força total. Enquanto os custos das comunicações e da computação despencarem graças aos avanços tecnológicos, essas tendências serão inevitáveis. Elas resultam de redes de comunicação que se expandem até se tornar globais e ubíquas. À medida que se aprofundarem, tais redes aos poucos vão substituir a matéria pela inteligência. Essa grande transformação ocorrerá em qualquer lugar do mundo (seja nos Estados Unidos, seja na China ou em Mali). A matemática e a física básicas permanecem. Conforme expandirmos a desmaterialização, a descentralização, a simultaneidade, as plataformas e a nuvem – tudo ao mesmo tempo –, seguiremos diluindo a ideia de posse. Para a maioria das coisas da vida cotidiana, o acesso será o padrão.

No entanto, só em um mundo de ficção científica uma pessoa não teria posse alguma. A maioria de nós possuirá algumas coisas e acessará outras, e esse mix será diferente de acordo com o indivíduo. Contudo, vale a pena explorar o cenário radical de uma pessoa acessando tudo sem possuir nada, já que ele revela o futuro da tecnologia. Veja como, em breve, as coisas poderão funcionar.

Eu moro em um complexo habitacional. Como muitos de meus amigos, optei por viver ali por causa dos serviços 24 horas disponíveis. A caixa em meu apartamento é renovada quatro vezes por dia. Deixo meus itens atualizáveis (como roupas) nessa caixa e, em algumas horas, eles são trocados por outros. O complexo também tem, no saguão, o próprio Nó, o lugar ao qual pacotes chegam de hora em hora trazidos por drones, vans autônomas e bikes robotizadas que vêm do centro de processamento local. Basta pedir algo de que preciso em meu dispositivo e o item é entregue em minha caixa (em casa ou no trabalho) em até duas horas, normalmente antes. O Nó possui, ainda, uma fabulosa impressora 3D, que materializa praticamente qualquer coisa em metal, material misto e tecido. Além disso, o complexo conta com um depósito cheio de eletrodomésticos e ferramentas. Outro dia, eu queria uma fritadeira e a recebi em uma hora em minha caixa na biblioteca do Nó. E não preciso lavar o item emprestado depois de usá-lo: basta colocá-lo de volta na caixa. Um dia, um amigo veio me visitar e decidiu que queria cortar o cabelo – uma tesoura foi entregues em minha caixa em meia hora. Também tenho uma assinatura que me dá acesso a materiais de camping. Esse tipo de coisa evolui muito rápido todos os anos e eu só uso durante alguns poucos fins de semana, de modo que é muito melhor alugar e receber os mais recentes equipamentos, limpinhos, em minha caixa. O mesmo vale para câmeras e computadores. Ficam obsoletos tão rápido que prefiro fazer uma assinatura para usar apenas os melhores lançamentos. Como muitos amigos meus, também sou assinante de um serviço de roupas. É um excelente negócio. Se quiser, posso passar um ano inteiro me vestindo com peças diferentes a cada dia, sem repetir o figurino. Depois, basta jogá-las na caixa, para serem higienizadas e redistribuídas. Às vezes, passam por uma reformazinha, para ficarem um pouco diferentes. Esse serviço de assinatura oferece uma excelente seleção de camisetas vintage, um diferencial em relação a seus concorrentes. No armário, tenho apenas algumas poucas camisas inteligentes, com chip incorporado.

Sou assinante, ainda, de várias linhas de alimentos. Recebo na porta de casa frutas, verduras e legumes frescos enviados diretamente de um produtor rural das proximidades, bem como refeições quentinhas e prontas para comer. O Nó conhece minha agenda e meu gosto, de modo que sabe exatamente quanto demoro no caminho do trabalho até em casa e calcula a entrega para ser feita no momento de minha chegada. Quando estou com vontade de cozinhar, posso receber qualquer ingrediente ou qualquer prato especial que quiser. O complexo habitacional tem um sistema que permite que alimentos e produtos de limpeza abasteçam a geladeira e o armário de meu apartamento na véspera de serem usados. Se tivesse dinheiro sobrando, eu alugaria uma cobertura premium, mas já estou satisfeito só de morar neste complexo. Sempre que viajo, meu apartamento é alugado para terceiros. Por mim, tudo bem: quando volto, sempre encontro o lugar mais limpo do que quando saí.

Nunca comprei nenhum filme, música, jogo, livro, obra de arte ou mundo de realidade virtual. Só tenho uma assinatura da Coisas Universais. As imagens artísticas projetadas nas paredes estão sempre mudando, para dar uma variada no ambiente. Recorro a um serviço especial na internet que as decora com base em minha coleção do Pinterest. Meus pais assinam um serviço de museu que lhes empresta obras de arte históricas reais, em esquema de rodízio, mas eu não tenho dinheiro para isso. Há algum tempo, experimentei enfeitar a sala com esculturas 3D, que se reconfiguram sozinhas a cada mês. Até meus brinquedos de infância eram da Coisas Universais. Minha mãe dizia: "Você só vai brincar com eles por alguns meses, para que comprar brinquedos?". Assim, a cada dois meses eles iam para a caixa e novos brinquedos apareciam em seu lugar.

A Coisas Universais é tão inteligente, que eu normalmente não preciso esperar mais de 30 segundos por meu transporte, inclusive na hora do rush. O carro aparece porque conhece minha agenda e sabe deduzir o que planejo com base em minhas mensagens de texto, minha agenda e meus telefonemas. Estou tentando economizar, de modo que às vezes divido o transporte com outras duas ou três pessoas para ir ao trabalho. Não falta largura de banda, então todos nós podemos "visualizar" ao longo do caminho. Para me exercitar, assino várias academias e um serviço de bicicletas. Recebo uma bicicleta atualizada, ajustada, limpa e pronta em meu ponto de partida. Para viagens de longa distância, gosto dos novos drones de transporte pessoal. Como ainda são novidade, tenho de reservar com antecedência, mas eles são muito mais práticos do que jatos comerciais. Se viajar para complexos de outras cidades que possuem os mesmos serviços, não preciso levar bagagem: posso obter todas as coisas que uso normalmente nos Nós da cidade que estiver visitando.

Às vezes, meu pai questiona esse meu estilo de vida. Acha irresponsabilidade o fato de eu não ter nada. Eu digo que é o contrário: tenho uma profunda conexão com o primordial. Sinto-me como um caçador-coletor de antigamente, que não possui nada e abre caminho através das complexidades da natureza, convocando uma ferramenta quando necessário e deixando-a para trás enquanto segue em frente. Quem precisa de celeiro para acumular a produção é lavrador. O nativo digital vive livre para avançar com rapidez e explorar o desconhecido. Acessar em vez de possuir me mantém ágil e cheio de energia, pronto para o que der e vier.

6
COMPARTILHAR

Bill Gates ridicularizou os defensores do software livre com a frase mais afrontosa que alguém poderia proferir. Segundo ele, esses sujeitos que exigem o software livre são uma "nova espécie moderna de comunista",[1] uma força malévola dedicada a destruir o incentivo monopolista que ajuda a sustentar o sonho americano. Gates estava errado em vários sentidos. Para começar, os fanáticos do software livre e do código aberto tendem mais ao libertarismo político do que ao comunismo light. No entanto, a alegação de Gates tem seu quê de verdade. A frenética corrida global para conectar todas as pessoas o tempo todo está dando origem, sem alarde, a uma versão tecnológica revista do socialismo.

Os aspectos comunais da cultura digital têm raízes profundas e amplas. A Wikipédia é apenas um exemplo do coletivismo emergente. Aliás, não só ela, mas todo tipo de wiki. Um wiki consiste em um conjunto de documentos produzidos em colaboração. O texto pode ser facilmente criado, aumentado, editado ou alterado por qualquer um e por todos. Diferentes programas de wiki operam em diversas plataformas e sistemas operacionais com várias funcionalidades de formatação. Ward Cunningham, que inventou a primeira página colaborativa da web, em 1994,[2] estima que haja cerca de 150 programas de wiki,[3] cada um deles usado em uma miríade de sites. A adoção generalizada da licença de direitos autorais que promove o compartilhamento, conhecida como Creative Commons, encoraja as pessoas a autorizar legalmente que suas imagens, textos ou músicas sejam usados e melhorados por terceiros, sem necessidade de permissão adicional. Em outras palavras, compartilhar e reutilizar o conteúdo passou a ser o novo padrão.

Mais de 1 bilhão de permissões do Creative Commons estavam em uso em 2015.[4] A ascensão de sites de compartilhamento de arquivos ubíquos como o Tor, em que um usuário pode encontrar uma cópia de praticamente qualquer coisa que pode ser copiada, é mais um passo em direção à colaboração, já que fica muito mais fácil começar uma criação com base em algo que já foi criado. Sites de comentários colaborativos, como Digg, StumbleUpon, Reddit, Pinterest e Tumblr, possibilitam a centenas de milhões de pessoas pesquisar fotos, imagens, notícias e ideias de amigos e profissionais e, coletivamente, classificá-las, avaliá-las, compartilhá-las, encaminhá-las, comentá-las e selecioná-las, gerando streams ou coleções. Esses sites atuam como filtros colaborativos, promovendo o que há de melhor no momento. Quase todos os dias surge uma startup anunciando orgulhosamente um novo modo de se beneficiar da ação comunitária. Tais avanços sugerem a constante aproximação de uma espécie de "social-ismo" digital, sintonizado de maneira sem igual a um mundo conectado.

Não estamos falando do socialismo político que seu avô conheceu. Na verdade, esse novo socialismo é diferente de muitos movimentos do passado. Está distante da luta de classes. Não tem nada de antiamericano – na verdade, talvez seja a mais recente inovação norte-americana. Enquanto o socialismo político da velha guarda fundamentava-se no Estado, o socialismo digital é sem Estado. Essa nova estirpe de ação comunal opera hoje no domínio da cultura e da economia, e não do governo... pelo menos por enquanto.

A imagem do velho comunismo que Gates quis associar à reputação dos criadores do software compartilhado, como o Linux ou o Apache, vem da era das comunicações centralizadas, dos processos industriais com mais caciques que índios, das fronteiras rígidas. Essas restrições do início do século 20 deram origem a um tipo de propriedade coletiva que tentava substituir o caos e as distorções do livre mercado por planos quinquenais científicos, bem-ponderados e concebidos por um comitê central constituído por respeitadíssimos especialistas. Esse tipo de sistema operacional de governo caiu por terra, para dizer o mínimo. O socialismo de cima para baixo da era industrial foi incapaz de acompanhar as rápidas adaptações, as constantes inovações e a energia autogerada características dos livres mercados. O dirigismo econômico socialista e a centralização política dos regimes comunistas ficaram para trás. Ao contrário dessas linhagens mais antigas de bandeira vermelha, o novo socialismo digital funciona em uma internet sem fronteiras, por comunicações em rede, gerando serviços intangíveis para toda uma economia global completamente integrada. Foi concebido para reforçar a autonomia individual e impedir a centralização. É a descentralização extrema.

Em vez de nos reunirmos em fazendas coletivas, nos reunimos em mundos coletivos. Em vez de fábricas estatais, temos usinas de criação na área de trabalho do computador conectadas a cooperativas virtuais. Em vez de compartilharmos picaretas e pás, compartilhamos scripts e APIs. Em vez de comitês centrais sem rosto, temos meritocracias sem rosto, nas quais a única coisa que importa é realizar as tarefas. Em vez da produção nacional, temos a produção em parceria. Em vez de rações e subsídios distribuídos pelo governo, temos uma abundância de bens e serviços comerciais gratuitos.

Sei muito bem que a palavra "socialismo" pode levar alguns leitores a se contorcer na cadeira. O termo carrega uma enorme bagagem cultural, bem como "comunal", "comunitário" e "coletivo". Recorro ao vocábulo "socialismo" porque, tecnicamente, é o melhor para expressar uma série de tecnologias cujo poder depende de interações sociais. Chamamos as modernas mídias de "sociais" por essa mesma razão. Em termos gerais, ação social é aquilo que os sites e apps conectados à rede geram quando mobilizam enormes redes de consumidores, participantes ou usuários – antes chamados apenas de "público". É bem verdade que corremos um risco retórico ao agregar tantos tipos de organizações sob o guarda-chuva de uma palavra tão polêmica. No entanto, não há definições imaculadas disponíveis nesse âmbito do compartilhamento, de modo que faz sentido insistir no resgate da raiz etimológica mais direta e precisa: social, ação social, mídias sociais, socialismo. Quando multidões de detentores dos meios de produção trabalham para atingir um objetivo comum e compartilham seus produtos com todos os

148 | INEVITÁVEL

demais, quando as pessoas contribuem para um trabalho sem receber salário, beneficiando-se dos resultados gratuitamente, é razoável chamar esse sistema de "novo socialismo".

O que tudo isso tem em comum é o verbo "compartilhar". Com efeito, alguns futuristas chamaram esse aspecto econômico do novo socialismo de "economia de compartilhamento", uma vez que sua principal moeda é o compartilhamento.

No fim dos anos 1990, o ativista, provocador e hippie John Perry Barlow começou a chamar essa transição, um tanto jocosamente, de "ponto.comunismo".[5] Segundo sua definição, o ponto.comunismo é uma "força de trabalho composta inteiramente de agentes livres",[6] uma dádiva descentralizada, uma economia de escambo que prescinde do dinheiro, na qual o direito de propriedade inexiste e a arquitetura tecnológica determina o espaço político. Barlow estava certo quanto ao dinheiro virtual, se considerarmos que o conteúdo distribuído pelo Twitter e pelo Facebook é criado por colaboradores não remunerados ou, em outras palavras, usuários como você e eu. Ele também acertou quanto à ausência da posse, como vimos no capítulo anterior. É patente que serviços da economia de compartilhamento como Netflix e Spotify distanciam o público da propriedade. Em um aspecto, no entanto, "socialismo" é a palavra errada para refletir o movimento atual: não se trata de uma ideologia. Não é um "ismo". A nova economia não requer qualquer doutrina rigorosa. Ao contrário, ela compõe-se de um espectro de atitudes, técnicas e ferramentas que promovem a colaboração, o compartilhamento, a agregação, a coordenação, o improviso e uma série de outros tipos de cooperação social viabilizados não muito tempo atrás. Trata-se de uma fronteira de design e um espaço particularmente fértil para a inovação.

Em seu livro de 2008 *Lá Vem Todo Mundo – O Poder de Organizar sem Organizações* (ed. Zahar), o teórico da mídia Clay Shirky sugere uma hierarquia para classificar esses novos arranjos sociais, ordenada pelo grau de coordenação empregado.[7] Grupos de pessoas começam compartilhando com um mínimo de coordenação, depois avançam para a cooperação, para a colaboração e, por fim, para o coletivismo. A cada etapa dessa escalada socialista, o grau de coordenação aumenta. Um levantamento do cenário da internet revela abundantes evidências desse fenômeno.

1. COMPARTILHAMENTO

O público da internet tem enorme disposição de compartilhar. As fotos pessoais postadas no Facebook, no Flickr, no Instagram e em outros sites chegam ao número astronômico de 1,8 bilhão por dia.[8] Seria correto dizer que a esmagadora maioria dessas fotos digitais é compartilhada de alguma forma. E há, ainda, atualizações de status, localizações no mapa e divagações ou devaneios postados online. Acrescente a isso os bilhões de vídeos visualizados no YouTube a cada dia[9] e os milhões de histórias criadas por fãs postadas em sites de fan fiction.[10] A lista de organizações de compartilhamento é quase infinita: Yelp para avaliações e críticas, Foursquare para localizações, Pinterest para álbuns de recortes. Hoje em dia, o compartilhamento de conteúdo está por toda parte.

Compartilhar é a forma mais branda do socialismo digital, mas o verbo serve como base para todos os níveis superiores de engajamento comunal. É o ingrediente básico de todo o mundo da rede.

2. COOPERAÇÃO

Quando as pessoas trabalham juntas para atingir uma meta em grande escala, produzem-se resultados que emergem em nível de grupo. Amadores não só compartilham bilhões de fotos no Flickr e no Tumblr, como também as classificam com categorias, tags e palavras-chave. Enquanto isso, outros integrantes da comunidade organizam as imagens em grupos e murais. A popularidade do licenciamento Creative Commons implica que, em certo sentido, sua foto também é minha. Qualquer pessoa pode usar uma foto postada na internet, da mesma forma como um camarada podia usar o carrinho de mão compartilhado pela comuna. Não preciso fazer uma foto da Torre Eiffel, já que a comunidade me fornece uma muito melhor do que aquela que eu seria capaz de tirar. Isso me propicia criar um trabalho melhor – uma apresentação, um relatório, um álbum de recortes, um site –, pois conto com a cooperação de muita gente.

Milhares de sites agregadores empregam dinâmica social semelhante para obter um benefício triplo. O primeiro deles: a tecnologia social ajuda diretamente os usuários de um site, permitindo que eles, individualmente, rotulem, marquem, classifiquem e arquivem um item que pesquisaram para o próprio uso. Os membros da comunidade podem administrar e selecionar as próprias coleções com mais facilidade. Por exemplo, no Pinterest, inúmeras tags e categorias (os "pins") possibilitam a um usuário montar rapidamente álbuns de recortes, os quais podem ser encontrados e alterados com muita facilidade. Em segundo lugar, os demais usuários também se beneficiarão de tags, pins e marcadores de qualquer pessoa, pois, usando esses recursos, conseguirão encontrar um conteúdo similar. Quanto mais tags no Pinterest, quanto mais curtidas no Facebook ou quanto mais hashtags no Twitter, maior a visibilidade do conteúdo pela comunidade. Em terceiro lugar, a ação coletiva cria um valor adicional que só pode ser proveniente do grupo como um todo. Por exemplo, uma montanha de fotos turísticas da Torre Eiffel – cada uma tirada de um ângulo diferente por um turista diferente em momentos diferentes e agregando incontáveis tags – pode ser reunida (por meio de um software como o Photosynth, da Microsoft) para formar uma impressionante renderização holística em 3D da estrutura como um todo, uma obra muito mais complexa e valiosa do que as fotos individuais. É curioso notar que essa proposta consegue suplantar a promessa socialista – "De cada um segundo suas capacidades, a cada um segundo suas necessidades"[11] – porque melhora nossa contribuição e entrega para além do que podemos ou precisamos.

O compartilhamento comunitário gera um poder surpreendente. Sites como Reddit e Twitter, que permitem aos usuários retuitar ou votar nos itens mais importantes (notícias, links da internet, comentários), têm tanto poder de direcionar a opinião pública quanto os jornais ou as redes de TV – ou até mais. As pessoas continuam contribuindo, em parte por causa da ampla influência cultural gerada por esses instrumentos. A influência coletiva da comunidade é muito maior do que o número de usuários que contribuem. Eis a grande característica das instituições sociais: o todo é (bem) maior do que a soma das partes. O socialismo tradicional reforçou essa dinâmica por meio do Estado-nação. Hoje, o compartilhamento digital, dissociado de governos, opera em escala internacional.

3. COLABORAÇÃO

A colaboração organizada produz resultados que superam as realizações da cooperação improvisada. Basta dar uma olhada em qualquer um das centenas de projetos de software de código aberto, como o sistema operacional Linux, que fundamenta a maioria dos servidores da web e a maioria dos smartphones. Em empreitadas como essa, ferramentas comunais bem ajustadas geram produtos de alta qualidade por meio do trabalho coordenado de milhares, ou dezenas de milhares, de integrantes. Em comparação com a categoria anterior da cooperação ocasional, a colaboração em grandes e complexos projetos tende a proporcionar apenas benefícios indiretos aos participantes, já que cada membro do grupo interage somente com uma pequena parcela do produto final. Um entusiasta pode passar meses programando uma única sub-rotina, enquanto a utilidade completa do programa ainda vai demorar vários anos para se concretizar. Na verdade, a relação entre trabalho e recompensa é tão desproporcional do ponto de vista do livre mercado – os colaboradores realizam montanhas de trabalho de alto valor sem ganhar um tostão – que tais iniciativas colaborativas não fazem sentido pela lógica do capitalismo.

Para aumentar ainda mais a dissonância econômica, nós já nos acostumamos a usufruir de graça dos produtos dessas colaborações. Hoje, metade de todas as páginas da web do mundo[12] está hospedada em mais de 35 milhões de servidores[13] rodando o Apache,[14] software de código aberto criado pela comunidade. Uma central de troca de informações chamada 3D Warehouse oferece vários milhões de modelos complexos em 3D[15] de qualquer formato que você conseguir imaginar (desde uma bota até uma ponte), criados e trocados livremente por entusiastas extremamente habilidosos. Quase 1 milhão de placas Arduino[16] foram construídas pela comunidade, e cerca de 6 milhões de computadores Raspberry Pi,[17] por escolas e amadores. As pessoas são encorajadas a copiar livremente os projetos a fim de usá-los para desenvolver novos produtos. Em vez de dinheiro, quem cria os produtos e serviços ganha credibilidade, status, reputação, prazer, satisfação e experiência.

Não há nada de particularmente novo na colaboração em si. No entanto, as novas ferramentas de colaboração online sustentam um

152 | INEVITÁVEL

estilo comunal de produção alheio a investidores capitalistas, mantendo sua propriedade nas mãos de produtores, que, muitas vezes, também são os consumidores.

4. COLETIVISMO

A maioria das pessoas do mundo ocidental, como eu, foi doutrinada com a noção de que ampliar o poder dos cidadãos necessariamente reduz o poder do Estado e vice-versa. Na prática, contudo, as organizações políticas geralmente socializam alguns recursos e individualizam outros. Em sua maior parte, as economias nacionais de livre mercado socializaram a educação e a força policial, enquanto até as sociedades mais estatizadas da atualidade permitem alguma propriedade privada. A proporção dessa mescla varia de um país para outro.

Em vez de enxergar o novo socialismo digital como parte de um trade-off de soma zero entre o individualismo do livre mercado e a autoridade centralizada, pode-se intepretar o compartilhamento tecnológico como um novo sistema operacional político, que eleva o indivíduo e o grupo ao mesmo tempo. O objetivo, em grande parte não articulado, mas intuitivamente compreendido, é maximizar tanto a autonomia individual como o poder coletivo de quem trabalha em regime de colaboração. Desse modo, o compartilhamento digital revela-se uma terceira via, capaz de colocar em xeque o velho dualismo proposto pelo saber tradicional.

A noção de um terceiro caminho é ecoada por Yochai Benkler, autor de *A Riqueza das Redes – Como a Produção Social Transforma os Mercados e a Liberdade* (disponível em página wiki), estudioso que, provavelmente, ponderou mais sobre a política das redes do que qualquer outra pessoa. "Considero o surgimento da produção social e da produção pelos *peers* uma alternativa tanto ao sistema proprietário baseado no Estado como ao sistema proprietário baseado no mercado",[18] escreve ele, observando que essas atividades "podem aumentar a criatividade, a produtividade e a liberdade". O novo sistema operacional não é nem o comunismo clássico do planejamento centralizado isento de propriedade privada nem o caos egoísta de um livre mercado. Em vez disso, é um novo espaço no qual a coordenação pública descentralizada pode resolver problemas e criar coisas que nem o comunismo nem o capitalismo conseguem.

Sistemas híbridos que combinam mecanismos de mercado e mecanismos de socialização não são novidade. Pesquisadores passaram décadas estudando os métodos de produção descentralizados e socializados das cooperativas industriais bascas e do norte da Itália, nas quais os funcionários são proprietários que escolhem os gestores e limitam a distribuição de lucros, independentemente do controle estatal. Contudo, foi o advento da colaboração online de baixo custo, instantânea e ubíqua que tornou possível transferir o cerne dessas ideias para outros domínios, como programar softwares corporativos ou elaborar livros de referência. E, ainda mais importante, as tecnologias de compartilhamento possibilitam que a colaboração e o coletivismo operem em escalas maiores do que nunca.

O sonho é estender esse terceiro caminho para muito além de experiências regionais. Até onde a colaboração descentralizada pode ir? O Black Duck Open Hub, que monitora a indústria do código aberto, lista cerca de 650 mil pessoas[19] desenvolvendo mais de meio milhão de projetos.[20] Esse número é três vezes maior que o quadro de funcionários da General Motors.[21] É um exército inteiro de pessoas trabalhando de graça, apesar de não se dedicarem em período integral à colaboração. No entanto, é inimaginável que, sem salário, todos os funcionários da GM continuariam a produzir automóveis.

Até agora, as maiores iniciativas de colaboração online são projetos de código aberto. Os maiores deles, como o Apache, administram várias centenas de colaboradores,[22] quase um vilarejo inteiro. Um estudo estima que o trabalho de 60 mil pessoas-ano[23] foi dedicado ao lançamento do Fedora Linux 9, provando que a auto-organização e a dinâmica do compartilhamento podem governar um empreendimento da escala de uma cidade.

E, como seria de esperar, o censo total de participantes do trabalho coletivo online é muito maior. O site de filtragem colaborativa Reddit tem 170 milhões de visitantes individuais por mês e 10 mil comunidades ativas diárias.[24] O YouTube alega ter 1 bilhão de usuários mensais[25] compondo a força de trabalho dedicada a produzir os vídeos que hoje competem com a TV. Cerca de 25 milhões de usuários cadastrados contribuem para elaborar a Wikipédia,[26] dos quais 130 mil são considerados ativos. Mensalmente, mais de 300 milhões de usuários postam no Instagram[27] e mais de 700 milhões de grupos são criados no Facebook.[28]

O número de pessoas que participam de grupos de software colaborativo ou trabalham em projetos que requerem decisões comunais ainda não chegaria a constituir uma nação. A população de "habitantes" da mídia socializada, porém, é gigantesca e não para de crescer. Mais de 1,4 bilhão de cidadãos do Facebook[29] compartilham sua vida em uma comuna informacional. Se fosse uma nação, o Facebook já seria o maior país do planeta. No entanto, toda a economia dessa potência global se fundamentaria em uma mão de obra não remunerada. Um bilhão de pessoas passam boa parte do dia criando conteúdo de graça. Elas relatam eventos que ocorrem nas proximidades, resumem artigos, emitem opiniões, criam gráficos, fazem piadas, postam fotos e elaboram vídeos. São "pagas" na moeda da comunicação e das relações que emergem de 1,4 bilhão de indivíduos conectados: a autorização de permanecer na comuna.

Seria de esperar um bocado de atitude política de quem tanto vem se dedicando a conceber essa alternativa ao trabalho remunerado. Entretanto, os codificadores, hackers e programadores que criam as ferramentas de compartilhamento não se consideram revolucionários. A motivação mais comum para que trabalhem de graça (de acordo com um levantamento conduzido com 2.784 desenvolvedores de código aberto[30]) é "aprender e desenvolver novas habilidades". Um acadêmico explicou a situação da seguinte maneira: "O que me motiva a trabalhar de graça é melhorar meu maldito software".[31] Basicamente, ostentação política não é prática. A internet é uma criação guiada mais pelo compartilhamento de talentos do que por fatores econômicos.

Os cidadãos, contudo, não devem ficar imunes aos fatores políticos resultantes de uma onda crescente de compartilhamento, cooperação, colaboração e coletivismo. Quanto mais nos beneficiamos do trabalho comunal, mais ficamos abertos a instituições públicas socializadas.

O sistema coercivo e aniquilador da individualidade que controla a Coreia do Norte está morto fora da Coreia do Norte. O futuro é um híbrido que segue o exemplo tanto da Wikipédia como o do socialismo moderado da Suécia, por exemplo. O afastamento dos antigos padrões vai despertar uma severa reação de oposição, mas a popularização do compartilhamento é inevitável. Ainda não sabemos ao certo que dar nome ao que virá, porém as tecnologias de compartilhamento ainda estão engatinhando. Em meu índice imaginário de mensuração do compartilhamento, ainda estamos na fase 2 de um total de 10. Antes, os especialistas acreditavam que os seres humanos jamais compartilhariam determinadas áreas – como informações financeiras, problemas de saúde, vida sexual, temores e fobias –, mas estamos vendo que, com a tecnologia certa e os benefícios certos nas condições certas, ficamos dispostos a compartilhar tudo.

Até que ponto esse movimento pode nos levar a uma sociedade não capitalista, de código aberto e produção por *peers*? Cada vez que se fez essa pergunta, a resposta sempre foi: mais perto do que imaginávamos. Vejamos o exemplo do Craigslist. Parecem apenas anúncios classificados, certo? No entanto, o Craigslist é muito mais do que isso. O site ampliou seu prático quadro comunitário de avisos de permutas até atingir um público regional e reforçou os anúncios com imagens. O Craigslist permite que os clientes se encarreguem de fazer todo o trabalho de postar seus anúncios e, não menos importante, os próprios usuários podem atualizar as informações em tempo real – e, ainda por cima, de graça. Anúncios classificados gratuitos e de alcance nacional... Como os jornais corporativos, endividados até o pescoço, poderiam competir com esse tipo de oferta? Operando sem financiamento ou controle estatal, conectando diretamente cidadãos do mundo inteiro, todos os dias, esse mercado resolveu um problema social com uma eficiência (em seu auge, o site tinha apenas 30 funcionários[32]) que faria inveja a qualquer governo ou corporação tradicional. É bem verdade que os anúncios classificados P2P desestabilizam o modelo dos jornais, mas, ao mesmo tempo, constituem um argumento indiscutível de que o modelo de compartilhamento é uma alternativa viável tanto para organizações com fins lucrativos como para instituições da sociedade civil financiadas por impostos.

156 | INEVITÁVEL

Especialistas da área da saúde pública já declararam com absoluta confiança que as pessoas podem até compartilhar fotos, porém jamais fariam o mesmo com seus históricos médicos. Contudo, a rede PatientsLikeMe, site no qual pacientes e famílias trocam informações sobre doenças a fim de melhorar os respectivos tratamentos, prova que a ação coletiva pode superar preocupações com a privacidade e a opinião dos médicos. O hábito cada vez mais comum de compartilhar o que você pensa (Twitter), o que você lê (StumbleUpon), seus dados financeiros (Motley Fool CAPS) ou tudo o que diz respeito a sua vida (Facebook) está se tornando uma base de nossa cultura. Fazemos isso ao mesmo tempo que criamos, em colaboração, enciclopédias, agências de notícias, arquivos de vídeo e softwares, participando de grupos que englobam continentes inteiros, com pessoas desconhecidas e cuja classe social é irrelevante para nós. Interpretando as coisas dessa maneira, o socialismo de fato parece ser o próximo passo lógico.

Algo semelhante aconteceu com os livres mercados ao longo do século passado. Todo dia alguém perguntava: "O que os mercados são capazes de fazer melhor?". A lógica do mercado, então, passou a ser aplicada a uma longa lista de problemas que pareciam exigir planejamento metódico ou um governo paternalista. Por exemplo, os governos tradicionalmente faziam a gestão das comunicações, em especial das escassas frequências de rádio. A ideia de leiloar o espectro de comunicações no mercado, porém, otimizou radicalmente a largura de banda e acelerou a inovação e os novos negócios. Em vez de um monopólio do governo encarregado do serviço de correio, por que não abrir espaço para operadores privados como DHL, FedEx e UPS? Em muitos casos, uma solução de mercado mostrou-se muito mais eficaz. Grande parte da prosperidade das últimas décadas resultou da aplicação das forças do mercado aos problemas sociais.

Hoje, tentamos repetir esse mesmo truque com a tecnologia social colaborativa: aplicar o socialismo digital a uma crescente lista de desejos – e, ocasionalmente, problemas que o livre mercado não conseguiu resolver – para ver se funciona. Até agora, os resultados revelaram-se surpreendentes. Tivemos muito sucesso na utilização da tecnologia colaborativa no atendimento médico e hospitalar aos despossuídos, no desenvolvimento de livros universitários gratuitos e no financiamento de medicamentos para doenças raras. Em praticamente todos os casos, o poder do compartilhamento, da cooperação, da colaboração, da abertura, da precificação livre e da transparência provou-se mais prático do que os capitalistas imaginavam. A cada tentativa, constatamos que o poder do compartilhamento é maior do que tínhamos pensado.

O poder do compartilhamento não se restringe a setores sem fins lucrativos. Três dos maiores criadores de riqueza comercial da última década – Google, Facebook e Twitter – geram valor de maneiras inesperadas com base no até então desvalorizado e negligenciado compartilhamento. A primeira versão do Google suplantou os principais motores de busca da época empregando links criados pelos desenvolvedores amadores das páginas da web. Cada vez que uma pessoa criava um hiperlink na web, o Google o considerava um voto de confiança para a página associada e usava esse voto para dar visibilidade a links espalhados por toda a web. Desse modo, uma página específica era considerada mais confiável nos resultados de busca se as páginas a ela associadas também tivessem links com outras páginas confiáveis. Esse sistema de confiabilidade estranhamente circular não foi criado pelo Google, e sim resultou dos links públicos compartilhados por milhões de páginas da web. O Google só foi o primeiro a extrair valor dos resultados de busca compartilhados nos quais os usuários clicavam. Cada clique de um usuário comum representava um voto, atestando a utilidade dessa página. Assim, pelo simples ato de usar o Google, os próprios usuários melhoravam o site e ajudavam o motor de busca a atingir viabilidade econômica.

O Facebook tomou como ponto de partida a rede de nossos amigos, algo que poucas pessoas valorizavam, e nos encorajou a compartilhá-la, ao mesmo tempo que facilitou o compartilhamento de comentários e fofocas com os amigos, agora conectados. Foi um pequeno benefício para os indivíduos, mas uma façanha imensamente complexa realizada pelo conjunto de membros da rede. Ninguém tinha previsto o poder desse compartilhamento, até então desprezado. O ativo mais poderoso do Facebook acabou se revelando a identidade online que o site criou para nós, a fim de que esse esquema de compartilhamento funcionasse. Enquanto produtos futuristas como a realidade virtual do Second Life facilitaram o compartilhamento de uma versão imaginária

158 | INEVITÁVEL

de nós mesmos, o Facebook ganhou muito mais dinheiro facilitando o compartilhamento da versão autêntica de cada um de seus usuários.

O Twitter tomou rumo parecido ao explorar o poder subvalorizado de compartilhar uma "atualização" de meros 140 caracteres. Um negócio surpreendentemente gigantesco foi criado com base na tecnologia que permite que as pessoas partilhem gracejos e informações avulsas. Antes disso, ninguém se daria ao trabalho de se engajar nesse nível de compartilhamento e muito menos acreditaria que tal atividade tivesse algum valor. O Twitter provou que uma simples purpurina para uma pessoa pode se transformar em ouro compartilhado: coletados e processados em conjunto, os tuítes são organizados e divulgados de volta aos indivíduos – e, em seguida, vendidos para os grupos de análise das empresas.

A transição da hierarquia para as redes, das cabeças centralizadas para as webs descentralizadas, tem constituído o maior fenômeno cultural das últimas três décadas – e essa história ainda não chegou ao fim. O poder que vem "de baixo para cima" (o famoso *bottom up*) promete nos levar para cada vez mais alto. No entanto, não basta contar só com o "de baixo para cima".

Para obter o melhor do que almejamos, também precisamos de um tipo de inteligência "de cima para baixo" (o *top down*). Agora que a tecnologia social e os apps de compartilhamento estão na crista da onda, vale a pena repetir: o *bottom up*, por si só, não basta para conseguirmos o que realmente queremos; precisamos também de um pouco de *top down*. Toda organização predominantemente *bottom up* capaz de sobreviver por mais do que alguns poucos anos só o fará se conseguir tornar-se um híbrido, incorporando um pouco de *top down*.

Cheguei a essa conclusão por experiência própria. Fui editor e cofundador da revista *Wired*. Os editores desempenham uma função *top down*. Nós selecionamos, lapidamos, contratamos, moldamos e orientamos a produção dos repórteres e redatores. Lançamos a *Wired* em 1993, antes da invenção da web, de modo que tivemos o privilégio sem igual de direcionar o jornalismo juntamente com o advento da internet. Para você ter uma ideia, a *Wired* deu origem a um dos primeiros sites editoriais comerciais. Conforme fazíamos experimentos com maneiras possíveis de criar e disseminar notícias na web, uma grande pergunta sem resposta se apresentou: quanta influência os editores deveriam exercer? Estava claro que as novas ferramentas online facilitavam para o público não só contribuir com textos, mas também editar o conteúdo. O insight recorrente era simples: o que aconteceria se virássemos o antigo modelo de cabeça para baixo e colocássemos o público/os clientes no comando? Eles seriam os "prosumidores" de Toffler, ao mesmo tempo consumidores e produtores. O especialista em inovação Larry Keeley certa vez observou: "Nenhuma pessoa isolada é tão inteligente quanto todas as pessoas juntas".[33] Ou, nas palavras de Clay Shirky: "Lá vem todo mundo!".[34] Será que não deveríamos simplesmente deixar "todo mundo" criar a revista online? Será que os editores não deveriam se afastar, limitando-se a apreciar as criações da sabedoria da multidão?

Howard Rheingold, escritor e editor que já vivia na internet uma década antes da *Wired*, foi um dos muitos a argumentar que já era possível abrir mão do editor. O caminho, segundo ele, era entrar na onda da multidão. Rheingold encabeçava a crença, na época considerada radical, de que o conteúdo poderia ser inteiramente reunido pela ação coletiva de aficionados amadores e do público em geral. Tanto que Rheingold viria, mais tarde, a escrever um livro intitulado *Smart Mobs* (multidões inteligentes). Nós o contratamos para supervisionar o *HotWired*, o site de conteúdo online da *Wired*. A ideia original do *HotWired* foi mobilizar a multidão de leitores para escrever o conteúdo a ser lido por outros leitores. A iniciativa, contudo, radicalizou-se além da conta. *Finalmente*, um autor não precisava mais de editores, e a notícia acabou se espalhando. Ninguém mais precisava pedir permissão para publicar. Qualquer pessoa com uma conexão com a internet poderia postar sua obra e reunir seu público. Era o fim dos editores, os guardiões da palavra final sobre o que publicar ou não. Foi uma verdadeira revolução! E, por ser uma revolução, a *Wired* divulgou "Uma declaração da independência do ciberespaço",[35] anunciando o fim da velha mídia. Novas mídias estavam surgindo e se multiplicando rapidamente. Entre elas estavam agregadores de links, como o Slashdot, o Digg e, mais tarde, o Reddit, que possibilitavam aos usuários votar

160 | INEVITÁVEL

a favor ou contra itens e trabalhar juntos como um filtro de consenso colaborativo, fazendo recomendações mútuas com base em "outras pessoas como você também gostaram".

Rheingold acreditava que a *Wired* avançaria mais rápido se desse poder a pessoas com voz forte, muita paixão e disposição de escrever, sem editores para reprimi-las. Hoje, chamamos esses colaboradores de "blogueiros" – ou tuiteiros. Nesse sentido, Rheingold acertou na mosca. Todo o conteúdo que alimenta o Facebook, o Twitter e os demais sites de mídia social é desenvolvido pelos usuários sem a intervenção de editores. Um bilhão de amadores criam bibliotecas inteiras de texto a cada segundo. Para ter uma ideia, em média, uma pessoa escreve na internet mais palavras em um ano do que muitos escritores profissionais do passado. Essa torrente é inédita, não controlada e totalmente *bottom up*. E a audiência mobilizada por esse imenso conteúdo criado pelos prosumidores é considerável, uma vez que os anunciantes pagaram nada menos de US$ 24 bilhões para ter acesso a ela em 2015.[36]

Confesso que fiquei do outro lado dessa revolução. Meu contra-argumento na época era que o trabalho não editado da maioria dos amadores simplesmente não era tão interessante nem tinha confiabilidade garantida. Caso 1 milhão de pessoas escrevessem (ou blogassem, ou postassem) 1 milhão de vezes por semana, um direcionamento inteligente para essa enxurrada de textos disponíveis provavelmente passaria a valer muito. A necessidade de alguma seleção do tipo *top down* só ganharia valor conforme o volume de conteúdo gerado pelos usuários aumentasse. Com o tempo, as empresas que apresentassem conteúdos gerados pelos usuários teriam de começar a incluir serviços de edição, seleção e curadoria em seu oceano de material, a fim de preservar a qualidade e reter a atenção do público. Era necessário algo além da anarquia pura dos colaboradores amadores, o que correspondia ao andar térreo do *bottom up*.

O raciocínio aplica-se a outros tipos de editores. Eles são os intermediários – ou o que hoje chamamos de "curadores" –, aqueles que se posicionam entre o criador e o público. Esses profissionais trabalham em editoras, gravadoras, galerias ou estúdios de cinema. Suas funções teriam de mudar drasticamente, mas a demanda por seu trabalho não desapareceria. Intermediários de algum tipo são necessários para orientar a nuvem de criatividade que se eleva a partir da multidão.

Em 1994, porém, quem sabia de alguma coisa? No espírito de uma grande experimentação, lançamos a *HotWired*, nossa revista online, como um site de conteúdo gerado principalmente pelos usuários. E não deu certo. Em pouco tempo, voltamos a impor alguma supervisão editorial sobre o material recebido, além de encomendar artigos a profissionais da área. Os usuários podiam submeter textos, mas estes precisavam ser editados antes da publicação. Depois, a cada década, algumas organizações comerciais de notícias voltaram a fazer essa experiência. O *The Guardian* tentou mobilizar os relatos dos leitores[37] em um blog de notícias que durou apenas dois anos. O *OhMyNews*, da Coreia do Sul,[38] teve desempenho melhor do que a maioria e conseguiu manter uma organização de notícias escritas pelos leitores durante anos, antes de a administração retornar às mãos dos editores, em 2010. A veterana revista de negócios *Fast Company* cadastrou 2 mil leitores blogueiros para publicar artigos sem a interferência de editores, mas abortou o experimento depois de um ano: agora permite que os leitores apenas sugiram ideias de artigos.[39] Esse híbrido de conteúdo gerado por usuários e reforçado por editores tornou-se comum. O Facebook já começou a filtrar, por meio de algoritmos inteligentes, o dilúvio de notícias *bottom up* apresentadas em nossos feeds. E essa rede social, assim como outros serviços do gênero, só tende a acrescentar novas camadas de intermediação.

A rigor, até o suposto paradigma do conteúdo gerado por usuários – a própria Wikipédia – está longe de ser puramente *bottom up*. Na prática, o processo "aberto a qualquer pessoa" da Wikipédia inclui uma elite de editores atuando nos bastidores. Quanto mais artigos uma pessoa edita, maior a chance de seus artigos editados permanecerem no site, o que significa que, com o tempo, editores veteranos têm mais facilidade de produzir edições duradouras – em suma, o processo favorece os poucos editores que conseguem dedicar boa parte de seu tempo no decorrer de muitos anos. Essas mãos experientes e incansáveis atuam como uma espécie de gestão, proporcionando uma fina camada de crítica editorial e continuidade a esse modelo improvisado e aberto. Com

162 | INEVITÁVEL

efeito, esse grupo relativamente pequeno de autodesignados editores explica o fato de a Wikipédia manter-se ativa e em crescimento.

Quando uma comunidade coopera para escrever uma enciclopédia, como no caso da Wikipédia, ninguém é responsabilizado se os colaboradores não chegam a um consenso sobre determinado artigo. Esse problema é simplesmente uma imperfeição que pode ou não ser consertada com o tempo. Tais deficiências não põem em risco a empreitada como um todo. A meta de um coletivo, por outro lado, consiste em conceber um sistema no qual produtores autodirigidos assumem a responsabilidade por processos cruciais e decisões difíceis, como definir prioridades, são tomadas por todos os participantes. Ao longo de nossa história, inúmeros pequenos grupos coletivistas tentaram esse modo de operação descentralizada, em que a função executiva não fica a cargo do topo da hierarquia. Os resultados não foram animadores e muito poucas comunas sobreviveram mais do que alguns anos.

Uma boa olhada no núcleo dirigente, digamos, da Wikipédia, do Linux ou do OpenOffice revela que essas iniciativas estão um tanto distantes do nirvana coletivista que se imagina. Apesar de milhões de usuários escreverem para a Wikipédia, um número bem menor de editores[40] (cerca de 1.500) se encarrega da maior parte do que é publicado. O mesmo vale para os coletivos voltados à programação de computadores. Um grande exército de colaboradores acaba sob a gestão de um grupo bem menos numeroso de coordenadores. Mitch Kapor, fundador e presidente do conselho da fábrica de código aberto Mozilla, observou: "Dentro de cada anarquia há uma elite".[41]

Isso não é necessariamente ruim. Alguns tipos de coletivos beneficiam-se de um pouco de hierarquia; outros, não. Plataformas como a internet, o Facebook ou a democracia são destinadas a atuar como arena para produzir bens e entregar serviços. Esses espaços infraestruturais beneficiam-se da menor hierarquia possível, reduzindo barreiras à entrada e distribuindo direitos e responsabilidades com igualdade. Quando operadores poderosos dominam esses sistemas, o todo acaba prejudicado. Por outro lado, organizações feitas para criar produtos, e não plataformas, não raro precisam de líderes fortes e de uma hierarquia organizada em torno de cronogramas: o nível produtivo inferior concentra-se nas necessidades de hora em hora; o nível seguinte, em tarefas que têm de ser feitas no dia. Os patamares hierárquicos mais altos dedicam-se ao trabalho semanal ou mensal, enquanto a faixa superior (que, com frequência, envolve a diretoria e a presidência) volta-se para os próximos cinco anos. O sonho de muitas empresas é migrar da confecção de produtos para o desenvolvimento de uma plataforma. No entanto, quando conseguem (como o Facebook), muitas vezes não estão prontas para a transformação necessária, já que precisam agir mais como governos do que como empresas, mantendo as oportunidades "niveladas" e equitativas e a hierarquia em grau mínimo.

No passado, era praticamente impossível criar uma organização que, ao mesmo tempo, explorasse a hierarquia e maximizasse o coletivismo. Os custos de gestão de tantas operações eram altos demais. Hoje, as redes digitais proporcionam a comunicação P2P fundamental a um custo baixo. Permitem a uma organização focada em produtos funcionar coletivamente, impedindo a hierarquia de assumir o controle. Por exemplo, a organização por trás do MySQL, um banco de dados de código aberto, não é isenta de hierarquia, mas se mostra muito mais coletivista do que, digamos, a gigantesca empresa de bancos de dados Oracle. De maneira similar, a Wikipédia está longe de ser um bastião da igualdade,[42] mas é incomparavelmente mais coletivista do que a *Enciclopédia Britânica*. Os novos coletivos constituem entidades híbridas, porém tendem muito mais para o lado não hierárquico do que a maioria dos empreendimentos tradicionais.

Demorou, mas aprendemos que, apesar de necessário, o *top down* tem de ser aplicado com parcimônia. A estupidez bruta da mente coletiva constitui o ingrediente cru a ser mastigado e digerido pelo design inteligente. A editoria e a expertise são como as vitaminas do alimento: presentes em porção diminuta, bastam para sustentar um grande corpo. Em dose exagerada, seriam tóxicas ou simplesmente eliminadas do organismo. A dose adequada de hierarquia é aquela suficiente para dar vida a um grande coletivo.

Atualmente, há uma empolgante fronteira na miríade de maneiras pelas quais conseguimos mesclar grandes doses de incontrolabilidade com pequenos elementos de controle *top down*. Até o passado bem recente, a tecnologia era baseada sobretudo em hierarquias "de cima para baixo". Hoje, abrange tanto o controle como a desordem.

164 | INEVITÁVEL

Jamais tivemos essa oportunidade de criar deliberadamente sistemas com o máximo de "quase controle". Estamos adentrando um espaço de possibilidades cada vez mais vasto de descentralização e compartilhamento, antes inacessível por falta de recursos técnicos. Na era pré-internet, simplesmente não havia como coordenar 1 milhão de pessoas em tempo real ou ter 100 mil trabalhadores colaborando em um projeto por uma semana. Hoje, isso é possível, de modo que estamos rapidamente explorando todas as possibilidades de exercer o controle da multidão, em inúmeras combinações.

No entanto, uma maciça iniciativa *bottom up* só nos levará até o meio do caminho na direção de nosso destino desejado. Na maioria dos aspectos da vida, nós almejamos a expertise, mas não a teremos no nível que sonhamos caso não haja lugar para especialistas no meio da multidão.

Portanto, não deveríamos nos surpreender com o fato de a Wikipédia manter seu processo em constante evolução. A cada ano que passa, mais estrutura é incorporada. Artigos controversos podem ser "congelados" pelos editores-chefes para que não sejam mais editados por qualquer pessoa, mas apenas por colaboradores designados. Criam-se mais regras para definir o que é permitido escrever. Mais formatação passa a ser necessária e também mais rigor na aprovação. A qualidade, assim, melhora. Eu diria que daqui a 50 anos uma parcela considerável dos artigos da Wikipédia terá edições controladas, avaliação por especialistas, travas de verificação, certificados de autenticação e outros mecanismos similares. E isso tudo é muito bom para nós, leitores. Cada uma dessas medidas inclui uma pitada de inteligência *top down*, compensando a eventual estupidez do sistema *bottom up* composto pela caótica multidão.

Cabe a pergunta: se a mente coletiva é caoticamente burra, para que mobilizá-la? A resposta é simples: apesar de não ser genial, ela é esperta o suficiente para dar conta de muitos trabalhos, de duas maneiras.

Em primeiro lugar, a mente coletiva *bottom up* sempre nos levará muito mais longe do que imaginamos. A Wikipédia, mesmo não sendo ideal, é muito, muito melhor do que qualquer pessoa acreditava ser possível e continua nos surpreendendo nesse sentido. As recomendações pessoais da Netflix (baseadas no que milhões de outros espectadores assistem) fizeram um sucesso que superou as expectativas da maioria dos especialistas. Em sua profundidade e confiabilidade, as recomendações coletivas dos usuários acabam sendo mais úteis do que as indicações de um crítico de cinema. Ninguém apostava que o sistema de permutas do eBay, voltado a desconhecidos virtuais, daria certo, mas, embora não funcione à perfeição, é muito superior ao que a maioria dos varejistas concebia como factível. O serviço de táxi P2P sob demanda do Uber é tão eficaz que causou admiração até em seus investidores. Com tempo, conexão e descentralização suficientes, mesmo as coisas mais estúpidas podem ficar mais inteligentes do que sonhamos.

Em segundo lugar, uma força puramente descentralizada não tem como nos levar até nosso destino, mas quase sempre constitui a melhor maneira de começar. É rápida, barata e fora de controle. As barreiras para abrir um novo serviço alimentado pela multidão são baixas e estão cada vez menores. Uma mente coletiva expande-se com incrível facilidade. É por isso que nada menos de 9 mil startups em 2015[43] dedicaram-se a explorar o poder do compartilhamento das redes descentralizadas P2P. Tudo bem se elas mudarem com o tempo. Talvez daqui a cem anos processos compartilhados como a Wikipédia tenham tantas camadas de gestão quanto nossas atuais empresas centralizadas da velha guarda. Ainda assim, o *bottom up* continuaria sendo a melhor maneira de começar.

Vivemos uma era dourada. O volume de trabalho criativo da próxima década suplantará em muito o volume produzido nos últimos 50 anos. Mais artistas, autores e músicos do que nunca estão trabalhando, dedicados a criar um número consideravelmente maior de livros, músicas, filmes, documentários, fotografias, obras de arte, óperas e álbuns. Os livros nunca foram tão baratos nem tão disponíveis. O mesmo vale para as músicas, os filmes, os jogos e todo tipo de conteúdo criativo que pode ser copiado digitalmente. A quantidade e a variedade de obras dispararam. Um número crescente de títulos do passado de nossa civilização – em todos os idiomas – deixou de se ocultar em coleções de livros raros. Tais conteúdos não estão mais trancados em arquivos, mas apenas a um clique de distância, em qualquer país em que você estiver.

166 | INEVITÁVEL

As tecnologias de recomendação e busca facilitaram enormemente a tarefa de encontrar até as obras mais obscuras. Se quisermos ouvir cânticos babilônicos ao som de lira de 6 mil anos atrás,[44] basta buscar.

Ao mesmo tempo, as ferramentas de criação digital popularizaram-se a tal ponto que poucos recursos ou conhecimentos especializados são necessários para produzir um livro, uma canção, um jogo ou até um vídeo. Só para provar que é possível, um dia desses uma agência de publicidade filmou um comercial de TV usando apenas smartphones.[45] O lendário pintor David Hockney criou uma série popular de pinturas usando um iPad.[46] Músicos famosos dedilham teclados baratos de US$ 100, à venda em qualquer loja de instrumentos musicais, para gravar canções de sucesso. Mais de uma dúzia de autores desconhecidos venderam juntos milhões de e-books que eles mesmos editaram em seus laptops. A veloz interconexão global produziu o maior público da história. Na internet, os grandes sucessos são cada vez mais globais. O vídeo coreano *Gangnam Style*[47] foi visto 2,4 bilhões de vezes, e esse número não para de crescer. A humanidade jamais teve uma audiência tão vasta.

Apesar de os best-sellers publicados pelos próprios autores ganharem manchetes, a verdadeira notícia encontra-se em outra direção. A era digital é o período do "antibest-seller", do subvalorizado, do esquecido. Graças às tecnologias de compartilhamento, até o interesse mais hermético deixa de ser obscuro e é disponibilizado mediante um clique. A rápida penetração da internet em todos os lares (e, recentemente, em todos os bolsos, por meio do celular) pôs fim à dominância das grandes massas. Na maioria dos casos, para a maioria das criações, estamos falando de um mundo dividido em nichos. Tatuadores canhotos têm como se encontrar, contar histórias e compartilhar técnicas secretas. Pessoas que acham sexy sussurrar (são muitas) podem assistir aos melhores vídeos de sussurros já produzidos e compartilhá-los com aqueles que têm a mesma preferência.

Cada nicho é minúsculo, mas o número de deles chega às dezenas de milhões. E, apesar de cada um atrair apenas uma ou duas centenas de membros, um novo fã potencial só precisa fazer uma busca na internet para juntar-se a sua turma. Em outras palavras, hoje é tão fácil encontrar um nicho de interesse específico quanto um best-seller. Não nos surpreendemos mais com uma microcomunidade compartilhando uma paixão improvável – a surpresa acontece quando a busca não dá resultado. Podemos fazer incursões nos territórios inexplorados de Amazon, Netflix, Spotify ou Google confiantes de que encontraremos alguém que já se adiantou a nossos interesses mais obscuros e os contemplou com uma obra criativa ou um fórum de discussão. Cada nicho está a apenas um passo de distância de um nicho best-seller.

Hoje, o público é rei. Mas e os criadores? Quem vai remunerá-los nessa economia de compartilhamento? Como nossos atos criativos serão financiados se o intermediário deixou de existir? A resposta surpreendente: outra nova tecnologia de compartilhamento vai pagar pela criação. Nenhum método tem beneficiado tanto os criadores quanto o crowdfunding, ou financiamento coletivo. Nele, o público financia o trabalho. Os fãs bancam coletivamente seus favoritos. A tecnologia de compartilhamento permite que o poder de um único fã disposto a pagar antecipadamente seja agregado (com pouco esforço) a centenas de outros fãs em uma "vaquinha" de tamanho considerável.

O mais famoso site de crowdfunding é o Kickstarter, que, nos primeiros sete anos desde o lançamento, possibilitou a 9 milhões de fãs financiarem 88 mil projetos.[48] O Kickstarter está entre as cerca de 450 plataformas de crowdfunding espalhadas pelo mundo todo; outras, como o Indiegogo, são quase tão prolíficas quanto ele. Juntas, essas iniciativas de financiamento coletivo levantam mais de US$ 34 bilhões por ano[49] para projetos que, de outra maneira, jamais sairiam do papel.

Em 2013, fui uma das cerca de 20 mil pessoas que buscaram fundos por meio do Kickstarter.[50] Alguns amigos e eu criamos uma história em quadrinhos em cores dirigida ao público adulto. Calculamos um orçamento de US$ 40 mil para pagar a criação (incluindo escritores e desenhistas) e a produção gráfica do segundo volume de nossa graphic novel, intitulada *The Silver Cord*. Fomos ao Kickstarter e gravamos um vídeo explicando o projeto e a alocação do dinheiro.

O Kickstarter incorpora um engenhoso serviço de depósito em garantia, de modo que a verba (em nosso caso, US$ 40 mil) só é entregue aos criadores se e quando o valor total for levantado.[51] Se a campanha angariar US$ 1 a menos do que o previsto ao fim de 30 dias, o dinheiro é imediatamente devolvido aos financiadores e os arrecadadores (nós) não recebem nada. Isso protege os fãs, já que um projeto

168 | INEVITÁVEL

insuficientemente financiado está condenado ao fracasso. A plataforma também emprega a economia de rede clássica que transforma os fãs nos maiores divulgadores dos criadores – uma vez que são investidores, os fãs vão querer que o criador atinja sua meta e se empenharão em convencer mais gente a aderir à campanha.

Pode acontecer de projetos inesperadamente populares financiados por fãs acumularem até US$ 1 milhão além da meta. A campanha mais popular no Kickstarter arrecadou US$ 20 milhões para criar um relógio digital.[52] Mais ou menos 40% de todos os projetos conseguem atingir sua meta de financiamento.[53]

Todas as cerca de 450 plataformas financiadas por fãs ajustam suas regras para se voltar a grupos de criadores distintos ou enfatizar resultados diferentes. Os sites de crowdfunding podem ser otimizados para músicos (Pledgemusic, Sellaband), para organizações sem fins lucrativos (Fundly, FundRazr), para emergências médicas (GoFundMe, Rally) e até para a ciência (Petridish, Experiment). Alguns deles (Patreon, Subbable) foram concebidos para proporcionar financiamento contínuo a um projeto permanente, como uma revista ou um canal de vídeo. Outras plataformas (Flattr, Unglue) recorrem aos fãs para financiar um trabalho já lançado.

De longe, o maior poder do crowdsharing no futuro encontra-se na participação societária da base de fãs. Em vez de investirem em um produto, os fãs investem em uma empresa. A ideia é possibilitar que comprem *ações* daquela companhia. É exatamente o que faz quem investe na bolsa de valores. Passamos a ter uma participação societária financiada pelo crowdsourcing. Cada uma das ações constitui uma minúscula fração do empreendimento como um todo, e o dinheiro arrecadado pelos papéis vendidos ao público é usado para estimular o crescimento do negócio. De preferência, a empresa levanta fundos dos próprios clientes, embora, na realidade, os maiores compradores sejam os grandes fundos de pensão e hedge funds. Uma rigorosa regulamentação e uma intensa supervisão governamental das organizações de capital aberto oferecem algumas garantias aos compradores de ações, de modo que qualquer pessoa com uma conta bancária pode adquiri-las. Entretanto, startups de risco, criadores individuais, artistas malucos ou uma dupla de jovens trabalhando na garagem não sobreviveriam à burocracia financeira a que se submetem normalmente as empresas com ações na bolsa. Todos os anos, um precioso punhado de companhias tenta fazer uma oferta pública inicial (IPO, na sigla em inglês), mas só depois de um exército de advogados e contadores bem-remunerados vasculhar a empresa com um caríssimo pente fino para garantir a *due diligence*. Um esquema aberto P2P que possibilite a qualquer pessoa oferecer ao público ações de seu empreendimento (mediante alguma regulamentação) revolucionaria o mundo corporativo. Da mesma forma como dezenas de milhares de projetos só se concretizaram por conta do crowdfunding, os novos métodos de compartilhamento de participação societária viabilizariam dezenas de milhares de empresas inovadoras que, de outro modo, jamais nasceriam. A economia de compartilhamento passaria a incluir o compartilhamento de participação societária.

As vantagens são claras. Se você tivesse uma ideia, poderia pedir fundos para qualquer pessoa que acreditasse no potencial da iniciativa. Você não precisaria da permissão de banqueiros nem da aprovação de gente rica. Caso alcançasse sucesso, seus financiadores compartilhariam os resultados. Um artista poderia usar os investimentos dos fãs para abrir uma empresa que, por um bom tempo, comercializasse suas obras. Outro exemplo: dois sócios trabalhando na garagem para produzir um dispositivo incrível poderiam alavancar a ideia e criar um processo empresarial contínuo, a fim de produzir mais dispositivos, em vez de levantar fundos individualmente para cada um deles no Kickstarter.

Por sua vez, as desvantagens também são claras. Sem algum tipo de veto, policiamento e supervisão, o investimento P2P seria um verdadeiro ímã de charlatões e golpistas. Os trapaceiros ofereceriam algum tipo de retorno irresistível, embolsariam o dinheiro e simplesmente diriam que a ideia não vingou. As inocentes vovozinhas investidoras poderiam perder todas as suas economias. No entanto, assim como o eBay empregou uma tecnologia inovadora para resolver o velho problema da fraude nas transações entre desconhecidos sem rosto, os perigos do crowdsharing de participação societária podem ser minimizados com inovações técnicas como seguros, contas com depósitos em garantia e outros tipos de mecanismos tecnológicos de proteção. Duas das primeiras tentativas de crowdfunding de participação societária nos Estados Unidos, a SeedInvest e o FundersClub,[54] ainda dependem de ricos "investidores qualificados" e, no início de 2016, aguardavam uma mudança nas leis para legalizar essa modalidade de investimento para os cidadãos comuns.[55]

E por que parar por aí? Quem teria acreditado que lavradores pobres da África poderiam obter – e depois honrar o pagamento de – empréstimos compartilhados de US$ 100 de desconhecidos do outro lado do planeta? É o que a Kiva faz com os empréstimos P2P. Várias décadas atrás, os bancos internacionais descobriram que tinham melhores taxas de devolução quando faziam pequenos empréstimos diretamente aos pobres do que quando emprestavam grandes quantias aos abastados governos estatais. Era mais seguro financiar os camponeses bolivianos do que o governo da Bolívia. Cada microfinanciamento de algumas centenas de dólares, multiplicado por dezenas de milhares de vezes, teria o poder de impulsionar de baixo para cima uma economia em desenvolvimento. Um investimento de US$ 95, concedido para a montagem de um carrinho de comida de rua, possibilitaria a uma única mulher despossuída uma renda estável, fato que repercutiria em melhorias na vida de seus filhos e na economia local. Em escala, esse movimento econômico rapidamente construiria uma base para a criação de startups mais complexas. Foi a estratégia de desenvolvimento mais eficiente jamais inventada. A Kiva levou o compartilhamento ao próximo nível e transformou o microfinanciamento em empréstimos P2P, permitindo que qualquer pessoa, em qualquer lugar do mundo, possa conceder um empréstimo. A plataforma possibilita que você, no Starbucks perto de sua casa, empreste US$ 120 para uma boliviana comprar lã e abrir um negócio de tecelagem. Você pode acompanhar o progresso dela até que seu dinheiro seja restituído – e, então, se quiser, poderá financiar outro micronegócio para outra pessoa. Desde o lançamento da Kiva, em 2005, mais de 2 milhões de pessoas já emprestaram mais de US$ 725 milhões em microcrédito na plataforma de compartilhamento.[56] A taxa de devolução é de cerca de 99%. Com isso, as pessoas são encorajadas a continuar emprestando dinheiro.

Se a Kiva consegue fazer isso dar certo em países em desenvolvimento, por que não instaurar uma plataforma de empréstimos P2P também nos países desenvolvidos? Duas empresas baseadas na web, a Prosper e o Lending Club, já trabalham com isso. Conectam mutuários individuais de classe média a credores individuais dispostos a fazer empréstimos a uma taxa de juros razoável. Em 2015, essas grandes operadoras de transações P2P já haviam viabilizado mais de 200 mil empréstimos, movimentando US$ 10 bilhões.[57]

A própria inovação pode beneficiar-se do crowdsourcing. A General Electric, empresa com lugar cativo na lista da *Fortune 500*, preocupada com a possibilidade de seus engenheiros não conseguirem acompanhar o ritmo acelerado de todas as invenções do planeta, lançou a plataforma Quirky. Qualquer pessoa poderia submeter pela internet uma ideia para um novo produto da GE. Uma vez por semana, a equipe da empresa votava na melhor ideia do período e se punha a trabalhar para concretizá-la. Se uma ideia se tornasse produto, seu criador seria remunerado. A GE já colocou no mercado mais de 400 criações aplicando esse método de crowdsourcing.[58] Um exemplo é o Egg Minder, suporte de geladeira que envia uma mensagem de texto para nos lembrar de comprar mais ovos quando o estoque estiver acabando.

Outra versão popular de crowdsourcing parece, à primeira vista, voltada menos à colaboração do que à concorrência: com base em uma necessidade comercial, a empresa oferece um prêmio em dinheiro pela melhor solução, escolhida entre as enviadas por uma multidão de participantes. Por exemplo, a Netflix anunciou um prêmio de US$ 1 milhão para programadores que criassem um algoritmo de recomendação de filmes 10% melhor do que aquele que a empresa já possuía.[59] Quarenta mil grupos formularam excelentes soluções para melhora do desempenho, mas trabalharam de graça – só uma equipe atingiu o objetivo e levou a bolada.[60] Existem até sites – como 99designs, TopCoder ou Threadless – que administram esse tipo de concurso para empresas interessadas. Digamos que você esteja precisando de um logotipo e oferece uma quantia em dinheiro pelo melhor design. Quanto maior o valor oferecido, mais designers participarão. Das centenas de esboços apresentados, ao final você escolhe o que mais lhe agrada e paga o vencedor. O detalhe é que, enquanto a disputa acontece, a plataforma exibe os trabalhos de todos os participantes, de modo que é possível para um designer basear-se nas melhores ideias alheias e criar um projeto na tentativa de ganhar o concurso. Do ponto de vista do cliente, a multidão gera um design provavelmente melhor do que o feito por um único designer pelo mesmo valor pago.

Uma multidão seria capaz de criar um automóvel? Sim. A Local Motors, sediada em Phoenix, Arizona, emprega um método de código aberto para projetar e fabricar carros de desempenho personalizado, muito velozes, em edição limitada. Uma comunidade composta por 150 mil fanáticos por automobilismo enviou projetos para cada peça entre as milhares necessárias para construir um veículo.[61] Algumas delas já estavam disponíveis no mercado e equipavam modelos existentes; outras, customizadas, poderiam ser produzidas em qualquer uma das várias microfábricas espalhadas pelos Estados Unidos. Houve até peças projetadas para produção em impressora 3D. O último lançamento da Local Motors, aliás, foi um automóvel elétrico inteiramente impresso em 3D, também desenhado e fabricado pela comunidade.[62]

Naturalmente, muitas ideias são complexas, diferentes, futuristas ou arriscadas demais para serem financiadas ou criadas pela multidão de clientes potenciais. Uma nave espacial para o transporte de passageiros a Marte, uma ponte ligando o Alasca e a Rússia ou um romance escrito no Twitter provavelmente estão fora do alcance do crowdfunding no futuro próximo.

No entanto, repetindo a lição das mídias sociais, mobilizar o compartilhamento da multidão em geral nos levará mais longe do que imaginamos – e quase sempre esse será o melhor lugar para iniciar.

Nós mal começamos a explorar os tipos de coisas surpreendentes que uma multidão é capaz de fazer. Deve haver pelo menos 2 milhões de maneiras de mobilizar as pessoas em rede para bancar, organizar ou concretizar uma ideia. Deve haver pelo menos mais 1 milhão de novas maneiras de compartilhar coisas inesperadas, de modos inesperados.

Nas próximas três décadas, a maior riqueza – e as inovações culturais mais interessantes – vai emergir do empenho das multidões. Em 2050, as empresas maiores, mais lucrativas e de mais rápido crescimento serão aquelas que descobrirem como canalizar aspectos do compartilhamento hoje invisíveis ou desvalorizados. Qualquer coisa compartilhável – pensamentos, emoções, dinheiro, saúde, tempo – será compartilhada, nas condições certas e gerando os benefícios certos. Qualquer coisa compartilhável poderá ser distribuída de uma forma melhor, mais rápida, fácil, duradoura e inteligente do que conseguimos conceber atualmente. Neste exato momento da história, compartilhar algo que jamais foi compartilhado, ou fazê-lo de uma nova maneira, é caminho garantido para aumentar seu valor.

No futuro próximo, meu dia será mais ou menos assim: sou engenheiro e trabalho em uma cooperativa, com colegas de profissão do mundo todo. Os proprietários e administradores do grupo não são investidores nem acionistas, mas nós mesmos: 1.200 engenheiros. Ganho para bolar incrementos de engenharia. Outro dia, desenvolvi um jeito de aumentar a eficiência de uma peça do freio regenerativo de um carro elétrico. Se meu projeto for usado na fabricação do veículo, receberei um pagamento. Na verdade, sempre que esse projeto for usado, mesmo que seja copiado em um carro diferente ou para qualquer outra finalidade, eu receberei os pagamentos automaticamente. Quanto mais carros forem vendidos, maiores os micropagamentos que receberei. Se meu trabalho se tornar um fenômeno viral, estarei feito. Quanto mais o projeto for compartilhado, melhor. É o que acontece com a fotografia. Quando posto uma foto, minhas credenciais são criptografadas no arquivo, de modo que a web sabe quem eu sou – e a conta de qualquer pessoa que encaminhar ou utilizar minha foto vai transferir para mim um micropagamento. Não importa quantas vezes a imagem for copiada ou encaminhada, o crédito sempre entrará em minha conta. Em comparação com o século passado, hoje é muito fácil fazer, digamos, um vídeo tutorial a partir de elementos (imagens, cenas e até layouts) disponibilizados por outros criadores, que receberão automaticamente os micropagamentos correspondentes a esse uso. O automóvel elétrico que estamos criando é produzido por crowdsourcing, mas, ao contrário do que acontecia décadas atrás, cada engenheiro colaborador será remunerado de maneira proporcional, mesmo quando sua contribuição for minúscula.

Posso escolher entre 10 mil cooperativas para submeter minhas contribuições. (Poucas pessoas de minha geração dispõem-se a trabalhar em empresas.) As cooperativas oferecem pagamentos diferentes, benefícios variados e, o mais importante, grupos diferentes de colegas de trabalho. Tento alocar mais tempo a minhas cooperativas favoritas, não porque elas pagam mais, mas porque curto trabalhar com os melhores profissionais, apesar de nunca nos encontrarmos na vida real. Na verdade, as melhores cooperativas não aceitam qualquer colaborador. Nossas contribuições anteriores – todas rastreáveis na web, naturalmente – precisam ser de primeira categoria. As cooperativas de ponta preferem colaboradores ativos, que contribuem para vários projetos ao longo dos anos e detêm vários fluxos de pagamentos automáticos, o que indica que sabem trabalhar bem na economia de compartilhamento.

Quando não estou contribuindo, gosto de jogar em um mundo virtual. Esse mundo foi totalmente construído (e é controlado) por nós, usuários. Passei seis anos criando uma aldeia no alto de uma montanha, erguendo paredes de pedra e montando telhados cobertos de musgo à perfeição. Ganhei muitos créditos por isso, mas, para mim, o mais importante foi conseguir fazer minha aldeia nevada se encaixar perfeitamente no mundo virtual que estamos criando. Mais de 30 mil jogos de todos os tipos (violentos ou não, de estratégia, de tiro) rodam nesse mundo-plataforma livres de qualquer interferência. Em termos de superfície, esse mundo virtual é quase tão extenso quanto a Lua. Hoje, 250 milhões de pessoas o constroem; cada uma delas cuida de um bloco específico desse vasto mundo, processando seu próprio chip conectado. Minha aldeia roda na tela de minha casa inteligente. No passado, perdi arquivos aos cuidados de empresas de hospedagem que fecharam as portas, de modo que hoje (como milhões de outras pessoas) só trabalho em territórios e chips que posso controlar. Todos nós contribuímos com nossos pequenos ciclos de CPU e armazenamento para o Mundo Maior compartilhado, unidos por uma malha formada por retransmissores instalados nos telhados. O telhado lá de casa tem um minirretransmissor movido a energia solar que se comunica com os outros retransmissores instalados na vizinhança. Isso significa que nós, os construtores do Mundo Maior, nunca seremos expulsos da rede por deliberação de alguma empresa ou do governo. Juntos, rodamos a rede que não pertence a ninguém – ou melhor, que pertence a todos. Nossas contribuições não podem ser vendidas e não precisamos ver anúncios enquanto desenvolvemos e jogamos games dentro de um único espaço estendido e interligado. O Mundo Maior é a maior cooperativa da história e, pela primeira vez, temos um vislumbre de um governo em escala planetária. As políticas e os orçamentos do mundo virtual são determinados por votos eletrônicos, linha por linha, facilitados por muitas explicações, tutoriais e até inteligência artificial. Agora, mais de 250 milhões de pessoas querem saber por que também não podem votar dessa maneira para decidir os orçamentos dos respectivos países.

De uma estranha maneira recursiva, as pessoas criam equipes e cooperativas dentro do Mundo Maior para produzir coisas no mundo real. Acreditam que as ferramentas de colaboração melhoram mais rapidamente nos espaços virtuais. Eu participo de uma hackathon dedicada a conceber uma sonda que será enviada como bumerangue a Marte e que deverá ser a primeira a trazer rochas marcianas à Terra. O design está sendo criado em colaboração e bancado por crowdfunding. Pessoas de todas as áreas estão envolvidas no projeto, desde geólogos até artistas gráficos. Praticamente todas as cooperativas de alta tecnologia contribuem com recursos, inclusive horas de trabalho, porque perceberam faz tempo que as melhores e mais inovadoras ferramentas são inventadas durante iniciativas colaborativas como essa.

Passamos décadas compartilhando os resultados de nosso trabalho – streams de fotos, clipes de vídeo e tuítes elaborados com ponderação. Começamos compartilhando sucessos. No entanto, foi só na última década que nos demos conta de que aprendemos mais rápido e fazemos um trabalho melhor quando também compartilhamos fracassos. Assim, em todas as colaborações de que participo, mantemos e compartilhamos todos os e-mails, logs de bate-papo, correspondências, versões intermediárias do projeto, esboços. A história inteira é um livro aberto. Compartilhamos o processo, não apenas o produto final. Todos os momentos de divagação, becos sem saída, tropeços e novas tentativas são valiosos tanto para mim como para os outros, pois sempre esperamos melhorar da próxima vez. Com o processo aberto, é mais difícil se iludir e mais fácil ver o que de fato deu certo, se é que realmente deu certo. Até a ciência aprendeu com esse princípio. Quando um experimento não vinga, os cientistas compartilham os resultados negativos. Aprendi que, em um empreendimento colaborativo, quando compartilhamos o trabalho desde o começo do processo, levamos menos tempo para aprender a fazer e atingir o sucesso. Hoje, permaneço sempre conectado. A maior parte do que compartilho e do que compartilham comigo é incremental – microatualizações constantes, pequenas versões melhoradas, ajustes minúsculos –, mas esses modestos e constantes avanços me enriquecem. Não dá para passar muito tempo sem compartilhar. Até o silêncio será compartilhado.

7

FILTRAR

Nunca houve uma época melhor para ser leitor, espectador, ouvinte ou criador da expressão humana. Uma empolgante avalanche de novidades é lançada todos os anos. A cada 12 meses, produzimos 8 milhões de canções,[1] 2 milhões de livros,[2] 16 mil novos filmes,[3] 30 bilhões de posts em blogs,[4] 182 bilhões de tuítes,[5] 400 mil novos produtos.[6] Hoje em dia, com pouquíssimo esforço além de clicar no mouse, qualquer pessoa pode convocar a Biblioteca de Tudo. Você poderia, se quisesse, ler mais textos gregos no idioma original do que o nobre ateniense de maior prestígio dos tempos clássicos. Essa mesma facilidade se estende a pergaminhos chineses antigos: nem os imperadores do passado tinham acesso a tais documentos na proporção de que você desfruta, sem sair de casa. O mesmo pode ser dito de gravuras renascentistas ou concertos de Mozart ao vivo, tão raros de serem testemunhados na época deles e tão acessíveis agora. Em todas as dimensões, as mídias atingiram sua gloriosa plenitude.

De acordo com a contagem mais recente que consegui pesquisar, o número total de canções gravadas no planeta equivale a 180 milhões.[7] Usando a compressão MP3 padrão, esse volume de músicas caberia em um disco rígido de 20 terabytes – produto que hoje é vendido por US$ 2 mil. Daqui a cinco anos, custará US$ 60 e caberá no seu bolso. Em pouco tempo, portanto, você levará *toda* a música da humanidade no bolso da calça. Por outro lado, se essa biblioteca é tão minúscula, por que se dar ao trabalho de levá-la consigo quando é possível receber quaisquer músicas do mundo por streaming sob demanda, enviadas direto da nuvem?

O que se aplica à música também vale para tudo que pode ser processado em bits. No decorrer da nossa vida, uma biblioteca inteira contendo todos os livros, jogos, filmes e textos já impressos estará disponível 24 horas por dia, sete dias por semana, na mesma nuvem. E a cada dia que passa, essa biblioteca aumenta. O número de possibilidades diante de nós expandiu-se devido à população crescente e, em especial, à tecnologia que facilita a criação. A atual população do planeta é três vezes maior do que quando eu nasci (1952). Outro bilhão de pessoas deverá nascer nos próximos dez anos. Do total desses quase 6 bilhões de pessoas que vieram ao mundo desde meu nascimento, uma proporção crescente pode (por conta do excesso de gente e do tempo livre resultante dos avanços modernos) gerar ideias, produzir arte, fazer coisas novas. É dez vezes mais fácil gravar um vídeo hoje do que era há dez anos. É cem vezes mais fácil projetar e fabricar uma pequena peça mecânica do que era há um século. É mil vezes mais fácil escrever e publicar um livro do que era há mil anos.

Estamos diante de um leque infinito de opções. Em todas as direções, inúmeras escolhas acumulam-se. Apesar de algumas profissões (como fabricante de carruagens) terem se tornado obsoletas, o número de opções profissionais só vem aumentando. Possíveis lugares para visitar nas férias, restaurantes para conhecer ou tipos de alimento para experimentar acumulam-se a cada ano. As oportunidades de investimento aumentam em velocidade explosiva. Cursos para se inscrever, habilidades para aprender, maneiras de se divertir, tudo se multiplica em proporções astronômicas. Em uma só vida, uma pessoa não tem tempo suficiente para explorar o potencial de todas as escolhas, uma a uma. Teríamos de dedicar um ano de nossa atenção somente para rever todas as coisas novas que foram inventadas ou criadas nas últimas 24 horas.

A vastidão da Biblioteca de Tudo enterra rapidamente nossos hábitos de consumo. Vamos precisar de ajuda para navegar por esse vasto território inexplorado. A vida é curta e temos livros demais para ler. Alguém, ou alguma coisa, precisa fazer escolhas e sussurrá-las ao nosso ouvido para nos ajudar a tomar decisões. Precisamos de alguma forma de triagem. Nossa única opção é buscar ajuda para escolher. Vale todo tipo de filtragem para peneirar o desconcertante volume de opções. Muitos desses filtros tradicionais continuam tendo grande utilidade:

- **Filtro dos "guardiões"** – autoridades, pais, sacerdotes e professores nos protegem da má qualidade e nos transmitem as "coisas boas".
- **Filtro dos intermediários** – a pilha de obras rejeitadas em editoras, gravadoras e estúdios de cinema chega às alturas. Os intermediários rejeitam com muito mais frequência do que aceitam, realizando a função de filtragem e selecionando apenas o que consideram digno de ampla distribuição. Cada manchete publicada pelo editor de um jornal é um filtro que diz "sim" àquela informação específica e ignora o resto.
- **Filtro dos curadores** – as lojas de varejo não têm todos os produtos em estoque, os museus não exibem a totalidade de seus acervos, as bibliotecas públicas não compram todos os livros. Cabe aos curadores selecionar as mercadorias que não podem faltar na vitrine da loja, as obras programadas para as exposições de arte ou os livros que merecem ficar à disposição do público.
- **Filtro das marcas** – diante de uma prateleira repleta de itens parecidos, o comprador de primeira viagem volta-se para marcas conhecidas, a fim de não correr riscos e, também, para não ter de se esforçar para escolher. As marcas filtram a enorme oferta de produtos.
- **Filtro do governo** – proibições governamentais – como o veto a discursos de ódio ou críticas a líderes ou religiões – são instrumentos de filtragem. Por sua vez, temas nacionalistas são promovidos.
- **Filtro do ambiente cultural** – conforme as expectativas da família, da escola e da sociedade que as cerca, as crianças podem receber diferentes mensagens, aprender diferentes conteúdos e ser apresentadas a diferentes escolhas.
- **Filtro dos amigos** – amigos e colegas têm uma grande influência sobre nossas decisões. Somos muito propensos a escolher o que os nossos amigos aprovam.
- **Filtro próprio** – fazemos escolhas com base em nossos próprios critérios e preferências. Tradicionalmente, esse filtro costuma ser o mais raro de todos.

Nenhum desses filtros será extinto mediante a ascensão da superabundância. Mas, a fim de lidar com o rápido aumento do número de opções nas próximas décadas, teremos de inventar muitos outros mecanismos de triagem.

Como seria viver em um mundo onde todo filme, livro e música já produzidos pudessem ser acessados quase de graça apenas com um toque em uma tela, com a garantia de que um elaborado sistema de filtros já teria separado o joio do trigo, selecionando um menu de obras que você aprecia de verdade? Esqueça todas as criações aclamadas pela crítica que não fazem muito sentido para você, pessoalmente. Em vez disso, concentre-se apenas nas coisas que realmente o empolgam. Suas únicas opções seriam o melhor do melhor dentre coisas que seus melhores amigos recomendariam, incluindo algumas escolhas "aleatórias" para manter o elemento-surpresa. Em outras palavras, você só encontraria coisas perfeitamente compatíveis com seu gosto no momento. E, ainda assim, não haveria tempo suficiente na vida para ler, ver e ouvir tudo o que foi filtrado.

Imagine como seria, por exemplo, se você se dedicasse a ler apenas uma seleção dos melhores livros – digamos títulos classificados em uma lista organizada por grandes especialistas, que elegeram os 60 volumes considerados os melhores, uma coleção canônica conhecida como os Grandes Livros do Mundo Ocidental. Um leitor comum levaria em média cerca de duas mil horas para ler[8] todos os 29 milhões de palavras[9]. E veja: trata-se de uma compilação e que só inclui o mundo ocidental. A maioria de nós precisaria de uma filtragem muito mais ampla.

O problema é que o universo inicial de escolha tem tantas possíveis indicações de leitura que, mesmo depois de um filtro separar um título a cada milhão deles, ainda assim acabaríamos com opções demais. Há mais filmes excelentes, dignos de ganhar cinco estrelas em sua avaliação pessoal, do que você jamais teria como assistir na vida. Há mais ferramentas perfeitas para você do que tempo para aprender a dominá-las. Há uma infinidade de sites legais para visitar, mas trata-se de uma missão impossível, em meio a tantas outras coisas competindo por sua atenção. Na verdade, existe uma miríade de coisas que são a sua cara, estão sob medida de seus desejos mais especiais – no entanto, você não tem como absorver tudo isso, ainda que se dedicasse exclusivamente à tarefa.

Mesmo cientes disso, vamos tentar reduzir essa abundância a uma escala satisfatória? Comecemos pelo que seria ideal. Dou um exemplo pessoal. Como eu gostaria de escolher a próxima coisa à qual quero dedicar minha atenção?

Primeiro, eu gostaria de mais das coisas de que sei que gostarei. Esse filtro pessoal já existe. Ele é chamado de "motor de recomendação" e é amplamente utilizado por Amazon, Netflix, Twitter, LinkedIn, Spotify, Beats e Pandora, entre outros agregadores. O Twitter usa um sistema de recomendação que me sugere quem eu deveria seguir com base em quem já sigo. O Pandora emprega um sistema semelhante ao sugerir, com base no que já aprecio, músicas novas das quais devo gostar. Mais da metade das conexões feitas no LinkedIn resultam do sistema de recomendações de seguidores da plataforma. O motor da Amazon, por sua vez, é responsável pela famosa seção "clientes que compraram este item também compraram...". A Netflix vale-se do mesmo princípio para me recomendar filmes. Algoritmos inteligentes analisam o histórico do comportamento de todos os usuários para prever meu comportamento. O palpite desses sistemas baseia-se, em parte, no meu próprio comportamento passado – não seria incorreto se aquela seção da Amazon dissesse "com base no seu histórico e no histórico de outros usuários com um perfil parecido com o seu, você provavelmente gostaria de...". As sugestões usam meu histórico de compras e até aquilo que cogitei comprar (os sites monitoram quanto tempo passei numa página deliberando, mesmo que não tenha concluído a compra do produto). O cálculo das semelhanças entre um bilhão de compras anteriores possibilita previsões extraordinariamente precisas.

Esses filtros de recomendação constituem um dos meus principais mecanismos de descoberta. São muito mais confiáveis, em média, do que as recomendações de especialistas e amigos. Na verdade, essas recomendações filtradas fazem tanto sucesso que as ofertas do tipo "quais outros itens os consumidores compraram após visualizar este item" são responsáveis por um terço das vendas da Amazon[10] – o que totalizou cerca de US$ 30 bilhões em 2014.[11] Trata-se de ferramentas tão valiosas para a Netflix que a empresa aloca o trabalho de 300 pessoas[12] em seu sistema de recomendações, cujo orçamento é de US$ 150 milhões. Naturalmente, nenhuma mão humana direciona esses filtros depois que eles entram em funcionamento. A cognificação baseia-se em detalhes sutis de comportamento (o seu, individual, e de todos os outros integrantes da comunidade) que só uma máquina insone e obsessiva tem como observar.

O perigo de filtrar apenas aquilo que já se gosta, contudo, é entrar em uma espiral narcisista, tornando-se cego para qualquer novidade que, embora ligeiramente diferente do padrão, você provavelmente adoraria. Isso é chamado de filtro-bolha. O termo técnico é *overfitting* ou sobreajustamento: você fica limitado a um pico abaixo do ideal porque se comporta como se tivesse chegado ao topo, ignorando o contexto que o cerca. Não faltam evidências de que isso também acontece na esfera política: leitores com determinado posicionamento político que só se valem de um filtro simples do tipo "veja mais itens como este" raramente (ou nunca) leem textos que contenham opiniões divergentes. O *overfitting* tende a engessar as mentalidades. Esse tipo de autorreforço induzido pelos filtros também ocorre nas ciências, nas artes e na cultura em geral. Quanto mais eficaz o filtro do tipo "veja mais itens legais como este", maior a importância de combiná-lo com outros tipos de filtros. Alguns pesquisadores do Yahoo!, por exemplo, desenvolveram uma maneira de mapear, automática e visualmente, a posição de uma pessoa[13] dentro do campo de opções possíveis – o que torna a bolha "visível" e, por consequência, facilita que as pessoas escapem da armadilha de seu filtro-bolha fazendo pequenos ajustes em determinadas direções.

Como um segundo elemento da abordagem ideal, eu gostaria de saber do que meus amigos gostam, mas que ainda não conheci. Em muitos aspectos, o Twitter e o Facebook atuam como um filtro do gênero. Ao seguir seus amigos, você recebe atualizações automáticas sobre as coisas que eles curtem a ponto de quererem compartilhar. É tão fácil anunciar uma recomendação postando um texto ou uma foto pelo celular que nos surpreendemos quando alguém adora alguma coisa nova e não a compartilha. No entanto, seus amigos às vezes também atuam como filtro-bolha, caso sejam muito parecidos com você. Os mais próximos podem agir como câmara de eco, reforçando as mesmas escolhas. Estudos demonstram que passar para o próximo círculo, dos amigos dos amigos, às vezes já basta para ampliar o leque de opções e se distanciar da mesmice.[14]

Um terceiro componente do filtro ideal seria um stream sugerindo coisas de que não gosto, mas que gostaria de gostar. É mais ou menos como provar um queijo que não é meu favorito ou uma fruta diferente de vez em quando, só para ver se minhas preferências mudaram. Tenho certeza de que não gosto de ópera, mas alguns anos atrás tentei ver um espetáculo do gênero – *Carmen*, no Met –, teleprojetado em tempo real no cinema, com legendas proeminentes na tela enorme. Gostei de ter ido. Um filtro voltado a sondar coisas das quais o usuário não gosta teria de ser bastante sensível, mas também poderia se basear em gigantescas bases de dados colaborativas do tipo "as pessoas que não gostaram deste item, aprenderam a gostar deste outro". Mais ou menos nessa linha, às vezes também anseio por uma pitada de coisas de que não gosto, mas que (acho) deveria aprender a gostar. No meu caso, qualquer coisa relacionada a suplementos nutricionais, detalhes da legislação política ou hip-hop. Os melhores professores têm um talento especial para ensinar conteúdos tediosos a alunos não muito empolgados de modo a mantê--los atentos. Os melhores filtros também podem fazer isso. Mas será que alguém se cadastraria para um filtro como esse?

Hoje, ninguém se cadastra em nenhum desses filtros porque, basicamente, eles já vêm incorporados às plataformas. As duas centenas de amigos que cada um de nós tem, em média, no Facebook[15] já postam tamanha torrente de atualizações que a própria rede social se encarrega de cortar, editar, recortar e filtrar as novidades, a fim de gerar um stream mais viável. Você não vê todos os posts dos seus amigos.[16] Quais deles não passam pelo filtro? Com base em quais critérios? Só o Facebook sabe, e guarda a fórmulas a sete chaves. A plataforma nem chega a divulgar exatamente o que está otimizando com tal filtragem. Alega apenas querer aumentar a satisfação dos usuários, mas seria possível supor que está filtrando nosso fluxo de notícias para otimizar o tempo que passamos no Facebook – um fator muito mais fácil de mensurar do que a nossa felicidade. Mas é controverso se queremos ou não essa otimização.

A Amazon usa filtros para otimizar a plataforma tendo em vista a maximização das vendas, o que inclui filtrar o conteúdo das páginas que vemos no site – não só os itens recomendados, mas outros conteúdos exibidos na página, incluindo promoções, ofertas, mensagens e sugestões. Como o Facebook, a Amazon faz milhares de experimentos por dia, alterando os filtros para testar A em comparação com B, a fim de personalizar o conteúdo de acordo com a utilização de milhões de clientes. Ajustes são feitos até em mínimos detalhes, mas em tamanha escala (cem mil usuários por cada vez) que os resultados acabam sendo extremamente reveladores. Sempre navego pela Amazon para fazer compras porque a plataforma e eu tentamos maximizar a mesma coisa: acesso barato a coisas de que vou gostar. Nem sempre uma plataforma oferece esse tipo de alinhamento, mas, quando acontece, nós, usuários, tendemos a virar fregueses.

O Google é o maior filtrador do mundo, tomando todo tipo de decisões sofisticadas para saber o que exibir nos resultados de busca de cada usuário. Além de filtrar a web, o Google processa 35 bilhões de e-mails por dia,[17] eliminando spams e atribuindo rótulos e prioridades com bastante eficácia. Trata-se do maior filtro colaborativo do mundo, com milhares de "peneiras" dinâmicas e interdependentes. Se você topar, o Google personaliza os resultados das suas buscas e os customiza de acordo com sua localização no momento em que a busca é solicitada. O site usa os princípios já consagrados da filtragem colaborativa, do tipo "as pessoas que consideraram esta resposta útil também consideraram a próxima resposta útil". O Google filtra o conteúdo de 60 trilhões de páginas[18] cerca de 2 milhões de vezes por minuto[19] e mesmo assim nós raramente questionamos os critérios usados para formular as recomendações. Quando faço uma busca no Google, será que o motor de busca deveria me mostrar as opções mais populares, as mais confiáveis, as mais originais ou as que têm mais probabilidade de me agradar? Não faço a menor ideia. Acho que provavelmente gostaria de ter a opção de ver os resultados organizados de acordo com cada um desses quatro critérios diferentes, mas o Google sabe que, na prática, só vou passar os olhos pelos primeiros resultados da busca e clicar. Sendo assim, o buscador me diz: "Aqui está um punhado dos principais resultados que avalio como os melhores para você, com base na minha profunda experiência acumulada respondendo a 3 bilhões de perguntas por dia".[20] E aí eu clico. Tudo o que o Google deseja é otimizar as chances de eu voltar a ele para fazer alguma outra busca.

À medida que amadurecerem, os sistemas de filtragem se estenderão a outros sistemas descentralizados além das mídias, para serviços como a Uber e o Airbnb. Nossas preferências pessoais de estilo de hotel, status e atendimento podem ser facilmente transferidas a algum outro sistema, para aumentar nossa satisfação quando o sistema nos apresentar o hotel perfeito em Veneza, por exemplo. Extensamente cognificados, filtros superinteligentes podem ser aplicados a qualquer área que apresente muitas opções – e o número dessas áreas deve aumentar de modo contínuo. Sempre que quisermos personalização, os filtros estarão lá para nos ajudar.

Vinte anos atrás, muitos especialistas previram a chegada imediata da personalização em larga escala. Um livro de 1992 intitulado *Personalizando Produtos e Serviços* (ed. Makron Books), de Joseph Pine, revelou como isso aconteceria. Parecia razoável que obras personalizadas – antes uma exclusividade dos ricos – fossem estendidas à classe média por meio da tecnologia apropriada. Por exemplo, um engenhoso sistema de escaneamento digital e produção robótica flexível poderia produzir camisas customizadas para clientes da classe média, assim como alfaiates fazem peças sob medida apenas para a aristocracia. Algumas startups tentaram aplicar a "personalização em massa" em jeans, camisas e bonecas na década de 1990, mas não deram conta do recado. O maior obstáculo: exceto alguns detalhes triviais (como a opção de escolher uma cor ou um comprimento), era muito difícil traduzir as preferências individuais ou fazer produtos suficientemente personalizados sem elevar os preços para a faixa da categoria luxo. A visão estava muito à frente da tecnologia – diferentemente do momento atual. A mais recente geração de robôs é capaz de uma manufatura ágil e avançadas impressoras 3D podem produzir rapidamente unidades customizadas de vestuário para clientes individuais. Com a popularização do monitoramento, da interação e da filtragem, tornou-se possível montar – a baixo custo – um perfil multidimensional para cada pessoa, a fim de produzir para ela quaisquer serviços personalizados.

Vejamos um cenário possível no futuro próximo. Meu dia inclui as seguintes rotinas: tenho na cozinha uma máquina de fazer comprimidos, um pouco menor do que uma torradeira. A máquina contém dezenas de recipientes minúsculos, cada qual contendo um medicamento comprado com receita médica ou um suplemento em pó. Todos os dias, a máquina mistura as doses certas desses pozinhos e produz um único comprimido personalizado, que tomo no café da manhã. Ao longo do dia, sensores vestíveis monitoram meus sinais vitais, de modo que os efeitos dos medicamentos são mensurados de hora em hora e enviados à nuvem para análise. Na manhã seguinte, a dosagem dos medicamentos é ajustada com base nos resultados das últimas 24 horas e a máquina me entrega um novo comprimido personalizado. Isso se repete a cada dia. Essa máquina, fabricada em ampla escala, permite algo que, no passado, seria paradoxal: produz itens personalizados em massa.

Meu avatar pessoal fica armazenado online, acessível a qualquer varejista. Por meio dele, é possível obter informações como as medidas exatas de todas as partes e curvas do meu corpo. Mesmo que eu faça questão de ir a uma loja física para escolher minhas roupas sob medida, o ritual de compra inclui provar cada peça em um provador virtual – a loja tem um estoque mínimo de peças prontas, com cores e cortes mais básicos.

Com o espelho virtual de casa, porém, já tenho uma prévia surpreendentemente realista do caimento da roupa em mim. Na verdade, como posso girar minha imagem simulada do jeito que quiser, tenho acesso a uma visão melhor até do que a proporcionada no provador da loja (mais voltada para avaliar o conforto das peças sobre o corpo). Minhas roupas são feitas sob medida de acordo com as especificações (ajustadas com o tempo) do meu avatar. O serviço de alfaiataria virtual gera novas variações de estilo com base no que usei no passado, nos modelos que observei com interesse por mais tempo ou na moda que meus amigos mais próximos estão seguindo. O serviço encarrega-se de filtrar estilos. Com o passar dos anos, criei um perfil pessoal bastante detalhado, com dados sobre meus gostos, hábitos e comportamento, os quais podem ser aplicados para me abrir acesso a qualquer objeto de desejo.

Esse perfil, bem como meu avatar, é gerido pela Você Universal. A empresa sabe que, quando viajo de férias, gosto de ficar em pousadas simples, mas com banheiro privativo, boa internet e, se possível, no bairro mais antigo da cidade, mas nunca perto de uma rodoviária. O sistema aplica inteligência artificial para identificar, agendar e reservar as melhores taxas. É mais do que um mero perfil armazenado. Trata-se de um filtro contínuo, constantemente adaptável aos lugares que visitei e aos tipos de fotos e tuítes que postei em viagens passadas, e que também leva em consideração meus novos interesses em livros e filmes – com frequência, literatura e cinema inspiram a escolha de novos destinos de turismo. O sistema também analisa as viagens que meus amigos (e os amigos deles) fizeram recentemente e, com base nesse vasto campo de dados, sugere restaurantes e pousadas. Em geral, fico encantado com as recomendações.

Como meus amigos permitem que a Você Universal monitore o que eles compram, seus restaurantes preferidos, os clubes que frequentam, os filmes que veem, as notícias que leem, suas rotinas de exercícios e programas de fim de semana, a empresa é capaz de elaborar, com o mínimo esforço, recomendações bastante detalhadas para mim. Quando acordo, a Você Universal filtra o stream de notícias para me apresentar só as informações mais importantes e os assuntos que gosto de ler de manhã. O sistema filtra as notícias com base no tipo de coisas que costumo encaminhar às pessoas, marcar ou comentar. No armário da cozinha, encontro um novo tipo de cereal que meus amigos estão experimentando esta semana, de modo que a Você Universal o encomendou para mim ontem. Até que gostei. Meu serviço de transporte sabe onde estão os engarrafamentos da manhã e decide programar o carro para chegar um pouco mais tarde do que o normal, a fim de testar uma rota diferente para ir até o lugar onde vou trabalhar hoje, com base nas rotas usadas por vários de meus colegas. Nunca sei ao certo o local onde vou trabalhar, porque nossa startup funciona apenas nos espaços de coworking disponíveis no dia. Meu dispositivo pessoal transforma as telas desses espaços na minha tela particular. Trabalho fazendo ajustes em várias inteligências artificiais que filtram recomendações de médicos e serviços de saúde de acordo com o perfil individual dos clientes. Minha tarefa consiste em "ajudar" o sistema a entender alguns casos atípicos (como pessoas que acreditam na cura pela fé), a fim de aumentar a eficácia dos diagnósticos e melhorar a filtragem das recomendações.

Quando chego em casa, não vejo a hora de assistir a uma série de vídeos engraçados em 3D ou de me divertir com os games que Albert escolheu para mim. Albert é o nome que dei ao avatar da Você Universal que filtra as mídias para mim. Ele sempre encontra as coisas mais legais, porque, modéstia à parte, eu o treinei muito bem. Desde o ensino médio, passo pelo menos dez minutos por dia corrigindo as seleções dele e incluindo algumas influências obscuras, ajustando bem os filtros. O resultado é que hoje, com todos os novos algoritmos e o histórico dos amigos dos amigos dos amigos, eu tenho o canal mais incrível do mundo. Muitas pessoas seguem meu Albert diariamente. Sou uma referência em filtragem de mundos de realidade virtual. Meu mix é tão popular que a Você Universal até me paga para continuar aprimorando meus filtros. Não é nenhuma fortuna, mas, pelo menos, dá para pagar todas as minhas assinaturas de serviços.

Ainda estamos engatinhando no que diz respeito às maneiras como filtramos e o que filtramos. Essas tecnologias computacionais supereficazes podem ser – e serão – aplicadas à internet de tudo. Até o produto ou serviço mais trivial será personalizado, se assim o quisermos (e, com frequência, vamos querer). Nos próximos 30 anos, a nuvem inteira será filtrada, elevando o grau de personalização.

No entanto, os filtros sempre vão deixar de fora alguma coisa boa. A filtragem é um tipo de censura... e vice-versa. Governos podem implementar filtros englobando todo o país para eliminar a circulação de ideias "indesejadas" e restringir a liberdade de expressão. Como o Facebook ou o Google, eles geralmente não divulgam o que estão filtrando – e, ao contrário do que acontece nas mídias sociais, os cidadãos não terão como migrar de imediato para um governo alternativo, menos intrusivo. Mas o fato é que qualquer filtragem – mesmo quando benigna – nos leva a ver apenas uma minúscula fração de tudo o que existe. Essa será a maldição do mundo pós-escassez: só poderemos nos conectar a uma pequena parcela do todo. A cada dia, tecnologias amigáveis para os criadores – impressão 3D, apps de celular e serviços de nuvem – estendem um pouco mais o horizonte de possibilidades. Em consequência, a cada dia, filtros mais abrangentes são necessários para acessar em escala humana essa abundância. A ampliação da filtragem é inevitável. As deficiências de um filtro não podem ser reparadas pela eliminação dos filtros; ao contrário, elas só têm como ser reduzidas por meio da aplicação de filtros compensatórios.

Do ponto de vista humano, um filtro concentra o conteúdo. Mas, no sentido inverso, do ponto de vista do conteúdo, um filtro concentra a atenção humana. Quanto mais o conteúdo se expande, mais focada essa atenção precisa ser. Nos idos de 1971, Herbert Simon, cientista social ganhador do Prêmio Nobel, observou: "Num mundo rico em informações, a abundância implica a carência de outro elemento, uma escassez de tudo o que as informações consomem. Sabemos com clareza o que as informações consomem: a atenção de seus destinatários. Assim, a abundância de informações cria a escassez da atenção".[21] A constatação de Simon, não raro, é reduzida a uma sentença: "Num mundo de abundância, a única escassez é a de atenção humana".

A atenção é o único recurso valioso que produzimos pessoalmente sem qualquer treinamento. Trata-se de um recurso escasso e todo mundo quer um pouco dela. Mesmo se deixarmos de dormir, ainda teremos apenas 24 horas por dia de atenção potencial. Absolutamente nada – nem todo o dinheiro nem toda a tecnologia do mundo – pode aumentar esse número. A máxima atenção potencial é, desse modo, fixa e inerentemente limitada, enquanto todo o resto está se tornando cada vez mais abundante. Por ser a última escassez, para onde quer que a atenção flua, o dinheiro seguirá em seu encalço.

No entanto, apesar de ser tão preciosa, a atenção é relativamente barata, em parte porque precisamos usá-la todo dia. Não temos como poupar nem acumular atenção. Precisamos gastá-la a cada segundo que passa, em tempo real.

Os norte-americanos ainda dedicam grande parte de sua atenção à TV,[22] seguida do rádio e só depois da internet. Essas três mídias consomem a maior parte desse capital intangível, enquanto as outras – livros, jornais, revistas, músicas, vídeos domésticos, jogos – ficam com meras lascas do bolo.

Mas nem toda atenção é igual. Na publicidade, a quantidade de atenção muitas vezes é traduzida em uma métrica chamada "custo por mil" (CPM). O CPM equivale a mil visualizações ou mil leitores ou mil ouvintes. O CPM médio estimado de várias plataformas de mídia varia

190 | INEVITÁVEL

muito.[23] Nos Estados Unidos, o CPM médio de outdoors baratos é US$ 3,50; da TV, US$ 7; de revistas, US$ 14; e de jornais, US$ 32,50.

Existe outra maneira de calcular o quanto vale a nossa atenção. Podemos computar a receita anual total de cada uma das mídias mais importantes e o número total de horas gastas com cada mídia e depois calcular quanta receita cada hora de atenção gera em dólares por hora. Quando fiz esse exercício, fiquei surpreso com o resultado.

Para começar, o número é baixo. A proporção de dólares ganhos pela mídia por hora de atenção gasta pelos consumidores mostra que a atenção não vale muito a pena para as empresas da área. Apesar de meio trilhão de horas ser dedicado à TV anualmente (só nos Estados Unidos),[24] toda essa atenção só gera, em média, US$ 0,20 por hora aos proprietários do conteúdo. Se você ganhasse isso para assistir à TV, receberia um salário de país de terceiro mundo. Ver TV é um trabalho similar ao de um boia-fria. Os jornais ocupam uma parcela menor de atenção, mas geram mais receita por hora, cerca de US$ 0,93. A internet, de longe, tem o melhor rendimento, com sua atenção qualificada melhorando a cada ano: em média, US$ 3,60 por hora.[25]

Os meros US$ 0,20 por hora de atenção que as emissoras de TV "ganham" do espectador, ou o dólar por hora que os jornais de primeira linha "ganham" do leitor, refletem o valor do que chamo de "atenção commoditizada". O tipo de atenção que dedicamos às commodities de entretenimento (que são facilmente duplicadas e transmitidas, quase onipresentes e disponíveis 24 horas por dia) não vale muito. Quando analisamos o quanto temos de pagar para comprar conteúdo commoditizado – do tipo que pode ser copiado com facilidade, como livros, filmes, músicas, notícias etc. –, os valores são um pouco mais altos, mas, ainda assim, não refletem o fato de que nossa atenção é a última escassez. Tome-se um livro como exemplo. Um volume de capa dura leva em média 4,3 horas para ser lido[26] e custa US$ 23 dólares.[27] Assim, o custo ao consumidor por esse tempo de leitura é de, em média, US$ 5,34 por hora. Um CD de música é ouvido, em média, dezenas de vezes ao longo de sua vida útil. Desse modo, seu preço de varejo, dividido pelo tempo total de audição, resulta em seu custo por hora para o consumidor. Quando você vai ao cinema assistir a um filme de duas horas, o valor por hora da experiência equivale à metade do preço do ingresso. Podemos considerar que esses valores refletem o quanto nós, o público, valorizamos nossa atenção.

Em 1995, calculei os custos médios por hora de várias plataformas de mídia, incluindo músicas, livros, jornais e filmes. Constatei alguma variação entre elas, mas o preço ficou dentro da mesma ordem de grandeza, convergindo para uma média aritmética de US$ 2 por hora. Em 1995, tendíamos a pagar, em média, US$ 2 por hora de utilização das mídias.

Quinze anos depois, em 2010, e novamente em 2015, recalculei os valores para um conjunto semelhante de mídias, usando o mesmo método. Quando corrigi o valor de acordo com a inflação e o traduzi para dólares de 2015, os custos médios para consumir uma hora de mídia em 1995, 2010 e 2015 foram de, respectivamente, US$ 3,08, US$ 2,69 e US$ 3,37. Isso significa que o valor da atenção manteve-se surpreendentemente estável no decorrer de 20 anos. Parece que temos uma ideia intuitiva do quanto uma experiência de mídia "deveria" custar e não nos desviamos muito desse valor. Isso também significa que as empresas que ganham dinheiro para capturar nosso interesse (como muitas famosas companhias de tecnologia) só vão ganhar uma média de US$ 3 por hora de atenção – se oferecerem um conteúdo de alta qualidade.

Nas próximas duas décadas, haverá tanto desafios quanto oportunidades na utilização das tecnologias de filtragem para cultivar uma atenção de alta qualidade e em grande escala. Hoje, a maior parte da economia da internet é alimentada por trilhões de horas de atenção commoditizada de baixa qualidade. Uma única hora de atenção individual, por si só, não vale muito. Uma hora de uma multidão atenta, contudo, tem o poder de mover montanhas. A atenção commoditizada é como o vento ou a maré do oceano: uma força difusa a ser capturada com grandes instrumentos.

A genialidade por trás do imenso sucesso do Google, Facebook e outras plataformas da internet foi a construção de uma infraestrutura gigantesca, capaz de filtrar essa atenção commoditizada. As plataformas usam um enorme poder computacional para aproximar o universo cada vez mais amplo de anunciantes do universo cada vez mais amplo de consumidores. Suas inteligências artificiais buscam o anúncio ideal no momento certo, no local adequado e na frequência apropriada para despertar a melhor reação possível. Às vezes, isso é chamado de publicidade personalizada, mas, na verdade, trata-se de algo muito mais complexo do que direcionar anúncios a consumidores individuais. O conceito compõe-se de um ecossistema de filtragens, com consequências que se estendem para além da publicidade.

Qualquer um pode se cadastrar para divulgar um anúncio no Google. Basta preencher um formulário online (a maioria dos anúncios é de texto, como um classificado de jornal). Isso significa que o número de anunciantes potenciais pode chegar à casa dos bilhões – da editora de fundo de quintal lançando um livro de receitas para mochileiros veganos ao inventor de um novo modelo de luva de beisebol. Do outro lado da equação, qualquer pessoa que tenha uma página da web pode permitir a inclusão de um anúncio ali e, potencialmente, até faturar uma renda com essa publicidade. Esse espaço da web pode ser tanto um blog pessoal quanto a página inicial de uma empresa. Passei oito anos incluindo anúncios do Google AdSense nos meus blogs pessoais. Os cerca de cem dólares que ganhava por mês por essa publicidade não passam de migalhas para uma corporação multibilionária como o Google, mas a pequenez dessas transações não importa para a empresa, porque tudo é automatizado e esses minúsculos valores acumulam-se. A rede AdSense recebe todos os recém-chegados de braços abertos, qualquer que seja seu porte, de modo que o número total de espaços potenciais de exibição de anúncios poderia chegar à casa dos bilhões. Para adequar matematicamente essas infinitas possibilidades – bilhões de pessoas querendo anunciar e bilhões de espaços dispostos a exibir anúncios –, é necessário um número astronômico de soluções potenciais. Além disso, as soluções ideais podem mudar dependendo da hora do dia ou da localização geográfica, de modo que o Google (assim como outras empresas de busca, como Microsoft e Yahoo!) precisa que seus gigantescos computadores na nuvem organizem-nas de alguma maneira.

Para parear um anunciante com um leitor, os computadores do Google vagam pela web 24 horas por dia, coletam todo o conteúdo de cada um dos 60 trilhões de páginas[28] e armazenam essas informações em seu fabuloso banco de dados. É assim que a empresa consegue apresentar uma resposta instantânea sempre que fazemos uma busca. Na verdade, o sistema já indexou a localização de cada palavra, frase e fato da web. Quando o proprietário de uma página quer permitir que um pequeno anúncio do AdSense seja exibido em seu blog, o Google analisa o registro do conteúdo desse espaço e usa seu supercérebro para encontrar alguém – naquele exato minuto – que queira exibir um anúncio relacionado a esse conteúdo. Uma vez feita a correspondência, o anúncio apresentado naquela página da web refletirá seu conteúdo editorial. Suponha que o site pertença ao time de futebol de uma cidade do interior. Anúncios de uma nova chuteira seriam bastante apropriados nesse contexto. Os leitores desse site certamente estariam muito mais propensos a clicar no anúncio de uma chuteira do que em uma oferta de equipamento de mergulho. Desse modo, o Google, com base no contexto do conteúdo da página,[29] aprendeu a exibir anúncios de chuteiras em sites sobre futebol.

Essa é só a ponta do iceberg da complexidade, uma vez que o Google também tenta envolver nessa combinação um terceiro elemento. De preferência, os anúncios não só correspondem ao contexto da página da web, mas também aos interesses do leitor que visita a página.[30] Se você visita um site de notícias – como, digamos, a CNN – e tem o costume de jogar bola com os amigos, com certeza verá mais anúncios de equipamentos esportivos do que de móveis. Como o Google faz isso? A maioria das pessoas não sabe, mas, quando você entra em um site, na verdade já chega com um monte de crachás invisíveis pendurados no pescoço, mostrando o histórico de sua navegação pela internet. Tais crachás (tecnicamente chamados de cookies) podem ser lidos não apenas pelo website ao qual você chegou, mas por muitas das grandes plataformas – como o Google, que têm tentáculos espalhados pela web inteira. Como todos os sites comerciais usam um produto do Google, o buscador é capaz de rastrear a sua jornada à medida que você visita uma página após a outra, vagando pela web. E, naturalmente, se você fizer alguma busca no Google, a plataforma também poderá segui-lo a partir daí. O Google não sabe seu nome, endereço ou e-mail (ainda), mas se lembra de seu comportamento na web. Desse modo, se você

194 | INEVITÁVEL

entrar em um site de notícias depois de visitar a página de um time de futebol ou de pesquisar o termo "chuteira", o sistema pode fazer algumas suposições – e incluí-las no cálculo para decidir quais anúncios exibir na página que você acabou de acessar. É quase um tipo de mágica, mas os anúncios exibidos no site de notícias só são adicionados ali no momento em que você entra na página. O Google e o site de notícias escolhem em tempo real o que será exibido a você, de modo que você verá um anúncio diferente do que eu veria. Se todo o ecossistema de filtros estiver funcionando, o anúncio vai refletir com precisão seu histórico recente de visitas na web e seus interesses.

Mas não é só isso. O próprio Google compõe uma quarta face dessa relação multifacetada. Além de tentar satisfazer o anunciante, o dono da página da web e o leitor, o Google também tenta otimizar seu próprio ganho. Para os anunciantes, a atenção de alguns grupos vale mais do que a atenção de outros. Os leitores de sites relacionados à saúde são valiosos porque têm o potencial de gastar mais em medicamentos e tratamentos durante um bom tempo, enquanto os leitores de um fórum sobre caminhada só compram tênis de vez em quando. Desse modo, por trás de cada anúncio exibido há um leilão complexo, que pareia palavras-chave contextuais (o termo "asma" vai custar muito mais do que a palavra "caminhada") com o preço que um anunciante se dispõe a pagar *além* do que já paga pelos leitores que efetivamente clicam no anúncio. Quando alguém clica no anúncio, o anunciante paga alguns centavos ao proprietário da página e ao Google e é por isso que os algoritmos sempre tentam otimizar a colocação dos anúncios, os valores cobrados e a taxa de engajamento dos usuários. Um anúncio de chuteira que pague US$ 0,05 e for clicado 12 vezes, portanto, pode até render menos, mas é mais valioso do que o anúncio de inalador para asma, que paga US$ 0,65 e recebe apenas um clique. Porém, se no dia seguinte, o blog de um time de futebol postar um alerta sobre a baixa umidade do ar no inverno, subitamente o anúncio do inalador exibido naquele espaço passa a pagar US$ 0,85. O Google precisar fazer esse tipo de malabarismo com centenas de milhões de fatores ao mesmo tempo, em tempo real, para encontrar o esquema ideal para aquela hora específica. Quando tudo funciona bem nesse jogo fluido de emparelhamento de quatro fatores, os lucros do Google também são otimizados. Em 2014, o sistema de anúncios do AdSense respondeu por nada menos de 21% da receita total do Google,[31] ou o equivalente a US$ 14 bilhões.

Esse complexo esquema de diferentes tipos de atenção interagindo uns com os outros era praticamente impensável antes do ano 2000. O grau de cognificação e computação necessários para monitorar, classificar e filtrar cada vetor era simplesmente impraticável. No entanto, conforme os sistemas de monitoramento, cognificação e filtragem continuam a crescer, maneiras cada vez mais inovadoras de organizar a atenção – tanto a dada quanto a recebida – passam a ser viáveis. Esse período é análogo à época cambriana da evolução, quando os organismos vivos tornaram-se multicelulares. Em um intervalo muito curto em termos geológicos, a vida desenvolveu-se em muitas possibilidades até então inéditas. O acúmulo de estruturas vivas novas e, por vezes, estranhas foi tão rápido que chamamos essa era de inovação biológica de "explosão cambriana". Não é exagero dizer que estamos no limiar de uma explosão cambriana no campo da tecnologia da atenção, à medida que novas e estranhas versões de atenção e filtragem são testadas.

Por exemplo, o que aconteceria se a publicidade seguisse a mesma tendência de descentralização de outros setores de atividade? E se os próprios clientes criassem, postassem e pagassem pelos anúncios?

Vale pensar em como seria esse estranho esquema. Cada empreendimento que depende de publicidade – atualmente, a maioria das empresas na internet – precisa arranjar um lugar para exibir seu anúncio. O argumento dos meios de comunicação (editoras de jornais e revistas, plataformas, blogs, produtores de conteúdo) é de que eles têm como atingir o público desejado ou que mantêm um bom relacionamento com essa audiência. No entanto, os anunciantes têm o dinheiro e são exigentes na escolha de quem pode exibir seus anúncios. Uma publicação, por exemplo, sempre tenta cooptar os anunciantes mais cobiçados, mas não tem como escolher quais anúncios são exibidos. Quem decide são os anunciantes ou seus representantes. Uma revista repleta de páginas de publicidade ou um programa de TV cheio de comerciais, em geral, já consideram um privilégio quando têm anúncios para veicular.

Mas e se um meio de comunicação pudesse escolher os anúncios que quisesse exibir, sem permissão de ninguém? Digamos que você tenha visto um comercial muito legal de um tênis de corrida e quisesse incluí-lo no seu stream – e ser remunerado por isso, assim como a emissora de TV na qual você viu essa propaganda. E se qualquer plataforma pudesse simplesmente reunir os anúncios que mais lhe interessam e fosse paga para exibi-los, de acordo com a qualidade e o volume de tráfego que gerassem? Comerciais em vídeo, imagens estáticas e arquivos de áudio conteriam códigos embutidos capazes de monitorar onde foram exibidos e quantas vezes foram visualizados, de modo que, não importa quantas vezes fossem copiados, a plataforma veiculadora iria receber uma remuneração compatível. A melhor coisa que pode acontecer a um anúncio é tornar-se um fenômeno viral, sendo exibido e visualizado no maior número de plataformas possível. Como o anúncio gera receita no site, blog ou plataforma em que é efetivamente visualizado, haveria um incentivo natural para que esses veículos buscassem exibir os anúncios mais legais, com potencial de atrair a audiência. Imagine um mural do Pinterest com uma coletânea de anúncios. Qualquer peça da coleção que fosse visualizada pelos leitores geraria uma receita para o colecionador. Sua página da web poderia atrair um público em busca não apenas de um bom conteúdo, mas de anúncios legais, do mesmo modo como milhões de pessoas assistem ao Super Bowl na TV em grande parte para ver os intervalos comerciais.

O resultado seria a criação de uma plataforma capaz de selecionar tanto o conteúdo quanto os anúncios. O tempo dos editores seria dedicado não só a selecionar coisas interessantes para publicar, mas também ao garimpo de peças publicitárias desconhecidas, pouco vistas e atrativas. No entanto, vale lembrar que anúncios absurdamente populares podem não pagar tanto quanto aqueles voltados para nichos de público. Da mesma forma, anúncios bem-humorados talvez paguem menos do que aqueles sombrios ou chocantes. Diante de tal fato, os editores às vezes precisarão escolher entre mensagens publicitárias apolíneas que rendem pouco dinheiro e peças de comunicação toscas, porém rentáveis. Não se pode esquecer, ainda, que os anúncios mais engraçados e atrativos provavelmente serão exibidos com muita frequência, o que reduzirá seu apelo e, ao mesmo tempo, talvez também derrube ainda mais seu preço. Alguns sites, revistas e publicações dedicam-se apenas a expor anúncios trabalhados artisticamente – e ganham dinheiro assim. Já existem sites criados só para exibição de trailers de filmes ou de excelentes comerciais – ainda não são remunerados por isso, mas em breve serão.

Esse arranjo subverte a estrutura de poder do setor tradicional de publicidade. Como a Uber e outros sistemas descentralizados, essa nova forma de organização apropria-se de uma atividade (que até então era executada por um grupo de profissionais altamente especializados) e a distribui por uma rede P2P de amadores. Nenhum publicitário da atualidade acredita que o cenário que descrevi anteriormente daria certo e até algumas pessoas bastante racionais consideram minha hipótese uma loucura. No entanto, uma coisa que aprendemos nos últimos 30 anos é que coisas aparentemente impossíveis podem ser realizadas por uma multidão de amadores. Basta que sejam conectados de um jeito inteligente.

Algumas startups rebeldes estão tentando subverter o sistema atual de atenção, mas várias tentativas podem ser necessárias antes que seja estabelecido um novo modelo radical. O elemento que falta entre a realidade e a fantasia é a tecnologia para monitorar as visitas dos usuários, a fim de eliminar fraudes e quantificar a atenção obtida por anúncio replicado, para, em seguida, trocar esses dados com segurança e fazer o pagamento correspondente. Trata-se de um trabalho computacional da alçada de uma gigantesca plataforma multifacetada, como o Google ou o Facebook. Seria necessário proteger o sistema com muitas regras, já que o dinheiro atrairia um exército de fraudadores e spammers. Mas, uma vez que o sistema entrasse em funcionamento, as empresas lançariam anúncios para varrer a web na velocidade de uma pandemia viral. Você só teria de escolher os mais interessantes e publicá-los em seu site – sendo remunerado a cada clique de leitor em um desses anúncios.

Esse novo modelo coloca os anunciantes em uma posição sem igual. Os criadores dos anúncios deixam de controlar sua veiculação. Essa indefinição quanto aos espaços onde serão publicados teria de ser compensada de alguma maneira na arquitetura das próprias peças publicitárias. Algumas seriam concebidas para se replicar rapidamente e induzir a ação (compra) do público. Outras poderiam ser criadas para permanecer monumentalmente fixas – sem poder ser copiadas e disseminadas pela web –, com a função de gradativamente influenciar a imagem da marca do produto ou empresa. Como um anúncio poderia, teoricamente, ser utilizado como um editorial, nada impediria que se assemelhasse com um conteúdo editorial. Nem todos os anúncios ficariam livres para vagar pelos territórios inexplorados da internet. Alguns, talvez até muitos, continuariam reservados para o tradicional posicionamento dirigido (o que os tornaria raros). O sucesso desse sistema só seria garantido em acréscimo a – e coberto por camadas de – outros métodos convencionais de propaganda.

A onda de descentralização inunda todos os cantos. Se amadores podem exibir anúncios, por que os clientes e fãs não podem criá-los? Sustentada pela tecnologia certa, não é difícil imaginar uma rede P2P de *criação* de anúncios.

Algumas empresas já fazem experimentos com versões limitadas de anúncios criados por usuários. A marca de salgadinhos Doritos lançou um concurso convocando clientes a criarem comerciais em vídeo, com a promessa de exibição da peça vencedora no intervalo do Super Bowl de . Foram inscritos dois mil vídeos e mais de dois milhões de pessoas votaram para eleger o melhor deles, que de fato foi ao ar. Todos os anos, desde então, a Doritos recebe em média cinco mil vídeos criados pelos usuários.[32] O prêmio para o vencedor anual é de US$ 1 milhão,[33] valor muito mais baixo do que a empresa gastaria em um filme publicitário profissional. Em 2006, a GM solicitou anúncios criados por usuários para seu utilitário Chevy Tahoe e recebeu 21 mil sugestões (das quais quatro mil traziam mensagens negativas, contrárias aos utilitários[34]). Esses exemplos têm seus poréns: os únicos anúncios que de fato foram ao ar tiveram de ser aprovados e processados na sede da empresa, o que constitui um desvio do modelo P2P.

Uma rede P2P autêntica, completamente descentralizada, de anúncios concebidos pelos usuários por meio de crowdsourcing, funcionaria de modo diferente: os clientes criariam as peças e, em seguida, um grupo de usuários-editores escolheria aquelas a serem postadas em seus sites. Os anúncios que efetivamente ganhassem cliques seriam mantidos e/ou compartilhados; os ineficazes, abandonados. Em um contexto como esse, alguns usuários de talento poderiam assumir o papel das agências de publicidade (assim como vêm assumindo muitas outras atividades especializadas). Da mesma maneira que alguns amadores já ganham a vida vendendo licenças para uso de suas fotos ou comprando e vendendo quinquilharias no eBay, sem dúvida, muitas pessoas em breve vão ganhar a vida produzindo infinitas variações de anúncios publicitários.

Vamos combinar: se você fosse dono de uma empresa anunciante, o que preferiria? Contratar um caro serviço para bolar uma única campanha baseada no melhor palpite de publicitários ou convocar milhares de jovens criativos para bolar, aprimorar e testar incessantemente os anúncios de seus produtos? Como sempre acontece, do outro lado também se impõe um dilema para os usuários interessados nessas oportunidades. O que é melhor: atender ao apelo de um grande anunciante e tentar ser o melhor criador entre outros milhares de concorrentes ou, ao contrário, trabalhar sozinho com um produto totalmente desconhecido, mas com a possibilidade de colher todos os resultados positivos caso crie um anúncio bem-sucedido? Fãs de determinados produtos adorariam a chance de bolar anúncios para eles. Na condição de verdadeiros aficionados, acreditam que conhecem o produto como ninguém e avaliam os anúncios atualmente veiculados (se houver) como falhos. Ou seja, não lhes falta confiança e disposição para tentar produzir algo melhor.

Até que ponto seria realista esperar que as grandes empresas abram mão do controle sobre suas peças publicitárias? Não muito. As corporações não serão as primeiras a entrar nessa onda. Levará muitos anos para inovadores impetuosos – pressionados por um orçamento de publicidade pequeno ou nulo e com pouco a perder – descobrirem como desbravar o terreno. Como aconteceu com o AdSense, a alavancagem do sistema não vai se basear nas grandes companhias. Ao contrário, esse novo espaço publicitário interessa ao setor de negócios de pequeno e médio porte – um bilhão de empresas que jamais imaginaram encomendar uma campanha de publicidade descolada, muito menos criá-la por conta própria. Com um sistema P2P, essa publicidade seria criada por usuários apaixonados (e/ou gananciosos) e liberada de forma viral nos territórios inexplorados dos blogs, nos quais os melhores anúncios evoluiriam por meio de testes e aperfeiçoamentos até se tornarem eficazes em sua tarefa de seduzir o público.

Ao mapear rotas de atenção alternativas, conseguimos detectar a existência de muitas possibilidades ainda inexploradas. Esther Dyson,

200 | INEVITÁVEL

investidora e uma das pioneiras da internet, há muito tempo reclama da assimetria da atenção aos e-mails.[35] Como teve papel ativo na formação da governança da internet e no financiamento de muitas startups inovadoras, sua caixa de entrada transborda de e-mails de desconhecidos. Segundo ela, "o e-mail é um sistema que permite que qualquer pessoa inclua itens na minha lista de coisas para fazer". Por enquanto, não há custo algum para incluir um e-mail na lista de pendências de alguém. Vinte anos atrás, porém, Esther já propunha um sistema que permitisse ao destinatário cobrar dos remetentes para ler seus e-mails. Em outras palavras, se você enviasse um e-mail para Esther, teria de pagar a ela para que a mensagem fosse lida. Ela poderia cobrar US$ 0,25 de determinados remetentes, como estudantes, ou um valor mais alto (talvez US$ 2) para ler um comunicado de imprensa enviado por uma empresa de relações públicas. Amigos e parentes provavelmente não seriam taxados. Já uma proposta complexa, enviada por um empreendedor, poderia justificar um preço de US$ 5. As cobranças também poderiam ser emitidas retroativamente, depois que um e-mail fosse lido. Como Esther é uma investidora extremamente requisitada, seu filtro-padrão tenderia a ser alto, com uma média de US$ 3 por mensagem lida. Uma pessoa comum não teria como cobrar um preço tão alto, mas *qualquer* cobrança já atuaria como filtro. E, ainda mais importante, um filtro de valor razoável sinalizaria ao destinatário que a mensagem é considerada "importante".

O destinatário não precisaria ser tão prestigiado quanto Esther Dyson para que valha a pena pagar para enviar um e-mail a ele. Imagine esse destinatário como um pequeno formador de opinião. Um uso extremamente eficaz da nuvem é desemaranhar redes de seguidores e seguidos. A cognificação em massa pode rastrear toda a confusa teia de quem influencia quem. Uma pessoa que influencia um pequeno número de amigos (os quais, por sua vez, influenciam outros usuários da internet e assim por diante) pode receber uma classificação diferente de quem influencia um grupo numeroso, mas que não exerce influência sobre mais ninguém. Status é um fator local e específico. Uma adolescente com muitas amigas leais, que a seguem como exemplo na moda, tem uma classificação de influência muito mais alta do que o presidente-executivo de uma empresa de tecnologia. Essa análise das redes de relacionamentos pode se estender até o terceiro e o quarto níveis (o amigo de um amigo de um amigo), numa explosão de complexidade computacional. Com base nessa complexidade, vários tipos de pontuação podem ser atribuídos a diferentes graus de influência e atenção. Uma pessoa com alta pontuação cobraria mais para ler um e-mail, mas também poderia ajustar suas cobranças com base na pontuação do remetente, incluindo ainda mais complexidade e custos para calcular o valor.

O princípio de pagar diretamente às pessoas por sua atenção também pode ser estendido à publicidade. Damos atenção aos anúncios de graça. Por que não cobrar das empresas para assistir aos seus comerciais? Como no esquema proposto por Esther, pessoas diferentes poderiam cobrar taxas diferentes, dependendo da origem do anúncio. E cada consumidor teria um quociente de desejabilidade diferente para o anunciante. Alguns espectadores valeriam muito. Os varejistas estimam os gastos totais de um cliente ao longo de seu tempo de vida.[36] Valeria a pena, por exemplo, oferecer um desconto inicial de US$ 200 para um cliente cuja projeção seria gastar US$ 10 mil ao longo da vida. Além do potencial de gastos, cada cliente também apresenta um potencial de influência a ser exercida em sua vida – considerando que essa influência repercute entre os seguidores diretos da pessoa, mas também se propaga para os seguidores dos seguidores e assim por diante. Essa influência total poderia ser computada e estimada. Se a pessoa fosse avaliada com alto grau de influência para seu tempo de vida, uma empresa poderia decidir pagá-la diretamente para influenciar seus seguidores, em vez de gastar com produção e veiculação de anúncios. O pagamento seria em dinheiro ou em produtos e serviços. É basicamente essa a função das sacolas de brindes distribuídas na cerimônia do Oscar. Em 2015, os mimos ofertados aos astros indicados ao prêmio somaram nada menos de US$ 168 mil em produtos e serviços,[37] compondo um mix de itens de consumo (batons, pirulitos, travesseiros de viagem), hospedagens em hotéis de luxo e pacotes de viagem. As empresas fazem os cálculos e decidem que vale a pena dar brindes caros aos indicados ao Oscar, na aposta de que são grandes influenciadores. Os presenteados não necessariamente precisam daqueles brindes ou farão uso deles, mas há a possibilidade de que falem ou postem sobre eles em suas comunicações com os fãs.

Os indicados e vencedores do Oscar obviamente constituem um grupo mais do que seleto, não fazem parte da maioria da população. Mas, em escala menor, pessoas bem conhecidas em sua região, cidade, bairro ou escola podem reunir um grupo de seguidores consideravelmente fiéis e conquistar uma alta pontuação de influência em seu tempo de vida. Até recentemente era impossível identificar a miríade dessas microcelebridades em uma população de centenas de milhões de pessoas. Hoje, os avanços na tecnologia de filtragem e compartilhamento de mídia possibilitam identificar esses astros anônimos – e as empresas se voltam em massa para eles. Em vez da festa do Oscar, os varejistas podem se direcionar a uma rede enorme de pequenos influenciadores. Empresas conhecidas como grandes anunciantes, no limite, teriam até como abdicar dos anúncios, usando as milionárias verbas que seriam destinadas à publicidade para comprar a atenção de dezenas de milhares de pequenos influenciadores, fazendo pagamentos diretamente em suas contas.

Ainda não exploramos todas as possíveis maneiras de comercializar e administrar atenção e influência. Um continente vazio está se abrindo diante de nossos olhos. Muitas das modalidades mais interessantes – como ser pago pela atenção ou influência – ainda estão por nascer. As futuras formas de atenção ainda serão criadas com base em uma coreografia de streams de influência sujeita a monitoramento, filtragem, compartilhamento e remixagem. O volume de dados necessários para orquestrar essa dança da atenção vai atingir um novo patamar de complexidade.

A vida contemporânea já é consideravelmente mais complexa do que era cinco anos atrás. Precisamos dar atenção a um número muito maior de fontes para podermos trabalhar, aprender, cuidar dos filhos e até para nos divertir. O número de fatores e possibilidades às quais temos de prestar atenção aumenta a cada ano, de maneira quase exponencial. Desse modo, nosso permanente estado de distração e nossa incurável mania de saltar de uma coisa à outra não são um sinal de desastre, mas uma adaptação necessária ao novo ambiente. O Google não nos deixa mais burros. Ao contrário, precisamos surfar pela web para ganhar agilidade e nos manter alertas à próxima novidade. O cérebro humano não evoluiu para processar zilhões de coisas. Isso está além de nossa capacidade natural, de modo que precisamos contar com máquinas para dar conta da tarefa. Para aproveitar a explosão de coisas que criamos, precisamos de um sistema de filtros sobrepostos a filtros, operando em tempo real.

Um importante acelerador dessa explosão de superabundância – a qual demanda incrementos constantes de filtragem – é o barateamento cumulativo de quase tudo. Em geral, com o tempo, a tecnologia tende à gratuidade, que, por sua vez, tende à abundância. De início, pode ser difícil acreditar que a tecnologia caminha para a gratuidade, mas isso se aplica à maioria dos casos. Quando uma tecnologia persiste por um bom tempo, seus custos começam a se aproximar do zero (porém, sem jamais atingi-lo). Não está longe o dia em que qualquer função tecnológica específica vai nos parecer praticamente gratuita. Essa tendência parece se aplicar tanto para itens básicos, como alimentos e matérias-primas (muitas vezes chamados de commodities), e produtos mais complexos (como eletrodomésticos) quanto para serviços e bens intangíveis. Os custos de tudo isso (por unidade fixa) vêm caindo ao longo da história, especialmente desde a Revolução Industrial. De acordo com um artigo de 2002 publicado pelo Fundo Monetário Internacional, "os preços das commodities têm apresentado uma tendência de queda de aproximadamente 1% por ano nos últimos 140 anos".[38] Por um século e meio, os preços vêm baixando rumo ao zero.

E não estamos falando apenas de chips de computador e equipamentos de alta tecnologia. Praticamente tudo o que fazemos, em todos os setores, tende à mesma direção econômica, ficando cada vez mais barato a cada dia. Um exemplo: o custo declinante do cobre.[39] Abarcando um longo período (desde 1800), o gráfico do preço do cobre mostra flutuações, mas em geral apresenta tendência de queda. Apesar de tender a zero (e apesar dos altos e baixos), o preço jamais vai atingir o limite do absolutamente gratuito. Em vez disso, arrasta-se em movimento constante em direção ao limite ideal, em uma série infinita de diferenças cada vez menores. Esse padrão, de uma trajetória reta paralela ao limite sem jamais atingi-lo, é chamado de assíntota. O preço, no caso, não é zero, mas efetivamente zero. Ele também é conhecido como "barato demais para medir", próximo demais de zero para ser rastreado.

Isso nos deixa diante da grande questão da era da plenitude barata. O que de fato tem valor? Pode parecer uma grande contradição, mas a atenção que dedicamos às commodities não vale muito. É muito fácil desviar uma mente distraída. A escassez que resta na sociedade abundante é o tipo de atenção que não provém das commodities nem tem foco nelas. As únicas coisas cujo custo aumenta enquanto todo o resto aproxima-se de zero são as experiências humanas – que não são sujeitas a cópia. Todo o resto torna-se commoditizado e filtrável.

O valor da experiência está em alta. O setor do entretenimento de luxo cresce 6,5% por ano.[40] Os gastos em restaurantes e bares aumentaram 9% só em 2015.[41] O preço médio do ingresso para um show de música subiu quase 400% de 1981 a 2012.[42] As despesas com cuidados médicos, nos Estados Unidos, também cresceram 400% entre 1982 e 2014.[43] O preço médio de uma babá norte-americana é de US$ 15 por hora,[44] o dobro do salário mínimo do país. Nas grandes cidades, não raro, pais pagam US$ 100 para alguém cuidar das crianças enquanto saem para jantar ou ir ao cinema. O serviço de personal trainers que dedicam atenção individualizada para proporcionar uma experiência intensamente física figura entre as atividades que mais crescem. Na área de cuidados a doentes terminais, o custo dos medicamentos e dos tratamentos registra queda, mas o preço das visitas domiciliares – serviços experienciais – está em alta.[45] E o céu é o limite para as despesas com cerimônias de casamento. Não estamos falando de commodities, mas de experiências, às quais dedicamos nossa preciosa, escassa e completa atenção. Para os criadores dessas experiências, nossa atenção vale muito. Não é por acaso que seres humanos destacam-se na criação e no consumo de experiências. Não é coisa para robôs. Se você quiser ter um vislumbre do que nós, humanos, faremos quando os robôs assumirem nossos atuais empregos, fique atento às experiências. Será com elas que vamos gastar dinheiro (sim, elas não serão gratuitas) e também será delas que vamos tirar nosso ganha-pão. Usaremos a tecnologia para produzir commodities, mas não nos tornaremos uma delas – as experiências que criarmos nos salvarão desse risco.

O mais curioso de toda uma categoria tecnológica voltada a melhorar a experiência e a personalização é que ela nos pressiona a descobrir quem somos. Em breve, estaremos morando na Biblioteca de Tudo, cercados da presença líquida de todas as obras existentes da humanidade, a um clique de distância, de graça. Os melhores filtros estarão de prontidão, nos orientando discretamente, prontos para satisfazer nossos desejos. "O que você quer?", os filtros perguntam. "Você pode escolher o que quiser. De todas as opções, o que você mais deseja?" Os filtros nos observam há anos e já se adiantam ao que vamos pedir. Só que não sabemos o que queremos. Ainda não nos conhecemos muito bem. Até certo ponto, vamos depender que os filtros nos apontem o que queremos – não de modo autoritário, como um senhor de escravos, mas como um espelho. Vamos dar ouvidos às sugestões e recomendações geradas por nosso próprio comportamento, a fim de tentarmos entender quem somos. Os cem milhões de linhas de código rodando nos milhões de servidores da internuvem filtram, filtram e filtram sem parar, ajudando a destilar aquilo que seria a nossa personalidade. Não tem fundamento o receio de que a tecnologia irá homogeneizar o ser humano, transformando-o em commodity. Quanto mais personalização, mais fácil fica o trabalho dos filtros, pois nos tornamos diferentes uns dos outros, uma distinção concreta que os filtros conseguem captar. Em sua essência, a economia moderna fundamenta-se na distinção e no poder das diferenças, os quais podem ser acentuados pelos filtros e pela tecnologia. Podemos usar a filtragem de massa para aguçar o entendimento de quem somos, para nos distinguir uns dos outros enquanto indivíduos. Para nos personalizar.

Mais filtragem será inevitável, porque não podemos parar de fazer coisas novas. Dentre essas coisas, emergirão no futuro próximo recursos inéditos para filtrar e personalizar – meios de fazer com que, cada vez mais, sejamos mais nós mesmos.

8
REMIXAR

Paul Romer, economista da New York University especializado na teoria do crescimento econômico, diz que o verdadeiro desenvolvimento sustentável não resulta de novos recursos, mas do rearranjo dos recursos existentes[1] para aumentar seu valor. Em outras palavras, o crescimento provém da remixagem. Por sua vez, o economista do Santa Fe Institute, do Novo México, Brian Arthur, afirma que todas as novas tecnologias resultam de uma combinação de tecnologias existentes.[2] As modernas tecnologias, assim, nascem do rearranjo e da remixagem de tecnologias primitivas anteriores. Considerando que é possível combinar centenas de tecnologias simples com centenas de milhares de tecnologias complexas, existe um número ilimitado de novas tecnologias possíveis – sendo que todas elas são remixagens. O que se aplica ao crescimento econômico e tecnológico também pode ser dito sobre o crescimento digital. Vivemos uma época de remixagem produtiva. Os inovadores recombinam gêneros de mídia simples com gêneros mais complexos para produzir um número ilimitado de novos gêneros de mídia. E, quanto maior a quantidade desses novos gêneros, maior será o universo de possibilidades de mídia que poderão emergir das remixagens baseadas neles. O número de possíveis combinações aumenta de modo exponencial, expandindo rapidamente a cultura e a economia.

Vivemos na era de ouro das novas mídias. Nas últimas décadas, centenas de meios de comunicação foram criados com base na remixagem de velhos gêneros. As mídias "clássicas", como um artigo de jornal, um seriado de TV de meia hora ou uma canção pop de quatro minutos, sobrevivem e seguem desfrutando de grande popularidade. No entanto, a tecnologia digital desagrega esses formatos em seus elementos constitutivos para que possam ser recombinados de novas maneiras. Entre os formatos recentes incluem-se o listicle (junção de *list* e *article*, neologismo do inglês para definir um artigo publicado na web em forma de lista) e o tuíte de 140 caracteres. Alguns desses formatos recombinados já são tão robustos que passaram a constituir um novo gênero. Esses novos gêneros, por sua vez, logo também serão desagregados, recombinados e remixados para formar centenas de outros gêneros nas próximas décadas. Alguns já se popularizaram a ponto de englobar pelo menos um milhão de criadores e um público composto de centenas de milhões de pessoas.

Por trás de todo livro best-seller, por exemplo, estão legiões de fãs que escrevem as próprias sequências da história original, colocando seus personagens preferidos em mundos ligeiramente alterados. Essas narrativas estendidas, extremamente imaginativas, recebem o nome de fan fiction ou apenas fanfic. Essas obras não são oficiais – não contam com a cooperação nem a aprovação formal dos autores do livro original – e muitas delas remixam elementos de mais de uma obra ou de mais de um autor. Seu público principal é composto de outros fãs ardorosos. Um site de fanfic relaciona 1,5 milhão de títulos do gênero.[3]

Por meio de um celular com um app chamado Vine, é possível gravar vídeos curtíssimos (de até seis segundos) e compartilhá-los com facilidade. Seis segundos em *loop* (repetindo-se sem parar) bastam para montar uma cena engraçada ou para flagrar um desastre, os quais podem se espalhar pela rede como vírus. O app contempla recursos para editar esses microclipes a fim de maximizar seu efeito final. Narrativas entrecortadas compostas por sequências de seis segundos são um modo popular de visualização. Em 2013, 12 milhões de clipes do Vine[4] foram postados por dia no Twitter e em 2015 os usuários acumularam 1,5 bilhão de *loops* diários.[5] Algumas estrelas do Vine chegam a ter um milhão de seguidores. Mas existe um outro tipo de linguagem em vídeo ainda mais enxuta: o GIF animado. Trata-se da microanimação feita a partir de uma imagem quase estática, mas que executa um pequeno movimento em um ciclo de um ou dois segundos, o qual é repetido várias vezes, em *loop*. Um GIF animado, portanto, poderia ser considerado um vídeo de um segundo. Apesar da curta duração, muita coisa torna-se interessante sob o efeito do *loop*: alguém tomando um susto, um rosto contorcendo-se em uma careta esquisita, uma cena famosa de um filme ou qualquer padrão que valha a pena ser repetido. A infinita repetição induz a uma observação mais atenta e, não raro, a cena transcende em significado. Como seria de se esperar, já foram criados sites dedicados exclusivamente a promover os GIFs.

Esses exemplos dão apenas uma vaga ideia da explosão e do frenesi dos novos formatos que devem surgir nas próximas décadas. Pegue qualquer um desses gêneros, multiplique-o e, em seguida, combine os subprodutos entre si. Já dá para vislumbrar os contornos nascentes dos novos gêneros que podem surgir. Com a ponta do dedo sobre a tela de um dispositivo, no futuro, vamos arrastar objetos para fora das cenas dos filmes e remixá-los em nossas próprias fotos. Um clique na câmera do celular vai capturar um panorama e exibir sua história em palavras, que poderemos usar para fazer anotações sobre a imagem. Texto, som e movimento continuarão a fundir-se. Munidos das novas ferramentas, seremos capazes de criar nossas visões sob demanda. Levaremos apenas alguns segundos para gerar uma imagem verossímil de uma rosa com pétalas azul-esverdeadas, brilhando sob o orvalho, ornando um vaso dourado – talvez em um intervalo de tempo mais curto do que demorei para digitar esta frase. E essa é apenas a cena de abertura.

A fungibilidade suprema dos bits digitais possibilita que as formas transformem-se facilmente, passando por processos de mutação e hibridação. O veloz fluxo de bits permite que um programa emule outro. Simular alguma outra forma é uma função nativa das mídias digitais. Não há como fugir dessa multiplicidade. O número de opções de mídia só vai aumentar. A variedade de gêneros e subgêneros continuará a se multiplicar rapidamente. É bem verdade que alguns se tornarão populares enquanto outros vão decair, mas poucos vão desaparecer completamente. O mundo sempre terá fãs de ópera, mesmo daqui a um século. E também terá um bilhão de fanáticos por videogame e uma centena de milhões de mundos de realidade virtual.

A fluidez dos bits em constante aceleração continuará a inundar as mídias nos próximos 30 anos, promovendo uma grande onda de remixagem.

Enquanto isso, as baratas e universais ferramentas de criação (câmeras de celular com resolução de vários megapixels, YouTube Capture, iMovie) vêm reduzindo velozmente o esforço necessário para criar imagens em movimento, colocando em xeque a grande assimetria inerente a todas as mídias. Por exemplo, é mais fácil ler um livro do que escrevê-lo, ouvir uma música do que compô-la, assistir a uma peça de teatro do que encená-la. Filmes de longa-metragem, em particular, têm sido, desde sempre, portadores de uma enorme assimetria: o trabalho intensamente colaborativo necessário para reunir pedaços de película quimicamente tratada e montá-los para formar um filme tornava *muitíssimo* mais fácil assistir a um sucesso do cinema do que produzi-lo. Um campeão de bilheteria de Hollywood pode exigir um milhão de horas de trabalho de produção,[6] mas é consumido em apenas duas horas. Para a absoluta perplexidade dos especialistas que sentenciaram que os espectadores jamais abandonariam sua confortável passividade, nos últimos anos dezenas de milhões de pessoas passaram incontáveis horas fazendo os próprios produtos audiovisuais. Conta pontos a favor, claro, o fato de hoje existir um público pronto e acessível, potencialmente composto de bilhões de pessoas, bem como a possibilidade de escolha entre várias modalidades de criação. Com a abundância de novos dispositivos, tutoriais, incentivos dos amigos e seguidores e softwares diabolicamente inteligentes, ficou quase tão fácil produzir um vídeo quanto escrever um texto.

Hollywood não faz filmes desse modo, claro. Um megassucesso de bilheteria é um gigantesco monstrengo personalizado feito à mão. Como um tigre siberiano, exige nossa atenção... mas também é muito raro. Todo ano, cerca de 600 longa-metragens são lançados na América do Norte,[7] o que resulta na soma aproximada de 1.200 horas de imagens em movimento. Parece muito, mas é somente uma minúscula parcela entre as centenas de milhões de horas de imagens em movimento produzidas anualmente por toda a população do planeta. Diante desse volume, insignificantes 1.200 horas caem na margem de arredondamento do número final.

É fácil associar o imponente tigre a uma representação de poder no reino animal, mas, na verdade, o diminuto gafanhoto, estatisticamente, seria uma escolha mais acertada. O filme artesanal de Hollywood é um tigre raro. Não deve entrar em extinção, mas, se quisermos ter um vislumbre do futuro do cinema, precisamos estudar as criaturas que pululam na base da pirâmide – a selva de vídeos do YouTube, filmes indie, seriados de TV, documentários, comerciais, informes publicitários, mashups e supercuts (colagens de múltiplos videoclipes curtos) produzidos na escala de uma nuvem de insetos – e não apenas no restrito ápice da cadeia alimentar habitado pelos tigres. Vídeos do YouTube são vistos mais de 12 bilhões de vezes em um único mês.[8] Os mais populares foram visualizados vários bilhões de vezes cada um, mais do que qualquer blockbuster de Hollywood.[9] Mais de cem milhões de videoclipes curtos[10] com audiências extremamente modestas são compartilhados na rede todos os dias. A julgar meramente pelo volume e pela quantidade de atenção coletivamente atraída, esses produtos audiovisuais hoje ocupam o centro de nossa cultura. O nível de habilidade dos criadores varia muito. Algumas produções têm sofisticação similar à de um filme de Hollywood, mas a maioria é feita no celular por garotos se divertindo na cozinha de casa. Se Hollywood ocupa o topo da pirâmide, é na base que está toda uma cena em ebulição – dali vai emergir o futuro da imagem em movimento.

A grande maioria dessas produções à margem da indústria tradicional depende da remixagem, que facilita enormemente a criação. Cineastas amadores usam trilhas sonoras encontradas na internet ou gravam as próprias músicas e efeitos sonoros, recortam e rearranjam cenas, inserem textos e criam uma nova história a partir de obras existentes ou as recontam de um ponto de vista diferente. A remixagem de comerciais é galopante. Cada gênero, em geral, segue um formato definido.

O remix de trailers de filmes é um exemplo. Na verdade, em tempos recentes, os próprios trailers já vinham constituindo uma forma de arte. Breves e com narrativas compactas, eles são uma boa matéria bruta para, por meio de recortes e remontagens, compor narrativas alternativas – tais como bem-humorados trailers de filmes imaginários. Um amador anônimo, assim, pode transformar uma comédia em filme de terror ou vice-versa. Remixar a trilha sonora é uma maneira comum de produzir um mashup com esses filmes curtos. Alguns fãs criam videoclipes musicais reunindo e mixando sucessos do pop contemporâneo com imagens editadas de obscuros filmes cult. Ou, então, cortam cenas de um filme com sua estrela de cinema favorita e as editam ao som de uma canção bizarramente improvável. Essas obras remixadas tornam-se videoclipes de um universo de fantasia. Há tempos, fãs devotos de bandas pop fazem uploads de vídeos de suas canções favoritas incluindo legendas em fontes garrafais com a letra da música. A popularidade dessas peças legendadas fez com que algumas bandas começassem a lançar vídeos oficiais também com as letras das músicas. As palavras flutuam sobre as imagens em sincronia com os sons, compondo uma verdadeira remixagem, com convergência de texto, imagem e áudio – uma música para ser lida e assistida, além de ouvida.

O remix de vídeos pode chegar a se transformar em uma espécie de esporte coletivo. Centenas de milhares de aficionados por anime (do mundo todo, congregados pela internet, naturalmente) dedicam-se à remixagem de desenhos animados japoneses. Recortam as animações originais em trechos minúsculos, alguns com apenas poucos quadros de imagens, e os rearranjam com um programa de edição de vídeo, acrescentando novos efeitos sonoros e músicas, além de, muitas vezes, dublagens em outros idiomas. Esse processo provavelmente envolve muito mais trabalho do que o despendido na produção do próprio anime original – mas incomparavelmente menos esforço do que o necessário para criar um clipe simples há 30 anos. Os vídeos remixados de anime contam histórias totalmente novas. No âmbito dessa subcultura, nenhuma conquista é maior do que a conquista da disputa *Iron Editor*.[11] Assim como o *Iron Chef*, concurso de culinária na TV, no *Iron Editor* os participantes têm de trabalhar em tempo real, uns contra os outros, remixando vídeos diante de uma plateia para demonstrar sua supremacia no domínio da linguagem visual. Os melhores editores são capazes de remixar vídeos com a mesma velocidade que você digita um texto.

O recurso do mashup (misturar, em inglês) foi tomado emprestado do universo do texto. Assim como quem escreve, o autor do remix pode recortar e colar palavras numa página, fazer citações literais de um especialista, parafrasear uma bela expressão. Também é possível incluir em sua criação uma camada de detalhes encontrados em outros lugares, inspirar-se na estrutura de outras obras para usá-la na própria narrativa. Ou, ainda, transferir frames de imagens de um lado para outro, como se estivesse trocando frases de lugar. A aplicação de todas essas ações textuais a imagens em movimento resulta em uma nova linguagem visual.

Uma imagem armazenada no disco de memória (e não na película de celuloide) caracteriza-se pela liquidez, podendo ser manipulada como se fosse composta de palavras e não de fotogramas. Alguns cineastas de Hollywood, como George Lucas, adotaram cedo a tecnologia digital (Lucas fundou a Pixar) e foram pioneiros de um estilo mais fluente de produção cinematográfica. Em seus filmes da franquia *Star Wars*, Lucas desenvolveu um método de criação que tem mais elementos em comum com o modo como livros e pinturas são feitos do que com a cinematografia tradicional.[12]

No cinema clássico, uma produção é planejada em cenas. As cenas são filmadas (normalmente, mais de uma vez), escolhem-se as melhores e monta-se a narrativa final. Às vezes, quando a história não fica bem contada com as cenas disponíveis, o diretor tem de voltar ao set de filmagem até obter o material do jeito que idealizou. Com a nova fluência cinematográfica possibilitada pela tecnologia digital, contudo, uma cena de filme agora ficou muito mais maleável e pode ser comparada a um parágrafo de texto: é passível de constante revisão. As cenas não são mais capturadas (como em uma foto), mas desenvolvidas de maneira incremental, como uma pintura ou um texto. Adicionam-se camadas de refinamento visual e de áudio sobre um esboço bruto de movimento, em uma mixagem que se mantém em fluxo constante, sempre mutável. O último filme da saga *Star Wars* de George Lucas foi composto em camadas sobrepostas dessa maneira autoral, literária. Para acertar o ritmo e o timing, Lucas primeiro gravou as cenas em esboços brutos e as refinou, acrescentando detalhes e resolução até ficar satisfeito. Sabres de luz e outros efeitos foram pintados digitalmente, camada por camada. Nem um único quadro do filme final permaneceu sem manipulação. Os filmes de George Lucas são basicamente escritos pixel por pixel. Na verdade, todos os quadros de uma superprodução de ação de Hollywood, hoje, são construídos com tantas camadas de detalhes adicionais que deveriam ser classificados como pintura em movimento, em vez de fotografia em movimento.

Na grande mente coletiva da criação de imagens, algo parecido já está acontecendo com as fotografias estáticas. A cada minuto, milhares de fotógrafos fazem o upload de suas mais recentes fotos em sites e apps como Instagram, Snapchat, WhatsApp, Facebook e Flickr. São mais de 1,5 trilhão de fotos postadas até agora,[13] sobre qualquer tema imaginável. Ainda não consegui pensar em uma imagem que não pudesse ser encontrada num desses sites. O Flickr oferece mais de meio milhão de fotos só da ponte Golden Gate, de São Francisco. Todos os ângulos imagináveis, todas as condições de iluminação e todos os pontos de vista da Golden Gate já foram testados e postados. Se quiser usar uma imagem da ponte no seu vídeo ou filme, você certamente não precisará fotografá-la. A foto que você quer já existe. Tudo o que você precisa é de uma maneira fácil de encontrá-la.

Avanços semelhantes foram feitos nos modelos 3D. No arquivo desses modelos gerados no software SketchUp, é possível encontrar reproduções virtuais tridimensionais incrivelmente detalhadas da maioria das principais estruturas construídas do mundo. Precisa gravar uma cena em uma rua de Nova York? Lá você vai encontrar um set virtual para seu filme. Precisa de uma ponte Golden Gate virtual? Lá você vai encontrá-la, com um nível de detalhamento que beira a obsessão, incluindo cada rebite de aço. Com poderosas ferramentas de busca e especificação, clipes de alta resolução de qualquer ponte do mundo podem ser inseridos nesse dicionário visual compartilhado, para serem reutilizados. É possível montar um filme a partir de clipes disponíveis ou se valer dessas imagens «prontas para usar" como sets virtuais de filmagem. O teórico de mídia Lev Manovich chama isso de "database cinema".[14] Os bancos de dados de imagens formam toda uma nova gramática para o cinema.

Enfim, é assim que os autores trabalham. Mergulhamos num banco de dados finito de palavras existentes, chamado dicionário, e escolhemos e rearranjamos algumas delas para formar artigos, romances e poemas que ninguém nunca leu antes. O prazer está no ineditismo da combinação – na verdade, é raro o autor que inventa novas palavras. Até os melhores escritores fazem sua mágica, em grande parte, remixando palavras já utilizadas e amplamente compartilhadas. Logo, estaremos manipulando as imagens como já o fazemos com as palavras.

Para os diretores que dominam essa nova linguagem cinematográfica, até as cenas mais fotorrealistas são alteradas, refeitas e reescritas quadro a quadro. Desse modo, o cinema fica livre dos grilhões da fotografia. Os cineastas já podem se despedir do frustrante método de capturar a imagem da realidade, em caríssima película de celuloide, para depois tentar aproximá-la da imagem de fantasia que haviam concebido em suas mentes. Agora a realidade, ou a fantasia, é construída pixel a pixel, do mesmo modo como um autor constrói um romance com uma palavra de cada vez. A fotografia exalta o mundo como ele é, ao passo que esse novo modo de fazer cinema, como a escrita e a pintura, foi concebido para explorar o mundo como ele poderia ser.

Mas não basta produzir filmes com facilidade. A imprensa de Gutenberg facilitou a produção de livros, mas não libertou completamente o texto. Ao longo da história, o verdadeiro domínio dessa mídia também exigiu uma sequência de inovações e técnicas que permitiram que escritores e leitores comuns manipulassem o texto de maneiras a canalizar sua utilidade. Por exemplo, símbolos de citação (as aspas) simplificaram a tarefa de indicar os trechos tomados de empréstimo de outro autor. Ainda não temos uma notação similar na mídia audiovisual, mas precisamos de algo parecido. Em um grande documento de texto, o sumário nos fornece uma prévia geral do conteúdo para nos ajudar a navegar pela obra. Isso requer numeração de página, inventada no século 13.[15] Qual seria o equivalente no vídeo? Textos extensos também demandam um índice remissivo, conceito concebido pelos gregos e mais tarde adaptado para as bibliotecas. Em breve, a inteligência artificial nos brindará com uma maneira de indexar o conteúdo de um filme. As notas de rodapé, inventadas por volta do século 12,[16] permitem que informações complementares sejam exibidas à parte do texto principal, a fim de não prejudicar a fluência da narrativa. Um recurso como esse também seria interessante no vídeo. A referência bibliográfica (criada no século 13) permite ao leitor localizar a fonte externa de onde foi extraída determinada informação que influencia, enriquece ou amplia a credibilidade do conteúdo de um livro.[17] Imagine um vídeo com esse tipo de referência. Hoje, temos os hiperlinks, que vinculam um texto ao outro, e as tags, palavras-chave que servem para auxiliar na organização de informações, relacionando diferentes conteúdos.

Todas essas invenções, entre outras, possibilitam a qualquer um recortar e colar ideias alheias, associá-las com os próprios pensamentos ou com outras ideias relacionadas, pesquisar em vastas bibliotecas de obras, encontrar assuntos rapidamente, alterar sequências de textos, reencontrar materiais, remixar ideias, citar especialistas e parafrasear seus artistas preferidos. Essas ferramentas, mais do que apenas a leitura, constituem os fundamentos da alfabetização.

Se a alfabetização significava a capacidade de analisar e manipular textos, a nova fluência das mídias implica a capacidade de analisar e manipular imagens em movimento com a mesma facilidade. Mas, até agora, essas ferramentas de "leitura" da visualidade ainda não chegaram. Um exemplo: o clássico filme *A Felicidade Não se Compra* tem uma cena de corrida ao banco, com correntistas desesperados para sacar seu dinheiro. Se eu quisesse fazer uma analogia visual entre o velho filme de Frank Capra com as recentes falências bancárias, não seria fácil indicar a referência com precisão. Eu poderia simplesmente mencionar o título do filme, como acabei de fazer. Ou, então, citar a marca da minutagem em que a cena em questão aparece (recurso disponível no Youtube). Mas não teria como criar um link vinculando a citação somente à "passagem" exata contida num filme online. Ainda não temos o equivalente a um hiperlink para filmes. No dia em que isso se tornar possível, poderão ser citados fotogramas ou frames específicos de uma obra audiovisual ou itens específicos de um fotograma ou frame. No futuro, um historiador estudioso do vestuário oriental talvez queira fazer uma referência ao fez, chapéu típico usado por algum personagem do filme *Casablanca*. Idealmente, esse pesquisador seria capaz de se referir apenas ao fez (e não ao personagem), criando um link para sua imagem à medida que o chapéu se "move" por vários fotogramas do filme – da mesma forma como, em um texto, consigo criar com facilidade um link para uma referência impressa do fez. Seria ainda melhor se o historiador pudesse criar referências cruzadas entre o fez de *Casablanca* e outros vídeos e filmes exibindo o mesmo tipo de chapéu.

Quando os recursos de visualidade estiverem plenamente desenvolvidos, eu deveria ser capaz de citar qualquer objeto, fotograma ou cena de filme em qualquer outro objeto, quadro ou cena de filme. Eu poderia pesquisar o índice remissivo visual do conteúdo, consultar seu sumário visual ou apenas dar uma conferida na sinopse visual (correspondente às orelhas de um livro). Mas como fazer todas essas coisas? Como folhear um filme do mesmo modo como folheamos um romance escrito?

Levamos várias centenas de anos para popularizar as ferramentas de domínio do texto depois da invenção da imprensa. No entanto, não demoraremos tanto assim para usar as primeiras ferramentas de domínio visual. Elas já estão emergindo em laboratórios de pesquisa – e à margem da cultura digital. Voltemos à questão de folhear um filme de longa-metragem. Uma possível maneira seria por meio do avanço rápido pelas duas horas do filme, para "folheá-lo" em apenas alguns minutos. Outro jeito seria condensar o filme numa versão abreviada, como um trailer. Esses dois métodos valem-se do artifício de comprimir o tempo, transformando horas em minutos. No entanto, não seria bom se houvesse um modo de reduzir o conteúdo de um filme a imagens que possam ser consultadas rapidamente, assim como o sumário de um livro?

Pesquisas acadêmicas produziram interessantes protótipos de resumos de vídeo, mas nada que funcione bem para filmes inteiros. Alguns sites populares, como os de pornografia, com enormes seleções de filmes, conceberam uma solução que permite ao usuário passar os olhos, em questão de segundos, pelo conteúdo de cada obra: basta posicionar o mouse no quadro de título do vídeo e uma sequência de frames é disparada, como uma rápida apresentação de slides, que resume visualmente um conteúdo de algumas horas. Pode-se usar um software específico para identificar os quadros principais do filme e maximizar a eficácia do sumário.

O santo graal da futura linguagem visual é a encontrabilidade – a capacidade de, assim como o Google varre a web, vasculhar o acervo de todos os filmes e buscar em suas profundezas um conteúdo específico. A ideia é possibilitar que você digite palavras-chave ou simplesmente diga "bicicleta mais cachorro", para ter acesso a cenas de filmes exibindo bicicleta e cachorro. Em um instante, seria possível localizar o exato momento de *O Mágico de Oz* em que a senhorita Gulch sequestra o cãozinho Totó e sai pedalando. E mais: você também poderia pedir ao Google para buscar cenas semelhantes a essa em todos os outros filmes. Falta pouco para isso ser possível.

A IA em nuvem do Google está ganhando inteligência visual rapidamente.[18] Já é fabulosa a sua capacidade de reconhecer e rememorar cada objeto nos bilhões de fotos pessoais que foram transferidos para a web por usuários como eu. Mostre uma foto de um rapaz levantando poeira na estrada com sua moto ou uma imagem de um par de pizzas assando e a IA vai criar os rótulos: "rapaz de moto em estrada de terra" e "duas pizzas no forno". Tanto no Google quanto no Facebook, há algum tempo a IA identifica o nome de pessoas retratadas em fotografias.

O que se aplica a uma imagem estática também pode se aplicar a imagens em movimento. Vale lembrar que filmes, afinal, não passam de uma longa série de imagens estáticas em sequência. A leitura inteligente de filmes, claro, requer muito mais poder de processamento, em parte devido à dimensão adicional do tempo (os objetos continuam em cena à medida que a câmera se move?). Em poucos anos, contudo, seremos capazes de usar IA para fazer buscas em vídeos. E, quando isso acontecer, começaremos a explorar as possibilidades gutenberguianas das imagens em movimento. "Eu diria que os dados contidos nos pixels de imagens e vídeos constituem a matéria escura da internet", declara Fei-Fei Li, diretor do laboratório de IA da Stanford University. "Estamos começando a lançar luz sobre ela."

Conforme fica cada vez mais fácil criar imagens em movimento, armazená-las, modificá-las e combiná-las para formar narrativas complexas, também tem se tornado mais fácil para o público remanipulá-las. Isso confere às imagens uma liquidez semelhante à das palavras. Imagens fluidas escorrem rapidamente para outras telas, prontas para migrar para as novas mídias e infiltrar-se nos meios de comunicação mais antigos. Como bits alfabéticos, podem ser espremidas em links ou expandidas para se adequar a motores de busca e bancos de dados. Imagens flexíveis convidam a uma gratificante participação tanto de criadores quanto de consumidores, como já acontece no âmbito do texto.

Além da encontrabilidade, outra revolução que está em curso no audiovisual tem a ver com o que chamo de "rebobinabilidade". Em outros tempos, na era da oralidade, quando alguém falava, precisávamos ouvir com toda a atenção, porque as palavras se desvanecem no ar assim que proferidas. Antes do advento da tecnologia de gravação, não havia como "rebobinar" o discurso (no sentido de voltar ao momento do início da fala e repetir a experiência de ouvir as mesmas palavras para captar aquilo que escapara de nossa atenção).

Ocorrida milhares de anos atrás, a grande virada histórica da comunicação oral para a escrita contemplou o público (leitor) com a possibilidade de rebobinagem do discurso – ou, em outras palavras, com a possibilidade não só de ler, mas também de reler um texto.

Uma das qualidades revolucionárias do livro é sua permanente integridade: ele não muda e está à disposição para ser lido e relido quando e quantas vezes o leitor quiser. Com efeito, o maior elogio possível a um autor é dizer que você releu uma obra dele. Os escritores lançam mão de muitos recursos para explorar essa característica dos livros, escrevendo-os para serem relidos: criam um enredo que muda de sentido a cada nova leitura, ocultam ironias só reveladas na releitura ou recheiam a história de detalhes que requerem um estudo minucioso, e muitas releituras, para serem decifrados. Vladimir Nabokov afirmou: "Não se pode ler um livro; podemos apenas relê-lo".[19] Nos romances de Nabokov, muitas vezes o narrador não é confiável (por exemplo, em *Fogo Pálido* e *Ada ou Ardor*), o que deixa o leitor inquieto e disposto a reler a história em busca de obter uma perspectiva mais clara. Os melhores romances de mistério e suspense tendem a terminar com reviravoltas de última hora que atordoam o leitor, mas que, numa segunda leitura, saltam aos olhos e evidenciam o brilhantismo do autor na construção da trama. Os sete livros da série *Harry Potter* incluem tantas pistas escondidas que sempre vale a pena reler as histórias para desfrutar ao máximo do encanto da saga.

As mídias baseadas em telas no século passado tinham muito em comum com os livros. Os filmes de cinema também nasceram lineares, seguindo uma linha narrativa. Mas, ao contrário dos livros, raramente eram revistos. Até os mais populares campeões de bilheteria eram lançados nos cinemas em um determinado dia, ficavam um mês em cartaz e, depois, dificilmente eram reexibidos, exceto quando uma reprise era transmitida de madrugada na TV, décadas depois. No século que precedeu a fita de vídeo, não havia como o espectador repetir um filme. O mesmo acontecia com a televisão. Um programa era transmitido de acordo com uma programação – ou o público o assistia naquele horário ou nunca mais. Era raro ver um filme recém-lançado mais de uma vez e, na TV, apenas alguns episódios de programas ganhavam direito a reprise na temporada de férias. E, mesmo assim, para assisti-los, o espectador precisava estar atento, a fim de não perder o dia e a hora marcados para a reprise ir ao ar.

Devido a essa característica "oral" do cinema e da TV, os filmes e programas eram criados com base na premissa de que só seriam vistos uma vez. Essa premissa, transformada em atributo, obrigou a expressão narrativa a transmitir o máximo possível logo à primeira, e talvez única, impressão. Contudo, isso também reduzia o potencial estético da obra, já que ela poderia incluir muito mais coisas para serem usufruídas em uma segunda ou terceira apreciação.

Primeiro com o videocassete, depois com os DVDs, mais tarde com os TiVos e agora com o streaming de vídeo, a tecnologia só tem tornado mais fácil, até trivial, rebobinar as obras nas telas. Se quiser rever alguma coisa, é só voltar ao começo. Quantas vezes quiser. Se quiser ver apenas um trecho do filme ou programa de TV, também pode fazer isso a qualquer momento. A possibilidade de rebobinagem também aplica-se a comerciais, notícias, documentários, videoclipes – na verdade, praticamente tudo o que estiver online. Mais do que qualquer outro fator, essa "rebobinabilidade" transformou os comerciais em uma nova forma de arte. A capacidade de revê-los os libertou da prisão dos vislumbres efêmeros no intervalo de espetáculos igualmente efêmeros, dando-lhes o status de pequenas obras criativas a merecerem releituras, como livros – além de serem compartilhados, discutidos, analisados e estudados.

Hoje testemunhamos a mesma inevitável rebobinabilidade das notícias baseadas em telas. No passado, os noticiários de TV constituíam um fluxo passageiro de informações para consumo instantâneo, que nunca foram concebidas para serem gravadas e revistas. Hoje, eles são rebobináveis. Quando rebobinamos as notícias, podemos comparar sua veracidade, as motivações para sua publicação, suas pretensões. Podemos compartilhá-las, checar os fatos apresentados e mixá-las. Como a multidão ganhou a capacidade de rebobinar e rever o que foi dito, políticos, autoridades e figuras públicas precisam ter mais cuidado com o que dizem e com a forma como agem.

A possibilidade de rebobinagem é o que faz com que obras de ficção audiovisual de mais de 120 horas, como *Lost*, *The Wire* ou *Battlestar Galactica*, sejam viáveis e prazerosas. Suas tramas incluem inúmeros detalhes, incorporados com engenhosidade por roteiristas e diretores para parecerem invisíveis aos olhos de quem assiste pela primeira vez, de modo que rebobinar para reassistir torna-se parte essencial da diversão do espectador.

O advento da gravação fonográfica trouxe a rebobinabilidade para a seara da música, revolucionando-a. A música ao vivo, feita para consumo em tempo real da plateia, variava de uma apresentação para outra. A tecnologia que permitiu eternizar uma interpretação da música por meio de sua gravação – e a consequente alternativa de rebobinar para reouvir – mudou essa área para sempre. As canções em média ficaram mais curtas, mais melódicas e repetíveis.

Os games atuais incluem funções de volta no tempo que permitem replays, novas tentativas ou vidas extras, um conceito relacionado. Podemos rebobinar a experiência e reiniciar o jogo a partir de determinado ponto, com variações ligeiramente diferentes a cada vez, até dominarmos o nível. Nos mais recentes games de corrida, o jogador consegue voltar para qualquer ponto literalmente retrocedendo a ação. Todos os principais pacotes de software incluem um botão de *undo* ("desfazer") que permite ao usuário retroceder. Os melhores apps permitem o "desfazer" de modo ilimitado, nos possibilitando rebobinar até onde quisermos. Os mais complexos programas de computador de uso comercial da atualidade, como o Photoshop ou o Illustrator, empregam um recurso chamado de "edição não destrutiva", que possibilita voltar a qualquer ponto específico do trabalho, a qualquer momento, e reiniciar tudo a partir dali, não importando quantas mudanças já tiverem sido feitas. A genialidade da Wikipédia está no fato de a plataforma também empregar a edição não destrutiva. Em outras palavras, as versões anteriores de um artigo são mantidas para sempre, de modo que qualquer leitor pode efetivamente rebobinar todas as edições já realizadas e voltar no tempo. Essa permanente possibilidade de "refazer" qualquer coisa, a partir de qualquer ponto, encoraja a criatividade.

222 | INEVITÁVEL

Ambientes imersivos e realidades virtuais, no futuro, inevitavelmente serão capazes de rebobinagem para estágios anteriores. Na verdade, qualquer mídia digital vai admitir os recursos de desfazer, rebobinar e remixar.

Em breve, nós tenderemos a ficar impacientes com experiências que não incluírem botões de *undo*, tal como uma refeição. Não podemos desfazer nem rebobinar os exatos sabores e aromas experimentados em um jantar específico. Se pudéssemos, sem dúvida, isso revolucionaria a gastronomia.

A replicação das mídias em termos de cópias perfeitas já foi bem explorada. Mas a replicação das mídias em termos de rebobinagem ainda tem muito a ser revelado. Quando começarmos a fazer o lifelog de nossas atividades diárias e a registrar nossos streams ao vivo, uma parte cada vez maior da vida se tornará rebobinável. Não raro, vasculho meus e-mails várias vezes ao dia no intuito de me rebobinar até algum episódio passado de meu cotidiano. Quando a rebobinabilidade plena de uma existência humana for possível, provavelmente isso mudará nosso comportamento, nosso jeito de agir. A capacidade de retroceder com facilidade, precisão e profundidade para rever e repensar nossos atos passados deve mudar o modo como viveremos.

No futuro próximo, teremos a opção de registrar as conversas que quisermos. Não custará nada. Só precisaremos de um dispositivo (talvez vestível) para poder nos rebobinar com facilidade. Algumas pessoas vão registrar tudo, como um auxílio para suas memórias. Uma necessária etiqueta social em torno das recordações terá de ser ajustada continuamente e conversações privadas serão suscetíveis de sigilo. Cada vez mais, tudo o que acontece em público será gravado – e poderá ser revisto – por celulares, webcams montadas no painel dos carros e câmeras de vigilância instaladas em ruas e semáforos. Policiais serão obrigados por lei a registrar todas as atividades de seus dispositivos vestíveis enquanto estiverem em serviço. A rebobinagem de registros da força policial deve mexer com a opinião pública. A rotina diária de políticos e celebridades poderá ser rebobinada de vários pontos de vista, criando uma nova cultura na qual o passado de todos poderá ser evocado.

A rebobinabilidade e a encontrabilidade são apenas duas transformações radicais pelas quais as imagens em movimento estão passando.

Esses dois fatores de remixagem – e muitos outros – podem se aplicar a todas as mídias recém-digitalizadas, como a realidade virtual, a música, o rádio, as apresentações e assim por diante.

———————

A remixagem – ou seja, o rearranjo e a reutilização das partes existentes – leva o caos a noções tradicionais de propriedade e posse. Se uma melodia for um item que você possui, como uma casa, o meu direito de usar a *sua* melodia sem permissão ou pagamento é limitado. Mas, como já vimos, os bits digitais são notoriamente não tangíveis e não rivais. Têm uma natureza mais próxima das ideias do que dos imóveis. Em 1813, Thomas Jefferson já percebia que ideias, na verdade, não podiam ser consideradas propriedades – ou, se fossem, seriam propriedades muito diferentes dos imóveis. "O homem que recebe uma ideia de mim, recebe um pouco de educação sem diminuir a minha educação. Quando ele acende sua vela na minha, ele recebe luz sem me deixar no escuro",[20] escreveu. Se Jefferson desse a casa dele em Monticello para alguém, essa pessoa ficaria com o imóvel e ele, sem teto. Mas se ele desse uma ideia a esse alguém, ambos se beneficiariam e ninguém perderia nada. Nesse axioma reside a incerteza no que se refere à propriedade intelectual na atualidade.

Em geral, o sistema jurídico ainda baseia-se em princípios agrários, nos quais o que vale é a propriedade. O sistema não está conseguindo acompanhar os avanços da era digital. Não por falta de tentativa, mas por dificuldade em compreender um âmbito no qual seu supremo valor – a propriedade – já não tem mais tanta relevância.

Como alguém pode "possuir" uma melodia? Você continua tendo a melodia depois de dá-la a mim. No entanto, em que sentido é possível dizer que a melodia é sua se ela diferir em apenas uma nota em comparação com uma outra melodia, composta há mil anos? Alguém pode ser o dono de uma nota musical? Se você me vender uma cópia dessa nota musical, qual será a original e qual será a cópia? E o que dizer do backup ou do streaming de uma nota musical? Não são meras questões teóricas e obscuras. A música constitui um dos principais itens de exportação dos Estados Unidos, representando um setor multibilionário.[21] O dilema sobre qual aspecto da música intangível pode ser uma propriedade – e como esse conteúdo pode ser remixado – ocupa o centro das atenções.

Neste exato momento, estão sendo travadas nos tribunais acirradas disputas envolvendo o direito de "pegar emprestado" (samplear) trechos de música para remixar – especialmente quando a canção original ou seu remix faturaram muito dinheiro. A questão da remixagem, a reutilização do material de uma fonte de notícias para criar outro material, constitui uma importante restrição para a nova mídia jornalística. A incerteza jurídica quanto ao reúso de trechos de obras digitalizadas pelo Google foi uma das principais razões pelas quais a empresa fechou seu ambicioso programa de digitalização de livros[22] (embora os juristas tenham decidido tardiamente a favor da empresa, no fim de 2015). A propriedade intelectual ainda é um território pantanoso.

Muitos aspectos das leis contemporâneas de propriedade intelectual são incompatíveis com a realidade operacional da tecnologia. Por exemplo, a lei norte-americana de direitos autorais concede monopólio temporário ao criador por sua criação, visando incentivar que ele siga criando. No entanto, esse privilégio foi estendido para pelo menos 70 anos após a morte do criador,[23] ou seja, muito tempo depois de ele ter deixado de ser capaz de criar qualquer outra coisa. Em muitos casos, esse improdutivo monopólio chega a durar cem anos e continua sendo estendido, de modo que nem poderia ser mais considerado "temporário". Em um mundo que avança na velocidade da internet, uma restrição legal de um século constitui um grande entrave à inovação e à criatividade. Trata-se de um fardo herdado da antiga civilização baseada em átomos.

A economia global inteira está se afastando da matéria para se aproximar dos bits intangíveis. Distancia-se da propriedade e se volta para o acesso. Vira as costas para o valor das cópias e se concentra no valor das redes. Acolhe a inevitabilidade da remixagem constante, incessante e crescente. As leis demorarão a acompanhar o avanço, mas também devem evoluir.

E o que as novas leis deveriam favorecer no mundo da remixagem? A apropriação de material existente é uma prática venerável e necessária. Como os economistas Paul Romer e Brian Arthur lembram, a recombinação é, na verdade, a única fonte de inovação – e de riqueza.

Sugiro, então, que uma pergunta básica nos sirva como norte: "O item foi transformado pela pessoa ou entidade que o tomou emprestado?". A remixagem, o mashup, a apropriação, o empréstimo – esses recursos transformaram o original em vez de apenas copiá-lo? Andy Warhol transformou a lata de sopa da Campbell? Se sim, parece evidente que o item derivado não constitui uma cópia: o original foi mudado, enriquecido, evoluído. Caso a caso, precisaremos buscar essa resposta para distinguir as meras cópias de obras que ganharam novos significados.

O critério da transformação constitui um teste incrivelmente eficaz, uma vez que "transformar" é o mesmo que "tornar". O termo "transformação" implica que as criações que fazemos hoje se tornarão (e foram feitas para se tornar) alguma outra coisa amanhã. Nada pode permanecer intocado, inalterado. Com isso, quero dizer que cada criação imbuída de algum valor acabará inevitavelmente transformada – em alguma versão – em algo diferente. A versão de *Harry Potter* que J. K. Rowling publicou em 1997 sempre estará disponível, mas é inevitável que outras mil versões de fan fiction sejam criadas por aficionados da saga nas próximas décadas. Quanto mais influente ou relevante for a invenção ou criação original, mais chances ela terá de ser transformada por outras pessoas que não sejam o criador.

Daqui a 30 anos, as obras culturais mais importantes e as mídias mais eficazes serão aquelas que mais forem objeto de remixagem.

9

INTERAGIR

A realidade virtual (ou VR, do inglês *virtual reality*) é um mundo falso que parece absolutamente autêntico. Podemos ter uma ideia desse mundo quando assistimos a um filme em 3D numa gigantesca tela IMAX com som surround. Em instantes, nos vemos imersos em um mundo diferente, o que é exatamente o objetivo da VR. No entanto, essa ainda não é uma experiência completa de VR, porque, apesar de a imaginação viajar na escuridão da sala de cinema, o corpo permanece na poltrona. A *sensação* é a de estar sentado na poltrona. Na sala de cinema, essa condição – sentar-se em um lugar fixo, olhando passivamente para a tela – é indispensável para que a magia imersiva funcione.

Uma experiência de VR muito mais avançada assemelha-se ao mundo confrontado pelo herói Neo no filme *Matrix*. Quando Neo corre, pula e combate uma centena de clones no mundo informatizado, a sensação para ele é totalmente real. Talvez até hiper-real, ou seja, mais real do que o real. A visão, a audição e o tato de Neo ficam tão completamente imersos no mundo sintético que ele não consegue perceber sua artificialidade. Um modo ainda mais avançado de VR é o holodeck da série *Star Trek*. No equipamento imaginado pelos roteiristas, projeções holográficas de objetos e pessoas são tão reais que chegam a ser sensíveis ao toque. Um ambiente simulado no qual podemos entrar quando quisermos é um sonho recorrente da ficção científica que já deveria ter sido concretizado há muito tempo.

A atual tecnologia de VR situa-se em algum ponto entre a sensação básica de um filme 3D na tela IMAX e a suprema simulação do holodeck. Em 2016, a realidade imersiva nos permitia visitar uma mansão totalmente mobiliada de um bilionário em Malibu, cômodo por cômodo, como se o visitante realmente estivesse lá – quando, na verdade, está a mil quilômetros de distância usando um capacete no escritório de uma imobiliária. Vivi essa experiência recentemente. Em vez dela, poderia ser uma aventura em um mundo de fantasia repleto de unicórnios relinchando alegremente, no qual teríamos a sensação de estar voando assim que colocássemos óculos especiais. Ou uma versão alternativa da vida real em que, sentado à mesa da baia do escritório, você lidaria com touchscreens flutuantes para trocar ideias com o avatar de um colega de trabalho que está em outro país. Em cada um desses casos, a sensação é a de estar fisicamente presente no mundo virtual, em grande parte porque se pode fazer coisas olhar ao redor, andar livremente em qualquer direção, mover objetos –, o que convence o usuário de estar "realmente" lá.

Há pouco tempo, tive a oportunidade de mergulhar em muitos protótipos de mundos de VR. Os melhores deles proporcionavam uma indiscutível sensação de presença. Em geral, ao aumentar o grau de realismo quando se conta uma história, o objetivo é suspender a descrença. Isso não se aplica à VR: seu objetivo é reforçar a crença – a crença de que estamos em outro lugar e, talvez, até de que somos outra pessoa. Ainda que nossa mente saiba o tempo todo que, na verdade, estamos sentados em uma cadeira giratória, nosso "eu" corporificado será convencido de que estamos, por exemplo, em uma heroica travessia por um pântano repleto de perigos.

Na última década, os pesquisadores voltados à criação de VR estabeleceram uma demonstração padrão dessa presença dominadora. O visitante fica de pé, no centro de uma sala de espera genérica. Um par de grandes óculos escuros descansa sobre um banquinho. Assim que o visitante os coloca, mergulha imediatamente na versão virtual da mesma sala onde ele estava de pé, com as mesmas paredes e cadeiras genéricas. Pouca coisa muda de seu ponto de vista. Ele olha ao redor e a cena parece um pouco mais rudimentar vista através dos óculos. Aos poucos, porém, o piso da sala começa a ceder, deixando o visitante de pé sobre uma prancha – que logo está flutuando 30 metros acima do resto da sala, que ficou lá embaixo. O visitante é convidado a andar até a beirada da prancha suspensa sobre um abismo absolutamente realista. O grau de realismo da cena melhorou tanto com os anos que a reação do visitante tornou-se bastante previsível. Ou ele fica paralisado de pavor, sem conseguir mover os pés, ou treme ao avançar centímetro por centímetro, com a palma das mãos suando.

Quando fui mergulhado nessa cena, reagi da mesma maneira. Minha mente vacilou. Racionalmente, eu tentava me convencer de que estava em uma sala escura nos laboratórios de pesquisa da Stanford University,[1] mas minha mente primitiva já dominara meu corpo. Meus sentidos insistiam que eu estava empoleirado em uma prancha estreita a uma altura assustadora e que eu deveria sair de lá imediatamente! Minha acrofobia entrou em cena. Os joelhos começaram a tremer e fiquei à beira de passar mal. Então, fiz uma bobagem. Decidi saltar da prancha na tentativa de pousar um pouco mais abaixo, numa reentrância próxima no abismo do mundo virtual. É claro que não havia nada "abaixo" ali naquela sala, de modo que, na prática, tentei mergulhar do chão para o chão. Felizmente, antes que me machucasse, fui apanhado por dois fortes assistentes, que estavam de prontidão na sala justamente para tal tipo de eventualidade. Minha reação foi totalmente normal. Quase todo mundo cai.

Uma VR completamente verossímil está prestes a ser criada. Admito que, no passado, me equivoquei ao avaliar essa tecnologia. Em 1989, um amigo de um amigo me convidou para fazer uma visita a seu laboratório em Redwood City, na Califórnia, para examinar um equipamento que havia inventado. Quando cheguei, descobri que o laboratório não passava de duas salas quase vazias de um complexo de escritórios. As paredes estavam repletas de uma galeria de coletes de neoprene decorados com fios, grandes luvas equipadas com componentes eletrônicos e fileiras e mais fileiras de óculos de natação cobertos de fita vedante. O inventor que havia me convidado, Jaron Lanier, exibia uma cabeleira composta por dreadlocks loiros até os ombros. Eu não sabia ao certo o que esperar, mas ele me prometeu uma nova experiência, algo que ele chamou de realidade virtual.

Poucos minutos depois, Lanier me entregou uma luva preta, com uma dúzia de fios serpenteando pelos dedos e percorrendo a sala toda

230 | INEVITÁVEL

até se conectarem a um computador doméstico. Vesti a luva. Em seguida, Lanier colocou na minha cabeça um par de óculos negros suspensos por uma teia de tiras. Um cabo preto e grosso descia pelas minhas costas, também conectado ao computador. Quando abri os olhos sob os óculos, já estava dentro da nova realidade. Era um lugar banhado por uma luz azul difusa. Dava para ver uma versão de desenho animado da minha luva na exata posição em que minha mão parecia estar. A luva virtual movia-se em sincronia com minha mão. Logo, eu já a entendia como "minha" luva e a sensação – física e não apenas mental – era a de que não estava mais no escritório. O próprio Lanier imergiu no mundo de sua própria criação. Usando seu próprio conjunto de capacete e luvas, apareceu ali com o avatar de uma garota, já que uma funcionalidade do sistema permitia criar avatares do jeito que o usuário quisesse. E nós dois, então, nos tornamos habitantes daquele primeiro espaço de sonho compartilhado. Em 1989.

Lanier popularizou o termo "realidade virtual", mas não era o único envolvido no desenvolvimento de simulações imersivas naquela época, no fim dos anos 1980. Várias universidades, algumas startups e pesquisadores militares dos Estados Unidos tinham protótipos comparáveis, alguns com abordagens ligeiramente diferentes para criar o fenômeno. De minha parte, achei que havia visto o futuro durante o mergulho no microcosmos de Lanier e quis que todos os meus amigos e especialistas tivessem a mesma experiência. Com ajuda da revista que editava na época, a *Whole Earth Review*, organizamos a primeira demonstração pública de todas as plataformas de VR existentes no fim de 1990. Durante 24 horas, do meio-dia de sábado ao meio-dia de domingo, qualquer pessoa poderia comprar um ingresso para vivenciar o maior número possível das duas dúzias de protótipos VR em exposição. De madrugada, vi o paladino das drogas psicodélicas Timothy Leary comparar a realidade virtual com o LSD. A impressão dominante gerada pelas parafernálias repletas de bugs foi de total plausibilidade. Aquelas simulações eram reais. As imagens, ainda rudimentares, às vezes travavam, mas não havia como questionar o efeito pretendido: nós éramos transportados a outro lugar, para fora do real. Na manhã seguinte, perguntaram a William Gibson, então um promissor escritor de ficção científica que passara a noite em claro vivenciando o ciberespaço, o que ele havia achado daqueles portais para mundos sintéticos. Foi então que ele proferiu sua famosa sentença: "O futuro já chegou. Só não está uniformemente distribuído.".

A VR era tão irregular, contudo, que acabou saindo do foco da atenção geral. Os passos seguintes não foram dados. Todos nós, eu inclusive, achávamos que a tecnologia da VR estaria por toda parte em cinco anos – no máximo, até o ano 2000. Mas nenhum avanço significativo foi feito até 2015, 25 anos depois do trabalho pioneiro de Jaron Lanier. Nesse intervalo de tempo, a VR sempre esteve perto de dar seu grande salto, mas nunca perto o suficiente. Em estadias "prolongadas" no mundo virtual, de mais de 10 minutos, o visual rudimentar e o movimento vacilante das imagens causavam náuseas. O custo de um equipamento com processamento o bastante para solucionar esses problemas era de muitas dezenas de milhares de dólares. Desse modo, a VR manteve-se fora do alcance dos consumidores e, portanto, também fora do alcance de muitos desenvolvedores de startups, que dependiam da formação de um mercado consumidor para poder impulsionar sua criação de conteúdos de VR.

Um quarto de século mais tarde, um salvador mais do que improvável entrou em cena: o smartphone. O sucesso global desenfreado dos celulares levou à decolagem da qualidade de suas pequenas telas de alta resolução, ao mesmo tempo em que o custo de produção despencou. As "lentes" de um par de óculos de VR têm aproximadamente o mesmo tamanho e resolução de uma tela de smartphone. Resultado: hoje, os headsets de VR são construídos basicamente com a tecnologia de baixo custo das telas de celular. Ao mesmo tempo, os sensores de movimento dos celulares seguiram caminho semelhante – alta de desempenho acompanhada de queda de custo – e também migraram para a aplicação em displays de realidade virtual, para emular as posições da cabeça, mãos e corpo do usuário de VR. Com efeito, os primeiros modelos comerciais de VR, lançados por Samsung e Google, usam um smartphone normal encaixado dentro do *head-mounted display* – HMD, dispositivo de vídeo com fones de ouvido, vestido na cabeça.[2] Ao colocar um Samsung Gear VR, você olha para um celular, que rastreia seus movimentos e o mergulha em um mundo alternativo.

Não é difícil projetar que a VR logo dominará os filmes no futuro, particularmente em gêneros como terror, erótico ou suspense. Também é fácil imaginar a VR tomando conta dos videogames. Sem dúvida, centenas de milhões de jogadores vão adorar vestir um traje, luvas e capacete para serem teletransportados a um lugar distante: sozinhos ou em grupos de amigos, viverão possibilidades literalmente de outro mundo. Não é de surpreender, portanto, que o desenvolvimento das aplicações comerciais dessa tecnologia esteja sendo bancado principalmente pela indústria dos games. Mas a VR é muito mais do que isso.

Dois elementos impulsionam o rápido avanço atual da VR: presença e interação. "Presença" é a mercadoria que a VR vende. Todas as tendências históricas da tecnologia cinematográfica voltam-se ao realismo cada vez maior, incluindo o som, a cor, a exibição em 3D e as velocidades de projeção cada vez mais rápidas e fluidas. Atualmente, todas essas tendências estão sendo aceleradas na área da realidade virtual. A cada semana, a resolução aumenta, a velocidade de projeção dá um salto, o contraste se aprofunda, o espaço de cores é ampliado e o som de alta fidelidade melhora, sendo que tudo isso avança mais rápido na VR do que no cinema. Ou seja, ela está ficando mais "realista" do que os filmes – e mais rapidamente. Daqui a uma década, quando olharmos para um display de VR de ponta, nossos olhos serão enganados a ponto de nos levar a acreditar que estamos olhando através de uma janela para um mundo real. A imagem será absolutamente nítida, sem tremulações nem pixels perceptíveis. Vamos achar que o cenário é absolutamente real. Mas não será.

A segunda geração da tecnologia de VR usa uma inovadora projeção de "campo de luz".[3] (As primeiras unidades comerciais de campo de luz são o HoloLens, da Microsoft, e o Magic Leap, financiado pelo Google.[4]) O mundo virtual é projetado sobre um visor semitransparente, de maneira bem parecida com um holograma. Isso possibilita que a "realidade" projetada sobreponha-se à cena que veríamos normalmente sem os óculos especiais. Podemos estar na cozinha de casa e ver o robô R2-D2 diante de nós, em resolução perfeita. Podemos andar ao redor dele, chegar perto, até movê-lo, e ele manteria sua autenticidade. Essa sobreposição do virtual ao real leva o nome de realidade aumentada (AR, do inglês *augmented reality*). Como a porção artificial é adicionada à nossa visão concreta do mundo, nossos olhos focam-se mais profundamente do que se estivessem dirigidos para uma tela próxima, de modo que essa ilusão tecnológica incorpora um grande senso de presença. Dá para jurar que a coisa virtual de fato está lá.

A partir da realidade aumentada de campo de luz, a Microsoft planeja criar o escritório do futuro: em vez de trabalhadores acomodados em baias e diante de monitores de computador, um ambiente de layout aberto, com pessoas trabalhando com HoloLenses diante de uma enorme parede coberta de telas virtuais. Bastaria um clique para ser teletransportado para uma sala de conferências 3D e falar com uma dezena de outros colegas que moram em cidades diferentes. Ou, mediante mais um clique, ser levado a uma sala de treinamento na qual um instrutor ensina noções de primeiros socorros, orientando os avatares dos alunos quanto aos procedimentos adequados. Em geral, uma aula na realidade aumentada será mais eficaz do que no mundo real.

O realismo dos filmes está avançando mais rápido na realidade virtual do que no próprio cinema por conta de um truque viabilizado pelo dispositivo HMD. É preciso dispor de uma enorme capacidade de computação e iluminação para preencher a gigantesca tela IMAX de cinema com a resolução e o brilho necessários para nos convencer de que aquilo é uma janela para a realidade. Levar o mesmo realismo a uma tela plana doméstica de 60 polegadas constitui um desafio menor, mas ainda considerável. Muito mais fácil é preencher um minúsculo visor instalado diante dos olhos com imagens desse grau de qualidade. Como o HMD acompanha o movimento do olhar para onde quer que se dirija – já que ele está sempre diante dos olhos –, a visão de realismo nos acompanha o tempo todo. Desse modo, se for possível produzir uma imagem perfeitamente nítida e em 3D, e mantê-la sempre à vista, será possível criar um IMAX dentro da realidade virtual, não importa para onde olhemos. Poderemos dirigir os olhos para qualquer ponto da tela – o realismo vai seguir o olhar, porque a tecnologia está fisicamente conectada ao rosto. O mundo virtual completo, em 360 graus, pode ser exibido na mesma resolução perfeita do mundo real. E, como o que está diante dos olhos não passa de uma pequena área de superfície, torna-se

234 | INEVITÁVEL

muito mais fácil e mais barato introduzir melhorias de qualidade. Essa minúscula área pode evocar uma enorme presença.

A VR vende essa promessa de "presença", mas os benefícios mais duradouros dessa tecnologia devem resultar de outra frente: a interatividade. Ainda não sabemos ao certo até que ponto ficaremos à vontade, se é que ficaremos, com os desconfortos dos equipamentos de VR. Até o elegante Google Glass (que também experimentei), um display de realidade aumentada pouco invasivo e não muito maior do que um par de óculos de sol, foi considerado desajeitado demais pela maioria das pessoas, em sua primeira versão. A presença funcionará como chamariz para os usuários, mas o quociente de interatividade da VR é que garantirá sua sobrevivência e evolução. A interação em todos os graus vai se espalhar para o resto do mundo da tecnologia.

Cerca de dez anos atrás, o Second Life gozava de boa popularidade na internet. Seus usuários criavam avatares de corpo inteiro em um mundo simulado que espelhava a vida real. Muito tempo era dedicado aos ajustes dos avatares, a fim de criar figuras bonitas e bem vestidas para socializar com os avatares incrivelmente belos dos outros usuários. Incontáveis horas também eram usadas na construção de casas deslumbrantes, além de sofisticados bares e clubes noturnos. Tudo era criado em 3D, mas, devido a restrições tecnológicas, os usuários só podiam ver o mundo em 2D na tela do computador. (Em 2016, o Second Life se reinventava como mundo 3D, sob o codinome Sansar). Como nas histórias em quadrinhos, os avatares comunicavam-se por meio de balões de textos, digitados por seus respectivos donos. Com essa interface um tanto tosca, não havia como experimentar uma sensação profunda de presença. A maior atração do Second Life era o espaço completamente aberto para a construção de um ambiente quase 3D. O seu avatar encontrava um território vazio – como o deserto de Nevada, na Califórnia, às vésperas de sediar uma edição do festival Burning Man – e você podia começar a construir os melhores e mais absurdos edifícios, salas ou florestas. As leis da física não importavam, as matérias-primas eram gratuitas e tudo era possível. Porém, aprender a lidar com as ferramentas arcaicas de construção em 3D consumia muitas horas. Em 2009, uma empresa sueca de games, a Mojang, lançou o Minecraft, game de construção semelhante em "quase 3D", a partir de blocos que até uma criança podia combinar, como peças gigantes de Lego. Nenhuma aprendizagem era necessária. Muitos usuários migraram então para o Minecraft.

O sucesso do Second Life baseou-se na possibilidade de socialização entre espíritos criativos afins, mas, quando a magia social migrou para o mundo móvel, nenhum celular tinha poder de computação suficiente para lidar com o sofisticado mundo em 3D, de modo que muita gente partiu em busca de outras opções. Uma verdadeira multidão migrou para o Minecraft com suas imagens de baixa resolução repletas de pixels, o que tornava o game fácil de rodar em celulares. Mas milhões de pessoas ainda são fiéis ao Second Life: neste momento, cerca de 50 mil avatares devem estar vagando simultaneamente pelos mundos 3D imaginários construídos pelos usuários.[5] Metade deles está lá por conta do sexo virtual,[6] motivação baseada mais no componente social do que no realismo. Alguns anos atrás, o fundador do Second Life, Philip Rosedale, abriu outra companhia no ramo de tecnologia na tentativa de criar uma VR mais convincente e de olho nas oportunidades sociais de um mundo simulado aberto.

Há pouco tempo, fiz uma visita ao escritório da startup de Rosedale, a High Fidelity. Como o nome indica, o objetivo do projeto é aumentar o realismo dos mundos virtuais ocupados por milhares – talvez dezenas de milhares – de avatares ao mesmo tempo. Ou seja, viabilizar a criação de uma próspera e realista cidade virtual. A pioneira VR de Jaron Lanier permitia apenas dois ocupantes ao mesmo tempo e já então eu notara (assim como muitos outros que testaram aquele experimento na época) que, no mundo virtual, interagir com outra pessoa era muito mais interessante do que com objetos. Em 2015, percebi que as melhores demonstrações de mundos sintéticos são aquelas que evocam um profundo senso de presença não pelo maior número de pixels por polegada, mas por causa do máximo engajamento de outras pessoas. Para esse fim, a High Fidelity está explorando um truque interessante. Por meio dos recursos de rastreamento dos sensores, o sistema é capaz de espelhar a direção de nosso olhar nos dois mundos. Não apenas para onde você vira a cabeça, mas para onde dirige os olhos. Nanocâmeras enterradas *dentro* do headset rastreiam seus olhos e transferem o olhar para seu avatar. Isso significa que, se seu avatar conversar com outro no mundo virtual, você estará olhando diretamente nos olhos da pessoa real que é dona do avatar interlocutor e vice-versa. Mesmo se você se mover, obrigando a pessoa a girar a cabeça, os olhos dela continuarão fixos nos seus. Esse contato visual é imensamente magnético. Induz à intimidade e irradia uma inédita sensação de presença.

Nicholas Negroponte, diretor do Media Lab do MIT, gracejou na década de 1990 que o mictório do banheiro masculino[7] era mais inteligente do que seu computador pessoal: o mictório sabia detectar sua presença e dava a descarga assim que ele se afastava, enquanto o computador não tinha a menor ideia de que alguém passava o dia inteiro sentado diante dele. A piada continua valendo, até certo ponto. Laptops, tablets e celulares, em grande parte, ignoram a presença física de seus donos. Isso está começando a mudar com o barateamento das tecnologias de rastreamento ocular, como o mecanismo dos headsets de VR. O mais novo celular da linha Galaxy, da Samsung, inclui uma tecnologia que identifica o ponto exato da tela para o qual o usuário está olhando. O rastreamento dos olhos pode ser útil de muitas maneiras, por exemplo, para acelerar a navegação em tela, já que normalmente o olhar é mais rápido do que o movimento do dedo sobre o smartphone ou do mouse no monitor. Além disso, ao analisar a duração de milhares de olhares de pessoas em uma tela, um software é capaz de gerar mapas indicando as áreas de maior ou menor atenção. Assim, os administradores de um site têm como melhorar o design de sua página inicial, com base na informação de quais áreas recebem muita, pouca ou quase nenhuma atenção dos usuários. O padrão de olhar dos visitantes também serve para que um desenvolvedor de app identifique partes da interface que precisam ser melhoradas ou corrigidas. Montada no painel do automóvel, a mesma tecnologia é capaz de detectar quando o motorista está sonolento ou distraído, alertando-o para dirigir com segurança.

Os minúsculos olhos de câmeras que nos espreitam de qualquer tela podem aprender outras habilidades. Primeiro, foram treinados para detectar um rosto genérico, permitindo que câmeras digitais tivessem a função do foco automático. Em seguida, aprenderam a detectar rostos específicos – digamos, o seu –, a fim de usá-los como senhas de identificação. Antes de lhe dar acesso ao conteúdo, o laptop olha para seu rosto e fita profundamente sua íris para ter certeza de que você é você mesmo. Recentemente, pesquisadores do MIT ensinaram os olhos de nossas máquinas a detectar emoções humanas. Enquanto vemos a tela, a tela nos observa, atenta para onde olhamos e como reagimos. Rosalind Picard e Rana el Kaliouby, do Media Lab do MIT, desenvolveram um software tão sensível às emoções humanas sutis a ponto de, segundo elas, identificar uma pessoa deprimida. O programa consegue detectar cerca de duas dezenas de emoções diferentes. Tive a chance de experimentar uma versão beta dessa "tecnologia afetiva", como Picard a chama, no próprio laptop da cientista. O minúsculo olho na tampa do computador me espiou e avaliou corretamente a perplexidade e o interesse que senti conforme lia um texto difícil. Ele saberia dizer, também, caso eu me distraísse ao assistir a um filme longo. Como essa percepção ocorre em tempo real, o software inteligente sabe adaptá-la ao que estou vendo. Digamos que eu esteja lendo um livro e minha expressão fique tensa, indicando que tropecei em determinada palavra; o texto poderia exibir automaticamente uma definição do dicionário. Se o software percebe que estou relendo um mesmo trecho, ele poderia exibir um comentário explicativo. Da mesma forma, ao notar meu tédio diante da cena de um vídeo, ele pode saltar para a sequência seguinte ou acelerar a ação.

Estamos equipando nossos dispositivos com sentidos – olhos, ouvidos, movimentos – para poder interagir com eles. Os aparatos tecnológicos não só saberão que estamos diante deles, como identificarão quem somos e qual o estado momentâneo de nosso humor. É bem verdade que as empresas vão descobrir como faturar com nossas emoções quantificáveis, mas tal conhecimento também nos beneficiará diretamente, possibilitando que os dispositivos interajam conosco "com sensibilidade", como esperamos de um bom amigo.

Na década de 1990, tive uma conversa com o compositor Brian Eno sobre as rápidas mudanças na tecnologia da música, particularmente a corrida do analógico ao digital. Eno ganhou fama como criador do que hoje poderíamos chamar de música eletrônica, de modo que me surpreendi quando o ouvi menosprezando muitos instrumentos digitais.

238 | INEVITÁVEL

Ele se dizia desapontado, sobretudo, com as interfaces dos instrumentos – pequenas alavancas, controles deslizantes ou minúsculos botões montados em caixas pretas quadradas –, que restringiam a interação com o músico apenas a movimentos limitados dos dedos. Em comparação, o arranhar das cordas, o dedilhar dos teclados, a batida no couro de tambores e as demais ações exigidas por instrumentos analógicos ofereciam interações corporais mais profundas com a música. "O problema dos computadores é que eles não têm África o suficiente",[8] disse Eno. Ou seja, produzir sons no computador apenas apertando botões era como dançar só com os dedos, algo muito diferente da intensa fisicalidade da música analógica.

Microfones, câmeras e acelerômetros embutidos injetam um pouco de África nos dispositivos. Proporcionam corporificação ao aparato tecnológico, para que ele nos ouça, nos veja e nos sinta. Faça um gesto de mão para rolar a tela. Acene com o braço para comandar um Wii. Sacuda ou incline um tablet. A ideia é usar nossos pés, braços, tronco, cabeça e olhos, além dos dedos. Será que existe alguma maneira de usar o corpo inteiro para derrubar a tirania do teclado?

Uma possível resposta foi proposta no filme *Minority Report*, de 2002. O diretor Steven Spielberg queria mostrar um cenário plausível para 2050, de modo que reuniu um grupo de tecnólogos e futuristas para pensar em como seria a tecnologia do dia a dia na metade do século. Eu participei do trabalho, que consistia em descrever um quarto de dormir do futuro, como seria a música e, especialmente, como nós trabalharíamos com um computador em 2050. Todo mundo concordou que usaríamos o corpo todo, e todos os nossos sentidos, para nos comunicar com as máquinas. Nós injetaríamos um pouco de África na tecnologia trabalhando de pé, e não mais sentados. De pé, pensamos diferente. Talvez fosse possível adicionar uma pitada de Itália, também, incluindo gestos de mão em nossa interação com os computadores. Um participante do grupo, John Underkoffler, do Media Lab do MIT, estava muito à frente nesse cenário, desenvolvendo um protótipo funcional que usava movimentos das mãos para controlar visualizações de dados. O sistema de Underkoffler foi incorporado ao filme. O personagem de Tom Cruise fica de pé diante do monitor, levanta as mãos equipadas com luvas (parecidas com a de VR) e folheia blocos de dados de vigilância policial, como se estivesse regendo uma orquestra. Ele murmura instruções de voz enquanto dança com os dados. Seis anos depois, os filmes do *Homem de Ferro* resgataram essa visão de futuro. Tony Stark, o protagonista, também usa os braços para comandar visualizações em 3D de dados projetados por computadores, pegando-os nas mãos como se fossem uma bola de praia e girando pilhas de informações como se fossem objetos.

O efeito é ótimo do ponto de vista cinematográfico, mas as interfaces reais do futuro muito provavelmente induzirão ao uso das mãos mais perto do corpo. Manter os braços esticados por mais de um minuto, afinal, é um verdadeiro exercício aeróbico. Para um uso prolongado, a interação será mais parecida com a linguagem de sinais. Um empregado de escritório não ficará mais ciscando no teclado nem usará um resplandecente teclado holográfico: vai se comunicar com o computador por meio de um dispositvo que lê um conjunto de gestos de mão semelhante ao que já utilizamos: juntar os dedos na tela para diminuir o tamanho de um item, afastar os dedos para ampliá-lo, segurar e arrastar um ícone para enquadrá-lo e assim por diante. Os celulares estão muito perto de aperfeiçoar o reconhecimento de fala (inclusive conseguindo fazer traduções em tempo real), de modo que a voz terá papel importante na interação com as máquinas. Se você gostaria de ter uma imagem vívida de uma pessoa interagindo com um dispositivo portátil no ano de 2050, imagine-a usando os olhos para "selecionar" uma opção de programa a partir de um conjunto exibido na tela e grunhindo algo ou vibrando as mãos na altura da cintura para confirmar essa escolha. No futuro, resmungar e gesticular sozinho pode ser uma forma de trabalhar no computador.

E não só no computador. Todo dispositivo terá de interagir. Se isso não acontecer, saberemos que está com defeito. Passei os últimos anos coletando histórias sobre como é crescer na era digital. Como a da filha de um amigo, com menos de cinco anos de idade. Como muitas famílias contemporâneas, eles não tinham televisor em casa, apenas telas de computador ou dispositivos eletrônicos. Quando foram visitar uma casa equipada com TV, a menina ficou rondando a tela grande, vasculhando por baixo e até atrás do aparelho. "Cadê o mouse?", ela perguntou. Para a menina, obviamente deveria haver algum dispositivo para interagir com aquela coisa. Por sua vez, o filho de uma conhecida teve acesso ao computador desde os dois anos. Certa vez, quando ambos faziam compras no supermercado, ela parou para ler o rótulo de um produto. "É só clicar na caixa", sugeriu o menino, uma vez que, para ele, as caixas de cereal certamente eram interativas! Outra jovem amiga trabalhava em um parque temático. Um dia, ouviu uma menininha se queixando depois de apertar o botão de uma máquina fotográfica descartável: "Mas nem é uma câmera de verdade... não tem tela atrás para a gente ver a foto". Outro amigo, permitiu que a filha brincasse no iPad quando mal sabia andar. Pouco antes de aprender a falar, ela já descobrira como pintar e fazer outras tarefas usando os apps disponíveis no tablet. Um dia, o pai imprimiu uma imagem de alta resolução em papel fotográfico e a deixou na mesinha de centro. Ele viu a menina pegar o papel e afastar os dedinhos sobre a foto, tentando aumentar a imagem. Depois de repetir o gesto algumas vezes, sem sucesso, ela olhou para o pai, frustrada: "Papai, quebrou". Se alguma coisa não interage, ela só pode estar quebrada.

Até o objeto mais "burro" da atualidade pode melhorar muito se o equiparmos com sensores e interatividade. Eu tinha um antigo termostato padrão que controlava o sistema de aquecimento de casa. Aproveitamos uma reforma para aposentá-lo e, em seu lugar, instalamos um termostato inteligente Nest, projetado por uma equipe de ex-executivos da Apple, cuja empresa foi recentemente comprada pelo Google. O Nest detecta nossa presença. Sabe quando estamos em casa, se estamos acordados, dormindo ou de férias. Seu cérebro, conectado à nuvem, adianta-se às ações habituais da família e, com o tempo, desenvolve uma rotina padrão, o que lhe permite aquecer a casa (ou resfriá-la) apenas alguns minutos antes de chegarmos do trabalho ou desligar o climatizador de ambiente quando saímos – exceto quando estamos de férias ou nos fins de semana, quando ele também se adapta à programação doméstica. Se percebe que chegamos em casa inesperadamente, ele se ajusta. Toda essa observação e interação reduz bastante nossas despesas com conforto térmico.

Uma consequência dessa maior interação entre humanos e coisas é a celebração da corporificação do artefato. Quanto mais interativo ele for, mais belo ele deve se apresentar. Como podemos passar horas segurando o artefato, é importante que seja bem feito. A Apple foi a primeira a reconhecer que esse anseio pelo belo também aplica-se a produtos interativos. O Apple Watch é feito para ser sentido. Nós acariciamos um iPad, afagamos sua superfície mágica e olhamos fixamente para ele por horas, dias, semanas. O toque acetinado da superfície de um dispositivo, a liquidez de suas imagens tremeluzentes, a presença ou ausência de calor, a qualidade de seu design e a intensidade de seu brilho passarão a ter grande significado para nós.

O que poderia ser mais íntimo e interativo do que vestir algo que reage a nós? Os computadores marcham continuamente em nossa direção. No começo, eles ficavam alojados em distantes galpões climatizados. Depois, foram se mudando para cômodos cada vez menores, até que, sorrateiramente, empoleiraram-se nas mesas do escritório e de casa. Não satisfeitos, logo pularam para nosso colo e, recentemente, ganharam lugar cativo nos nossos bolsos. Seu próximo passo natural é entrar em contato com nossa pele – esses são os computadores que chamamos de dispositivos vestíveis.

Óculos especiais já podem nos revelar uma realidade aumentada. Um computador transparente como esse (o primeiro protótipo comercial foi o Google Glass) logo nos possibilitará ver bits invisíveis sobrepostos ao mundo físico. Como o garotinho sugeriu, em breve bastará "clicar" na caixa de cereais vendida no supermercado para que nosso dispositivo leia as metainformações. O relógio da Apple é um computador vestível – em parte, funciona como monitor de saúde, mas é principalmente um portal acessível para a nuvem. Todo o megapoder de processamento da internet e da World Wide Web é canalizado para aquele quadradinho no seu pulso. Mas os dispositivos vestíveis também serão roupas inteligentes. Costurados na camisa, chips minúsculos vão "informar" seu ciclo de lavagem ideal para a máquina de lavar inteligente. A principal função dos dispositivos vestíveis, contudo, estará focada mesmo no usuário. Tecidos experimentais como os criados pelo Project Jacquard[9] (financiado pelo Google) incluem fios condutores e finos sensores flexíveis. A peça de roupa costurada com esse material poderá interagir conosco: vamos passar os dedos pelo punho da camisa como quem manipula um iPad e com a mesma finalidade: ter acesso a alguma coisa disponível em alguma tela (como aquela que equipará nossos óculos hi-tech). Uma camisa inteligente como o Squid, protótipo da Northeastern

University,[10] de Massachusetts, é capaz de sentir – na verdade, monitorar – nossa postura corporal, registrando-a de forma quantificada e ativando "músculos" no tecido que se contraem para corrigir a posição da nossa coluna. David Eagleman, neurocientista da Baylor College of Medicine, no Texas, inventou um colete superinteligente que permite que deficientes auditivos "ouçam" sinais táteis. Microfones incorporados ao Sensory Substitution Vest[11] registram o som de uma fala e o sistema converte essas ondas sonoras em uma escala de vibrações sobre o corpo do usuário surdo, que, por fim, decodifica os estímulos táteis em palavras. Em uma questão de meses de treinamento e adaptação, seu cérebro reconfigura-se para "traduzir" as vibrações do colete tão naturalmente quanto nós ouvimos frases inteiras, de modo que, ao usar esse tecido interativo, os surdos podem de fato ouvir.

A essa altura, você já deve ter pensado que, se existem dispositivos vestíveis para usar sobre a pele, só há uma forma de a tecnologia ficar ainda mais próxima do ser humano: cruzar a fronteira da pele, corpo adentro. Invadir a nossa mente. Conectar o computador diretamente ao cérebro. Implantes cirúrgicos cerebrais já se mostraram eficazes para pessoas cegas, surdas e paralíticas, possibilitando que pessoas com deficiência interajam com a tecnologia exclusivamente por meio da mente. Um dispositivo do gênero permitiu a uma mulher tetraplégica usar a mente para controlar um braço robótico, pegar uma garrafa de café, levá-la aos lábios e tomar a bebida.[12] Esses procedimentos radicalmente invasivos, no entanto, ainda não foram aplicados para melhorar o desempenho de uma pessoa saudável. O que existe são os controladores cerebrais não invasivos, para futura aplicação na atividade de trabalho e no entretenimento do dia a dia, e que já mostraram que funcionam. Experimentei vários protótipos de interface cérebro-computador e consegui controlar um computador pessoal só com o pensamento. O aparato geralmente consiste em um chapéu cheio de sensores, parecido com um capacete de ciclista, com um cabo comprido conectado ao PC. Ao colocá-lo na cabeça, as várias almofadas dos sensores posicionam-se sobre o couro cabeludo: elas capturam ondas cerebrais e, com o treinamento proporcionado pelo biofeedback, você se torna capaz de gerar sinais como quiser. Tais sinais são programáveis para realizar operações como "abrir o programa", "mover o mouse" e "selecionar". Você pode aprender até a "digitar". Os protótipos ainda se revelam rudimentares, mas a tecnologia melhora a cada ano.

Nas próximas décadas, vamos continuar ampliando o número de itens com os quais interagimos. A expansão segue em três direções:

1. Mais sentidos

Continuaremos acrescentando novos sensores e sentidos às coisas que fazemos. Todas elas vão ganhar olhos (a visão é quase de graça) e ouvidos, claro, mas aos poucos também poderão ser brindadas com sentidos sobre-humanos, como localização por GPS, detecção de calor, visão de raio X, sensibilidade a diversas moléculas. Esses sentidos devem permitir que as máquinas reajam às nossas ações, interajam conosco e adaptem-se ao uso que queremos fazer delas. Como a interatividade, por definição, é bidirecional, tais sentidos também vão melhorar as nossas interações com a tecnologia.

2. Mais intimidade

A zona de interação continuará cada vez mais próxima de nós – muito mais do que a já permitida hoje por dispositivos como relógio e celular. A interação será mais íntima, estará sempre ligada, em todos os lugares. A tecnologia íntima é uma fronteira totalmente aberta. Hoje já há quem se queixe da saturação da computação no nosso espaço privado, mas daqui a 20 anos vamos olhar para trás e perceber que a tecnologia ainda estava muito longe de nossa intimidade em meados da década de 2010.

3. Mais imersão

A máxima interação implica um salto para dentro da própria tecnologia. É o que a realidade virtual nos possibilita: uma computação tão próxima que nos envolve por inteiro. No interior de um mundo tecnologicamente criado, interagimos de novas maneiras uns com os outros (realidade virtual) ou com o mundo físico (realidade aumentada). A tecnologia vai se tornar uma segunda pele.

Um grupo de amadores aficionados por drones reúne-se no parque aos domingos para apostar corrida com seus pequenos quadricópteros.

244 | INEVITÁVEL

Fui convidado certo dia para assistir à disputa. Com bandeirolas e arcos de espuma, os organizadores delimitam uma pista na grama para os drones. A única maneira de pilotar competitivamente nessa acirrada prova de alta velocidade é "entrando" nos drones: câmeras minúsculas são instaladas nos aparelhos e, através de óculos de VR, os pilotos em terra conseguem ter a chamada visão "em primeira pessoa" da "aeronave" – com isso, de certa forma, cada piloto transforma-se em seu respectivo drone. Ganhei um par de óculos extra de um dos competidores, de modo que pude compartilhar as imagens transmitidas pela câmera de seu drone – ou seja, a mesma visão de um piloto. Os drones partem em velocidade percorrendo a pista, desviando de obstáculos, perseguindo uns aos outros e até colidindo entre si, em cenas que remetiam às eletrizantes corridas de pods de *Star Wars*. Um rapaz – que desde criança brincava com aviões de aeromodelismo radiocontrolados – me disse que pilotar "de dentro" do drone era a mais poderosa experiência sensorial de sua vida. Garantiu que nada era mais prazeroso do que a sensação de voar livremente pelo ar. Para ele, não havia nada de virtual naquela aventura. A experiência de voar era real.

A convergência da máxima interação com a máxima presença é encontrada hoje nos jogos eletrônicos de mundo aberto. Passei os últimos anos assistindo a meu filho adolescente jogar videogames de console. Não tenho talento suficiente para sobreviver mais de quatro minutos no mundo alternativo de um game, mas descobri que consigo passar uma hora inteira vendo meu filho enfrentar perigos, atirar em bandidos ou explorar territórios desconhecidos e prédios sombrios. Como muitos de sua geração, meu filho jogou os clássicos jogos de tiro como *Call of Duty*, *Halo* e *Uncharted 2*, com cenas que seguem um roteiro. No entanto, na qualidade de voyeur de games, o meu preferido é o hoje datado *Red Dead Redemption*, que se passa no vasto território vazio do Oeste dos caubóis norte-americanos. Esse mundo virtual é tão amplo que os jogadores passam muito tempo a cavalo, explorando cânions e povoados à procura de pistas e vagando pelo território em missões indefinidas. Adoro ver meu filho percorrer cidadezinhas fronteiriças a caminho de cumprir seus objetivos. É um filme no qual você pode perambular. A arquitetura aberta do game é similar ao popularíssimo *Grand Theft Auto*, mas muito menos violento. Ninguém sabe o que vai acontecer nem como a história vai se desenrolar.

Você pode ir a qualquer lugar nesse mundo virtual. Quer cavalgar até o rio? Ótimo. Quer perseguir um trem na ferrovia? Tudo bem. Que tal galopar ao lado do trem e saltar para dentro dele? Vá em frente. Você também pode abrir caminho com um facão pelo matagal de uma cidade à outra. Se ouvir os gritos de uma mulher pedindo socorro, fica a seu critério parar para atender ao chamado ou seguir seu caminho. Cada ação, claro, tem consequências. A mulher talvez esteja mesmo em perigo ou, quem sabe, apenas serve de isca para a emboscada de um bandido. Ao comentar o livre-arbítrio nas interações dessa trama, um crítico de games admitiu: "Fiquei sincera e agradavelmente surpreso ao ver que podia atirar na nuca do meu próprio cavalo em plena cavalgada e até esfolá-lo depois".[13] É simplesmente inebriante a liberdade de vagar em qualquer direção num mundo virtual cujas locações têm o mesmo grau de fidelidade de uma superprodução de Hollywood.

Todos os detalhes são interativos. Durante o glorioso nascer do sol em *Red Dead Redemption*, é possível contemplar o horizonte se iluminando enquanto o dia se aquece. Quase dá para sentir o clima mudando. O amarelado terreno arenoso escurece com as gotas das rajadas de chuva. Às vezes, a neblina encobre uma cidade com um véu realista, enevoando a vista. A coloração rosada dos planaltos escarpados ao longe desvanece com o passar das horas. Texturas sobrepõem-se e se acumulam. A madeira queimada, o mato seco, as cascas desgrenhadas das árvores, todos os seixos e galhinhos são representados com minúcia, em todas as escalas, lançando sombras sobrepostas perfeitas, como elementos de uma pintura. Esses detalhes e acabamentos não essenciais são surpreendentemente gratificantes. Toda essa extravagância a granel exerce um apelo enorme.

O mundo do jogo é vasto. Você pode levar em média 15 ou mais horas para percorrê-lo uma única vez, enquanto um jogador mais competitivo, decidido a conquistar todas as recompensas do game, precisaria de 40 a 50 horas para atingir seu objetivo.[14] Você pode escolher a direção que quiser a cada passo e a grama cederá ao peso de sua passada

246 | INEVITÁVEL

com perfeição, como se os desenvolvedores do game tivessem previsto que você pisaria naquele exato pedaço microscópico do mapa. Há bilhões de lugares a inspecionar de perto e que contêm recompensas, mas a maior parte de toda essa beleza jamais será vista. Esse mergulho aconchegante na abundância gratuita provoca uma grande convicção de que tudo isso é "natural", que esse mundo sempre existiu – e é um mundo bom. Em geral, a sensação no interior de um desses ambientes impecavelmente detalhados e incrivelmente interativos, que se estendem até onde os olhos conseguem enxergar, é a de estar imerso na completude. Sua mente sabe que nada é de verdade, mas, como no caso da prancha sobre o abismo, o resto do corpo acredita naquilo. Esse realismo só está esperando pela completa imersão na interatividade da VR. No momento, a riqueza espacial desses mundos é vista em 2D.

A inevitável VR de baixo custo e abundante será uma verdadeira fábrica de experiências. Vamos usá-la para visitar ambientes perigosos demais para conhecermos pessoalmente, como zonas de guerra, mares profundos ou vulcões. Outra opção é utilizar a VR para promover experiências que nos seriam impossíveis, como percorrer o interior do estômago humano ou viajar até a superfície de um cometa. As possibilidades são infinitas – trocar de sexo, compartilhar o cotidiano das lagostas ou desfrutar de uma excentricidade de milionários, como sobrevoar o Himalaia de helicóptero –, mas em geral as experiências não são sustentáveis. Gostamos de viajar, em parte, porque a visita não dura muito. A realidade virtual, pelo menos no começo, provavelmente será uma experiência imersiva de curta duração. Proporcionará uma presença tão intensa que talvez só queiramos aproveitá-la em doses homeopáticas. Os tipos de interação desejados, contudo, não conhecerão limites.

Os videogames estão abrindo caminho para novas maneiras de interagir. A liberdade interativa total sugerida por horizontes sem fim é ilusória nesses tipos de jogos. Os jogadores, ou o público, recebem tarefas a realizar e são motivados a cumpri-las até o fim. As ações no game são canalizadas como funis para levar o jogador ao próximo gargalo da narrativa, de modo que, mais cedo ou mais tarde, o jogo acaba revelando um destino, mas suas escolhas continuarão fazendo a diferença em termos de pontos acumulados. O ambiente do videogame é de certa forma tendencioso, de modo que, não importa quantas explorações você faça, em algum momento deverá esbarrar em um incidente inevitável. Quando o equilíbrio entre uma narrativa predeterminada e a interação orientada pelo livre-arbítrio é ajustado à perfeição, cria-se a percepção de uma excelente jogabilidade – aquela agradável sensação de fazer parte de algo grande que está avançando (a narrativa do jogo), ao mesmo tempo em que você ainda está no comando, fazendo suas próprias escolhas.

Os desenvolvedores de games ajustam esse equilíbrio, mas a força invisível que instiga os jogadores a seguir em determinadas direções provém da inteligência computacional. A maior parte da ação em jogos sem um fim definido – como *Red Dead Redemption*, especialmente as interações com os personagens secundários – já é direcionada pela IA. Quando paramos em um rancho para bater papo com um vaqueiro, as respostas dele são plausíveis porque em seu coração bate uma IA. As realidades virtual e aumentada são permeadas de IA também de outras maneiras. A inteligência sintética é importante para "enxergar" e mapear o mundo físico no qual de fato estamos, antes de poder nos transportar para algum mundo de fantasia. Isso inclui mapear os movimentos de nosso corpo físico. Sem a necessidade de equipamentos especiais de rastreamento, uma IA pode observar os detalhes de alguém sentado, levantando-se e caminhando em um escritório, por exemplo, e espelhar essas ações no mundo virtual. Uma IA consegue "ler" nossa trajetória no ambiente sintético e calcular as interferências necessárias para nos conduzir imperceptivelmente a determinadas direções – como só um pequeno deus poderia fazer.

Implícito na realidade virtual está o fato de que tudo o que acontece ali, sem exceção, é rastreado. O mundo sintético constitui um território sob vigilância total, uma vez que nada acontece em seu interior sem que tenha sido rastreado primeiro. Isso facilita a "gamificação" do comportamento – ou seja, a associação de ações do jogador à atribuição de pontos, passagem de fase, conquista de poderes etc. – para manter o jogo divertido. No entanto, o atual mundo físico já está tão adornado de sensores e interfaces que se tornou, ele também, um mundo de rastreamento paralelo. É como se existisse uma "realidade virtual não virtual" na qual passamos a maior parte do dia. À medida que somos monitorados pelo ambiente e monitoramos o nosso "eu" quantificado, é possível usar na vida real as mesmas técnicas de interação empregadas na realidade virtual. Vamos nos comunicar com eletrodomésticos e veículos por meio dos mesmos gestos que utilizamos na realidade virtual. O mesmo princípio de gamificação – criar incentivos para imperceptivelmente instigar participantes a avançar em determinadas direções – é perfeitamente aplicável no mundo real. Podemos passar o dia todo acumulando pontos ao escovar os dentes corretamente, caminhar dez mil passos, comer alimentos saudáveis ou dirigir com segurança, já que tudo isso será monitorado. Nossa recompensa seria passar de fase e seguir buscando mais pontos por economizar água ou separar o lixo reciclável. A vida comum, e não apenas os mundos virtuais, pode ser gamificada.

A primeira plataforma tecnológica a desestabilizar uma sociedade no decorrer de apenas uma geração humana foi constituída pelos computadores pessoais. Os celulares fundamentaram a segunda plataforma, revolucionando tudo em apenas algumas décadas. A próxima plataforma, que está emergindo agora, é o mundo virtual. Veja como poderá ser um dia de imersão nos territórios de realidade virtual (VR) e aumentada (AR) no futuro muito próximo.

Estou na realidade virtual, mas não preciso de headset. O surpreendente é que, ainda em meados da década de 2010, quase todo mundo imaginava que dispositivos como headsets e óculos especiais eram indispensáveis para se obter uma realidade aumentada básica "boa o suficiente". A imagem 3D é projetada diretamente nos meus olhos, proveniente de minúsculas fontes de luz emitidas dos cantos dos cômodos de minha casa, tudo sem a necessidade de qualquer equipamento na frente do meu rosto. A qualidade é boa o suficiente para a maioria das aplicações e já existem dezenas de milhares delas.

O primeiro app que comprei foi o de sobreposição de identidade (ID). Ele reconhece o rosto das pessoas e exibe seu nome, além de, se houver, o status de associação ou conexão delas comigo. Agora que me acostumei, nunca saio de casa sem ele. Meus amigos dizem que alguns apps de ID maliciosos apresentam muitas outras informações sobre desconhecidos, mas prefiro uma tecnologia que seja criteriosa em termos de privacidade, até porque o mau comportamento nessa área é passível de punição legal.

Fora de casa, uso um par de óculos de AR para ter uma espécie de visão de raio X do meu mundo. Assim que os visto, a primeira providência é encontrar uma boa conectividade. Quanto mais quentes as cores desse mundo, mais perto estou de uma boa banda larga. Com a AR, posso ter acesso a visualizações históricas sobrepostas a qualquer local que estiver olhando, um truque interessante que usei bastante na minha última viagem a Roma. Com a AR, uma imagem totalmente em 3D do Coliseu intacto e em tamanho real foi exibida em sincronia com as ruínas, enquanto eu percorri o monumento – foi uma experiência inesquecível. O dispositivo também me mostra comentários "pregados" virtualmente em diferentes pontos da cidade por outros visitantes – esses "bilhetes" só são visíveis para quem estiver no local. Também costumo deixar minhas observações em alguns locais, para os outros lerem. O app revela todas as tubulações subterrâneas e cabos debaixo da rua, o que, como nerd que sou, acho fascinante. Outro dia, descobri outro app bem bizarro, que mostra o preço em dólar de tudo o que vejo, na forma de grandes números em vermelho flutuando sobre cada objeto. Na verdade, praticamente qualquer tema de interesse tem um app de sobreposição, desses que exibem informações virtuais sobrepostas às imagens do mundo real. Muita arte de rua agora é feita na forma de miragens 3D. A praça central de nossa cidade abriga uma elaborada projeção rotativa em 3D que é renovada duas vezes ao ano, como uma exposição de museu de arte. A maior parte dos prédios do centro foi recoberta com fachadas alternativas de AR, cada uma criada por um arquiteto ou artista diferente. Resultado: a cidade parece outra a cada vez que caminho por ela.

Passei o ensino médio inteiro usando óculos de VR. Eram bem leves e proporcionavam uma imagem muito mais nítida do que a AR (que, em compensação, dispensa o uso de óculos). Nas aulas, eu assistia a todo tipo de simulação, especialmente de treinamentos específicos, que nos ensinavam a fazer alguma coisa. Eu preferia o modo "fantasma" nas aulas práticas, como culinária ou eletrotécnica. Foi assim que aprendi a soldar. Na AR, eu colocava minhas mãos na mesma posição das mãos do guia virtual fantasma, a fim de empunhar corretamente o ferro de solda virtual contra o ponto a ser soldado. Tentava acompanhar direitinho os movimentos das mãos fantasmas, mas minhas primeiras soldas virtuais refletiam bem minha inexperiência. Já para praticar esportes, eu usava um capacete de display. Executava as manobras com movimentos de 360 graus em um campo de verdade, copiando um corpo sombreado que me servia de guia. Também passei muito tempo treinando jogadas na VR em ambiente fechado. Alguns esportes, como a esgrima, só eram praticados dentro da VR.

No meu "escritório", tenho de usar uma viseira de AR na testa. Ela tem mais ou menos a largura da palma de minha mão e fica a alguns centímetros de distância de meus olhos. É confortável mesmo com uso prolongado. A viseira apresenta as telas virtuais ao meu redor. Uso umas 12 telas de todos os tamanhos. Por elas circulam grandes conjuntos de dados, que manipulo com as mãos. A viseira me proporciona resolução e velocidade suficientes para eu passar a maior parte do dia me comunicando com colegas virtuais. Cada um está em um local diferente, mas eu os vejo trabalhando em uma sala real e também estou presente naquela realidade. Assim como o meu, o avatar fotorrealista em 3D de meus colegas é uma representação precisa da aparência deles, em tamanho real. Costumamos nos sentar a uma mesa virtual em uma sala real enquanto trabalhamos independentemente, mas nossos avatares também podem dar uma volta por outros ambientes. Nós conversamos uns com os outros, ouvimos e vemos o que cada um está dizendo e fazendo – como se de fato dividíssemos a mesma sala. É tão prático usar o avatar que, mesmo se meu colega de trabalho estiver fisicamente do outro lado da sala real, é mais fácil conversarmos na AR do que eu me levantar e ir até onde ele está.

Quando quero usar todos os recursos da AR, uso o sistema de roaming específico. Coloco lentes de contato especiais, que me proporcionam uma visão completa de 360 graus e aparições fictícias impecáveis. Com elas, é muito difícil saber se o que estou vendo é verdadeiro ou falso – se bem que parte do meu cérebro felizmente ainda não acredita que seja possível encontrar um Godzilla de sete metros de altura caçando presas pelas ruas. Uso um anel em cada mão para o sistema rastrear meus gestos. Lentes minúsculas na minha camisa e na minha faixa de cabeça monitoram a movimentação de meu corpo e o GPS no meu dispositivo portátil me localiza com uma precisão de milímetros. Desse modo, posso percorrer a cidade como se ela fosse um mundo alternativo ou uma plataforma de jogos. Quando ando pelas ruas reais, objetos e espaços comuns são transformados em artefatos e cenários extraordinários. Uma banca de jornal real numa calçada de verdade transforma-se como passe de mágica em um transponder antigravidade do século 22 de um game de AR.

A experiência de VR mais intensa de todas requer um equipamento a ser vestido de corpo inteiro. Dá muito trabalho, de modo que eu só o uso de vez em quando. Tenho em casa um equipamento amador de corpo inteiro que inclui uma plataforma com esteira multidirecional com guarda-corpo de segurança, para impedir que eu caia enquanto me agito no mundo virtual. Com isso, posso me exercitar perseguindo dragões, por exemplo. O que acabou acontecendo foi que as plataformas de VR substituíram os equipamentos de ginástica na maioria das residências. Mas, uma ou duas vezes por mês, eu e alguns amigos ainda vamos a um centro de VR do bairro para ter acesso ao melhor da tecnologia no momento. Como cuidado de higiene, fico só com a roupa de baixo quando entro no exoesqueleto inflável, que se fecha ao redor de meus braços e pernas. O traje proporciona um feedback tátil incrível. Quando agarro um objeto virtual com minha mão virtual, consigo sentir seu peso – a pressão dele contra a mão –, porque o traje inflável pressiona minha mão com a força certa. Se bato a canela contra uma rocha no mundo virtual, o exoesqueleto reproduz o "baque" no local de modo absolutamente verossímil. Um assento reclinável sustenta meu tronco, me dando a opção de saltar, mudar de direção e correr em alta velocidade, sentindo todos esses movimentos com uma autenticidade perfeita. A precisão do capacete de alta resolução, com som biauricular e capaz de reproduzir até aromas em tempo real, cria uma presença totalmente convincente. Depois de dois minutos no interior do mundo virtual, normalmente me esqueço de onde meu corpo real está. Vivo em outro lugar. A melhor parte de um centro de realidade virtual é que, com latência zero, outras 250 pessoas compartilham meu mundo com o mesmo grau de verossimilhança. Com essas outras pessoas, posso fazer coisas reais em um mundo de fantasia.

A tecnologia de VR ainda oferece mais um benefício aos usuários. A forte presença gerada pela experiência virtual amplifica duas características

252 | INEVITÁVEL

paradoxalmente opostas. Ao reforçar o realismo, de modo que chegamos a considerar um mundo falso como real – objetivo de muitos games e filmes –, incentiva a irrealidade, a ilusão à enésima potência. Por exemplo, é fácil ajustar as leis da física na VR para, digamos, suspender a força da gravidade ou do atrito ou para criar ambientes fictícios simulando outro planeta ou uma civilização subaquática. Ao usuário, reserva-se a opção de criar um avatar de outro sexo, cor, aparência ou até mesmo de outra espécie. Jaron Lanier passou 25 anos falando sobre seu desejo de usar a VR para se transformar em uma lagosta ambulante. O software substituiria seus braços por garras, suas orelhas por antenas e seus pés por uma cauda, não apenas visualmente, mas cineticamente. Não muito tempo atrás, no laboratório da Stanford University, o sonho da metamorfose de Lanier foi realizado. O software de criação de VR hoje é ágil e robusto o suficiente para contemplar facilmente essas fantasias pessoais. Usando a plataforma instalada em Stanford, também tive a chance de modificar meu avatar. No experimento, quando entrei na VR, meus punhos transformaram-se em pés e vice-versa. Ou seja, para chutar com o pé virtual, eu tinha de dar um soco com meu punho real. Para testar o funcionamento dessa inversão, tive de estourar balões virtuais flutuantes com os punhos/pés e pés/punhos. Os primeiros segundos foram bizarros, constrangedores. Mas, surpreendentemente, em poucos minutos eu já conseguia chutar com os punhos e socar com os pés. Jeremy Bailenson, professor de Stanford que inventou esse experimento e usa a VR como o supremo laboratório sociológico, descobriu que uma pessoa em geral leva apenas quatro minutos para reconfigurar o cérebro completamente para essa inversão de funções. Nossa identidade é muito mais fluida do que imaginamos.

O que não deixa de ser um problema. É muito difícil saber até que ponto alguém é real na internet, por exemplo. As aparências externas são manipuladas com facilidade. Uma pessoa pode apresentar-se como lagosta, enquanto na realidade é um engenheiro de ciência da computação com cabeleira de dreadlocks loiros até os ombros. Antes, até era possível conferir o realismo da identidade apresentada dando uma conferida nos amigos da pessoa em questão. Se uma pessoa na internet não tivesse qualquer amigo nas redes sociais, provavelmente não era quem dizia ser. Contudo, agora, hackers, criminosos e inconformistas conseguem criar perfis fantoches, com amigos imaginários (e amigos imaginários desses amigos imaginários) e que trabalham em empresas fictícias, com direito até a artigos biográficos falsos na Wikipédia. O ativo mais valioso do Facebook não é sua plataforma de software, mas o fato de controlar identidades de "nome real" de um bilhão de pessoas, verificadas com base em referências das verdadeiras identidades de amigos e colegas. Esse monopólio das identidades das pessoas é o verdadeiro impulsionador do notável sucesso do Facebook. E é frágil. Os testes que normalmente usamos para provar quem somos nos mundos digitais, tais como senhas e captchas, perderam a eficácia. O captcha é um enigma visual que os seres humanos decifravam com facilidade, mas que os computadores tinham mais trabalho para resolver. Agora, temos mais dificuldade de resolvê-los do que as máquinas. É fácil hackear ou roubar uma senha. Mas existiria uma solução melhor do que as senhas? Sim, existe. Você.

Seu corpo é sua senha. Sua identidade digital é você. Todas as ferramentas que a VR está explorando, todos os recursos usados para rastrear seus movimentos, acompanhar seus olhos, decifrar suas emoções, todos os cuidados para encapsular você ao máximo para transportá-lo a outro mundo de um modo crível, todas essas interações serão exclusivamente suas e, portanto, uma prova de que você é realmente você. Uma das surpresas recorrentes no campo da biometria – a ciência por trás dos sensores que rastreiam nosso corpo – é que quase tudo o que podemos mensurar tem uma impressão digital única e pessoal. A batida do seu coração é só sua. Seu jeito de andar é só seu. Seu ritmo de digitação num teclado é único, assim como singulares são as palavras que você usa com mais frequência, a sua postura ao sentar, o modo como pisca os olhos e, naturalmente, a sua voz. Quando todos esses fatores são combinados, formam um metapadrão que praticamente não tem como ser forjado. Reparando bem, é por meio deles que identificamos as pessoas no mundo real. Se eu encontro você na rua e não tenho certeza se já nos conhecemos, meu subconsciente vasculha todo um espectro de atributos sutis (voz, rosto, corpo, estilo, maneirismos, postura) antes de agregá-los em um todo – você – e decidir se eu já o conheço ou não. No mundo tecnológico, passaremos a inspecionar as pessoas usando praticamente o mesmo espectro de métricas. O sistema vai verificar os atributos de uma pessoa. Será que o ritmo da respiração, a frequência cardíaca, a voz, o rosto, a íris, as expressões do rosto e dezenas de outras assinaturas biológicas imperceptíveis correspondem a quem (ou ao que) uma pessoa afirma ser? As interações passarão a ser nossa senha.

Os níveis de interação estão em alta e continuarão a aumentar. No entanto, itens não interativos simples, como um martelo de madeira, vão continuar existindo. Mesmo assim, qualquer coisa capaz de interagir, incluindo um martelo inteligente, se tornará mais valiosa no contexto da sociedade interativa. A alta interatividade tem seu custo. Requer conhecimento, coordenação, experiência e instrução incorporados à tecnologia, mas também cultivados em nós mesmos. Ainda mais porque estamos apenas começando a inventar novas maneiras de interagir. O futuro da tecnologia reside, em grande parte, nessas descobertas. Nos próximos 30 anos, qualquer item que não interagir com intensidade será carta fora do baralho.

10
RASTREAR

Nós não nos conhecemos bem e precisamos de toda a ajuda disponível para decifrar quem somos. Um recurso muito útil nos dias atuais é a automensuração. Contudo, o nobre exercício de revelar nossa natureza oculta por meio desse instrumento tem uma história curta. Até recentemente, era preciso ser uma pessoa especialmente disciplinada para aplicar um método de mensurar a si mesma com precisão. O automonitoramento científico era um processo caro, incômodo e limitado. Nos últimos anos, porém, minúsculos sensores digitais de custo insignificante não só facilitaram o registro de parâmetros (basta clicar num botão) como ampliaram a variedade desses parâmetros: hoje, qualquer pessoa pode mensurar mil aspectos diferentes de si mesma. Esses autoexperimentos já começaram a mudar o que pensamos da medicina, da saúde e do comportamento humano.

A magia digital encolheu de maneira considerável dispositivos como termômetros, monitores de frequência cardíaca, rastreadores de movimento, detectores de ondas cerebrais e centenas de outros equipamentos médicos complexos. Muitos têm o tamanho das palavras deste texto e alguns estão se reduzindo às dimensões do ponto final desta frase. Esses medidores macroscópicos podem ser incorporados em relógios, roupas, óculos e celulares ou espalhados a baixo custo pelos cômodos de uma casa, automóveis, escritórios e espaços públicos.

Na primavera de 2007, fiz uma caminhada com Alan Greene, um amigo médico, nas colinas perto de minha casa, no norte da Califórnia. Subindo aos poucos pela trilha de terra até o cume, conversamos sobre uma inovação recente: um minúsculo pedômetro eletrônico que, amarrado no cadarço do sapato, registrava cada passo e armazenava os dados em um iPod para análise posterior. Esse minúsculo dispositivo poderia servir para calcular as calorias queimadas durante a subida ao morro e para monitorar nossos padrões de exercício ao longo do tempo. Começamos a catalogar outras maneiras disponíveis de mensurar atividades. Uma semana depois, repeti a caminhada com Gary Wolf, jornalista da revista *Wired*, que estava curioso em relação às implicações sociais dos novos dispositivos de automonitoramento. Na época só havia uma dúzia deles, mas para nós estava claro que a tecnologia decolaria à medida que os sensores ficassem cada vez menores. Que nome dar a essa onda cultural? Gary observou que, ao basear o conhecimento a respeito de nós mesmos na mensuração de números, e não nas palavras, estávamos criando um *quantified self* ("eu quantificado" ou simplesmente "autoquantificação"). Em junho de 2007, Gary e eu anunciamos na internet a realização de nosso primeiro encontro "Quantified Self", aberto a todas as pessoas que haviam aderido à onda de se autoquantificar. Fizemos questão de deixar a definição bem aberta, só para ver quem compareceria. Mais de 20 pessoas apareceram no meu estúdio em Pacifica, na Califórnia, para esse evento.

Ficamos surpresos com a diversidade dos dados que elas rastreavam. As pessoas mensuravam sua dieta, exercícios físicos, padrões de sono, oscilações de humor, fatores sanguíneos, genes, localização e assim por diante. Qualquer que fosse a atividade, sempre era traduzida em unidades quantificáveis. Alguns participantes estavam criando os próprios dispositivos. Um sujeito passara cinco anos se autoquantificando com o objetivo de maximizar sua força, resistência, concentração e produtividade. Ele usava o automonitoramento de maneiras que nunca imagináramos. Hoje, temos 200 grupos de Quantified Self[1] reunindo-se regularmente ao redor do mundo, com 50 mil membros. E há oito anos, todo mês, sem falta, um participante do encontro do Quantified Self apresenta uma nova maneira engenhosa de mensurar um aspecto da vida que, até então, parecia improvável ou impossível.

Algumas pessoas destacam-se por seus hábitos radicais, mas o que parece radical hoje pode se tornar normal amanhã.

O cientista da computação Larry Smarr monitora cerca de cem parâmetros de saúde diariamente, incluindo a temperatura e a resposta galvânica da pele. Todos os meses, ele sequencia a composição microbiana de suas fezes, que espelha a composição de sua microfauna intestinal, a qual, por sua vez, está rapidamente se revelando uma das fronteiras mais promissoras da medicina. Equipado com esse fluxo de dados e com um empenho hercúleo de pesquisa amadora, Smarr autodiagnosticou o início da doença de Crohn, grave enfermidade inflamatória do trato gastrointestinal, antes que ele ou seus médicos notassem quaisquer sintomas. Uma cirurgia posteriormente confirmou os resultados de seu automonitoramento.

Stephen Wolfram é o gênio por trás do Mathematica, app inteligente que atua como processador de matemática (em vez de um processador de texto). Apaixonado por números, Wolfram aplicou seus talentos aos 1,7 milhão de arquivos que armazenou sobre sua vida. Por exemplo, ele processou todos os e-mails que recebeu e enviou no decorrer de 25 anos. Registrou cada tecla pressionada ao longo de 13 anos, todos os seus telefonemas, seus passos, sua movimentação de um cômodo ao outro em sua casa/escritório e sua localização de GPS fora de casa. Contabilizou até o número de edições de texto feitas ao escrever seus livros e artigos. Usando seu programa Mathematica, Wolfram transformou sua autoquantificação em uma plataforma de "inteligência analítica pessoal", que revelou padrões em sua rotina no período de várias décadas. Alguns deles eram bastante sutis, como seus horários de maior produtividade, algo que ele nunca havia notado antes de analisar os próprios dados.

Nicholas Felton é um designer que também monitorou e analisou todos os seus e-mails, mensagens, posts no Facebook e no Twitter, telefonemas e viagens nos últimos cinco anos. Anualmente ele gera um relatório para visualizar os resultados dos dados do ano anterior.[2] Em 2013, ele concluiu que era produtivo em média 49% do tempo e um pouco mais às quartas-feiras, quando atingia o pico de 57% do dia. A qualquer momento, Felton tem 43% de chances de estar sozinho e já passou um terço de sua vida (32%) dormindo. Segundo ele, essa análise quantitativa serve para ajudá-lo a "fazer um trabalho melhor", incluindo lembrar os nomes das pessoas que encontra.

Nas reuniões do Quantified Self, conhecemos pessoas que quantificam sua pontualidade (ou impontualidade), o volume de café ingerido, seu nível de vigilância ou o número de vezes que espirram. Posso dizer com absoluta sinceridade que tudo o que pode ser monitorado já é objeto de rastreamento por alguma pessoa, em algum lugar do mundo. Numa recente conferência internacional do Quantified Self, lancei o seguinte desafio: vamos pensar na métrica mais improvável possível e ver se alguém já a utiliza. Dito isso, perguntei à queima-roupa a um grupo de 500 autoquantificadores se alguém já andava medindo o crescimento das unhas. Parecia uma métrica absurda, mas uma pessoa levantou a mão.

Chips cada vez menores, baterias melhores e conectividade de nuvem têm incentivado alguns autoquantificadores a tentar um monitoramento de longuíssimo prazo. Especialmente da própria saúde. A maioria das pessoas tem o privilégio de fazer uma consulta anual com um médico para mensurar algum aspecto de sua saúde. Mas imagine como seria se sensores invisíveis mensurassem e registrassem todos os dias, o dia inteiro, nossa frequência cardíaca, pressão arterial, temperatura, glicose, soro sanguíneo, padrões de sono, gordura corporal, níveis de atividade, humor, funções cerebrais e assim por diante. Teríamos centenas de milhares de informações para cada um desses fatores, sob quaisquer condições às quais estivéssemos submetidos: quando em repouso ou sob forte estresse, quando doentes ou em plena forma, nos meses de inverno ou no alto verão. Com o passar dos anos, chegaríamos a uma medida bastante precisa de nosso estado "normal" – aquela linha média em torno da qual nossos índices de saúde costumam flutuar. Acontece que, na medicina, o "normal" é uma média fictícia: o que é normal para mim não será também para você. Nesse sentido, uma medida de normalidade geral média da população pode ter pouca utilidade para um indivíduo específico. Com a autoquantificação de longo prazo, no entanto, obtém-se uma métrica muito mais útil, uma vez que ela espelha uma referência pessoal e exclusiva – *o seu normal* –, que será inestimável para antecipar o diagnóstico de alguma disfunção ou desequilíbrio em seu estado de saúde.

O sonho viável no futuro próximo é usar esse banco de dados individualizado do histórico do paciente (incluindo sua sequência genética completa) para criar tratamentos e medicamentos sob medida. A ciência usaria o log de sua vida para desenvolver cuidados terapêuticos específicos para você. Seria possível ter em casa, por exemplo, uma máquina inteligente e personalizada de produção de comprimidos (descrita no Capítulo 7), que misturaria medicamentos na proporção exata para a necessidade do organismo naquele exato momento da ingestão. Se o comprimido matutino aliviasse os sintomas, a dose noturna seria ajustada pelo sistema inteligente.

Atualmente, as pesquisas médicas em geral baseiam-se em experimentos com o maior universo possível de participantes. Quanto maior o número (N) de participantes da pesquisa, melhor. Um N de 100 mil pessoas aleatórias seria a maneira mais precisa de extrapolar os resultados a toda a população de um país, uma vez que os inevitáveis resultados excêntricos dentro daquela população de teste seriam neutralizados pela média e diluídos na conclusão final. Na prática, porém, a maioria dos ensaios clínicos é conduzida com no máximo 500 participantes, por razões econômicas. Se for conduzido com atenção e critério, um estudo científico em que N é igual a 500 pode ser bom o suficiente para obter a aprovação oficial das autoridades públicas.

Em um autoexperimento quantificado, por outro lado, N é apenas 1. O único participante é você. A princípio, pode parecer que um experimento do tipo N=1 não terá validade científica alguma, mas, na verdade, trata-se do contrário: ele estará imbuído de enorme valor para *você*. Em muitos aspectos, é o experimento ideal, porque está sendo testada a variável X contra um universo particularizado formado por seu corpo e sua mente em um determinado momento. O objetivo não consiste em descobrir um tratamento aplicável a qualquer pessoa, mas, sim, um tratamento de elevada eficácia para uma só pessoa: você. Um N=1 possibilita um resultado extremamente focado.

O problema de um experimento do tipo N=1 (que foi o procedimento padrão de toda a medicina do passado, antes da era da ciência) está no fato de que é muito fácil enganar a si mesmo. Todos temos palpites e expectativas em relação a nosso corpo, a coisas que comemos ou a crenças de como o mundo funciona (alguns defendem a teoria dos vapores;

outros acreditam em vibrações energéticas). Essa subjetividade pode nos cegar para o que de fato está acontecendo. Se suspeitamos que a malária é transmitida pelo ar, logo nos mudamos para lugares mais altos, o que ajuda um pouco. Se desconfiamos que ficamos inchados devido à ingestão de glúten, logo em seguida "descobrimos" evidências cotidianas de que o trigo é mesmo o culpado, ao mesmo tempo em que ignoramos as provas em contrário, demonstrativas de que não sofremos de doença celíaca. Somos especialmente suscetíveis ao autoengano quando estamos com dor ou desesperados. Um experimento do tipo N=1 só pode ser eficaz quando as expectativas do experimentador forem separadas das expectativas do participante – o que é extremamente difícil de se fazer, uma vez que, no caso, a mesma pessoa desempenha as duas funções. A metodologia aleatória do estudo duplo-cego foi inventada para neutralizar justamente o subjetivismo e os preconceitos. O participante não tem conhecimento dos parâmetros do teste duplo-cego, de modo que não tem como ser tendencioso. Na nova era da autoquantificação, a tendência ao autoengano em um experimento N=1 pode ser em parte neutralizada pela instrumentação automática: como o sensor faz a mensuração diversas vezes durante longos períodos, tende a ser "esquecido" pelo participante. Também ajuda a capacidade tecnológica de monitorar muitas variáveis ao mesmo tempo (o que pode despistar o participante), com uso posterior das medidas estatísticas para tentar desvendar os diferentes padrões obtidos.

Grandes estudos populacionais clássicos provaram que, muitas vezes, o medicamento só funciona porque o paciente confia em sua eficácia, fenômeno conhecido como efeito placebo. Os "truques" de autoquantificação citados anteriormente não se opõem totalmente ao efeito placebo, mas atuam em conjunto com ele. Se o experimento produzir uma melhoria mensurável em *você*, isso quer dizer que estará funcionando. Não importa se a melhora quantificável for causada pelo efeito placebo: no teste N=1, a única coisa que de fato importará será o resultado do tratamento no paciente.

Em estudos formais, é preciso um grupo de controle para compensar nosso viés na direção de resultados positivos. Em um estudo particularizado do tipo N=1, em vez do grupo de controle, um experimentador autoquantificado usa sua própria medida de referência. Se você rastreia a si mesmo por um período suficientemente longo, monitorando uma grande variedade de métricas, pode determinar seu comportamento fora (ou antes) do experimento, o que, na prática, atua como um controle para fins de comparação.

Toda essa conversa sobre números oculta um fato importante sobre o ser humano: temos uma péssima intuição matemática. Nosso cérebro não processa bem as estatísticas. A matemática não é nossa linguagem natural. Até plotagens extremamente visuais e gráficos numéricos demandam uma enorme concentração de nossa parte. A longo prazo, porém, a mensuração da autoquantificação será invisível. A atividade de rastrear a si mesmo se estenderá para muito além dos números.

Vejamos um exemplo. Em 2004, o alemão Udo Wachter, gerente de TI, soldou em um cinto de couro o mecanismo de uma pequena bússola digital. Acrescentou ao aparato 13 vibradores piezelétricos miniaturizados (como os que vibram no smartphone), embutindo-os ao longo do comprimento do cinto. Feito isso, ele invadiu o sistema eletrônico da bússola e o alterou: em vez de apontar o norte em uma tela circular, o aparelho faria vibrar diferentes partes do cinto sempre que apontassem para o norte. Em outras palavras, o cinto afivelado à cintura formaria um círculo, cuja seção que estivesse "voltada" para o norte sempre vibraria. Quando Udo usava o cinto, podia sentir sua cintura "avisando" onde era o norte. Depois de usar o aparelho durante uma semana, Udo desenvolveu uma noção infalível de localização. Era uma sensação inconsciente. Ele sabia apontar a direção certa do norte sem precisar pensar. Ele simplesmente sabia. Depois de várias semanas, o pesquisador desenvolveu um sentido ainda mais aguçado de localização, sabendo sempre onde estava em uma cidade como se pudesse sentir um mapa.[3] No caso, a quantificação gerada pelo monitoramento digital foi assimilada como uma sensação corporal completamente nova. No futuro, esse será o destino de muitos streams constantes de dados fluindo a partir dos sensores corporais. Eles não serão mais números, mas, sim, novos sentidos.

Esses novos sentidos sintéticos são mais do que divertidos. Os sentidos do corpo humano evoluíram ao longo de milhões de anos para garantir a sobrevivência da espécie em um mundo de escassez. A ameaça de não ter calorias, sal ou gordura suficientes estava sempre presente. Como Malthus e Darwin demonstraram, todas as populações biológicas expandem-se até o limite da inanição, devido à falta de recursos. Hoje, em um mundo de abundância possibilitado pela tecnologia, a ameaça à sobrevivência deve-se ao excesso. A oferta abundante de coisas boas desequilibra nosso metabolismo e psique. Mas nosso corpo não sabe registrar muito bem esses inéditos desequilíbrios. Não evoluímos para sentir a pressão arterial ou os níveis de glicose no sangue. Contudo, a tecnologia pode fazer isso por nós. Por exemplo, o Scout, dispositivo de automonitoramento criado pela Scanadu, é do tamanho de um cronômetro antigo. Basta posicioná-lo na testa e ele irá medir sua pressão arterial, variação de frequência cardíaca, atividade do coração, nível de oxigênio, temperatura e condutância da pele – tudo em um único instante. Em breve, os dispositivos também medirão seus níveis de glicose: mais de uma startup do Vale do Silício está desenvolvendo um monitor não invasivo, que dispensa a coleta de amostras de sangue para analisar diversos fatores diariamente. Você vai usar um deles no futuro. Ao captar essas informações e nos apresentar um feedback não em forma de números, mas de uma maneira física (como uma vibração no pulso ou um aperto no quadril), o dispositivo irá nos contemplar com um novo sentido do corpo. Um sentido que não foi desenvolvido com a evolução, mas do qual precisaremos desesperadamente.

O autorrastreamento envolve muito mais do que a saúde. É um campo tão vasto quanto a vida. Minúsculos olhos e ouvidos digitais vestíveis podem registrar cada segundo de nossos dias – o que fazemos, quem encontramos, o que dissemos –, servindo como um auxílio para a memória. Em certo sentido, o fluxo de e-mails e mensagens de texto armazenado no computador ou no celular funciona como um diário de nossa mente, que também pode incluir registros das músicas que ouvimos, dos livros e artigos que lemos, dos lugares que visitamos. Os detalhes mais importantes de nossos encontros e ações cotidianas, bem como eventos e experiências fora da rotina, podem igualmente ser traduzidos em bits e incorporados a um fluxo cronológico.

Esse fluxo é chamado de "lifestream". Descrito pela primeira vez pelo cientista da computação David Gelernter, em 1999, o lifestream é muito mais do que um mero arquivo de dados. Gelernter concebeu essa ideia como uma nova interface de organização computacional. Em vez do antigo desktop, um novo fluxo cronológico. Em vez de um navegador da web, um navegador de stream. Gelernter e seu aluno de pós-graduação Eric Freeman definem a arquitetura do lifestream da segue maneira:

> Um lifestream é um fluxo de documentos ordenado no tempo que atua como um diário de sua vida eletrônica. Todos os documentos que você cria e todos os documentos que os outros lhe enviam são armazenados no seu lifestream. A ponta desse fluxo contém documentos do passado (começando com sua certidão de nascimento eletrônica). Afastando-se dali em direção ao presente, o seu fluxo exibe documentos mais recentes, como fotos, correspondência, contas, filmes, correio de voz, softwares. Transcendendo o presente e entrando no futuro, o fluxo apresenta documentos dos quais vamos precisar: lembretes, itens da agenda, listas de afazeres.[4]
> Basta relaxar e observar a chegada de novos documentos: eles são despejados no topo do stream. Você navega pelo fluxo movendo o cursor para baixo. Ao tocar em um documento no display, uma página salta na tela para oferecer uma ideia do conteúdo. Pode-se voltar no tempo ou viajar para o futuro e ver o que é preciso fazer na próxima semana ou na próxima década. Toda a sua cibervida é exibida diante de seus olhos.[5]

Cada pessoa gera o próprio lifestream. Quando eu esbarro em você na rua, seu lifestream e o meu se cruzam no tempo. Se tivermos planos de nos encontrar na próxima semana, eles se cruzarão no futuro; se tiramos uma foto juntos há um ano, nossos lifestreams se cruzaram no passado. Ao longo da existência, nossos fluxos entrelaçam-se com uma incrível complexidade, mas a natureza estritamente cronológica de cada um facilita a navegação por eles. É natural percorrer uma linha do tempo para rememorar um evento. "Aconteceu depois daquela viagem no fim do ano, mas foi antes do meu aniversário."

264 | INEVITÁVEL

O lifestream, como metáfora organizacional, apresenta uma grande vantagem. "A pergunta 'onde é que coloquei aquela informação?' sempre tem uma única resposta: está no meu fluxo. A ideia da linha de tempo, da cronologia, do diário, registro ou álbum de recortes é muito mais antiga, natural e culturalmente enraizada na história da humanidade do que o conceito de uma hierarquia de arquivos", explica Gelernter. Certa vez, ele disse a um vendedor de computadores da Sun: "Quando um evento é gravado na minha memória (digamos, uma conversa com Melissa numa tarde ensolarada no parque), eu não preciso nomear essa recordação nem classificá-la numa pasta. Posso usar qualquer coisa daquela memória como chave de acesso. Da mesma forma, eu não deveria ter de nomear documentos eletrônicos ou organizá-los em pastas. Posso embaralhar meu fluxo no dos outros, desde que eu tenha a permissão para usar fluxos de outras pessoas. Meu próprio fluxo pessoal, minha história de vida eletrônica, pode estar embaralhado também com fluxos pertencentes a grupos ou organizações dos quais participo. E, com o tempo, também terei, por exemplo, fluxos de jornais e revistas embaralhados no meu fluxo".

Desde 1999, Gelernter tentou várias vezes produzir uma versão comercial de seu software, mas nunca deu certo. Ele vendeu suas patentes a uma empresa que, mais tarde, processaria a Apple por roubar a ideia do Lifestream e usá-la no sistema de backup Time Machine. (Para restaurar um arquivo no Time Machine da Apple, você desliza ao longo de uma linha do tempo até a data desejada e vê uma "imagem instantânea" do conteúdo de seu computador naquela data.)

Nas mídias sociais, temos vários exemplos de lifestreams, como o Facebook e, na China, o WeChat. Se você tem conta no Facebook, guarda ali um fluxo contínuo de imagens, atualizações, links, sugestões e outras documentações da sua vida. Novos itens são continuamente adicionados ao topo desse lifestream. Se quiser, você pode adicionar widgets ao Facebook para registrar no fluxo a música que você está ouvindo ou os filmes a que está assistindo. O Facebook chega a incluir uma interface de linha de tempo para você revisitar o passado. Mais de um bilhão de streams alheios podem se cruzar com o seu. Quando alguém (amigo ou desconhecido) curte seu post ou marca uma pessoa em uma foto sua, entrelaça o fluxo dele no seu. E a cada dia o Facebook segue avolumando o fluxo mundial, agregando novos fluxos de fatos e notícias, além de suas próprias atualizações corporativas.

Isso tudo constitui apenas uma parte do todo. O lifestream pode ser interpretado como uma modalidade ativa e consciente de rastreamento. Quando tira uma selfie no celular, marca amigos no Facebook ou faz uma indicação do lugar onde está com o Foursquare, você desempenha o papel de curador ativo de seu próprio lifestream. Até o uso do Fitbit para monitorar dados de exercícios físicos, como contabilizar os passos de uma caminhada, denota uma curadoria efetiva e consciente de sua parte, uma vez que você gerou aqueles dados para que alguém prestasse atenção neles. Não é possível mudar um comportamento se não prestamos atenção nele, em alguma medida.

Uma área igualmente importante do rastreamento, por sua vez, não é consciente nem ativa. Essa modalidade de monitoramento passivo às vezes leva o nome de "lifelogging". A ideia é rastrear absolutamente tudo, o tempo todo, de maneira simples, mecânica, automática. Registrar tudo o que for registrável sem qualquer preconceito ou critério, durante toda a vida – só prestaremos atenção a determinado evento ou informação se, no futuro, precisarmos desses dados. O lifelogging constitui um processo extremamente ineficiente, caracterizado pelo desperdício, já que a maioria dos dados registrados jamais é utilizada. Mas, assim como outros processos ineficientes – como a evolução das espécies –, também inclui um toque de genialidade. O lifelogging só se viabilizou porque a computação, o armazenamento e os sensores atingiram um patamar tão baixo de custo que hoje podemos nos dar ao luxo de desperdiçá-los. Mas vale lembrar que o "desperdício" criativo da computação tem sido a receita das empresas e dos produtos digitais mais bem-sucedidos. Além do mais, os benefícios do lifelogging também se encontram em seu extravagante uso da computação.

Apesar não ter utilizado esse termo, Ted Nelson foi um dos pioneiros do lifelogging, em meados da década de 1980. Inventor do hipertexto, Nelson gravava todas as suas conversas, com qualquer um, em fitas de áudio ou de vídeo, não importava onde o diálogo ocorria ou o grau de importância da interlocução. Como se relacionava com milhares de pessoas, alugou um grande contêiner de armazenamento e o encheu de fitas. A segunda pessoa a fazer isso foi Steve Mann, na

266 | INEVITÁVEL

década de 1990.[6] Na época vinculado ao MIT (e atualmente na Toronto University), Mann empregou uma câmera montada na cabeça para gravar sua vida diária em fitas de vídeo. Tudo, todos os dias, o ano inteiro. Durante 25 anos, sempre que estivesse acordado, mantinha o equipamento ligado. O aparato incluía uma tela minúscula sobre um de seus olhos e a câmera era subjetiva, antecipando em duas décadas o Google Glass. Quando conversamos pessoalmente pela primeira vez, em julho de 1996, Mann usou algumas vezes a expressão "autossensoriamento quantimétrico" para se referir à sua pesquisa. Confesso que achei meio difícil manter a naturalidade perto dele, considerando que a câmera encobria parte de seu rosto, mas Mann continuou filmando sua vida o tempo todo.

Gordon Bell, da Microsoft Research, pode ser o melhor exemplo de lifelogger. Durante seis anos a partir de 2000, ele documentou todos os aspectos da sua vida no trabalho a bordo de um grandioso experimento batizado de MyLifeBits.[7] Bell levava ao pescoço uma câmera especial, feita sob encomenda, que, além de fotografar seus interlocutores a cada minuto, registrava o calor do corpo das pessoas que se aproximassem o suficiente. A câmera também tirava uma foto se detectasse uma mudança na iluminação que sugerisse que Bell tinha entrado em um novo ambiente. O pesquisador registrou e arquivou todos os toques de tecla em seu computador, todos os e-mails, todos os sites que visitou, todas as buscas que fez, todas as janelas em seu computador e o tempo que elas permaneceram abertas. Gravou muitas de suas conversas, o que lhe possibilitava "voltar no tempo" em caso de desacordo quanto ao que tinha sido dito. Bell ainda digitalizava tudo o que recebia em papel e transcrevia todas as suas conversas telefônicas (com permissão alheia). Parte da intenção do experimento foi descobrir os tipos de ferramentas que a Microsoft poderia inventar para ajudar os trabalhadores a gerenciar o oceano de dados gerado pelo lifelogging, considerando que interpretar tamanho volume de dados é muito mais difícil do que simplesmente coletá-los.

A ideia do lifelogging é criar uma memória completa de tudo. Se o seu lifelog inclui tudo o que acontece na sua vida, seria possível acessar todas as suas experiências, mesmo aquelas esquecidas em algum canto remoto de sua mente não computadorizada. Seria como dar um

Google na vida, como se toda a existência estivesse gravada e indexada. A memória humana é tão irregular que qualquer melhoria agregada a ela constituiria uma grande vitória. A versão experimental da memória total e completa de Bell ajudou-o a aumentar sua produtividade. Permitiu-lhe conferir detalhes de conversas que teve no passado ou acessar ideias já esquecidas. O sistema teve pouca dificuldade de registrar sua vida em bits, mas Bell descobriu que a tarefa de recuperar as informações contidas nesses bits exigia ferramentas melhores.

Estou usando uma pequena câmera inspirada naquela testada por Gordon Bell. É a Narrative, dispositivo vestível de uma polegada quadrada, que levo preso à camisa por um clipe. A câmera tira uma foto por minuto o dia inteiro ou enquanto eu a usar. Também posso tirar fotos por mim mesmo, dando dois toques no equipamento. As imagens vão para a nuvem, para processamento, e dali são enviadas de volta para meu smartphone ou para a web. O software da Narrative agrupa as imagens em cenas ao longo de meu dia e escolhe as três imagens mais representativas de cada cena. Isso reduz a torrente de imagens. Esse resumo visual me permite folhear com rapidez os dois mil cliques que a câmera produz por dia: posso expandir o fluxo de uma cena do dia que me interessa por algum motivo, a fim de examinar mais imagens até achar o momento exato que desejo relembrar. Posso navegar com facilidade pelo lifestream de um dia inteiro em menos de um minuto. Considero o recurso moderadamente útil, como um diário visual bastante detalhado, um lifelogging ativo que só precisa demonstrar seu valor uma ou duas vezes por mês para justificar o trabalho de usá-lo.

A Narrative constatou que os usuários normalmente empregam esse diário visual quando participam de conferências, saem de férias ou querem registrar uma experiência especial. O recurso é ideal para registrar o que acontece em uma convenção de negócios, por exemplo. A câmera contínua registra as várias pessoas que conhecemos no evento. Melhor do que cartões de visita, pois torna muito mais fácil lembrar daquelas pessoas anos depois e rememorar o que falaram: basta navegar pelo lifestream. O recurso também é excelente para registrar férias e festas familiares. Outro dia, por exemplo, "vesti" a Narrative no casamento do meu sobrinho. Ela captou não só os momentos icônicos compartilhados por todos os convidados como também as conversas que tive com gente que tinha acabado de conhecer. Minha versão da Narrative ainda não grava áudio, mas a câmera da próxima geração vai contar com essa funcionalidade. Em suas pesquisas, Bell descobriu que os áudios são uma mídia mais informativa do que as fotos, as quais prestam-se mais à função de indexação, refrescando a memória do usuário para que ele descubra qual trecho acessar da gravação sonora. Bell admitiu que, se tivesse de optar por uma só mídia para registrar seu lifestream, ele preferiria o log de áudio ao diário visual.

Uma versão expandida do lifelogging ofereceria as quatro categorias de benefícios a seguir:

- **Monitoramento constante 24 horas por dia, sete dias por semana e 365 dias por ano de indicadores vitais de saúde.** Imagine como sua saúde mudaria se você monitorasse continuamente seu nível de glicose no sangue em tempo real. Imagine como seus hábitos mudariam se você pudesse detectar, quase em tempo real, a presença em sua corrente sanguínea de toxinas transmitidas pelo ambiente. (Você poderia concluir: "Nunca mais volto àquele lugar!") Esses dados poderiam servir não só como um sistema de alerta, mas também como uma base de referência pessoal para auxiliar no diagnóstico de doenças e na prescrição do tratamento.
- **Memória interativa e expandida de pessoas que conhecemos, conversas que tivemos, lugares que visitamos e eventos aos quais comparecemos.** Essa memória seria pesquisável, recuperável e compartilhável.
- **Arquivo completo e passivo de tudo o que já produzimos, escrevemos ou dissemos no passado.** Uma profunda análise comparativa de nossas atividades poderia nos ajudar a produzir mais e melhor, com mais criatividade.
- **Meio de organização, reestruturação e interpretação da vida.** Conforme um lifelog é compartilhado, suas informações podem servir para ajudar os outros a trabalharem e também para ampliar as interações sociais. Na área de saúde, os logs médicos compartilhados poderiam contribuir para acelerar o avanço das descobertas e inovações em terapias curativas.

Para muitos céticos, duas dificuldades devem restringir o lifelogging a uma pequena minoria. Em primeiro lugar está o preconceito: a sociedade ainda vê o autorrastreamento como mania de geeks. Quem comprou o Google Glass abandonou-o rapidamente porque não aprovou o visual do dispositivo ou porque se sentiu constrangido ao gravar as interações com os amigos (ou ao ter de explicar a razão de não as gravar). "Registrar os eventos no diário é considerado admirável. Registrar os eventos na planilha é considerado sinistro", comparou Gary Wolf. Acredito, no entanto, que logo criaremos normas sociais e inovações tecnológicas para saber exatamente em quais momentos é apropriado ou não fazer o lifelogging. Quando os celulares começaram a ser usados na década de 1990, eles tocavam por toda parte, gerando uma terrível cacofonia – invariavelmente no volume mais alto – em trens, banheiros, cinemas e outros locais públicos. Ao falar nos primeiros aparelhos, as pessoas levantavam a voz a ponto de quase gritar. Baseado no que se via na época, o mundo do futuro, quando todo mundo tivesse celular, seria uma infernal barulheira. Como sabemos, não foi o que aconteceu. Os modos silencioso e vibratório foram inventados, as pessoas aprenderam a mandar mensagens de texto e preservou-se o convívio social. Hoje, você vai ao teatro ou ao cinema sabendo que todo mundo na plateia tem celular, mas todo mundo também sabe (ou deveria saber) que se deve mantê-lo desligado durante o espetáculo. Deixar o celular tocar ou atrapalhar os vizinhos de poltrona com a luz da tela é deselegante. Devemos desenvolver os mesmos tipos de convenções sociais e inovações técnicas para que o lifelogging seja mais tolerável.

Mas há também uma questão técnica: como o lifelogging funcionará quando todas as pessoas estiverem gerando petabytes ou até exabytes de dados todos os anos? Ninguém tem como navegar por esse oceano de bits. Nós nos afogaríamos sem obter um único insight. É mais ou menos o que acontece com o software hoje. Interpretar os dados constitui um problema imenso e que requer muito tempo: implica bom conhecimento de matemática, agilidade técnica e extrema motivação, no sentido de extrair algum sentido da enorme torrente de dados que geramos. É por isso que o autorrastreamento ainda é um hobby para poucos. No entanto, a inteligência artificial de baixo custo vai resolver grande parte desse problema. A IA em laboratórios

270 | INEVITÁVEL

de pesquisa já é poderosa a ponto de peneirar bilhões de registros e identificar padrões importantes e significativos. Só para ficar em um exemplo, a mesma IA do Google que já descreve o que acontece numa foto seria capaz (quando seu custo baixar o suficiente) de navegar pelas imagens de minha câmera vestível – bastaria eu simplesmente pedir para a Narrative, em linguagem comum, encontrar o sujeito que usou chapéu de pirata numa festa à fantasia de alguns anos atrás. Em um passe de mágica, o stream daquele sujeito estaria vinculado ao meu. Ou, então, eu poderia pedir para a Narrative me dizer o tipo de ambiente físico, como um quarto de dormir, que tende a aumentar minha frequência cardíaca. Quais são as cores da parede, a temperatura do ar-condicionado e a altura do pé-direito prejudiciais à minha saúde? Esse tipo de exercício pode parecer bizarro hoje, mas será considerado uma tarefa quase automática daqui a uma década. Algo não muito diferente de pedir para o Google buscar soluções para nossas dúvidas, o que teria sido considerado uma espécie de feitiçaria duas décadas atrás.

A brincadeira, na verdade, pode ir muito mais longe. Nós, o povo da internet, vamos rastrear a nós mesmos durante grande parte da vida. Mas a Internet da Coisas é muito mais ampla – e bilhões de objetos inanimados também vão se automonitorar. Nas próximas décadas, quase todos os itens fabricados conterão um pedacinho de silício conectado à rede. Uma das consequências dessa ampla conexão será a possibilidade de monitorar com muita precisão o modo como cada coisa é usada. Por exemplo, todos os carros fabricados desde 2006 contêm um minúsculo chip OBD montado no painel. Ele registra o modo como o seu automóvel é usado. Monitora quilômetros rodados, velocidade, momentos de frenagem brusca, velocidade nas curvas e consumo de combustível.[^10] A coleta desses dados, originalmente, foi pensada para ajudar na manutenção do veículo. Algumas seguradoras, como a Progressive, dão descontos no seguro do carro mediante a permissão de acessar os dados acumulados no OBD. Motoristas com histórico de condução segura, claro, ganham mais descontos. A localização GPS dos automóveis também pode ser monitorada com alta precisão, de modo que seria possível tributar os motoristas com base nas estradas que costumam usar ou na frequência com que rodam por elas. Tais cobranças baseadas na utilização serviriam como pedágios virtuais ou modalidades de tributação automática.

O design da internet das coisas e a natureza da nuvem na qual ela flutua fundamentam-se no monitoramento de dados. Os 34 bilhões de dispositivos habilitados para a internet a serem incluídos na nuvem nos próximos cinco anos foram feitos para transmitir dados.[8] E a nuvem nasceu para armazenar dados. Qualquer coisa passível de monitoramento que toque a nuvem será, com certeza, rastreada.

Outro dia, com a ajuda da pesquisadora Camille Hartsell, somei todos os dispositivos e sistemas que monitoram rotineiramente a população dos Estados Unidos. Atente-se, por favor, ao uso do advérbio "rotineiramente": excluí da lista o rastreamento eventual realizado ilegalmente por hackers e criminosos. Também deixei de fora equipamentos de órgãos do governo voltados a monitorar alvos específicos quando e como quiserem. (A capacidade dos governos de vigiar é proporcional a seus orçamentos.) Nossa lista incluiu somente o tipo de rastreamento que o cidadão comum pode encontrar no cotidiano de uma cidade norte-americana. Todos os exemplos foram retirados de uma fonte oficial de informações ou de alguma conceituada publicação.

- **Uso de automóveis** – todo carro fabricado desde 2006 contém um chip que registra sua velocidade, frenagem, curvas, quilometragem e acidentes sempre que o veículo estiver em funcionamento.
- **Trânsito em rodovias** – câmeras instaladas em postes e sensores enterrados em rodovias registram a localização dos carros por meio de suas placas de licenciamento e etiquetas de identificação por radiofrequência (RFID). Setenta milhões de placas são registradas todos os meses.
- **Carros de carona remunerada** – a Uber, o Lyft e outros serviços descentralizados de transporte de passageiros monitoram nossos trajetos.
- **Viagens de longa distância** – os itinerários de viagens de avião e de trem são todos registrados.

- **Vigilância por drones** – ao longo das fronteiras norte-americanas, drones Predator monitoram e gravam atividades ao ar livre.
- **Correio postal** – todos os pacotes e envelopes que enviamos ou recebemos são escaneados e digitalizados.
- **Serviços de utilidade pública** – nossos padrões de consumo de energia e de água são mensurados e armazenados pelas companhias públicas de abastecimento (o volume de geração de lixo não é catalogado... ainda.)
- **Localização de celular e logs de chamadas** – os metadados que identificam onde, quando e para quem ligamos ficam armazenados por meses. Algumas operadoras de telefonia celular incorporaram em sua rotina o armazenamento do conteúdo de chamadas e mensagens de texto em um período que varia de dias a anos.
- **Câmeras urbanas** – câmeras gravam nossas atividades 24 horas por dia, sete dias por semana, no centro da maioria das cidades norte-americanas.
- **Espaços comerciais e privados** – hoje, 68% dos empregadores públicos, 59% dos empregadores privados, 98% dos bancos, 64% das escolas públicas e 16% dos proprietários de casas vivem ou trabalham sob a vigilância de câmeras.
- **Casa inteligente** – termostatos inteligentes (como o Nest) detectam a presença humana e seus padrões de comportamento, transmitindo os dados para a nuvem. Tomadas elétricas inteligentes (como a Belkin) medem o consumo de energia e o tempo em que são usadas, enviando esses dados à nuvem.
- **Vigilância domiciliar** – câmeras de vídeo documentam a atividade dentro e fora de casa e armazenam as imagens em servidores na nuvem.
- **Dispositivos interativos** – nossos comandos de voz e mensagens em celulares (Siri, Now, Cortana), consoles (Kinect), smart TVs e assistentes virtuais domésticos (Amazon Eco) são registrados e processados na nuvem.
- **Cartões de fidelidade de supermercados** – os supermercados monitoram os itens que compramos e a frequência de nossas compras.
- **E-varejistas** – varejistas como a Amazon rastreiam não apenas o que compramos, mas também os itens que pensamos em comprar.

- **Receita Federal** – acompanha nossa situação financeira no decorrer de toda a vida.
- **Cartões de crédito** – como seria de se esperar, todas as compras são monitoradas. E a montanha de dados também é profundamente analisada por meio de um sistema de inteligência artificial, em busca de padrões que revelem nossa personalidade, etnia, idiossincrasias, posicionamento político e preferências.
- **E-wallets e internet banking** – agregadores como o Mint registram nossa situação financeira com base em empréstimos, hipotecas e investimentos. E-wallets, como Square e PayPal, monitoram todas as compras.
- **Reconhecimento facial em fotos** – o Facebook e o Google podem nos identificar (marcar) em fotos postadas na web. A localização das imagens serve como registro de nosso histórico de atividades.
- **Atividades na web** – cookies de anúncios denunciam nossa trajetória pela web. Mais de 80% dos mil principais sites utilizam cookies que nos seguem por toda a rede. Por meio de acordos com redes de anunciantes, até sites não visitados podem obter informações sobre nosso histórico de visualizações.
- **Mídias sociais** – são capazes de identificar parentes, amigos e também os amigos de amigos. Podem descobrir e rastrear antigos empregadores e colegas de trabalho atuais. E sabem como passamos nosso tempo livre.
- **Navegadores de pesquisa** – como padrão, o Google salva todas as consultas que já fizemos no seu motor de busca.
- **Serviços de streaming** – filmes (Netflix), músicas (Spotify), vídeos (YouTube) – tudo o que assistimos e ouvimos acaba registrado, inclusive nossas predileções em meio a tudo que consumimos (o que é captado por meio dos sistemas de avaliações). Incluem-se aqui, também, as empresas de TV a cabo, que rastreiam igualmente nosso histórico de utilização.
- **Leitura de livros** – as bibliotecas públicas registram seus empréstimos por cerca de um mês. A Amazon registra as compras de seus livros para sempre. O Kindle monitora nossos padrões de leitura de e-books – volume de páginas lidas, tempo gasto por página, onde paramos de ler na última vez que o dispositivo foi usado.

- **Monitoramento de exercícios físicos** – as atividades físicas, seus horários e, às vezes, até o local onde são praticadas podem ser rastreadas 24 horas por dia, o que inclui as horas de dormir e de acordar.

É surpreendentemente fácil imaginar todo o poder que se concentraria nas mãos de qualquer entidade capaz de integrar todos esses streams. O medo do Grande Irmão resulta diretamente da facilidade técnica de reunir tais dados. Por enquanto, contudo, a maioria desses streams é independente. Seus bits não se encontram integrados e correlacionados. Alguns tipos de dados admitem integração (cartões de crédito e uso de mídias, por exemplo), mas em geral ainda não existe um stream agregado do tipo Grande Irmão. Devido à sua lentidão, os governos continuam muito atrasados em relação a todas as possibilidades técnicas. (A própria segurança dos órgãos públicos é irresponsável e negligente, rastejando décadas atrás da tecnologia atual.) Além disso, o governo dos Estados Unidos não unificou esses streams devido a leis de privacidade conquistadas a duras penas. Por outro lado, poucas leis restringem as empresas de integrar o maior volume de dados possível, de modo que muitas corporações passaram a coletá-los para os governos. Os dados sobre os clientes constituem o novo tesouro do mundo dos negócios, portanto uma coisa é certa: as empresas (e indiretamente os governos) vão coletar cada vez mais dados.

O filme *Minority Report*, baseado em um conto de Philip K. Dick, mostra uma sociedade em um futuro não muito distante que usa a vigilância para prender pessoas *antes* de elas cometerem o crime. Dick batizou esse poder de polícia de unidade "pré-crime". Eu costumava achar o "pré-crime" de Dick um conceito absolutamente infundado. Mas devo confessar que mudei de ideia.

Dando uma olhada na lista de atuais monitoramentos rotineiros, não é difícil imaginar até onde as coisas poderão ir daqui a meio século. Tudo o que antes era imensurável está se tornando quantificável, digitalizável e rastreável. Vamos continuar rastreando a nós mesmos e a nossos amigos, os quais, por sua vez, também nos terão como alvo de rastreamento permanente. Empresas e governos vão acompanhar de perto nossas vidas, cada vez mais. Daqui a 50 anos, o monitoramento ubíquo será a norma.

Como argumentei no Capítulo 5 (Acessar), a internet é a maior e mais rápida copiadora do mundo e qualquer coisa que a tocar será reproduzida. A internet quer fazer cópias. A princípio, esse fato é extremamente preocupante para os criadores, tanto individuais quanto corporativos, porque seu material será reproduzido indiscriminadamente, em geral de graça, deixando de ser raro e precioso. Algumas pessoas e entidades (como estúdios de cinema e gravadoras) combateram, e ainda estão combatendo, essa tendência à cópia, enquanto há quem opte por tentar se beneficiar disso. Estes últimos, se voltarem a tentar encontrar um valor que não pode ser facilmente copiado (por meio da personalização, corporificação, autenticação etc.), tenderão a prosperar, enquanto os que negarem, proibirem e tentarem impedir a natural tendência reprodutiva da internet serão deixados para trás. Os consumidores, claro, adoram as praticamente gratuitas cópias promíscuas e alimentam o sistema para se beneficiar dele.

Essa tendência à cópia é um fenômeno de ordem tecnológica, não meramente social ou cultural. Ela se manteria em qualquer país, até mesmo em um de economia planificada, com uma história diferente – talvez até em algum outro planeta. É inevitável. Mas, apesar de não termos como parar de copiar, os tipos de regimes legais e sociais que regem as cópias ubíquas fazem uma grande diferença. O modo como recompensamos a inovação, como lidamos com os direitos de autor e os deveres relativos à propriedade intelectual e como encaramos a posse e o acesso às cópias faz uma enorme diferença para a sociedade. A cópia ubíqua é inevitável, mas temos decisões importantes a tomar sobre sua natureza.

O rastreamento segue uma inevitável dinâmica similar. Com efeito, só para ter uma ideia de até que ponto chega essa similaridade, podemos substituir o termo "copiar" da argumentação dos parágrafos anteriores por "rastrear" ou "monitorar", sem prejuízo de entendimento. Se não, vejamos.

A internet é a maior e mais rápida máquina de rastreamento do mundo e qualquer coisa que a tocar será monitorada. A internet quer rastrear tudo. Nós vamos rastrear a nós mesmos e a nossos amigos – e seremos monitorados por nossos amigos, empresas e governos. Esse fato é extremamente preocupante para os cidadãos e, em certa medida,

276 | INEVITÁVEL

também para as empresas, porque o rastreamento antes era visto como algo raro e dispendioso. Algumas pessoas e entidades combateram, e ainda estão combatendo, essa tendência à vigilância, enquanto há quem opte por tentar se beneficiar disso. Estes últimos, se descobrirem como "civilizar" o rastreamento, tornando-o produtivo e socialmente adequado, tenderão a prosperar, enquanto os que negarem, proibirem e tentarem impedir a natural tendência rastreadora da tecnologia serão deixados para trás. Os consumidores dizem que não querem ser monitorados, mas, na verdade, seguem alimentando a máquina com seus dados, movidos pelo desejo de se beneficiar do rastreamento irrestrito.

Essa tendência ao monitoramento é um fenômeno de ordem tecnológica, não meramente social ou cultural. Ela se manteria em qualquer país, até mesmo em um de economia planificada, com uma história diferente – talvez até em algum outro planeta. Mas, apesar de não termos como parar de rastrear, os tipos de regimes legais e sociais que regem o rastreamento fazem uma grande diferença. O monitoramento ubíquo é inevitável, mas temos decisões importantes a tomar sobre sua natureza.

Nada aumenta com mais rapidez neste planeta do que o volume de informações que geramos. A montanha de informações está se expandindo mais rápido do que qualquer outra coisa mensurável numa escala de décadas. Os dados acumulam-se com velocidade superior à de nosso uso de concreto na construção civil (que cresce nada menos de 7% ao ano). Multiplicam-se mais rápido do que o aumento na produção de smartphones ou microchips – mais rápido do que qualquer subproduto da civilização humana, como a poluição ou o dióxido de carbono.

Dois economistas da University of California, em Berkeley, calcularam a produção global de informações e constataram que o volume cresce 66% ao ano. Essa taxa não parece astronômica em comparação com o aumento de 600% de iPods produzidos em 2005.[9] Vale considerar, porém, que esse foi um fenômeno efêmero e não sustentável ao longo de décadas (a produção de iPods despencou em 2009[10]). Por sua vez, o volume de informações vem aumentando a uma velocidade constantemente absurda por pelo menos um século. Não é por acaso que o índice de 66% ao ano equivale a dobrar o volume a cada 18 meses, a mesma taxa de crescimento prevista pela Lei de Moore. Cinco anos atrás, a humanidade armazenou várias centenas de exabytes de informação, equivalentes a 80 Bibliotecas de Alexandria para cada habitante do planeta. Hoje, a média é de 320 bibliotecas por pessoa.

Outra maneira de visualizar esse crescimento é como uma explosão da informação. A cada segundo de cada dia, produzimos globalmente seis mil metros quadrados de material físico de armazenamento de informações – discos, chips, DVDs, papel, filme –, uma área que rapidamente preenchemos com dados. Essa grandeza – 6 mil m^2/s – é a velocidade aproximada da onda de choque irradiada pela explosão da bomba atômica. As informações expandem-se na velocidade de uma explosão nuclear, mas, ao contrário dela, que dura apenas alguns segundos, o boom dos dados é perpétuo. Sua propagação continua ao longo de muitas décadas.

No dia a dia, geramos um volume de informações muito maior do que a atual capacidade de capturá-las e registrá-las. Apesar da recente expansão das tecnologias de rastreamento e armazenamento, a maior parte da vida cotidiana ainda não é digitalizada. Essas informações inexploradas acabam se perdendo. São informações ditas "selvagens" ou "obscuras". A domesticação delas, via digitalização e monitoramento, garantirá que o volume total de dados coletados continue dobrando por muitas décadas.

Entre o total anual de coleta de dados, é crescente a porcentagem correspondente a informações que são geradas a partir de informações – o que chamamos de metainformações ou metadados. Cada bit digital coletado nos incita a gerar outro bit que lhe faça referência. Quando a pulseira de atividade física no meu braço registra um passo, ela imediatamente inclui o dado do horário em que dei a passada. A partir daí, outros bits correspondentes aos demais passos de minha caminhada gerarão novos dados a eles associados, resultando em toneladas de informação quando tudo é representado em um gráfico. De maneira similar, os dados musicais registrados quando uma garota toca guitarra em seu stream de vídeo ao vivo são a base para a geração das informações de indexação do videoclipe na internet, criando bits de dados para as "curtidas" ou vários pacotes de dados complexos necessários para

278 | INEVITÁVEL

compartilhar as imagens com os amigos. Quanto mais dados coletamos, mais dados relacionados geramos. Os metadados estão crescendo ainda mais rapidamente do que as informações originais e sua escala é quase ilimitada.

Os metadados constituem uma nova fonte de riqueza, porque o valor dos bits aumenta conforme eles se associam a outros bits. Um bit que permanece isolado é pouco produtivo: quando não copiado, compartilhado e associado a qualquer outro bit, tem vida curta. O pior futuro para um bit é ficar esquecido na prisão de alguma gaveta escura. Faz parte da natureza dos bits o impulso à socialização com bits relacionados e à ampla replicação. Se os bits tivessem desejos como as pessoas, seria possível dizer:

Bits querem se movimentar.
Bits querem se ligar a outros bits.
Bits querem ser computados em tempo real.
Bits querem ser duplicados, replicados, copiados.
Bits querem ser metabits.

Naturalmente, tudo não passa de uma antropomorfização rudimentar. Bits não têm desejos. Mas têm tendências: bits relacionados a outros bits tendem a ser copiados mais vezes. A biologia ensina que os genes egoístas tendem a se replicar e, do mesmo modo, os bits apresentam esse viés. Assim como os genes "querem" codificar organismos que os ajudem a se replicar, os bits egoístas também "querem" sistemas que os ajudem em sua replicação, para disseminarem-se. Eles comportam-se como seres programados para reprodução, movimentação e compartilhamento. É interessante estar ciente disso ao trabalhar com os bits.

Como os bits anseiam por duplicar-se, replicar-se e se associar uns aos outros, nada impede a explosão da informação e níveis de monitoramento elevados em uma escala digna de obra de ficção científica. Muitos dos benefícios ambicionados pelos seres humanos[11] resultam de streams de dados. Hoje, a grande decisão a tomar é: que tipo de rastreamento total vamos querer? Um sistema panóptico de mão única, no qual "eles" sabem tudo de nós, mas nós não sabemos nada sobre eles? Ou, em vez da supervisão plena de uns sobre os outros, criaríamos aquilo que chamo de *covisão*, uma espécie de vigilância cooperativa, caracterizada por reciprocidade e transparência, que permitiria observar os observadores? A primeira opção é o inferno; a segunda, admissível.

Não muito tempo atrás, havia um padrão de vigilância social nas cidadezinhas do interior. Sua vizinha enxerida monitorava quando você saía e chegava em casa. Espiando pela janela, sabia quando você ia ao médico, quando comprava um novo televisor, com quem passava os fins de semana. Mas você também a observava pela sua janela. Você sabia o que sua vizinha fazia nas noites de quinta-feira e o que comprava ao ir na farmácia da esquina. Essa vigilância recíproca trazia benefícios mútuos. Se um desconhecido invadisse sua casa quando você estivesse ausente, ela chamaria a polícia. Quando ela viajava de férias, você pegava a correspondência dela. Essa *covisão* de cidade interiorana funcionava por ser simétrica. Você sabia quem o observava. Sabia o que as pessoas faziam com a informação. Tinha como obrigar as pessoas a prestar contas pela precisão e pelo uso das informações coletadas. E você se beneficiava de ser observado. Além disso tudo, também observava os seus observadores, nas mesmas circunstâncias.

Nos dias atuais, tendemos a não gostar de supervisão alheia porque não sabemos quase nada sobre quem está nos observando. Ignoramos o que eles sabem sobre nós. Não temos como decidir como será usada a informação a nosso respeito. Não há como responsabilizá-los se tal informação não for precisa. Eles nos filmam, mas não temos como filmá-los. E os benefícios de sermos vigiados, se existem, são obscuros e secretos. A relação é desequilibrada e assimétrica.

A vigilância ubíqua é inevitável. Como não podemos impedir que o sistema nos monitore, resta-nos fazer o possível para tornar as relações mais simétricas. É uma maneira de civilizar a *covisão*, que deve envolver tanto correções tecnológicas quanto novas normas sociais. O autor de ficção científica David Brin chama isso de "sociedade transparente", expressão que deu título ao livro que lançou em 1999 no qual explica o conceito. Para ter uma ideia de como um cenário assim pode ser viável, basta examinar de perto o bitcoin, a moeda descentralizada de código aberto descrita no Capítulo 5 (Compartilhar). O bitcoin registra com transparência todas as transações realizadas por meio dele em um livro contábil público, com total transparência. A validade de uma transação é verificada pela *covisão*, isto é, pela vigilância cooperativa dos usuários do sistema e não pela supervisão de um banco central. Em outro exemplo, a criptografia tradicional usava códigos patenteados e secretos guardados a sete chaves. Uma engenhosa melhoria chamada criptografia de chave pública (como o PGP), porém, introduziu um código que qualquer pessoa pode inspecionar, incluindo uma chave pública, de modo que o sistema torna-se extremamente confiável, porque é transparente e aberto à verificação. Nenhuma dessas inovações elimina as assimetrias de conhecimento entre as partes, mas demonstram como é possível conceber sistemas fundamentados na vigilância mútua.

Uma sociedade de *covisão* pode promover um senso de direito: todo ser humano tem o direito de acessar os dados sobre si mesmo e se beneficiar deles. Todo o direito, porém, implica um dever, de modo que todo ser humano tem o dever de respeitar a integridade das informações, de compartilhá-las com responsabilidade e de ser observado pe las pessoas que observa.

As alternativas à *covisão* não são promissoras. Proibir a expansão do monitoramento provavelmente será tão ineficaz quanto tentar banir as cópias. Sou defensor de Edward Snowden – o analista de inteligência responsável pelo vazamento de milhares de arquivos confidenciais da Agência de Segurança Nacional (NSA) dos Estados Unidos, revelando a extensão do monitoramento secreto do governo sobre os cidadãos –, especialmente porque acho que o grande pecado de muitos governos, incluindo o norte-americano, está em mentir sobre seus métodos de vigilância. O Estado nos monitora, mas sem qualquer possibilidade de simetria. Tiro o chapéu para a decisão de Snowden de botar a boca no trombone, não porque isso vá reduzir o rastreamento da privacidade alheia, mas porque pode aumentar a transparência nessa relação. Se a simetria for instaurada de modo que nos permita vigiar quem nos vigia, se pudermos fazer com que os rastreadores prestem contas pela precisão das informações e por seus atos perante a lei (uma regulamentação específica é necessária) e se houver clareza e relevância nos benefícios proporcionados à sociedade, suspeito que o público vai aceitar a expansão do monitoramento.

Quero que meus amigos me tratem como indivíduo. Para possibilitar esse tipo de relação, preciso ser aberto e transparente, compartilhando minha vida para que eles saibam o suficiente sobre mim, a fim de que cultivem um relacionamento pessoal comigo. Se também quero que as empresas me tratem como indivíduo, preciso ser aberto e transparente com elas, para que possam se relacionar comigo como um cliente único. Se espero que o governo me trate como indivíduo, tenho de permitir seu acesso a minhas informações pessoais, para ser tratado como um cidadão singular. Personalização e transparência são como vasos comunicantes. Uma maior personalização implica uma maior transparência. A personalização absoluta (vaidade) corresponde à transparência absoluta (privacidade zero). Se preferir permanecer invisível a potenciais amigos, empresas e instituições públicas, eu devo aceitar ser tratado genericamente, sem que levem em conta minhas características individuais. Serei só um número, uma média aritmética.

Agora, imagine essas escolhas representadas em uma barra deslizante. Na extremidade esquerda da barra, teríamos o par *transparente/personalizado*. Na extremidade direita, o par *privado/genérico*. O controle deslizante pode ser levado a qualquer uma das extremidades ou a qualquer ponto entre elas, representando a importante escolha que temos a fazer. Qual seria a sua? Para surpresa geral, quando a tecnologia nos permite essa escolha (e é crucial que seja mesmo uma escolha deliberada), as pessoas tendem a levar o controle deslizante até o limite esquerdo da barra, no grau máximo de *transparente/personalizado*. Nenhum psicólogo teria previsto isso 20 anos atrás. Se as mídias sociais nos ensinaram algo sobre o ser humano é que o instinto de compartilhar fala mais alto do que o instinto de preservar a privacidade. Os especialistas ficaram de queixo caído com essa conclusão. Até o momento, a cada encruzilhada que nos apresenta uma escolha, em geral tendemos ao maior compartilhamento, à maior exposição, à maior transparência. Eu resumiria a ópera nos seguintes termos: a vaidade fala mais alto do que a privacidade.

Ao longo de eras, os seres humanos viveram em tribos e clãs, com todas as ações abertas e visíveis, sem segredos entre as pessoas. Nossa mente evoluiu cercada de uma constante covigilância. Em termos evolucionários, a *covisão* é o nosso estado natural. Acredito que, ao contrário do que se suspeita na atualidade, não haverá rejeição a um mundo de vigilância circular, em que nos monitoraremos uns aos outros o tempo todo, já que faz um milhão de anos que os seres humanos vivem assim. Se a *covisão* for equitativa e simétrica, não nos incomodaremos com ela.

É claro que não é fácil atingir uma *covisão* absolutamente equitativa e simétrica. Parece claro que a relação entre mim e o Google, ou entre mim e o governo, é inerentemente desigual ou assimétrica. O fato de eles terem acesso ao lifestream de todas as pessoas enquanto eu só tenho acesso ao meu implica uma brutal desproporção em termos quantitativos e qualitativos. Mas, se fosse possível instaurar algum grau de simetria para que eu pudesse obrigá-los a prestar contas do uso que fazem desse poder desproporcional (de modo que essa perspectiva mais ampla também me beneficiasse), haveria uma compensação. Na prática, a polícia sem dúvida vai filmar os cidadãos. E tudo bem, desde que os cidadãos também possam filmar os policiais em ação, além de ter acesso aos vídeos da polícia e o direito de compartilhar tais imagens para pressionar as autoridades competentes a prestar contas. Este não é o fim da história, claro, mas é assim que uma sociedade transparente começa.

E quanto àquilo que costumávamos chamar de privacidade? Em uma sociedade reciprocamente transparente, ainda há espaço para o anonimato?

Com a internet, o verdadeiro anonimato nunca foi mais possível do que hoje. Ao mesmo tempo, a rede dificulta, e muito, o verdadeiro anonimato na vida física. Para cada passo que nos mascara, damos dois passos na direção de um desmascaramento totalmente transparente. Se, de um lado, existe o identificador de chamadas, de outro também há o bloqueador de identificação e o filtro de chamadas. Em breve, teremos o rastreamento biométrico (íris + impressão digital + voz + rosto + frequência cardíaca) e restarão poucos lugares para nos esconder. Um mundo no qual tudo sobre uma pessoa pode ser encontrado e arquivado é um mundo isento de privacidade. É por isso que muitas pessoas inteligentes gostariam de manter a opção do simples anonimato, um refúgio para a vida privada.

No entanto, quando o anonimato dissemina-se em um sistema, o sistema acaba ruindo – pelo menos, em todas as experiências do gênero que conheci. Comunidades saturadas de anonimato tendem a se autodestruir ou a substituir o puramente anônimo pelo pseudoanônimo, como no eBay, site no qual uma identidade rastreável fica mascarada por uma apelido inventado pelo usuário. Vale lembrar aqui a famosa gangue de criminosos Anonymous, um grupo rotativo e improvisado de voluntários não identificados. São milicianos online com alvos inconstantes: podem tanto derrubar contas do Twitter de militantes da ISIS quanto tirar do ar uma empresa de cartão de crédito. Enquanto eles persistem e fazem barulho, não se sabe ao certo se a contribuição líquida deles para a sociedade é positiva ou negativa.

Para o mundo civilizado, o anonimato é como os metais de terras raras. Em doses maiores, os metais pesados constituem algumas das mais tóxicas substâncias conhecidas. Matam. No entanto, esses elementos também são necessários para manter uma célula viva – desde que em quantidade ínfima, difícil até de ser mensurada. O mesmo pode ser dito do anonimato. Como um microelemento, em doses minúsculas, quase inexistentes, o anonimato é bom, até essencial para a saúde do sistema: ele permitiu o vazamento executado por Snowden, assim como protege sob seu manto minorias perseguidas e dissidentes políticos de todo o mundo. Porém, quando aplicado em doses mais altas, o anonimato envenena o sistema. Apesar de ser importante para proteger os heróis, é muito mais comum vê-lo utilizado como escudo de quem não assume as responsabilidades por seus atos. A maior parte do assédio brutal no Twitter, Yik Yak, Reddit e outros sites é feita anonimamente. A possibilidade de agir sem ser identificado desperta o pior em nós.

Circula por aí a perigosa ideia de que o uso massivo do anonimato constitui um antídoto nobre à intromissão do Estado em nossa privacidade. Isso equivale a dar uma injeção de metais pesados no nosso corpo na tentativa de fortalecê-lo. Em vez disso, a privacidade só pode ser conquistada com confiança – e confiança implica uma renitente identidade. Em resumo, quanto mais confiança, melhor; quanto mais responsabilidade, melhor. Como todos os elementos-traço, o anonimato nunca deve ser completamente eliminado, mas convém mantê-lo o mais próximo possível do zero.

Tudo o mais no âmbito dos dados mira o infinito. Ou, pelo menos, quantidades astronômicas. Um bit efetivamente torna-se anônimo, quase indetectável, na comparação com a escala dos dados planetários. Na verdade, já não temos mais prefixos para refletir a grandeza desse novo domínio. Celulares já trabalham com gigabytes. O terabyte já foi considerado uma quase inimaginável enormidade, mas hoje tenho três terabytes repousando sobre minha mesa. O nível seguinte é o peta. Petabytes são o novo padrão para as empresas, mas exabytes constituem a escala planetária atual. Provavelmente atingiremos o zeta em alguns poucos anos. O iota é o último termo definido pela ciência como medida oficial de magnitude. Ainda não existe um prefixo para uma grandeza superior a essa. Até agora, algo que superasse um iota não passava de fantasia e, portanto, não merecia nome oficial. Daqui a mais ou menos duas décadas, porém, qualquer pessoa terá iotabytes para dar e vender. Para qualquer coisa além daí, proponho o uso do termo genérico "zilhão" – uma notação flexível para abranger todas e quaisquer novas magnitudes.

A natureza de uma coisa é transformada quando ela se apresenta em grandes quantidades. O "mais" diferencia. "Se há o suficiente de alguma coisa, é possível, e nada incomum, que essa coisa apresente propriedades não encontradas em poucos ou isolados exemplares. Não existe nem sequer um caso em que a diferença num fator de um trilhão não imponha também uma distinção qualitativa, para além da meramente quantitativa. Um trilhão é basicamente a diferença de peso entre um ácaro, pequeno demais para ser visto e leve demais para ser sentido, e um elefante. É a diferença entre US$ 50 e a produção econômica anual de toda a raça humana. É a diferença entre a espessura de um cartão de visita e a distância daqui até a Lua", escreveu o cientista da computação J. Storrs Hall.

Uma diferença "zilhônica".

Um zilhão de neurônios proporcionam uma inteligência que um milhão não têm como prover. Um zilhão de pontos de dados nos permite insights que meros cem mil não conseguem oferecer. Um zilhão de chips conectados à internet criam uma unidade pulsante e vibrante de uma maneira que dez milhões de chips jamais produziriam. Um zilhão de hiperlinks nos darão informações e um comportamento que nunca poderíamos esperar de cem mil links. A web social reside no território dos zilhões. A inteligência artificial, a robótica e as realidades virtuais requerem o âmbito dos zilhões. Mas o conhecimento necessário para gerenciar zilhões é intimidador.

As ferramentas que usualmente gerenciam o big data não funcionam muito bem nesse território. Uma técnica de previsão estatística, como a estimativa por máxima verossimilhança (MLE, sigla do inglês *maximum-likelihood estimation*), perde sua eficácia, porque estimar por verossimilhança torna-se improvável no âmbito dos zilhões. Navegar por esse novo e vasto território, em tempo real, vai exigir áreas completamente novas da matemática, categorias inéditas de algoritmos de programação e um hardware radicalmente inovador. Vale a pena ensaiar algumas projeções para esse universo de oportunidades inexploradas.

O arranjo de dados na magnitude dos zilhões promete uma nova máquina em escala planetária. Os átomos dela são os bits. Bits podem se organizar em estruturas complexas do mesmo modo como átomos se estruturam para formar moléculas. Ao elevar o nível de complexidade, elevamos os bits de dados ao patamar da informação e do conhecimento. Todo o poder dos dados encontra-se nas várias maneiras pelas quais podem ser reordenados, reestruturados, reutilizados, reinventados, remixados. Os bits querem associar-se entre si e quanto mais relações um bit de dados tem, mais poder ganha.

Mas há um problema. Em sua maior parte, as informações hoje utilizáveis foram organizadas de acordo com formas que só os seres humanos compreendem. Na foto que você tira com seu celular, 50 milhões de bits são organizados em uma longa sequência passível de interpretação pelo olho humano. Este livro em suas mãos tem cerca de 700 mil bits ordenados na estrutura da gramática de seu idioma. Porém, atingimos nosso limite de compreensão. Os humanos não têm mais como tocar, quanto mais processar, zilhões de bits. Para explorar o pleno potencial dos zilhãobytes de dados que estamos coletando e criando, precisamos aprender a organizar os bits de maneiras que as máquinas possam compreender. Quando os dados de autorrastreamento puderem ser cognificados por máquinas, vão se abrir novas e aperfeiçoadas maneiras de nos ver. Em alguns poucos anos, quando as inteligências artificiais puderem entender os filmes, seremos capazes de rearranjar os zilhãobytes de informações visuais de maneiras completamente novas. A IA interpretará as imagens da mesma maneira como nós dividimos um artigo em partes e será capaz de reordenar com facilidade os elementos de imagem do mesmo modo como nós reordenamos palavras e frases quando escrevemos.

Indústrias completamente novas foram criadas nas duas últimas décadas com base na ideia da desagregação. A indústria fonográfica passou por uma revolução devido à ação das startups tecnológicas que possibilitaram desagregar as melodias das músicas e desagregar as canções dos álbuns. O iTunes, que concretizou um conceito revolucionário, passou a vender canções individuais em vez de álbuns inteiros. Uma vez destilados e extraídos de seu mix anterior, os elementos musicais puderam ser reordenados para se transformar em novos compostos, como playlists compartilháveis. Grandes jornais de interesse geral foram desagregados em anúncios classificados (Craigslist), cotações de ações (Yahoo!), fofocas (BuzzFeed), avaliações de restaurantes (Yelp) e artigos (a web), sendo que cada parte passou a ter vida própria e a crescer isoladamente. Esses novos elementos podem ser reorganizados – remixados – em novos compostos de texto, como atualizações de notícias tuitadas por um amigo. O próximo passo será desagregar os anúncios classificados, os artigos e as atualizações em partículas ainda mais elementares, a serem reorganizadas de maneiras surpreendentes e inimagináveis. Seria como triturar as informações para extrair subpartículas cada vez menores, a fim de recombiná-las em uma nova química. Ao longo dos próximos 30 anos, o foco do trabalho estará em segmentar e analisar as informações que rastreamos e criamos – acerca do mundo do trabalho, educação, entretenimento, ciências, esportes e relações sociais – em seus elementos mais primordiais. A escala dessa empreitada requer ciclos gigantescos de cognição. Os cientistas de dados chamam esse estágio de informação "legível por máquina", porque será a IA, e não o ser humano, que vai dar duro no âmbito dos zilhões. Sempre que você ouvir um termo como "big data", essa é a ideia.

A partir dessa nova química de dados surgirão milhares de novos compostos e materiais para a construção da informação. O incessante rastreamento é inevitável, mas marca apenas o começo desse período de zilionárias possibilidades.

Estamos a caminho de fabricar 54 bilhões de sensores por ano até 2020.[12] Espalhados ao redor do globo, incorporados nos carros, vestindo nosso corpo e nos observando dentro de casa e na rua, essa rede sensorial vai gerar mais de 300 zilhãobytes de dados na próxima década. Por sua vez, cada um desses bits dará origem ao dobro de metabits. Monitorado, segmentado, analisado e cognificado pela IA, esse vasto oceano de átomos informacionais poderá ser rearranjado em centenas de formas inéditas, novos produtos e serviços inovadores. Ficaremos surpresos com as possibilidades abertas por esse novo nível de autorrastreamento.

11
QUESTIONAR

Muito do que eu acreditava sobre a natureza humana e a natureza do conhecimento caiu por terra com o advento da Wikipédia. Hoje, ela é famosa, mas quando de seu surgimento, eu e muitas outras pessoas a considerávamos inviável. A Wikipédia é um site de referência online organizado como uma enciclopédia, que surpreendentemente permite que qualquer pessoa, a qualquer momento, faça acréscimos ao conteúdo ou o modifique, sem necessidade de permissão. Um garotinho de 12 anos em Jacarta poderia editar a página de George Washington na Wikipédia se quisesse. Na época, desconfiei que a humana propensão à galhofa, principalmente entre os jovens e/ou entediados (sendo que muitos deles vivem online), impossibilitaria a ideia de uma enciclopédia editável por qualquer pessoa. Também suspeitei que, mesmo entre os colaboradores responsáveis, exageros e incorreções na descrição dos fatos seriam inevitáveis, o que impediria a publicação de textos confiáveis. Pela minha própria experiência na internet, sabia que não dava para confiar no que era escrito por um desconhecido qualquer e acreditava que a junção de contribuições aleatórias resultaria em uma grande bagunça. Na verdade, nem páginas da web sem edição, mas criadas por especialistas, chegavam a me convencer. Portanto, para mim, uma enciclopédia inteira escrita por amadores ou completos ignorantes, sem qualquer edição, parecia destinada a se transformar em uma grande montanha de lixo eletrônico.

290 | INEVITÁVEL

Tudo o que eu sabia sobre a estrutura da informação me convencia de que o conhecimento não surgiria espontaneamente a partir dos dados, a menos que muita energia e inteligência fossem deliberadamente investidas para possibilitar essa transformação. Todas as tentativas de escrita coletiva sem liderança das quais havia participado deram em nada. Por que uma empreitada como a Wikipédia seria diferente?

Quando a primeira encarnação da enciclopédia online (na época chamada Nupédia) foi lançada em 2000, portanto, não me surpreendi com o fato de ela não deslanchar. Apesar de qualquer pessoa poder editá-la, a Nupédia exigia um laborioso processo de reescrita compartilhada, o que acabou desencorajando os colaboradores principiantes. No entanto, os fundadores da Nupédia criaram um wiki paralelo de fácil utilização para facilitar o trabalho com o texto – e, para a surpresa de todos, aquele wiki ganhou o protagonismo. Qualquer pessoa podia editar e postar no wiki, sem esperar pelas outras colaborações. A empreitada foi, então, relançada como Wikipédia. Dei ainda menos crédito à iniciativa.

Não poderia estar mais errado. O sucesso da Wikipédia continua superando minhas expectativas. De acordo com a última contagem, em 2015, o site ostentava mais de 35 milhões de artigos em 288 idiomas.[1] A Suprema Corte dos Estados Unidos faz referência ao site, crianças do mundo todo o usam para fazer trabalhos escolares, jornalistas recorrem a ele para checar dados e eternos aprendizes o consultam para obter resposta rápida a alguma dúvida. Apesar das deficiências da natureza humana, o site não para de melhorar. Tanto as fraquezas quanto as virtudes das pessoas são transformadas em uma riqueza compartilhada com o mínimo de regras. A Wikipédia funciona porque, como tem demonstrado muito bem, com as ferramentas certas fica mais fácil restaurar um texto com equívocos (a função de reversão de edições do site) do que deliberadamente vandalizar um conteúdo, de modo que um artigo bom o suficiente prospera e continua a melhorar aos poucos. A experiência da Wikipédia nos ensinou que, com as ferramentas certas, a comunidade colaborativa consegue sobrepujar o mesmo número de indivíduos ambiciosos competindo entre si.

Sempre foi claro que os coletivos – como cidades e civilizações – amplificam o poder, mas o que mais me surpreendeu foi verificar como as ferramentas e a supervisão se fizeram minimamente necessárias. A burocracia da Wikipédia é relativamente pequena, a ponto de ser invisível, embora tenha crescido ao longo de sua primeira década de existência. E, para surpresa geral, ninguém ainda sabe até que ponto o poder da enciclopédia online é capaz de chegar. Não há como estimar limites para a inteligência "wikizada". Será ela capaz de produzir livros, músicas e filmes? E o que dizer de leis e governança política?

Antes que alguém declare "impossível", prefiro dizer "veremos". Conheço as razões pelas quais uma legislação jamais poderia ser escrita por amadores que nada sabem de leis. Mas, considerando minhas anteriores previsões furadas, fiquei cauteloso quanto a tirar conclusões precipitadas em relação à Wikipédia. Ela era impossível, mas está aí, firme e forte. Trata-se de um daqueles fenômenos em que a prática contraria a teoria. Depois de admitir que a Wikipédia funciona, precisamos pensar em quais outras coisas que, impossíveis na teoria, poderiam dar certo na prática. Na verdade, até agora, o mesmo modelo de wiki aberto foi testado em uma série de outros campos de publicação, sem conquistar amplo sucesso. Ainda. Assim como a Nupédia não deu certo porque as ferramentas e os processos ainda precisavam de ajustes, novos instrumentos e metodologias talvez estejam para ser inventados a fim de viabilizar a produção colaborativa de leis, livros ou filmes.

Não fui o único a mudar de ideia a esse respeito. Quando temos provas de que um conceito como a Wikipédia funciona, quando se mostra óbvio que o software de código aberto supera refinados programas patenteados, quando temos certeza de que compartilhar fotos e outros dados é mais vantajoso do que mantê-los na segurança de uma gaveta, todo o conhecimento acumulado por essas premissas transforma-se em base para o acolhimento ainda mais radical do princípio do bem comum. O que antes parecia impossível hoje é aceito sem questionamento.

A Wikipédia me fez mudar de ideia também de outras maneiras. Eu era um individualista razoavelmente resoluto, um norte-americano com tendências liberais, mas o sucesso da Wikipédia me levou a desenvolver uma nova visão do poder social. Hoje, estou muito mais interessado tanto no poder do coletivo como nas novas obrigações dos indivíduos em relação à coletividade. Além dos direitos civis, quero expandir os deveres civis. Estou convencido de que todo o impacto da Wikipédia ainda permanece subterrâneo e de que seu poder de mudar opiniões está atuando subconscientemente na geração Y do mundo inteiro, dando-lhe uma prova concreta da existência de uma mente coletiva benéfica – e, com ela, a possibilidade de acreditar no impossível.

Ainda mais importante foi o fato de que a Wikipédia me ensinou a acreditar no impossível com mais frequência. Nas últimas décadas, me vi forçado a aceitar outras ideias que antes considerava impossíveis, mas que, com o tempo e na prática, provaram-se viáveis e bem-sucedidas. Por exemplo, eu tive minhas dúvidas em relação ao mercado de pulgas online chamado eBay quando o conheci em 1997. Nada me convenceria a transferir milhares de dólares para um desconhecido que está distante de mim, em troca de um carro usado que nunca vi nem testei. Tudo o que sabia sobre a natureza humana indicava que essa ideia não vingaria. No entanto, hoje, gente que não se conhece nem se vê vende e compra automóveis pela internet, constituindo o maior centro de lucro da próspera corporação eBay.

Vinte anos atrás, eu até seria capaz de acreditar que na década de 2010 teríamos mapas do mundo inteiro em nossos dispositivos pessoais portáteis. Mas ninguém me convenceria de que haveria mapas de muitas cidades com *street view* e apps "dizendo" os melhores caminhos para navegar pelo trânsito ou indicando a localização de banheiros públicos – ainda mais se me dissessem que todos esses recursos de mapeamento, e muito mais, seriam "de graça". Parecia absolutamente impossível na época. E toda essa abundância gratuita ainda parece difícil de acreditar, em teoria. No entanto, aí está ela, em centenas de milhões de celulares.

Essas supostas impossibilidades continuam se concretizando, com uma frequência cada vez maior. Todo mundo "sabia" que as pessoas não trabalham de graça – e que, se por milagre isso acontecesse, elas seriam incapazes de produzir algo útil sem a orientação de um chefe. Hoje, porém, setores inteiros da economia usam ferramentas computacionais criadas por voluntários que trabalham sem remuneração e sem chefia. Todo mundo sabia que os humanos eram seres naturalmente individualistas e, mesmo assim, concretizou-se a realidade de um compartilhamento aberto, completo e constante. Todo mundo sabia que os humanos, basicamente preguiçosos, prefeririam assistir a fazer e que jamais sairiam do sofá para criar seu próprio entretenimento televisivo. Seria impossível persuadir milhões de amadores a produzir bilhões de horas de vídeo ou convencer qualquer pessoa a ver qualquer uma dessas produções. Como a Wikipédia, o YouTube é teoricamente impossível. Mas, também nesse caso, essa impossibilidade foi demolida pela prática.

A lista continua, com velhas impossibilidades transformando-se em novas possibilidades todos os dias. Mas por que agora? O que está desmanchando a antiga fronteira entre o possível e o impossível?

Até onde sei, as coisas impossíveis que estão acontecendo agora se devem, em todos os casos, ao surgimento de um novo nível de organização, antes inexistente. Essas incríveis explosões de possibilidades resultam de uma colaboração em grande escala e de uma desmesurada interação social em tempo real – tudo permitido por uma conexão instantânea e onipresente entre bilhões de pessoas em escala planetária. Em um organismo vivo, um grupo de células individuais que se conecta ascende a um nível mais elevado de organização, dando origem a um órgão. De maneira análoga, seres humanos individuais conectados originam novas estruturas sociais, novos órgãos. Um órgão faz coisas que as células não conseguem. Organizações coletivistas – Wikipédia, Linux, Facebook, Uber, a web e a IA – concretizam realidades com as quais os humanos da era industrial nem sequer sonhavam. É a primeira vez neste planeta que unimos um bilhão de pessoas em um coro, como fez o Facebook. Com base nessa nova organização social, surgem novos comportamentos, impossíveis anteriormente.

Há muito tempo os seres humanos vêm inventando meios de organização social, como leis, tribunais, sistemas de irrigação, escolas, governos, bibliotecas... chegando até a maior escala de todas, a própria civilização. Todos esses instrumentos sociais nos tornam uma espécie cujo comportamento é "impossível" do ponto de vista dos animais. A invenção de registros e leis escritas, por exemplo, possibilitou um tipo de igualitarismo desconhecido por nossos parentes primatas e que era ausente em culturas orais. A cooperação e a coordenação originadas com o advento da irrigação e da agricultura resultaram em comportamentos antes impossíveis, como antecipação, planejamento e

294 | INEVITÁVEL

consciência do futuro. Nosso processo de organização como sociedade desencadeou comportamentos humanos antes impossíveis na biosfera.

O *technium* – o sistema moderno de cultura e tecnologia – acelera a criação de impossibilidades ao fecundar novas modalidades de organização social. O toque de gênio do eBay foi a invenção de um sistema de reputação barato, fácil e rápido. Desconhecidos podiam vender para desconhecidos graças a uma tecnologia capaz de atribuir e avaliar reputações às pessoas interessadas em fazer transações pelo site. Essa modesta inovação possibilitou um tipo de coordenação de nível superior que, por sua vez, conferiu confiabilidade a um novo tipo de transação (compras a distância entre desconhecidos), antes impossível. O mesmo tipo de confiança garantida tecnologicamente, aliado à coordenação em tempo real, também faz com que o serviço descentralizado de transporte de passageiros da Uber seja possível. A função de reversão de edições da Wikipédia, que tornou a restauração de um texto vandalizado mais fácil do que vandalizar um texto, elevou a organização da enciclopédia a um novo patamar de confiança, com ênfase em uma faceta do comportamento humano que nunca tinha sido viabilizada em grande escala antes.

Nós só estamos começando a cutucar esse universo. Hiperlinks, Wi-Fi e serviços de localização por GPS – na prática, tipos de relações viabilizadas pela tecnologia – pertencem a uma classe de inovações que ainda engatinha. A maioria dos mais incríveis avanços na área das comunicações está para ser inventada. Da mesma forma, vivemos a primeira infância em termos de capacidade de criar instituições em escala verdadeiramente global. Quando nos unirmos em uma sociedade global em tempo real, as antigas impossibilidades vão começar a borbulhar e a se transformar em realidade. Não será necessário inventar algum tipo de consciência global autônoma. Só será preciso conectar todas as pessoas a todas as pessoas – e a todas as coisas –, o tempo todo. Centenas de milagres se tornarão possíveis com a conectividade humana compartilhada.

Não vejo a hora de, nos próximos anos, os fatos me obrigarem a mudar de ideia. Acho que vamos nos surpreender com a quantidade de coisas que consideramos "naturais" para os seres humanos e que, na verdade, no futuro nada terão de natural. Talvez seja mais correto dizer que o que é natural para uma aldeia de indivíduos tenuemente conectados não será natural para um planeta de pessoas intensamente conectadas. "Todo mundo sabe" que os humanos são belicosos, mas meu palpite é de que a guerra organizada, cada vez mais, vai perder seu apelo ou utilidade, à medida em que forem criados novos instrumentos de resolução de conflitos sociais em nível global. Naturalmente, muitas das coisas impossíveis que vêm por aí serão impossivelmente ruins. As novas tecnologias vão viabilizar maneiras totalmente novas de mentir, enganar, roubar, espionar e aterrorizar. Ainda não temos regras internacionais consensuais para reger o ciberconflito, o que significa que podemos esperar alguns cibereventos inesperados e bastante desagradáveis na próxima década. Devido à conectividade global, um hacker relativamente simplório teria o poder de causar um efeito dominó de falhas capaz de atingir a escala do impossível, com enorme rapidez. Rupturas globais na estrutura social, de fato, serão inevitáveis. Um dia, nas próximas três décadas, toda a internet e todo o sistema de telefonia serão derrubados por 24 horas – e passaremos muitos anos depois disso em estado de choque.

Optei neste livro por não me concentrar nesses aspectos negativos por várias razões. Para começar, não existe invenção que não possa ser subvertida de alguma forma para prejudicar alguém. Até a tecnologia mais angelical do mundo pode ser transformada em arma... e será. Os criminosos estão entre os inovadores mais criativos do mundo. E o lixo constitui 80% de tudo. Mais importante é salientar que as eventuais consequências negativas vão seguir exatamente as mesmas tendências gerais que descrevi para o lado positivo do avanço tecnológico. O negativo também vai ser cada vez mais cognificado, remixado e filtrado. Crimes, golpes, hostilidades, falsidade, tortura, corrupção, spams, poluição, ganância – tudo isso se tornará mais descentralizado e baseado em dados. Tanto a virtude quanto o vício estão sujeitos às mesmas grandes forças do tornar-se e do fluir. Todas as maneiras pelas quais startups e grandes corporações devem se ajustar para possibilitar o compartilhamento ubíquo e o "visualizar" constante também se aplicam a quadrilhas criminosas e esquadrões de hackers. Nem o mal pode escapar dessas tendências.

Além disso, embora pareça um contrassenso, todas as invenções nocivas também geram um nicho para criar um bem inédito, sem precedentes. Naturalmente, esse bem recém-criado também estará sujeito a gerar uma má ideia correspondente (e provavelmente gerará). Pode parecer que esse círculo de um novo bem provocando um novo mal e vice-versa nos condena a ficar girando sem sair do lugar, só que a uma velocidade cada vez maior. Isso até seria verdade, não fosse por uma diferença vital: a cada rodada, ganhamos oportunidades e opções que não existiam antes. Essa expansão de opções (incluindo a de fazer o mal) representa mais liberdade. E é no aumento da liberdade, das opções e das oportunidades que residem as bases do progresso da humanidade e da felicidade individual.

O girar frenético da tecnologia nos lançou a um novo nível, descortinando um continente de oportunidades desconhecidas e, também, de escolhas temerárias. Não temos como prever as consequências das interações em escala global. O volume de dados e de potência necessários é inumano. Os vastos domínios do peta, do exa, do zeta, do iota e do zilhão, na verdade, nada significam para nós hoje, por se tratar do vocabulário de megamáquinas e de planetas inteiros. Sem dúvida, nosso comportamento coletivo será diferente de nosso comportamento individual, mas ainda não sabemos como. E, muito mais importante, nosso comportamento como indivíduos será diferente no âmbito do coletivo.

Isso tem se aplicado aos seres humanos há um bom tempo, desde quando nos mudamos para as cidades e nos dedicamos a construir civilizações. A novidade agora e nas próximas décadas está na alta velocidade (da luz) de conectividade desse território e em sua escala imensamente vasta (o planeta inteiro). Estamos no rumo de um crescimento de trilhões de vezes. Como já vimos, um aumento de um trilhão não constitui apenas uma mudança quantitativa, mas uma transformação da essência das coisas. A maior parte do que "todo mundo sabe" sobre a espécie humana até agora baseia-se no ser humano individual. Mas pode haver um milhão de maneiras diferentes de conectar vários bilhões de pessoas e cada maneira vai revelar algo novo sobre nós. Ou, ainda, cada maneira vai *criar* algo novo em nós. De um jeito ou de outro, a essência da humanidade vai mudar.

Conectados deliberadamente em tempo real de várias maneiras, em uma escala cada vez mais global, em grandes e pequenos âmbitos, passaremos a um novo nível de atuação, continuando a nos surpreender com façanhas impossíveis. O que antes era impossibilidade, como a Wikipédia, vai mansamente se transformar na mais cabal obviedade.

Enquanto emerge o fenômeno da concretização do impossível, começamos a nos aproximar de um mundo em que o improvável será o novo normal. Policiais, médicos de prontos-socorros e corretores de seguros já experimentam um gostinho disso em seu dia a dia. Eles sabem que muitas coisas malucas e improváveis realmente acontecem o tempo todo. Exemplos não faltam: um ladrão entala na chaminé; um caminhoneiro que, depois de uma colisão frontal, é lançado pelo para-brisa, cai de pé e sai caminhando como se nada tivesse acontecido; um antílope selvagem derrubando um ciclista em plena ciclovia urbana; uma vela de bolo de casamento que incendeia o cabelo da noiva; uma menininha fisgando um tubarão do tamanho de um homem adulto, ao pescar nos fundos da casa de praia da família. No passado, esses bizarros eventos seriam privados, conhecidos apenas como boatos espalhados pelo boca a boca, nos quais ninguém acreditava muito.

Mas hoje todos estão no YouTube para quem quiser tirar a prova. Você pode assistir a essas cenas com seus próprios olhos. Cada um desses episódios improváveis da vida real foi visto por milhões de pessoas.

O improvável é mais do que mero acidente. A internet está recheada de feitos do gênero, como gente descendo de snowboard pelos telhados de casas ou empilhando xícaras mais rápido do que você consegue piscar. E essas façanhas não se limitam aos seres humanos. Animais de estimação abrem portas, dirigem lambretas ou pintam quadros. O improvável também inclui níveis extraordinários de realizações incomuns, como pessoas com memória fotográfica ou capazes de imitar todos os sotaques do mundo. Nessas proezas radicais, testemunhamos o que há de "super" nos humanos.

A cada minuto, alguém faz o upload de alguma coisa impossível na internet e essa cena improvável passa a ser apenas mais uma das centenas de eventos extraordinários que veremos ou sobre o qual ouviremos falar. A internet é como uma lente que foca o extraordinário em um feixe de luz. Sem perceber, estamos passando a usar esse feixe de luz para nos orientar: ele comprime o improvável na pequena faixa visível de coisas do cotidiano. Enquanto estamos online – quase o dia todo, na maior parte dos dias –, somos iluminados por essa extraordinariedade compactada. Ela é o novo normal.

Esse foco no "super" transforma quem somos. Não nos satisfazemos mais com palestrantes medianos, por exemplo. Queremos os melhores e mais brilhantes conferencistas da face da Terra apresentando-se para nós nos vídeos do TED Talks. Não nos basta assistir a pessoas comuns brincando com um game. Queremos ver os jogadores mais hábeis do mundo disputando entre si para definir quem faz as manobras mais radicais, tem a pontaria mais certeira ou desfere os golpes mais fatais, em desempenhos tão impressionantes quanto improváveis.

Hoje também somos expostos a uma inédita gama de experiência humana: a pessoa mais pesada, o menor dos anões, o dono do bigode mais comprido. Um universo inteiro de extremos. No passado, os extremos eram, por definição, uma raridade. Agora, é possível vê-los em vídeos o dia todo, a ponto de nos habituarmos a eles. As plateias sempre valorizaram desenhos e fotos dos extremos mais bizarros da humanidade (como provam, por exemplo, as primeiras edições da *National Geographic* e do programa de TV *Acredite se Quiser*). No entanto, na atualidade, há uma certa intimidade no ato de assistir a esses extremos no celular enquanto esperamos na antessala do consultório do dentista. Hoje, o improvável, o bizarro e o extremo estão muito próximos de nós, povoam nossas mentes. Acredito que já temos provas de que esse oceano de extraordinariedade vem inspirando e desafiando pessoas comuns a tentar algo extraordinário.

Ao mesmo tempo, os fracassos e erros épicos também ganham destaque. Podemos ver as pessoas mais idiotas do mundo fazendo as maiores besteiras imagináveis. Em alguns aspectos, a possibilidade de fazer algo inacreditável abre acesso a qualquer um à lista dos triviais e obscuros vencedores do famoso livro *Guinness World Records*. Cada pessoa provavelmente passa por pelo menos um momento bizarro na vida, de modo que cada habitante no planeta é um potencial recordista mundial por 15 minutos. A boa notícia: isso pode cultivar em nós um senso expandido das possibilidades para a vida e a espécie humana. A má: esse apetite insaciável pelo superlativo talvez nos conduza à insatisfação com qualquer coisa que seja ordinária, comum, cotidiana.

Essa dinâmica não tem fim. As câmeras estão por toda parte, de modo que a vida coletiva monitorada está se expandindo, ou seja, vamos acumular, por exemplo, milhares de vídeos de pessoas sendo atingidas por um raio, porque os eventos improváveis são mais normais do que pensamos. Quando todos usarmos pequenas câmeras o tempo todo, até o evento mais incrível, a conquista mais superlativa e as ações mais radicais de qualquer um serão filmados e compartilhados ao redor do mundo em tempo real. Em pouco tempo, nossos streams só conterão os momentos mais extraordinários de seis bilhões de pessoas. Assim, de agora em diante, em vez de ficarmos ilhados no ordinário, flutuaremos no mar do extraordinário, até que também ele passe a se tornar mundano. Quando o improvável dominar nosso campo de visão, quando nos parecer que o mundo só contém o impossível, as improbabilidades deixarão de ser o que são para se transformarem em normalidades. O impossível se tornará inevitável.

Esse estado de improbabilidade tem algo de onírico. As certezas, tão sólidas no passado, se dissolvem. Quando estou conectado à Tela de Todo o Conhecimento – a colmeia humana de bilhões de olhos unida e espelhada num bilhão de pedaços de vidro –, a verdade fica mais difícil de ser encontrada. Cada informação que eu colher pelo caminho é acompanhada de pelo menos um questionamento. Todo fato tem seu antifato. Os profusos e ubíquos hiperlinks da internet vão sublinhar antifatos com o mesmo destaque dos fatos. Alguns antifatos são tolices; outros, extremos; muitos, válidos. E aí reside a maldição da tela. Não podemos contar com especialistas para apontar o fato verídico, porque, para cada um deles, haverá um especialista antagônico a questionar essa veracidade. Desse modo, qualquer coisa que eu aprender estará sujeita à erosão pela ubiquidade dos antifatos.

Ironicamente, em plena era de conexão global instantânea, tenho cada vez menos certeza sobre qualquer coisa. Em vez de receber a verdade atestada por alguma autoridade, só me resta construir a minha própria certeza com base no stream líquido de fatos que fluem pela web. A Verdade, singular e com V maiúsculo, encontra-se diluída em verdades, com v minúsculo e no plural. Preciso classificar as verdades não só das coisas que me interessam, mas de qualquer coisa que toco, incluindo áreas sobre as quais não posso ter qualquer conhecimento direto. Isso significa que, em geral, tenho de questionar constantemente o que acho que sei. Um estado como esse pode ser considerado perfeito para o avanço da ciência, mas também amplia a tendência de que se mude de ideia por razões equivocadas.

Enquanto estou conectado à rede das redes, sinto que eu mesmo sou uma rede, tentando alcançar a confiabilidade com base em componentes não confiáveis. Enquanto exploro meias verdades, inverdades e algumas nobres verdades espalhadas pelo fluxo, noto que minha mente é atraída para formas fluidas de pensar (cenários, crenças provisórias, palpites subjetivos) e para mídias fluidas como mashups, tuítes e buscas na web. Mas, à medida que fluo por essa teia evasiva de ideias, não raro tenho a sensação de que estou sonhando acordado.

Na verdade, não sabemos para que servem os sonhos, além de para satisfazer alguma necessidade fundamental da consciência. Alguém que me observasse navegando pela internet de um link sugerido para outro, veria um devaneio. Outro dia, na web, me encontrei em meio a uma multidão de pessoas vendo um homem descalço comer terra. Depois, assisti a um menino cantor cujo rosto começou a derreter, flagrei Papai Noel queimando uma árvore de Natal, flutuei dentro de uma casa de barro no cume mais alto do mundo, vi nós celtas se desfazendo, recebi de um sujeito a fórmula para fabricar vidro transparente, testemunhei a mim mesmo andando de bicicleta na época do ensino médio. Tudo isso aconteceu apenas nos primeiros minutos de uma manhã que passei navegando na web. O estado de transe no qual caímos ao seguir a trilha de migalhas de pão formada pelos links poderia ser visto como um terrível desperdício de tempo – ou, como nos sonhos, um produtivo desperdício de tempo. Perambular pela web seria, quem sabe, uma forma de explorar nosso inconsciente coletivo? Sonhar clicando de um lugar para outro, quem sabe, não seria uma maneira de todos nós termos o mesmo sonho, independentemente do que clicamos?

O devaneio que chamamos de internet também turva a distinção entre meus pensamentos sérios e meus pensamentos lúdicos ou, dito de maneira mais simples, já não tenho como dizer se estou trabalhando ou brincando enquanto navego pela rede. Para algumas pessoas, a desintegração da fronteira entre esses dois domínios representa tudo o que há de errado com a internet, o desperdiçador de tempo mais caro que já inventaram. A internet produz gracejos e transforma superficialidades em profissões. Numa frase célebre, Jeff Hammerbacher, ex-programador do Facebook, reclamou que as "melhores mentes da minha geração estão ocupadas pensando em como fazer as pessoas clicarem em anúncios".[2] Algumas pessoas consideram esse devaneio um desperdício viciante. Eu, ao contrário, valorizo um bom desperdício de tempo como precondição essencial à criatividade. E, ainda mais importante, acredito que a fusão do lúdico com o pragmático, do brincar com o trabalhar, é uma das melhores coisas proporcionadas por essa invenção. Afinal, em uma sociedade extremamente evoluída, a ideia não é eliminar o trabalho?

Tenho notado que a mente coletiva mudou minha forma de pensar, expandindo-a. Passei a pensar de maneira mais ativa, menos contemplativa. Em vez de refletir sobre uma pergunta ou palpite ruminando às cegas, alimentado apenas pela minha ignorância, eu me ponho a fazer coisas. Eu imediatamente *ajo*. Ponho-me a olhar, procurar, perguntar, questionar, reagir, mergulhar, construir observações, criar marcadores, formar uma trilha. Começo de imediato a fazer algo meu. Eu não espero. Não preciso esperar. Já começo fazendo alguma coisa com as ideias em vez de ponderar sobre elas. Para algumas pessoas, esse é o pior legado da rede: o abandono da contemplação. Outras pessoas acham que toda essa atividade improdutiva não passa de frivolidade, uma ação ilusória, um correr sem sair do lugar. Mas em comparação com o quê? Com o consumo passivo da TV? Com o tempo jogando conversa fora no bar? Ou com a lenta marcha até uma biblioteca, onde não encontraria respostas para minhas centenas de perguntas? Imagine os bilhões de pessoas online neste exato minuto. A meu ver, elas não estão perdendo tempo com links associativos idiotas, mas, sim, engajadas em uma forma mais produtiva de pensar – obtendo respostas instantâneas, pesquisando, respondendo, devaneando, navegando, sendo confrontadas com coisas diferentes, anotando os pensamentos, postando opiniões, por menos significativas que sejam. Compare isso com o equivalente a centenas de milhões de pessoas de 50 anos atrás assistindo à TV no sofá ou lendo o jornal na poltrona.

Esse novo modo de ser – surfando e mergulhando na onda, saltando de um bit para o outro, tuitando e postando, experimentando novidades, sonhando acordado, questionando todos os fatos – não é um bug do sistema. É uma funcionalidade. É uma resposta adequada ao oceano de dados, notícias e fatos que inunda nossa vida. Precisamos, nós também, ser fluidos e ágeis, uma vez que essa fluidez reflete o turbulento ambiente informacional ao nosso redor. Esse novo modo de ser não é nem um fracasso indolente nem um luxo indulgente. É uma necessidade, se quisermos prosperar. A bordo de um caiaque em corredeiras velozes, precisamos remar pelo menos tão rápido quanto a água. Para navegar pelos exabytes de informação, pela mudança e pela ruptura, precisamos fluir pelo menos tão rápido quanto os limites do possível mudam de lugar.

Mas não pense que esse fluxo veloz corresponde a águas rasas. A fluidez e a interatividade também nos permitem desviar instantaneamente a atenção para obras muito mais complexas, mais profundas do que nunca. As tecnologias que proporcionaram ao público a capacidade de interagir com histórias e notícias – gravar, assistir depois, rebobinar, sondar, associar, salvar, fazer clippings, recortar e colar – possibilitaram tanto formatos extensos como breves. Diretores de cinema começaram a criar filmes que, mais do que um seriado, compõem uma gigantesca narrativa, que leva anos para ser contada. Esses extensos épicos, como *Lost*, *Battlestar Galactica*, *Família Soprano*, *Downton Abbey* e *The Wire*, têm inúmeras tramas entrelaçadas, com vários protagonistas e personagens de incrível complexidade psicológica. Essas sofisticadas obras demandaram uma atenção sustentada do público que não só transformou a relação com os filmes de TV do formato anterior, de 90 minutos, como teria espantado Charles Dickens e outros romancistas de outrora. Dickens teria se maravilhado se estivesse vivo: "Quer dizer que o público consegue acompanhar tudo isso e ainda quer mais? Quantos anos isso pode durar?". Eu jamais teria acreditado que conseguiria acompanhar histórias tão complicadas ou gostar tanto delas a ponto de lhes dedicar tamanho investimento de tempo. Parece que minha capacidade de atenção aumentou. De maneira semelhante, a profundidade, a complexidade e as demandas dos videogames podem equivaler às demandas de uma maratona de filmes ou de um livro extenso. Você pode levar 50 horas para aprender a dinâmica de alguns jogos.

A mais importante mudança advinda dessas novas tecnologias, no entanto, está no fato de, hoje, pensarmos todas elas como se tivessem se tornado uma coisa só. Gastamos intermináveis nanossegundos com tuítes e outros infinitos microssegundos navegando nas páginas da web, horas vagando pelos canais do YouTube e alguns minutos dando uma olhada em resenhas de livros, antes de finalmente voltarmos à planilha eletrônica no trabalho ou nos distrair acariciando a tela do celular. Na prática, tudo somado, passamos dez horas por dia prestando atenção a uma única coisa intangível. Essa máquina, gigantesca plataforma única, é uma obra-prima incomensurável que se encontra disfarçada na forma de um trilhão de partes frouxamente conectadas, de modo que é difícil enxergar sua unidade. Os bem remunerados diretores de websites, as hordas de comentaristas na internet e os magnatas do cinema que nos deixam, com relutância, ver seus filmes em uma plataforma de streaming, não acreditam que são meros pontos de dados num grande espetáculo global. Mas é o que são. Quando entramos em qualquer uma das 4 bilhões de telas existentes,[3] estamos participando da busca pela solução de uma única pergunta aberta. Todos queremos saber: O que é isso?

A fabricante de computadores Cisco estima que haverá 50 bilhões de dispositivos conectados à internet até 2020,[4] além de dezenas de bilhões de telas. Em cinco anos, a indústria de eletroeletrônicos espera produzir um bilhão de dispositivos vestíveis que vão alimentar o fluxo com dados sobre o rastreamento de nossas atividades cotidianas. Podemos esperar mais 13 bilhões de eletrodomésticos,[5] como o termostato Nest, dando vida às nossas casas inteligentes. Teremos três bilhões de dispositivos incorporados a nossos carros.[6] E cem bilhões de chips RFID incorporados a produtos nas prateleiras do Walmart. Essa é a Internet das Coisas, a nova terra dos sonhos composta de tudo o que produzimos: a nova plataforma para o improvável, toda constituída de dados.

O conhecimento, que é relacionado, mas não idêntico à informação, cresce rapidamente, dobrando de volume a cada dois anos. O número de artigos científicos publicados todos os anos tem aumentado com rapidez ainda maior há décadas. Ao longo do século passado, o número anual de patentes requeridas experimentou um crescimento exponencial.

Sabemos muito mais sobre o universo do que há um século. Esses novos conhecimentos sobre as leis físicas foram colocados em prática em bens de consumo como aparelhos de GPS e iPods, fenômeno que deve se expandir constantemente ainda nesta geração. Telescópios, microscópios, fluoroscópios e osciloscópios brindaram o ser humano com uma nova visão. E, de repente, ver o mundo por meio dessas ferramentas avançadas descortinou muitas respostas.

No entanto, o paradoxo da ciência é que cada resposta gera pelo menos duas outras perguntas. Mais ferramentas, mais respostas e ainda mais perguntas. Telescópios, radioscópios, cíclotrons e aceleradores de partículas expandiram não apenas o que sabíamos, mas deram origem a novos enigmas, expandindo também o que não sabíamos. Descobertas anteriores nos ajudaram a perceber recentemente que 96% de toda a matéria e energia do nosso universo estão fora de nossa visão. O universo não é feito de átomos e calor como descobrimos no século passado, mas, principalmente, de duas entidades desconhecidas: energia escura e matéria escura. "Escuro" é um eufemismo para se referir à nossa ignorância. Na verdade, não fazemos a mínima ideia do que compõe a maior parte do universo. Talvez apresentemos proporção similar de ignorância quando investigarmos a fundo o cérebro ou a célula humana. Nada sabemos no que se refere ao que pode ser conhecido. Nossas invenções nos dão a oportunidade de espiar o tamanho de nossa ignorância. Se o conhecimento cresce exponencialmente devido a ferramentas científicas, a essa altura já deveríamos estar esgotando rapidamente nossos enigmas. Em vez disso, continuamos descobrindo incógnitas cada vez maiores.

Se o conhecimento tem expansão exponencial, o volume de nossas perguntas cresce em velocidade ainda maior. E, como os matemáticos nos dirão, a lacuna cada vez mais ampla entre duas curvas exponenciais é, por si só, uma curva exponencial. Essa lacuna entre perguntas e respostas corresponde à ignorância humana – que, como demonstra a matemática, também aumenta exponencialmente. Em outras palavras, a ciência é um método que em grande parte expande a ignorância em vez de expandir o conhecimento.

Não temos razão alguma para esperar uma reversão desse quadro no futuro. Quanto mais inovadora uma tecnologia ou ferramenta, mais desestruturantes serão as perguntas por ela geradas. É de se esperar, assim, que tecnologias como a IA, a manipulação genética e a computação quântica (só para citar algumas que já despontam no horizonte) desencadeiem uma enxurrada de grandes perguntas, as quais nunca tivemos condições para cogitar. Na verdade, daria para apostar com relativa segurança que a humanidade ainda está por formular suas mais importantes perguntas.

Todos os anos, os seres humanos fazem dois trilhões de perguntas na internet e os motores de busca dão dois trilhões de respostas. A maioria delas é muito boa. Muitas vezes são surpreendentes. E, ainda por cima, de graça! Na era anterior às buscas instantâneas e gratuitas na internet, a maior parte dos dois trilhões de perguntas não teria como ser respondida a custo razoável. É claro que, apesar de se apresentarem como gratuitas para os usuários, as perguntas têm um custo para serem geradas por empresas de busca como Google, Yahoo!, Bing e Baidu. Em 2007, estimei que o custo para o Google responder uma pergunta era de US$ 0,003, valor que deve ter caído um pouco desde então. Pelos meus cálculos, o Google ganha cerca de US$ 0,27 por busca, pagos pelos anúncios exibidos com cada resposta. Fica fácil para a empresa, portanto, dar respostas de graça.

Nós sempre tivemos perguntas. Trinta anos atrás, o maior negócio de respostas era o auxílio à lista telefônica. Antes do Google, nos Estados Unidos, havia o número de telefone 411, de auxílio à lista. O número universal 411 era discado cerca de 6 bilhões de vezes por ano.[7] Outro antigo mecanismo de busca era a publicação impressa das páginas amarelas. De acordo com a Yellow Pages Association, 50% dos norte-americanos adultos consultavam as páginas amarelas pelo menos uma vez por semana, totalizando duas consultas semanais na década de 1990.[8] Como a população adulta dos Estados Unidos de então era de cerca de 200 milhões de pessoas, havia cerca de 200 milhões de consultas por semana ou 104 bilhões de perguntas feitas por ano. Não dá para desprezar números como esses. Outro clássico meio para obter respostas era a biblioteca. Na década de 1990, as bibliotecas norte-americanas

306 | INEVITÁVEL

receberam cerca de um bilhão de visitantes por ano.[9] Desse um bilhão, cerca de 300 milhões realizavam "consultas de referência" ou, em outras palavras, faziam perguntas.

Apesar desses mais de cem bilhões de pesquisas anuais (só nos Estados Unidos), ninguém teria acreditado 30 anos atrás que haveria um negócio de US$ 82 bilhões[10] voltado a responder as perguntas das pessoas totalmente (ou quase) de graça. Poucos mestres em administração de empresas sonhavam com sistemas para satisfazer essa necessidade. A demanda por perguntas/respostas era latente. As pessoas desconheciam o valor das respostas instantâneas antes de ter acesso a elas. Um estudo realizado em 2000 constatou que um adulto norte-americano buscava responder em média quatro perguntas por dia na internet.[11] Se meu exemplo servir como indicativo, admito que faço mais consultas a cada dia que passa. Segundo o Google, em 2007 fiz 349 perguntas em um mês, ou pouco mais de dez por dia (meu horário de pico de buscas era às 11 horas da manhã de quarta-feira). Perguntei ao Google quantos segundos tinha um ano e o site respondeu imediatamente: 31,5 milhões. Perguntei quantas pesquisas todos os motores de busca fazem por segundo. A resposta foi 600 mil buscas por segundo ou 600 quilohertz. A internet está respondendo a perguntas na frequência ruidosa das ondas de rádio.

As respostas são fornecidas de graça, mas têm valor enorme. Três pesquisadores da University of Michigan conduziram um pequeno experimento em 2010 para verificar o quanto as pessoas se disporiam a pagar pela busca.[12] O método utilizado consistia em pedir a estudantes para responder a algumas perguntas que foram feitas no Google – com a condição de buscarem as respostas usando apenas os materiais de consulta disponíveis em uma boa biblioteca. Os pesquisadores mensuraram o tempo consumido pelos estudantes para responder a uma pergunta: em média, 22 minutos. Em comparação, 15 minutos a mais do que os sete consumidos, em média, para responder à mesma pergunta usando o Google. Considerando o salário nacional médio de US$ 22 por hora nos Estados Unidos, a diferença equivale a uma economia de US$ 1,37 por busca.

Em 2011, Hal Varian, economista-chefe do Google, empregou um método diferente para calcular o valor médio de resposta a uma pergunta.[13] E revelou o fato surpreendente de que o usuário médio do Google (com base em critérios como o retorno de cookies etc.) faz apenas uma busca por dia, em média. Posso dizer que estou bem longe desse padrão. Mas minhas consultas quase constantes são compensadas, por assim dizer, por pessoas como minha mãe, que talvez faça apenas uma busca no intervalo de várias semanas. Varian fez mais alguns cálculos para compensar o fato de que hoje fazemos mais perguntas devido ao fato de elas serem mais baratas. Desse modo, contabilizando tal efeito, Varian concluiu que as buscas poupam a uma pessoa em média 3,75 minutos por dia. Usando como base o mesmo salário médio por hora, esse tempo corresponde a uma economia de US$ 0,60 – valor que poderia ser arredondado para US$ 1 por dia, no caso de seu tempo valer mais do que o estabelecido no salário nacional médio. Se as buscas na internet fossem pagas, a maioria das pessoas estaria disposta a arcar com uma despesa de US$ 350 por ano? Talvez. (Eu, sem dúvida, pagaria.) Elas poderiam pagar um dólar por busca, o que seria outra maneira de remuneração com o mesmo valor. Certa vez, o economista Michael Cox perguntou a seus alunos por qual valor eles topariam abandonar para sempre a internet. Descobriu que os estudantes não abririam mão da rede nem por um milhão de dólares. E isso foi antes de todo mundo ter um smartphone.

Estamos só começando a vislumbrar a capacidade de o sistema dar excelentes respostas. A Siri, assistente virtual do iPhone, atende comandos por voz também falando, em linguagem tão natural quanto a do usuário que faz a pergunta. Estou acostumado a conversar com ela. Quando quero consultar o clima, simplesmente pergunto: "Siri, como vai estar o tempo amanhã?". A turma usuária do Android pode falar com o Google Now para consultar sua agenda pessoal. O Watson da IBM provou que a inteligência sintética é capaz de encontrar respostas com rapidez e precisão para a maioria dos tipos de perguntas de referência factual. Parte dessa facilidade de dar respostas encontra-se no fato de as perguntas respondidas corretamente no passado aumentarem a probabilidade de o usuário fazer outra pergunta. Ao mesmo tempo, perguntas respondidas corretamente no passado facilitam a elaboração da próxima resposta e aumentam o valor da coletânea de respostas como um todo. Cada pergunta feita a um motor de busca e cada resposta dada lapida a inteligência do processo, aumentando o valor do motor de busca para perguntas futuras. À medida que cognificamos mais livros, filmes e a Internet das Coisas, encontraremos respostas por toda parte. Estamos a caminho de um futuro no qual faremos várias centenas de perguntas por dia. A maioria delas será sobre nós mesmos e nossos amigos: "Cadê a Jenny?", "A que horas o próximo ônibus vai passar?", "Vou gostar desse salgadinho?". Os "custos de produção" de cada resposta serão de nanocentavos. As buscas do tipo "me dê uma resposta" deixarão de ser consideradas um luxo para se tornar uma commodity básica universal.

Muito em breve, viveremos em um mundo no qual será possível formular qualquer pergunta à nuvem como se estivéssemos conversando com uma pessoa. E, se a pergunta tiver uma resposta conhecida, a máquina responderá. Quem ganhou o prêmio de novato do ano da NBA em 1974? Por que o céu é azul? O universo vai continuar se expandindo para sempre? Com o tempo, a nuvem – ou a Nuvem (com N maiúsculo), ou a máquina, ou a IA – vai aprender a articular tudo o que se sabe e tudo o que se ignora. No começo, ela vai precisar dialogar conosco para esclarecer ambiguidades (típicas de nós, seres humanos, quando respondemos a perguntas). Porém, ao contrário dos humanos, a máquina de respostas não hesitará em fornecer um conhecimento factual profundo, obscuro, complexo sobre qualquer assunto, se esse conhecimento existir.

Mas a maior consequência das respostas instantâneas confiáveis *não* é a harmonia da satisfação. Lembre-se que respostas abundantes apenas geram mais perguntas! Pela minha experiência, quanto maior a facilidade de fazer a pergunta e maior a utilidade da resposta, mais questionamentos vão emergir. As máquinas têm a capacidade de expandir infinitamente as respostas, enquanto nosso tempo para elaborar a próxima pergunta é muito limitado. Há uma assimetria entre o trabalho necessário para gerar uma boa pergunta e o esforço investido para absorver uma resposta. Por conta disso, agora as respostas passam a ser baratas e as perguntas tornam-se valiosas. Em 1964, Pablo Picasso adiantou-se com brilhantismo a essa inversão quando disse ao escritor William Fifield: "Os computadores são inúteis. Eles só sabem dar respostas".

Em resumo, um mundo de respostas superinteligentes e ubíquas encoraja a busca pela pergunta perfeita. O que vem a ser isso? Ironicamente, as melhores perguntas não são as que levam a respostas, uma vez que estas tendem a se tornar cada vez mais abundantes e baratas. Uma boa pergunta tem de equivaler a um milhão de boas respostas.

Como, por exemplo, a pergunta que Albert Einstein fez a si mesmo quando ainda era garoto: "O que você veria se estivesse viajando num feixe de luz?". Essa pergunta foi a plataforma de lançamento para a teoria da relatividade, a famosa equação $E = mc^2$ e a era atômica.

A boa pergunta não está interessada em uma resposta correta.

A boa pergunta não pode ser respondida imediatamente.

A boa pergunta desafia as respostas existentes.

A boa pergunta é aquela que você mal pode esperar para que seja respondida, mas que nunca tinha lhe chamado a atenção antes de ser formulada.

A boa pergunta cria todo um território de pensamento.

A boa pergunta reformula as próprias respostas.

A boa pergunta é a semente da inovação em ciência, tecnologia, arte, política e negócios.

A boa pergunta é uma sondagem, um cenário do tipo "e se".

A boa pergunta, mesmo quando tola ou óbvia, paira sobre a fronteira entre o conhecido e o desconhecido.

A boa pergunta não pode ser prevista.

A boa pergunta será indicativa de uma mente esclarecida.

A boa pergunta gera muitas outras boas perguntas.

A boa pergunta pode ser a última tarefa a ser aprendida por uma máquina.

A boa pergunta é a função para que foram criados os seres humanos.

———————

O que estamos fazendo com a nossa máquina de perguntas e respostas?

A sociedade afasta-se da ordem rígida da hierarquia para se aproximar da fluidez da descentralização. Está migrando dos substantivos para os verbos, do tangível para o intangível. Das mídias fixas para o caos de mídias remixadas. Das lojas para os fluxos. Em sintonia com esse movimento, a geração de valor está também mudando de eixo: transfere-se das certezas da resposta para as incertezas da pergunta. Fatos, ordem e respostas sempre serão necessários e úteis. Não vão desaparecer e, assim como a vida microbiana e as matérias-primas concretas, os fatos continuarão a fundamentar nossa civilização. No entanto, os aspectos mais preciosos, as facetas mais dinâmicas, mais valiosas e mais produtivas da vida e da tecnologia vão pairar nas fronteiras do imaterial, nas margens do factual, no lugar em que a incerteza, o caos e a fluidez habitam. As tecnologias de geração de respostas continuarão essenciais, tanto que as respostas passarão a ser onipresentes, instantâneas, confiáveis e praticamente gratuitas. Mas as tecnologias de geração de *perguntas* terão mais valor. Os criadores de perguntas serão vistos, justificadamente, como os impulsionadores de novos setores, marcas, possibilidades e continentes, a serem explorados pela inquieta espécie humana. Perguntar tem mais potência do que simplesmente responder.

12
COMEÇAR

Daqui a milhares de anos, quando os historiadores analisarem o passado, este nosso início de terceiro milênio será visto como um período incrível: o momento em que os habitantes deste planeta ligaram-se uns aos outros para, pela primeira vez, formar uma grande unidade. Com o passar dos anos, essa grande unidade se tornará ainda maior, mas eu e você temos o privilégio de viver na época de seu primeiro despertar. As pessoas do futuro nos invejarão, desejando ter testemunhado aquilo a que estamos assistindo agora, ao vivo: seres humanos começando a animar objetos inertes com minúsculos bits de perspicácia, entrelaçando-os numa nuvem de inteligências artificiais e associando bilhões de mentes humanas a essa incomensurável supramente. Tal convergência será reconhecida como o maior, mais complexo e mais surpreendente evento do planeta até o presente momento. Entrelaçando nervos feitos de vidro, cobre e ondas de rádio, nossa espécie põe-se a conectar todas as regiões, todos os processos, todas as pessoas, todos os artefatos, todos os sensores, todos os fatos e noções para formar uma grandiosa rede de complexidade até então inimaginável. A partir dessa rede embrionária, nasce uma interface colaborativa para a civilização, um aparato sensorial e cognitivo com um poder superior a qualquer invenção prévia. Essa megainvenção, esse organismo, essa máquina – se realmente quisermos usar esse termo – agrupa todas as outras máquinas já criadas, transformando-se em algo a permear nossa vida a tal ponto que se torna essencial para formar a identidade humana. Essa entidade colossal viabiliza uma forma inédita de pensar (buscas perfeitas, memória total e completa, alcance planetário), uma nova mente para uma antiga espécie. É o "Começar".

O Começar constitui um processo que leva um século para se desenrolar, na base do mundano método de tentativa e erro. Seus grandes bancos de dados e extensas comunicações mostram-se tediosos. Aspectos dessa mente que surge de forma globalizada e em tempo real são temidos como ameaça ou descartados como grande bobagem. Com efeito, temos muitas causas legítimas de preocupação considerando que nem um único aspecto da cultura humana – ou da natureza humana – permanece intocado por esse pulso transformador. No entanto, como fazemos parte de algo que começou a operar em um nível superior a nós, não sabemos ao certo onde começa essa entidade e onde ela termina. Tudo o que sabemos é que, desde seu início, ela vem abalando a velha ordem. Nada mais previsível, portanto, que suscite uma oposição encarniçada.

Que nome podemos dar a essa grandiosa obra-prima? Seria ela mais viva do que uma máquina? Em seu cerne, 7 bilhões de seres humanos, que em breve serão 9 bilhões, estão se cobrindo rapidamente com uma camada eterna de conectividade que se aproxima de uma ligação direta entre todos os cérebros humanos. Cem anos atrás, H.G. Wells imaginou esse ente agigantado como o cérebro do mundo. Por sua vez, Teilhard de Chardin o chamou de noosfera, a esfera do pensamento. Alguns o definem como uma mente global. Outros o comparam com um superorganismo global, uma vez que inclui bilhões de neurônios de silício manufaturados. Para fins de praticidade e abreviação, chamo essa camada planetária de "holos". No termo "holos" incluo a inteligência coletiva de todos os seres humanos *combinada com* o comportamento coletivo de todas as máquinas, além da inteligência da natureza, mais qualquer comportamento surgido desse conjunto. Esse todo equivale ao holos.

Não é nada fácil absorver a escala daquilo que estamos nos tornando. É a maior coisa que já fizemos. Pensemos apenas no hardware. Hoje em dia, há quatro bilhões de celulares e dois bilhões de computadores interligados entre si para formar um córtex contínuo ao redor do globo. Acrescente a eles todos os bilhões de chips periféricos e dispositivos afiliados tão variados quanto câmeras, automóveis e satélites. Em 2015, um total de 15 bilhões de dispositivos já estava conectado para formar um único grande circuito. Cada um deles contém entre um bilhão e quatro bilhões de transistores, de modo que, no total, o holos opera com um sextilhão de transistores (ou seja, 1 com 21 zeros). Esses transistores podem ser considerados os neurônios de um cérebro gigantesco. O cérebro humano tem cerca de 86 bilhões de neurônios ou um trilhão de vezes menos do que o holos. Em termos de magnitude, o holos já nos supera consideravelmente em complexidade cerebral. Nosso cérebro não dobra de tamanho a cada dois ou três anos. A mente do holos, sim.

Hoje, o hardware do holos atua como um enorme computador virtual composto de um volume de chips tão grande quanto o de transistores em um computador. As funções de nível superior dessa máquina virtual operam mais ou menos na velocidade de um antigo PC. Seu processamento é de um milhão de e-mails por segundo e um milhão de mensagens por segundo, o que basicamente significa que o holos atualmente roda a um megahertz. Seu armazenamento externo total é de cerca de 600 exabytes. A cada segundo, 10 terabits fluem pelos nervos de sua espinha dorsal. Tem um sistema imunológico robusto, que elimina spams de suas linhas-tronco, reencaminhando danos para saná-los, como uma espécie de mecanismo de autocura.

Quem vai escrever o código para fazer com que esse sistema global seja útil e produtivo? Nós. Parece pura perda de tempo quando navegamos à toa ou postamos um item para nossos amigos verem, mas, a cada vez que clicamos num link, reforçamos um nó em algum lugar da mente do holos – programando-o, desse modo, por meio de nossa utilização. Pense nos cem bilhões de vezes *por dia* que os seres humanos clicam em uma página da web qualquer, em busca de um conteúdo que consideram importante (como a receita de um bolo). A cada vez que forjamos um link entre palavras, ensinamos algo para o holos.

Essa é a nova plataforma na qual a nossa vida vai rodar. De âmbito internacional. Sempre ligada. Pensando na velocidade atual da adoção tecnológica, estimo que em 2025 todas as pessoas vivas – 100% dos habitantes do planeta – terão acesso a essa plataforma por meio de algum dispositivo praticamente gratuito. Todo mundo estará ligado a ela. Ou dentro dela. Ou, para resumir, todo mundo será ela.

Esse grande sistema global não será uma utopia. Mesmo daqui a três décadas, essa nuvem continuará delimitada por cercas regionais. Algumas partes permanecerão protegidas por firewalls, censuradas, privatizadas. Alguns aspectos da infraestrutura estarão monopolizados por corporações, embora esses monopólios da internet sejam frágeis e efêmeros, sujeitos à súbita eliminação pelos concorrentes. O acesso mínimo será universal, mas a disponibilidade da largura de banda será desigual e saturada em áreas urbanas, com ricos assegurando para si o acesso premium. Em resumo, a distribuição dos recursos espelhará todas as outras facetas da vida. Mas a plataforma será crucial e transformadora e até os mais destituídos poderão participar.

Neste exato momento do Começar, essa malha imperfeita estende-se por 51 bilhões de hectares, envolve 15 bilhões de máquinas, engaja quatro bilhões de mentes humanas em tempo real, consome 5% da eletricidade do planeta, opera a velocidades desumanas, monitora metade de nosso tempo acordados e é o canal para a maior parte do fluxo de nosso dinheiro. O nível de organização está um patamar acima de uma das maiores realizações da civilização: as cidades. Esse salto de nível, para alguns físicos, remete a uma transição de fases, à ruptura descontínua entre o estado de uma molécula – digamos, entre gelo e água ou água e vapor. A diferença de temperatura ou pressão que separa duas fases é quase trivial, mas a reorganização fundamental que ocorre ao cruzar o limiar faz o material se comportar de uma maneira completamente nova. A água é definitivamente um estado diferente do gelo.

A interconexão ubíqua e de grande escala dessa nova plataforma a princípio parece ser apenas uma extensão da sociedade tradicional. Como se apenas estivéssemos acrescentando relações digitais aos relacionamentos presenciais existentes. Adicionamos amigos, expandimos a rede de conhecidos, ampliamos nossas fontes de notícias, digitalizamos nossos movimentos. Mas, na verdade, à medida que todas essas frentes seguem aumentando continuamente, do mesmo modo como a temperatura e a pressão sobem de forma gradativa, cruzamos um ponto de inflexão, um limiar de complexidade, no qual a mudança passa a ser descontínua – uma fase de transição – e, de repente, nos flagramos em um novo estado: um mundo diferente, regido por uma nova normalidade.

O Começar é agora, neste momento, bem à beira de tal descontinuidade. No novo regime, velhas forças culturais, como a autoridade centralizada e a uniformidade, entram em decadência, enquanto novas forças culturais, como as que descrevo neste livro – compartilhamento, acesso, rastreamento –, passam a dominar as instituições e a vida pessoal. À medida que a nova fase se cristaliza, essas forças continuarão a se intensificar. O compartilhamento, apesar de hoje parecer excessivo para algumas pessoas, só está no início. A transição da posse ao acesso mal começou. Fluxos e streams ainda não passam de meros filetes. Pode parecer que já rastreamos coisas em excesso, mas estaremos monitorando mil vezes mais nas próximas décadas. Cada uma dessas funções será acelerada pela cognificação de alta qualidade, ainda nascente, mas que fará com que as coisas mais inteligentes produzidas na atualidade pareçam toscas no futuro. Nada disso é final ou definitivo. Essas transições não passam do primeiro passo de um processo, um processo de tornar-se. Um Começar.

Basta dar uma olhada em uma foto noturna da Terra, feita de um satélite, para ter um vislumbre desse organismo colossal. Aglomerações de luzes indicando a localização de cidades traçam padrões orgânicos na escuridão. A iluminação apaga-se aos poucos nas periferias, deixando apenas longos e delgados rastros luminosos ligando distantes concentrações urbanas entre si. Essas rotas iluminadas constituem padrões ramificados. Conhecemos muito bem essa imagem. As cidades são como gânglios de células nervosas e as estradas iluminadas são seus axônios formando sinapses. As cidades são os neurônios do holos. E nós vivemos dentro disso.

Essa entidade gigantesca e embrionária tem funcionado continuamente pelo menos nos últimos 30 anos. Desconheço qualquer outra máquina – de qualquer tipo – que tenha atravessado tamanho período em operação com inatividade zero. Partes dela provavelmente podem sair do ar por um tempo devido a quedas de energia ou infecções virais em cascata, mas a coisa como um todo tem poucas chances de silenciar nas próximas décadas. Ela tem sido, e provavelmente continuará sendo, nosso artefato mais confiável.

Essa imagem de superorganismo emergente lembra a alguns cientistas o conceito da "singularidade". Singularidade é um termo tomado de empréstimo da física para descrever uma fronteira além da qual nada pode ser conhecido. Há duas versões na cultura pop: uma hard e uma soft. A singularidade versão hard é um futuro determinado pelo triunfo de uma superinteligência. Quando criarmos uma IA capaz de, por sua vez, criar algo que a supere em inteligência, essa IA teoricamente poderá criar gerações de IAs cada vez mais avançadas. Ocorreria, então, um loop de aceleração infinita, de modo que cada geração (sempre mais inteligente que a anterior) seria criada com rapidez cada vez maior, até que, de repente, as IAs se capacitarão a resolver todos os problemas existentes com uma espécie de sabedoria divina, deixando os seres humanos para trás. Esse fenômeno é chamado de singularidade, por estar além do que somos capazes de perceber. Algumas pessoas a consideram nossa "última invenção". Por várias razões, considero esse cenário improvável.

Acredito que uma singularidade soft é mais provável. Nesse cenário futuro, as IAs não avançariam tanto a ponto de nos escravizar como versões de gênios do mal. No entanto, seria inevitável que ocorresse a convergência de IAs, robôs, filtragem, rastreamento e todas as tecnologias que descrevi neste livro – integrando seres humanos e máquinas, que, juntos, avançariam rumo a uma interdependência complexa. Nesse nível, muitos fenômenos ocorreriam em escalas para além do que conhecemos e para além do que podemos perceber – a marca da singularidade. Seria instaurado um novo regime, no qual nossas criações contribuiriam para que melhorássemos como seres humanos – e no qual, também, não conseguiríamos mais viver sem nossas criações. Estaríamos abandonando a vida no gelo rígido para ir habitar o meio líquido, um novo estado físico.

Essa mudança já começou. Avançamos inexoravelmente para conectar com firmeza todos os seres humanos e todas as máquinas em uma matriz global. Essa matriz não é um artefato, mas um processo. Nossa super-rede é uma onda estacionária de mudanças que está sempre impulsionando novas combinações entre nossos desejos e ne-cessidades. Será impossível prever quais produtos, marcas e empresas estarão ao nosso redor daqui a 30 anos. As especificidades desse futuro dependem dos ventos do acaso e da sorte. Mas o direcionamento geral desse vibrante processo em grande escala é claro e inequívoco. Nos próximos 30 anos, o holos tenderá para a mesma direção que tem se-guido nas últimas três décadas: o holos inclina-se para, cada vez mais, fluir, compartilhar, rastrear, acessar, interagir, visualizar, remixar, fil-trar, cognificar, questionar e tornar-se. Estamos, neste exato momento, a dar início a tudo isso. O Começar, claro, só está começando.

AGRADECIMENTOS

S ou profundamente grato a Paul Slovak, editor da Viking que sempre apoiou minhas tentativas de decifrar a tecnologia, e ao meu agente, John Brockman, que me sugeriu escrever este livro. Jay Schaefer, magnífico editor de texto de São Francisco, me deu orientação editorial para a elaboração do primeiro manuscrito. A bibliotecária Camille Hartsell encarregou-se da maior parte das pesquisas factuais e elaborou as extensas notas explicativas do texto, reunidas mais adiante. Claudia Lamar ajudou nas pesquisas, na checagem de informações e na formatação da obra. Dois ex-colegas da *Wired*, Russ Mitchell e Gary Wolf, fizeram a gentileza de ler os originais e oferecer importantes sugestões que incorporei ao texto final. Nos anos que passei escrevendo o livro, beneficiei-me do precioso tempo que muitos entrevistados tiveram a generosidade de me conceder: John Battelle, Michael Naimark, Jaron Lanier, Gary Wolf, Rodney Brooks, Brewster Kahle, Alan Greene, Hal Varian, George Dyson e Ethan Zuckerman. Sou grato aos editores da *Wired* e da *The New York Times Magazine*, que foram fundamentais para o desenvolvimento de versões iniciais de partes desta obra.

E, o mais importante, este livro é dedicado à minha família – Giamin, Kaileen, Ting e Tywen –, que me mantém com os pés no chão e com os olhos voltados para a frente. Muito obrigado.

NOTAS

1. TORNAR-SE

1. SCHONFELD, Erick. Pinch media data shows the average shelf life of an iPhone app is less than 30 days. *TechCrunch*, 19 fev. 2009.
2. LEESON, Peter T. *The Invisible Hook:* The Hidden Economics of Pirates. Princeton: Princeton University Press, 2011.
3. CLARK, Jim; EDWARDS, Owen. *Netscape Time:* The Making of the Billion-Dollar Start-Up That Took on Microsoft. Nova York: St. Martin's, 1999.
4. ELMER-DEWITT, Philip. Battle for the soul of the internet. *Time*, 25 jul. 1994.
5. STOLL, Clifford. Why the Web won't be nirvana. *Newsweek*, 27 fev. 1995 (Título original: "The Internet? Bah!").
6. WEBB, William. The internet: CB Radio of the 90s?. *Editor & Publisher*, 8 jul. 1995.
7. BUSH, Vannevar. As we may think. *Atlantic*, jul. 1945.
8. NELSON, Theodor H. Complex information processing: a file structure for the complex, the changing and the indeterminate. In: *ACM '65:* Proceedings of the 1965 20th National Conference. Nova York: ACM, 1965, p. 84-100.
9. NELSON, Theodor H. *Literary Machines*. South Bend: Mindful Press, 1980.
10. NELSON, Theodor H. *Computer Lib:* You Can and Must Understand Computers Now. South Bend: Nelson, 1974.

322 | INEVITÁVEL

11. "How Search Works", Inside Search, Google, 2013. Acesso em: 26 abr. 2015.
12. LEVY, Steven. How Google search dealt with mobile. *Medium*, Backchannel, 15 jan. 2015.
13. SIFRY, David. State of the blogosphere, August 2006. *Sifry's Alerts*, 7 ago. 2006.
14. YOUTUBE serves up 100 million videos a day online. *Reuters*, 16 jul. 2006.
15. "Statistics", YouTube, abr. 2015. <https://goo.gl/RVb7oz>
16. FALLOWS, Deborah. How women and men use the internet: part 2 – demographics. Pew Research Center, 28 dez. 2005.
17. Cálculo baseado em: PEW RESEARCH CENTER. *Internet User Demographics:* Internet Users in 2014. 2014; U.S. CENSUS BUREAU. *2013 Population Estimates*. 2015.
18. Média ponderada dos usuários da internet em 2014 baseada em: PEW RESEARCH CENTER. *Internet User Demographics*. 2014; U.S. CENSUS BUREAU. *2014 Population Estimates*. 2014.
19. QUITTNER, Joshua. Billions registered. *Wired*, 2 (10), out. 1994.

2. COGNIFICAR

1. Visita pessoal à IBM Research, jun. 2014.
2. Correspondência pessoal com Alan Greene.
3. Análise privada conduzida por Quid, Inc., 2014.
4. ALBERGOTTI, Reed. Zuckerberg, Musk invest in artificial-intelligence company. *Wall Street Journal*, 21 mar. 2014.
5. HARRIS, Derrick. Pinterest, Yahoo, Dropbox and the (kind of) quiet content-as-data revolution. *Gigaom*, 6 jan. 2014; HARRIS, Derrick. Twitter acquires deep learning startup Madbits. *Gigaom*, 29 jul. 2014; LUNDEN, Ingrid. Intel has acquired natural language processing startup Indisys, price "north" of $26m, to build its AI muscle. *TechCrunch*, 13 set. 2013; SMITH, Cooper. Social networks are investing big in artificial intelligence. *Business Insider*, 17 mar. 2014.
6. Análise privada conduzida por Quid, Inc., 2014.
7. MNIH, Volodymyr et al. Human-level control through deep reinforcement learning. *Nature*, 518, n. 7.540, p. 529-33, 2015.

8. BERGER, Rob. 7 robo advisors that make investing effortless. *Forbes*, 5 fev. 2015.
9. SUMMER, Rick. By providing products that consumers use across the internet, Google can dominate the Ad market. *Morningstar*, 17 jul. 2015.
10. SULLIVAN, Danny. Google still doing at least 1 trillion searches per year. *Search Engine Land*, 16 jan. 2015.
11. NICCOLAI, James. Google reports strong profit, says it's "rethinking everything" around machine learning. *ITworld*, 22 out. 2015.
12. "AI Winter", Wikipédia. Acesso em: 24 jul. 2015.
13. AZEVEDO, Frederico A. C. et al. Equal numbers of neuronal and non-neuronal cells make the human brain an isometrically scaled-up primate brain. *Journal of Comparative Neurology*, 513, n. 5, p. 532-41, 2009.
14. RAINA, Rajat; MADHAVAN, Anand; NG, Andrew Y. Large-scale deep unsupervised learning using graphics processors. In: *Proceedings of the 26th Annual International Conference on Machine Learning, ICML '09*. Nova York: ACM, 2009, p. 873-80.
15. FINLEY, Klint. Netflix is building an artificial brain using Amazon's cloud. *Wired*, 13 fev. 2014.
16. Correspondência pessoal com Paul Quinn, Department of Psychological and Brain Sciences, Delaware University, 6 ago. 2014.
17. Correspondência pessoal com Daylen Yang (criador do app de xadrez Stockfish), Stefan Meyer-Kahlen (desenvolvedor do premiado programa de xadrez Shredder) e Danny Kopec (mestre norte-americano de xadrez, mestre internacional de xadrez e cocriador de um dos sistemas de teste computadorizado padrão de xadrez), set. 2014.
18. GARLING, Caleb. Andrew Ng: why 'deep learning' is a mandate for humans, not just machines. *Wired*, 5 maio 2015.
19. ALLEN, Kate. How a Toronto professor's research revolutionized artificial intelligence. *Toronto Star*, 17 abr. 2015.
20. LECUN, Yann; BENGIO, Yoshua; HINTON, Geoffrey. Deep learning. *Nature*, 521, n. 7.553, p. 436-44, 2015.
21. SHAPIRO, Carl; VARIAN, Hal R. *Information Rules:* A Strategic Guide to the Network Economy. Boston: Harvard Business Review Press, 1998.

324 | INEVITÁVEL

22. DEEP Blue. *IBM 100: Icons of Progress*, 7 mar. 2012.
23. WILLIAMS, Owen. Garry Kasparov – Biography. 2010. <http://www.kasparovagent.com>
24. Arno Nickel, Freestyle Chess, 2010.
25. Arno Nickel, "The Freestyle Battle 2014", Infinity Chess, 2015.
26. Arno Nickel, "'Intagrand' Wins the Freestyle Battle 2014", Infinity Chess, 2015.
27. "FIDE Chess Profile (Carlsen, Magnus)", World Chess Federation, 2015.
28. Entrevista pessoal no Facebook, set. 2014.
29. U.S. CENSUS BUREAU. Current population reports: farm population. In: *Persons in Farm Occupations:* 1820 to 1987. Washington: U.S. Government Printing Office, 1988, p. 4.
30. U.S. BUREAU OF LABOR STATISTICS. *Employed Persons by Occupation, Sex, and Age*. Employment & Earnings Online, 2015.
31. SANTENS, Scott. Self-driving trucks are going to hit us like a human-driven truck. *Huffington Post*, 18 maio 2015.
32. SIMONITE, Tom. Google creates software that tells you what it sees in images. *MIT Technology Review*, 18 nov. 2014.
33. YOUNG, Angelo. Industrial robots could be 16% less costly to employ than people by 2025. *International Business Times*, 11 fev. 2015.
34. HAEGELE, Martin et al. Industrial robot automation. White Paper FP6-001917, European Robotics Research Network, 2005.
35. YOUNG, Angelo. Industrial robots could be 16% less costly to employ than people by 2025. *International Business Times*, 11 fev. 2015.
36. MARKOFF, John. Planes without pilots. *New York Times*, 6 abr. 2015.

3. FLUIR

1. "List of Online Grocers", Wikipédia. Acesso em: 18 ago. 2015.
2. McLUHAN, Marshall. *Culture Is Our Business*. Nova York: McGraw-Hill, 1970.
3. "List of Most Viewed YouTube Videos", Wikipédia. Acesso em: 18 ago. 2015.
4. DID Radiohead's 'In Rainbows' honesty box actually damage the music industry?. *NME*, 15 out. 2012.

5. Eric Whitacre's Virtual Choir, "Lux Aurumque", 21 mar. 2010.
6. "Information", Spotify. Acesso em: 18 jun. 2015.
7. DILLET, Romain. SoundCloud now reaches 250 million visitors in its quest to become the audio platform of the web. *TechCrunch*, 29 out. 2013.
8. FRIEDLANDER, Joshua P. *News and Notes on 2014 RIAA Music Industry Shipment and Revenue Statistics*. Recording Industry Association of America, 2015. <http://goo.gl/Ozgk8f>
9. "Spotify explained", Spotify Artists, 2015.
10. SOLSMAN, Joan E. Attention, artists: streaming music is the inescapable future. Embrace it. *CNET*, 14 nov. 2014.
11. Estimativa pessoal.
12. Correspondência pessoal com Todd Pringle, gerente-geral e vice-presidente de produtos, Stitcher, 26 abr. 2015.
13. CARR, Nicholas. Words in stone and on the wind. *Rough Type*, 3 fev. 2012.

4. VISUALIZAR

1. McCRUM, Robert; MacNEIL, Robert; CRAN, William. *The Story of English*, 3. ed. revisada.Nova York: Penguin Books, 2002; *Encyclopedia Americana*, vol. 10. Grolier, 1999.
2. REGIS, Pamela. *A Natural History of the Romance Novel*. Philadelphia: University of Pennsylvania Press, 2007.
3. Cálculo baseado em 1.700 bibliotecas públicas e 2.269 cidades com uma população de 2.500 pessoas ou mais. ANDERSON, Florence. *Carnegie Corporation Library Program 1911–1961*. Nova York: Carnegie Corporation, 1963; MILLER, Durand R. *Carnegie Grants for Library Buildings, 1890–1917*. Nova York: Carnegie Corporation, 1943; U.S. CENSUS BUREAU. *1990 Census of Population and Housing*. CPH21, 1990.
4. Extrapolação baseada em: Installed base of internet-connected video devices to exceed global population in 2017. *IHS*, 8 out. 2013.
5. 2014 Total Global Shipments, IHS Display Search; comunicação pessoal com Lee Graham, 1 maio 2015.
6. Average SAT scores of college-bound seniors. College Board, 2015. <http://goo.gl/Rbmu0q>

326 | INEVITÁVEL

7. BOHN, Roger E. SHORT, James E. *How Much Information? 2009 Report on American Consumers*. Global Information Industry Center, University of California, San Diego, 2009.

8. "How Search Works", Inside Search, Google, 2013.

9. Soma de dois milhões no WordPress, 78 milhões no Tumblr. Dados pesquisados em: "A Live Look at Activity Across WordPress.com", WordPress, abr. 2015; e "About (Posts Today)", Tumblr, acessado em 5 ago. 2015.

10. "About (Tweets Sent Per Day)", Twitter. Acesso em: 5 ago. 2015.

11. BIRKERTS, Sven . Reading in a digital age. *American Scholar*, 1 mar. 2010.

12. DEHAENE, Stanislas. *Reading in the Brain:* The Science and Evolution of a Human Invention. Nova York: Viking, 2009.

13. "Rapid Serial Visual Presentation", Wikipédia. Acesso em: 24 jun. 2015.

14. KU, Helen Ku. E-ink forecasts loss as ebook device demand falls. *Taipei Times*, 29 mar. 2014.

15. Stefan Marti, "TinyProjector", MIT Media Lab, out. 2000-maio 2002.

16. "List of Wikipedias", Wikimedia MetaWiki. Acesso em: 30 abr. 2015.

17. CASSON, Lionel. *Libraries in the Ancient World*. New Haven: Yale University Press, 2001; ERSKINE, Andrew. Culture and power in ptolemaic Egypt: the Library and Museum at Alexandria. *Greece and Rome*, 42, 1995.

18. Correspondência pessoal com Brewster Kahle, 2006.

19. "WorldCat Local", WorldCat. Acesso em: 18 ago. 2015.

20. Ibid.

21. "Introducing Gracenote rhythm", Gracenote. Acesso em: 1º maio 2015.

22. HOW Many Photos Have Ever Been Taken?". blog *1,000 Memories*, 10 abr. 2012. Acessado via Internet Archive, 2 maio 2015.

23. "Database Statistics", IMDb, maio 2015.

24. Inferência baseada em "Statistics", YouTube. Acesso em: 18 ago. 2015.

25. "How Search Works", Inside Search, Google, 2013.

26. Comunicação privada com Brewster Kahle, 2006.

27. KORN, Naomi. *In from the Cold: An Assessment of the Scope of 'Orphan Works' and Its Impact on the Delivery of Services to the Public*, JISC Content, Collections Trust. Cambridge, abr. 2009.

28. RUKEYSER, Muriel. *The Speed of Darkness:* Poems. Nova York: Random House, 1968.

29. MOORE, Phillip. Eye tracking: where it's been and where it's going. *User Testing*, 4 jun. 2015.

30. SZWOCH,Mariusz; SZWOCH, Wioleta. Emotion recognition for affect aware video games. In: *Image Processing & Communications Challenges*, 6. ed; CHORAŚ, Ryszard S. *Advances in Intelligent Systems and Computing*, 313, Springer International, 2015, p. 227-36.

31. HEMPEL, Jessi. Project Hololens: our exclusive hands-on with Microsoft's holographic goggles. *Wired*, 21 jan. 2015; HOLLISTER, Sean. How magic leap is secretly creating a new alternate reality. *Gizmodo*, 9 nov. 2014.

5. ACESSAR

1. GOODWIN, Tom. The battle is for the customer interface. *TechCrunch*, 3 mar. 2015.

2. "Kindle Unlimited", Amazon. Acesso em: 24 jun. 2015.

3. MILLER, Chaz. Steel cans. *Waste 360*, 1 mar. 2008.

4. STUDY Finds Aluminum Cans the Sustainable Package of Choice", Can Manufacturers Institute, 20 maio 2015.

5. BAILEY, Ronald. Dematerializing the economy. *Reason.com*, 5 set. 2001.

6. GIERLINGER, Sylvia; KRAUSMANN, Fridolin. The physical economy of the United States of America. *Journal of Industrial Ecology*, 16, n. 3, p.365-77, figura 4a, 2012

7. Valores ajustados para a inflação. BAILEY, Ronald. Dematerializing the economy. *Reason.com*, 5 set. 2001.

8. ANDREESSEN, Marc. Why software is eating the world. *Wall Street Journal*, 20 ago. 2011.

9. TOFFLER, Alvin. *The Third Wave*. Nova York: Bantam, 1984.

10. SUBSCRIPTION Products Boost Adobe Fiscal 2Q Results. *Associated Press*, 16 jun. 2015.

11. PRESSLER, Jessica. "Let's, like, demolish laundry". *New York*, 21 maio 2014.
12. JOLLY, Jennifer. An Uber for Doctor House calls. *New York Times*, 5 maio 2015.
13. SMITH, Emily H. Where to rent designer handbags, clothes, accessories and more. *Cleveland Plain Dealer*, 12 set. 2012.
14. MUTIGA, Murithi. Kenya's banking revolution lights a fire. *New York Times*, 20 jan. 2014.
15. "Bitcoin network", Bitcoin Charts. Acesso em: 24 jun. 2015.
16. VONK, Wouter. Bitcoin and BitPay in 2014. blog *BitPay*, 4 fev. 2015.
17. DEAN, Colin. How many Bitcoin are mined per day?. *Bitcoin Stack Exchange*, 28 mar. 2013.
18. HODSON, Hal. Google wants to rank websites based on facts not links. *New Scientist*, 28 fev. 2015.
19. McLUHAN, Marshall. *Understanding Media:*The Extensions of Man. Nova York: McGraw-Hill, 1964.
20. BUTLER, Brandon. Which cloud providers had the best uptime last year?. *Network World*, 12 jan. 2015.
21. COHEN, Noam. Hong Kong protests propel FireChat Phone-to-phone app. *New York Times*, 5 out. 2014.

6. COMPARTILHAR

1. KANELLOS, Michael. Gates taking a seat in your den. CNET, 5 jan. 2005.
2. CUNNINGHAM, Ward. Wiki history. 25 mar. 1995. <http://goo.gl/2qAjTO>
3. "Wiki Engines". Acesso em: 24 jun. 2015. <http://goo.gl/5auMv6>
4. "State of the Commons", Creative Commons. Acesso em: 2 maio 2015.
5. PAVIS, Theta. The rise of dot-communism. *Wired*, 25 out. 1999.
6. JAYAKAR, Roshni. Interview: John Perry Barlow, founder of the Electronic Frontier Foundation. *Business Today*, 6 dez. 2000. Acessado em 30 jul. 2015, via Internet Archive, 24 abr. 2006.
7. SHIRKY, Clay. *Here Comes Everybody:* The Power of Organizing Without Organizations. Nova York: Penguin Press, 2008.

8. MEEKER, Mary. Internet Trends 2014 – Code Conference. Kleiner Perkins Caufield & Byers, 2014.

9. "Statistics", YouTube. Acesso em: 24 jun. 2015.

10. KOWALCZYK, Piotr. 15 most popular fanfiction websites. *Ebook Friendly*, 13 jun. 2015.

11. "From Each According to His Ability, to Each According to His Need", Wikipédia. Acesso em: 24 jun. 2015.

12. "July 2015 Web Server Survey", Netcraft, 22 jul. 2015.

13. BOZMAN, Jean S.; PERRY, Randy. Server transition alternatives: a business value view focusing on operating costs. White Paper 231528R1, IDC, 2012.

14. "July 2015 Web Server Survey", Netcraft, 22 jul. 2015.

15. MATERIALISE Previews Upcoming Printables Feature for Trimble's 3D Warehouse. Materialise, 24 abr. 2015.

16. ARDUINO FAQ – With David Cuartielles. *Medea*, 5 abr. 2013.

17. ABOUT 6 Million Raspberry Pis Have Been Sold. *Adafruit*, 8 jun. 2015.

18. BENKLER, Yochai. *The Wealth of Networks:* How Social Production Transforms Markets and Freedom. New Haven: Yale University Press, 2006.

19. "Account Holders", Black Duck Open Hub. Acesso em: 25 jun. 2015.

20. "Projects", Black Duck Open Hub. Acesso em: 25 jun. 2015.

21. "Annual Report 2014", General Motors, 2015. <http://goo.gl/DhXIxp>

22. "Current Apache HTTP Server Project Members", Apache HTTP Server Project. Acesso em: 25 jun. 2015.

23. McPHERSON, Amanda; PROFFITT, Brian; HALEEVANS, Ron. *Estimating the Total Development Cost of a Linux Distribution*. Linux Foundation, 2008.

24. "About Reddit", Reddit. Acesso em: 25 jun. 2015.

25. "Statistics", YouTube. Acesso em: 25 jun. 2015.

26. "Wikipedia: Wikipedians", Wikipédia. Acesso em: 25 jun. 2015.

27. "Stats", Instagram. Acesso em: 2 maio 2015.

28. FACEBOOK Just Released Their Monthly Stats and the Numbers Are Staggering. *TwistedSifter*, 23 abr. 2015.

29. Ibid.

330 I INEVITÁVEL

30. GHOSH, Rishab Aiyer et al. *Free/Libre and Open Source Software: Survey and Study*. International Institute of Infonomics, Universidade de Maastricht, 2002, Figura 35: "Reasons to Join and to Stay in OS/FS Community."

31. COLEMAN, Gabriella. The political agnosticism of free and open source software and the inadvertent politics of contrast. *Anthropological Quarterly*, 77, n. 3, p.507–19, 2004.

32. WOLF, Gary. Why Craigslist is such a mess. *Wired*, 17(9), 24 ago. 2009.

33. KEELEY, Larry. Ten commandments for success on the net. *Fast Company*, 30 jun. 1996.

34. SHIRKY, Clay. *Here Comes Everybody:* The Power of Organizing Without Organizations. Nova York: Penguin Press, 2008.

35. BARLOW, John P. Declaring independence. *Wired*, 4(6), jun. 1996.

36. PERLBERG, Steven. Social media Ad spending to hit $24 billion this year. *Wall Street Journal*, 15 abr. 2015.

37. McATHY, Rachel. Lessons from the *Guardian*'s open newslist trial. *Journalism.co.uk*, 9 jul. 2012.

38. "OhMyNews", Wikipédia. Acesso em: 30 jul. 2015.

39. SUSSMAN, Ed. Why Michael Wolff is wrong. *Observer*, 20 mar. 2014.

40. SWARTZ, Aaron. Who writes Wikipedia?. *Raw Thought*, 4 set. 2006.

41. Kapor disse isso sobre a internet pré-web no fim dos anos 1980. Comunicação pessoal.

42. "Wikipedia: WikiProject Countering Systemic Bias", Wikipédia. Acesso em: 31 jul. 2015.

43. *Mesh*. Acesso em: 18 ago. 2015. <http://meshing.it>

44. CONNER, Stef. The lyre ensemble. *StefConner.com*, acessado em 31 jul. 2015.

45. KEYISHIAN, Amy; CHMIELEWSKI, Dawn. Apple unveils TV commercials featuring video shot with iPhone 6. *Re/code*, 1 jun. 2015; RENÉE, V. This new Ad for Bentley was shot on the iPhone 5S and edited on an iPad Air right inside the car. No Film School, 17 maio 2014.

46. MILLER, Claire C.IPad is an artist's canvas for David Hockney. Bits Blog, *New York Times*, 10 jan. 2014.

47. Officialpsy, "Psy – Gangnam Style M/V", YouTube, 15 jul. 2012. Acesso em: 19 ago. 2015. <https://goo.gl/LoetL>

48. "Stats", Kickstarter. Acesso em: 25 jun. 2015.
49. "Global Crowdfunding Market to Reach $34.4B in 2015, Predicts Massolution's 2015 CF Industry Report", Crowdsourcing.org, 7 abr. 2015.
50. "The Year in Kickstarter 2013", Kickstarter, 9 jan. 2014.
51. "Creator Handbook: Funding", Kickstarter. Acesso em: 31 jul. 2015.
52. A Pebble Time é atualmente o Kickstarter que mais recebeu fundos, com US$ 20.338.986 até o momento. "Most Funded", Kickstarter. Acesso em: 18 ago. 2015.
53. "Stats: Projects and Dollars Success Rate", Kickstarter. Acesso em: 31 jul. 2015.
54. HUDSON, Marianne. Understanding crowdfunding and emerging trends. *Forbes*, 9 abr. 2015.
55. NICASTRO, Steve. Regulation A+ sets Small businesses Woo more investors. blog *NerdWallet Credit Card*, 25 jun. 2015.
56. "About Us: Latest Statistics", Kiva. Acesso em: 25 jun. 2015.
57. CUNNINGHAM, Simon. Default rates at Lending Club & Prosper: when loans go bad. LendingMemo, 17 out. 2014; ALBA, Davey. Banks are betting big on a startup that bypasses banks. *Wired*, 8 abr. 2015.
58. LOHR, Steve. The invention mob, brought to you by Quirky. *New York Times*, 14 fev. 2015.
59. DUMPALA, Preethi. Netflix reveals million-dollar contest winner. *Business Insider*, 21 set. 2009.
60. "Leaderboard", Netflix Prize, 2009.
61. GASTELU, Gary. Local motors 3-D-printed car could lead an american manufacturing revolution. Fox News, 3 jul. 2014.
62. EISENSTEIN, Paul A. Startup plans to begin selling first 3-D-printed cars next year. NBC News, 8 jul. 2015.

7. FILTRAR

1. Correspondência privada com Richard Gooch, CTO, International Federation of the Phonographic Industry, 15 abr. 2015. Trata-se de uma estimativa conservadora. Uma estimativa mais alta seria de 12 milhões, de acordo com: JESSOP, Paul; HUGHES, David. *In the Matter of:* Technological Upgrades to Registration and Recordation

Functions. Docket nº 2013-2, U.S. Copyright Office, 2013. Comentários em resposta à Notice of Inquiry de 22 mar. 2013.

2. Annual Report. International Publishers Association, Genebra, 2014. <http://goo.gl/UNfZLP>

3. MOST Popular TV Series/Feature Films Released in 2014 (Titles by Country). IMDb, 2015. Acesso em: 5 ago. 2015.

4. Extrapolações baseadas em: "About (Posts Today)", Tumblr. Acesso em: 5 ago. 2015; e "A Live Look at Activity Across WordPress.com", WordPress. Acesso em: 5 ago. 2015.

5. "Company", Twitter. Acesso em: 5 ago. 2015.

6. "Global New Products Database", Mintel. Acesso em: 25 jun. 2015.

7. "Introducing Gracenote Rhythm", Gracenote. Acesso em: 1º maio 2015.

8. Com base na velocidade de leitura média de 250 palavras por minuto, média de alunos da oitava série nos Estados Unidos. NELSON, Brett. Do you read fast enough to be successful?. *Forbes*, 4 jun. 2012.

9. Great books of the Western World. *Encyclopaedia Britannica Australia*, 2015.

10. MANYIKA, James et al. *Big Data:* The Next Frontier for Innovation, Competition, and Productivity. McKinsey Global Institute, 2011. Trata-se de uma estimativa conservadora. Um analista externo estima que essa proporção poderia ser mais próxima de dois terços.

11. Extrapolado com base em vendas/receitas de US$ 88,9 bilhões em 2014. "Amazon.com Inc. (Financials)", *Market Watch*. Acesso em: 5 ago. 2015.

12. ROETTGERS, Janko. Netflix spends $150 million on content recommendations every year. *Gigaom*, 9 out. 2014.

13. GRAELLS-GARRIDO, Eduardo; LALMAS, Mounia; QUERCIA, Daniele. *Data Portraits:* Connecting People of Opposing Views. arXiv Preprint, 19 nov. 2013.

14. BAKSHY, Eytan et al. *The Role of Social Networks in Information Diffusion*. arXiv, jan. 2012, 1201.4145 [physics].

15. SMITH, Aaron. 6 New Facts About Facebook. Pew Research Center, 3 fev. 2014.

16. LUCKERSON, Victor. Here's how your Facebook news feed actually works. *Time*, 9 jul. 2015.

17. Meus cálculos se baseiam em dados retirados de: Email Statistics Report, 2014–2018. Radicati Group, abr. 2014; e Email Client Market Share. Litmus, abr. 2015.
18. "How Search Works", Inside Search, Google, 2013.
19. SULLIVAN, Danny. Google still doing at least 1 trillion searches per year. *Search Engine Land*, 16 jan. 2015.
20. Ibid.
21. SIMON, Herbert. Designing organizations for an information-rich world. In: GREENBERGER, Martin (ed.) *Computers, Communication, and the Public Interest*. Baltimore: Johns Hopkins University Press, 1971.
22. TURRILL, Dounia; ENOCH, Glenn. The Total Audience Report: Q1 2015. Nielsen, 23 jun. 2015.
23. The Media Monthly. Peter J. Solomon Company, 2014.
24. Cálculos baseados em: U.S. CENSUS BUREAU NEWSROOM. *Census Bureau Projects U.S. and World Populations on New Year's Day*. 29 dez. 2014; TURRILL, Dounia; ENOCH, Glenn. The Total Audience Report: Q1 2015", Nielsen, 23 jun. 2015.
25. JOHNSTON, Michael. What are average CPM rates in 2014?. MonetizePros, 21 jul. 2014.
26. Cálculos baseados em: HABASH, Gabe. The average book has 64,500 words. *Publishers Weekly*, 6 mar. 2012; Nelson, Brett. Do you read fast enough to be successful?. *Forbes*, 4 jun. 2012.
27. Comunicação privada com Kempton Mooney, Nielsen, 16 abr. 2015.
28. "How Search Works", Inside Search, Google, 2013.
29. "How Ads Are Targeted to Your Site", AdSense Help. Acesso em: 6 ago. 2015.
30. MITCHELL, Jon. What do Google Ads know about you?. *ReadWrite*, 10 nov. 2011.
31. "2014 Financial Tables", Google Investor Relations. Acesso em: 7 ago. 2015.
32. CASTILLO, Michael. Doritos reveals 10 'Crash the Super Bowl' Ad finalists. *Adweek*, 5 jan. 2015.
33. ROSENBERG, Gabe. How Doritos turned user generated content into the biggest Super Bowl campaign of the year. Content Strategist, Contently, 12 jan. 2015.

34. SANDOVAL, Greg. GM slow to react to nasty Ads. CNET, 3 abr. 2006.
35. DYSON, Esther. Caveat sender!. *Project Syndicate*, 20 fev. 2013.
36. SUGARS, Brad. How to calculate the lifetime value of a customer. *Entrepreneur*, 8 ago. 2012.
37. QUINN, Morgan. The 2015 Oscar swag bag is worth US$ 168,000 but comes with a catch. *Las Vegas Review-Journal*, 22 fev. 2015.
38. CASHIN, Paul; McDERMOTT, C. John.The long-run behavior of commodity prices: small trends and big variability. *IMF Staff Papers*, 49, n. 2, 2002.
39. GOKLANY, Indur M. Have increases in population, affluence and technology worsened human and environmental well-being?. *Electronic Journal of Sustainable Development*, 1, n. 3, 2009.
40. CHEN, Liyan. The Forbes 400 shopping list: living the 1% life is more expensive than ever. *Forbes*, 30 set. 2014.
41. TABUCHI, Hiroko. Stores suffer from a shift of behavior in buyers. *New York Times*, 13 ago. 2015.
42. Alan B. Krueger, "Land of Hope and Dreams: Rock and Roll, Economics, and Rebuilding the Middle Class", comentários feitos no Rock and Roll Hall of Fame, White House Council of Economic Advisers, 12 jun. 2013.
43. U.S. Bureau Of Labor Statistics; Federal Reserve Bank Of St. Louis. Consumer Price Index for All Urban Consumers: Medical Care [CPIMEDSL]. Acesso em: 25 jun. 2015.
44. 2014 National Childcare Survey: Babysitting Rates & Nanny Pay. Urban Sitter, 2014; HALTEMAN, Ed. 2013 INA Salary and Benefits Survey. International Nanny Association, 2012.
45. MOREFIELD, Brant et al. *Hospice Cost Reports*: Benchmarks and Trends, 2004–2011. Centers for Medicare and Medicaid Services, U.S. Department of Health and Human Services, 2011.

8. REMIXAR

1. ROMER, Paul M. Economic growth. In: *Concise Encyclopedia of Economics*. Library of Economics and Liberty, 2008.
2. ARTHUR, W. Brian. *The Nature of Technology:* What It Is and How It Evolves. Nova York: Free Press, 2009.

3. Archive of Our Own. Acesso em: 29 jul. 2015.
4. WORTHAM, Jenna. Vine, Twitter's new video tool, hits 13 million users. blog *Bits*, *New York Times*, 3 jul. 2013.
5. DeAMICIS, Carmel. Vine rings in its second year by hitting 1.5 billion daily loops. *Gigaom*, 26 jan. 2015.
6. Cálculos pessoais. Muito pouca matéria-prima é consumida para produzir um filme; 95% do custo corresponde à mão de obra e ao tempo das pessoas, incluindo terceirizados. Presumindo que o salário médio seja de menos que US$ 100 por hora, um filme de US$ 100 milhões envolveria pelo menos 1 milhão de horas de trabalho.
7. "Theatrical Market Statistics 2014", Motion Picture Association of America, 2015.
8. "ComScore Releases January 2014 U.S. Online Video Rankings", comScore, 21 fev. 2014.
9. O filme de maior bilheteria, *E o Vento Levou*, vendeu uma estimativa de 202.044.600 ingressos. Dados em: ALL Time Box Office. *Box Office Mojo*. Acesso em: 7 ago. 2015.
10. MEEKER, Mary. Internet Trends 2014 – Code Conference. Kleiner, Perkins. Caufield & Byers, 2014.
11. SAKURA-CON 2015 Results (and Info). *Iron Editor*, 7 abr. 2015; e ULABY, Neda. "Iron Editors" Test Anime Music-Video Skills. *NPR*, 2 ago. 2007.
12. RUBIN, Michael. *Droidmaker:* George Lucas and the Digital Revolution. Gainesville: Triad Publishing, 2005.
13. MEERKER, Mary. Internet Trends 2014 – Code Conference. Kleiner, Perkins, Caufield & Byers, 2014.
14. MANOVICH, Lev. Database as a symbolic form. *Millennium Film Journal*, 34, 1999; POIAN, Cristiano. *Investigating Film Algorithm:* Transtextuality in the Age of Database Cinema. Apresentado no Cinema and Contemporary Visual Arts II, V Magis Gradisca International Film Studies Spring School, 2015. Acesso em: 19 ago. 2015.
15. PARKES, Malcolm B. The influence of the concepts of ordinatio and compilatio on the development of the book. In: ALEXANDER, J. J. G; GIBSON, M. T. (Ed.). *Medieval Learning and Literature:* Essays Presented to Richard William Hunt Oxford: Clarendon Press, 1976, p. 115-27.

336 | INEVITÁVEL

16. ILLICH, Ivan. *In the Vineyard of the Text:* A Commentary to Hugh's Didascalicon. Chicago: University of Chicago Press, 1996, p. 97.
17. PARKES, Malcolm B. The influence of the concepts of ordinatio and compilation on the development of the book. In: ALEXANDER, J. J. G; GIBSON, M. T. (Ed.). *Medieval Learning and Literature:* Essays Presented to Richard William Hunt. Oxford: Clarendon Press, 1976, p. 115-27.
18. MARKOFF, John. Researchers announce advance in image-recognition software. *New York Times*, 17 nov. 2014.
19. NABOKOV, Vladimir. *Lectures on Literature.* Nova York: Harcourt Brace Jovanovich, 1980.
20. JEFFERSON, Thomas. Thomas Jefferson to Isaac McPherson, 13 aug. 1813. In: KURLAND, Philip B.; LERNER, Ralph (Ed.). *Founders' Constitution.* Indianapolis: Liberty Fund, 1986.
21. MUSIC Industry Revenue in the U.S. 2014. Statista, 2015. Acesso em: 11 ago. 2015.
22. KANE, Margaret. Google Pauses Library Project. *CNET*, 10 out. 2005.
23. "Duration of Copyright", Seção 302(a), Circular 92. In: *Copyright Law of the United States of America and Related Laws Contained in Title 17 of the United States Code.* U.S. Copyright Office. Acesso em: 11 ago. 2015.

9. INTERAGIR

1. Demonstração presencial da realidade virtual por Jeremy Bailenson, diretor, no Virtual Human Interaction Lab da Stanford University, jun. 2015.
2. MENDOZA, Menchie. Google Cardboard vs. Samsung Gear VR: which low-cost VR headset is best for gaming?. *Tech Times*, 21 jul. 2015.
3. Douglas Lanman, "Light Field Displays at AWE2014 (Video)", apresentado na Augmented World Expo, 2 jun. 2014.
4. HEMPEL, Jessi. Project HoloLens: our exclusive hands-on with Microsoft's Holographic Goggles. *Wired*, 21 jan. 2015.
5. ROCCI, Luppicini. *Moral, Ethical, and Social Dilemmas in the Age of Technology:* Theories and Practice. Hershey: IGI Global, 2013; DOUTHITT, Mei. Why Did Second Life Fail? (Mei's Answer). Quora, 18 mar. 2015.

6. ROSE, Frank. How Madison Avenue is wasting millions on a deserted Second Life. *Wired*, 24 jul. 2007.

7. NEGROPONTE, Nicholas. Sensor deprived. *Wired*, 2(10), 1 out. 1994.

8. KELLY, Kevin. Gossip is philosophy. *Wired*, 3(5), maio 1995.

9. POSTRE, Virginial. Google's Project Jacquard gets it right. *BloombergView*, 31 maio 2015.

10. HEATER, Brian. Northeastern University Squid Shirt Torso-On. *Engadget*, 12 jun. 2012.

11. LI, Shirley. The wearable device that could unlock a new human sense. *Atlantic*, 14 abr. 2015.

12. HOCHBERG, Leigh R. et al. Reach and grasp by people with tetraplegia using a neurally controlled robotic arm. *Nature*, 485, n. 7.398, p. 372–75, 2012.

13. SHARKEY, Scott. Red Dead Redemption Review. *1Up.com*, 17 maio 2010.

14. RED Dead Redemption. *How Long to Beat*. Acesso em: 11 ago. 2015.

10. RASTREAR

1. "Quantified Self Meetups", Meetup. Acesso em: 11 ago. 2015.

2. FELTON, Nicholas. 2013 Annual Report. Feltron.com, 2013.

3. BAINS, Sunny. Mixed feelings. *Wired*, 15(4), 2007.

4. FREEMAN, Eric Thomas. *The Lifestreams Software Architecture*. Dissertação - Yale University, maio 1997.

5. CARREIRO, Nicholas et al. *Lifestreams:* Bigger Than Elvis. Yale University, 25 mar. 1996.

6. Steve Mann, web page pessoal. Acesso em: 29 jul. 2015.

7. "MyLifeBits – Microsoft Research", Microsoft Research. Acesso em: 29 jul. 2015.

8. "The Internet of Things Will Drive Wireless Connected Devices to 40.9 Billion in 2020", ABI Research, 20 ago. 2014.

9. APPLE'S Profit Soars Thanks to iPod's Popularity. *Associated Press*, 14 abr. 2005.

10. "Infographic: The Decline of iPod", Infogram. Acesso em: 3 maio 2015.

11. MADDEN, Sean. Tech that tracks your every move can be convenient, not creepy. *Wired*, 10 mar. 2014.

338 | INEVITÁVEL

12. "Connections Counter: The Internet of Everything in Motion", The Network, Cisco, 29 jul. 2013.

11. QUESTIONAR

1. "List of Wikipedias", Wikimedia MetaWiki. Acesso em: 30 abr. 2015.
2. VANCE, Ashlee. This tech bubble is different. *Bloomberg Business*, 14 abr. 2014.
3. Cálculos baseados em: ARTHUR, Charles. Future tablet market will outstrip PCs – and reach 900m people, Forrester says. *Guardian*, 7 ago. 2013; O'GRADY, Michael. *Forrester Research World Tablet Adoption Forecast, 2013 to 2018 (Global), Q4 2014 Update*. Forrester, 19 dez. 2014; e Smartphones to Drive Double-Digit Growth of Smart Connected Devices in 2014 and Beyond, According to IDC. IDC, 17 jun. 2014.
4. "Connections Counter", Cisco, 2013.
5. GARTNER Says 4.9 Billion Connected "Things" Will Be in Use in 2015. Gartner, 11 nov. 2014.
6. Ibid.
7. $ 4.11: A NARUC Telecommunications Staff Subcommittee Report on Directory Assistance. National Association of Regulatory Utility Commissioners, 2003, 68.
8. KRASILOVSKY, Peter. Usage study: 22% quit yellow pages for net. *Local Onliner*, 11 out. 2005.
9. CHUTE, Adrienne et al. Public Libraries in the United States: Fiscal Year 1999. NCES 200230, National Center for Education Statistics, U.S. Department of Education, 2002.
10. REISINGER, Don. For Google and search Ad revenue, it's a glass half full. *CNET*, 31 mar. 2015.
11. SULLIVAN, Danny. Internet top information resource, study finds. *Search Engine Watch*, 5 feb. 2001.
12. CHEN, Yan; YOUNGJOO, Grace; KIM, Jeon Yong-Mi. *A Day Without a Search Engine:* An Experimental Study of Online and Offline Search. University of Michigan, 2010.
13. Hal Varian, "The Economic Impact of Google", vídeo, Web 2.0 Expo, São Francisco, 2011.

ÍNDICE REMISSIVO

3D Warehouse, 151

acelerômetros, 238
acessar e acessibilidade, 117-43; como uma qualidade generativa, 76; e comunicações, 133; e descentralização, 127, 129, 133, 138-40; e desmaterialização, 118-22, 133; e direito de modificação, 133; e locação, 125, 127; e nuvens, 134-40; e o surgimento do "holos", 313-4; e sinergia de plataformas, 131-3; em tempo real sob demanda, 122-5; posse *versus*, 76
acesso do tipo primeiro da fila, 74
Acredite se quiser (programa de TV), 298
Adobe, 121, 221
Agência de Segurança Nacional (NSA), 280
Airbnb, 117, 122, 132, 185
alfabetização/domínio, 92, 95-6, 215-6
algoritmos de aprendizagem profunda, 44
algoritmos e publicidade direcionada, 192-5
Alibaba, 117
Amazon: como um ecossistema, 133; e acessibilidade *versus* pro-priedade, 117; e avaliações de usuários, 26, 79; e inteligência artificial, 37; e modelo de acesso sob demanda, 123; e motores de recomendação, 181; e sistemas de filtragem, 183; e tecnologia de monitoramento, 273; e tecnologia robótica, 54; nuvem, 137-8
ambientes de escritório, 239
ambientes de trabalho, 239, 250
análise de dados e *lifelogging*, 269
análise de redes de relacionamento, 200
anime, 212
anonimato, 283
antropomorfização da tecnologia, 278
Apache (software), 75, 151, 153
apelidos, 283
API (interface de programação de aplicativos), 28
Apple, 3-4, 131-2, 264
Apple Pay, 71
Apple Watch, 241
aprendizagem automática por reforço profundo, 37
arquivos passivos, 268
artes e artistas: arte pública, 249; e autenticidade, 76; e *crowdfunding*, 167-72; e patronagem, 78; e realidade aumentada, 249; e remix-

agem criativa, 224; e reprodução de baixo custo, 93; inversão artista/público, 88

Arthur, Brian, 207, 224

assédio on-line, 283

atenção, 180, 189

atenção commoditizada, 190-1

atenção, 189-203

autenticidade, 76

autofiltragem, 179

automação, 54, 59, 61-2

automensuração, 255; *veja também lifestream*

automonitoramento, 112, 255-6, 285; *veja também lifestream*

automóveis *veja* transporte

autores, 91, 93-4

autoridade, 92, 94, 108

autossensoriamento quantimétrico, 266

avaliações de usuários/leitores, 26, 79, 149

avatares: e compras virtuais, 186; e sistemas de filtragem, 187; e tecnologia de realidade virtual, 228, 230, 233, 235-6, 250, 252

Bailenson, Jeremy, 252

Barlow, John Perry, 148

Battlestar Galactica (série), 221, 302

Baxter, 56-8, 62

Baylor College, 242

Beats, 181

Bell, Gordon, 266-7

Benkler, Yochai, 152

bens comuns públicos, 130-1

bens imobilizados, 68, 71

Bezos, Jeff, 120

bibliotecas: Biblioteca de Tudo, 177-8, 205; biblioteca universal, 102-5, 107-8; bibliotecas públicas, 92; e livros impressos, 107; e tecnologia de monitoramento, 273

Bing, 305

biofeedback, 242

biometria e dados biográficos, 253, 267, 282

bitcoin, 129

BitTorrent, 72

blogs, 69, 95, 160

Brin, David, 279

Brooks, Rodney, 56, 58

Bush, Vannevar, 23-4

Call of Duty (game), 244

câmaras de eco, 182

câmeras, 238, 271

capacidade de armazenamento, 178, 284-6

capacidade de fazer descobertas, 78-9, 107

Carlsen, Magnus, 46

Carr, Nicholas, 85

Casablanca (1942), 216

celebridades, 201-2

celulares: atualizações automáticas de, 68; câmeras nos, 38; como dispositivos de leitura, 97; e comunicações descentralizadas, 138-40; e interatividade, 236; e modelo de acesso sob demanda, 122; e nuvens, 135; e tecnologia de automonitoramento, 257; e tecnologia de monitoramento, 258, 269, 272; e tecnologia de realidade virtual, 231, 239; na China rural, 61; tempo de vida dos apps de, 15

celulares da linha Galaxy, 236

censura, 188

centauros, 45

Chardin, Teilhard de, 312

China, 6, 36, 61

chips OBD, 270

chips RFID, 303

ciberconflitos, 295

ciência, 105, 168

"cinema de banco de dados", 214

cinematografia, 213-4

Cisco, 303

código, 94, 96

colaboração, 151-2; e a Wikipédia, 289-92; e conectividade global, 297; e o grau crescente de coordenação, 148; e o impacto social da conectividade, 293; e o surgimento do "holos", 311; e projetos de código aberto, 153; e sistemas de filtragem, 183-4; e socialismo digital, 156

coletar dados para os governos, 274

coletivismo, 152-4, 162-3, 290-1

comerciais, 211; *veja também* publicidade

comida como um serviço (FaaS), 122

compartilhamento: e consumidores como criadores de conteúdo, 24; e *crowdfunding*, 167-72; e fluir, 11; e indústria do código aberto, 145,

151-3, 291; e informações agregadas, 150, 157; e infraestruturas hierárquicas/não hierárquicas, 158-65; e interesses obscuros ou de nicho, 166; e o grau crescente de coordenação, 148-52; e o impacto social da conectividade, 291-5; e sites de comentários colaborativos, 146; e socialismo digital, 146-8; facilitação pela tecnologia, 155-6; motivação para, 154; poder do, 157; problemas sociais abordados pelo, 156; ubiquidade do, 149

compartilhamento, 145-76

complexidade e capacidade de armazenamento digital, 285-6

compra *just in time*, 70-1

compras de supermercado, 68, 272

compressão MP3, 177

computação paralela, 42-4

computação quântica, 305

computadores, 137, 248

comunicação oral, 219

comunicações: aspectos inevitáveis das, 5; comunicação oral, 219; e descentralização, 127, 138-40; e desmaterialização, 118-9; e livres mercados, 156; e plataformas, 133

conectividade, 296, 312, 314-5

conectividade global, 295, 297, 312

confiança, 73, 283

consultas de referência, 306

convergência, 311, 316

cookies, 193, 273

cooperação, 149-50, 157, 162

342 | INEVITÁVEL

cópia de dados digitais: e o imperativo da reprodução, 93; e os valores não copiáveis, 73-4; e proteção contra cópia, 79; e remixagem criativa, 222, 224-5; e sites compartilhamento de arquivos, 146; fluxo grátis/ubíquo de, 67-8, 72-4, 87, 275; generativos agregando valor à, 75-9

corporificação, 77, 240

correio postal, 272

covisão (vigilância cooperativa), 279-83

Cox, Michael, 307

Craigslist, 155

Creative Commons (licenciamento), 145, 149

crescimento sustentável, 207

criação de conteúdo: anúncios, 198-9; e a cultura das telas, 94; e economia de compartilhamento, 149; e editores, 159-63; e infraestruturas hierárquicas/não hierárquicas, 158-65; e motores de busca do Google, 157; e o surgimento de conteúdo gerado por usuários, 24, 26, 27, 198, 289-94; 297; impulso para a, 27-8; música personalizada, 83; perguntas iniciais sobre, 22; valor da, 160

crianças e tecnologia, 239

criptografia de chave pública, 280

crowdfunding, 167-72

crowdsourcing, 198

Cunningham, Ward, 145

curadores, 160, 179, 196

custos de entretenimento, 204

dados alimentando a inteligência artificial, 43-4

dados de indexação, 277

dados de viagens, 257

dados dos consumidores, 275

Darwin, Charles, 262

Deep Blue, 45

DeepMind, 36-7, 41, 44

descentralização, 127, 129; de sistemas de comunicação, 138-40; e a publicidade on-line, 195-8; e colaboração, 152-3; e gestão de cima para baixo *versus* de baixo para cima, 164; e o surgimento do "holos", 315; e participação de baixo para cima, 164; e plataformas, 133; e socialismo digital, 147; e startups, 125; e tecnologias geradoras de respostas, 310

desmaterialização, 118-22, 133, 140

detecção de calor, 243

deveres cívicos, 292

diagnósticos e tecnologia de diagnóstico, 35-6, 257, 262

diários e *lifelogging*, 267-8

Dick, Philip K., 274

Digg, 146, 159

digitalização dos dados, 277

dinheiro, 6, 71, 127-9

direitos autorais, 223

direitos de propriedade, 223

dispositivos de streaming, 273; *veja também lifestream*

dispositivos interativos, 272; *veja também* realidade virtual

dispositivos vestíveis: crescimento

da indústria de, 303; e interatividade, 241; e *lifelogging*, 267, 270;
e *lifestream*, 262; e rebobinabilidade, 222
documentários, atualização de, 89
documentos históricos, 107
domínio textual, 213, 216
Doritos, 198
Downton Abbey (série), 302
drones, 243, 272
Dropbox, 36
DVDs, 220
Dyson, Esther, 199

Eagleman, David, 242
eBay, 165, 169, 199, 282, 292, 294
e-books e leitores, 97-102; e acessibilidade *versus* propriedade,
120; e compra *just in time*, 71; e
tecnologia de monitoramento,
273; estantes de, 106; fluidez de,
86; interconectividade de, 101-
2, 104, 106, 108; liquidez de, 99;
marcação do conteúdo em, 104;
vantagens, 100-1
economia, 26, 71, 73, 146-8, 207
economia pós-industrial, 62
ecossistemas de produtos e serviços
interdependentes, 132
edição não destrutiva, 221
editores, 158-61, 163
educação, 96, 249
efeito de rede, 44
efeito placebo, 260
Einstein, Albert, 309
e-mail, 200-1, 257

emprego e trabalhadores substituídos, 53-4, 61, 63
encontrabilidade de informações,
217-23
energia escura e matéria escura, 304
Eno, Brian, 237
entretenimento de luxo, 204
envio de mensagens, 257
estatísticas, 260-1
estimativa por máxima verossimilhança (MLE), 285
estudos randomizados duplo-cegos,
260
etiqueta social, 6
eventos extraordinários, 297-9
evolução, 265
e-wallets, 273
expectativas sob demanda, 70-1,
122-5
experiência, valor da, 204
expertise, 299
exportações norte-americanas, 68

fabricação e robôs, 56-7, 60
Facebook: como um ecossistema
de plataformas, 132; e "sonhar
clicando", 301; e buscabilidade
futura, 29; e colaboração, 293; e
conteúdo gerado por usuários,
26, 117, 148; e curtidas, 150; e
economia de compartilhamento,
149, 154, 156; e informações agregadas, 158; e inteligência artificial, 36, 43-4; e interatividade,
253; e intermediação de conteúdo, 161; e *lifestream*, 264; e remix-

agem criativa, 214, 218; e sistema de atenção do consumidor, 191, 197; e sistemas de filtragem, 182-3; e tecnologia de monitoramento, 257; fluxos de posts pelo, 69; infraestrutura não hierárquica, 162; número de usuários, 154; nuvem do, 137-8; reconhecimento facial, 43, 273

Família Soprano (série), 302

fan fiction, 208, 225

farmácias, 54

feedback tátil, 251

feeds RSS, 69

felicidade não se compra, A (1946), 216

Felton, Nicholas, 257

fenômenos emergentes, 297, 316

Fifield, William, 308

filmes, 84, 88, 180, 219-21

filmes de Hollywood, 210-2, 214

filmes e indústria cinematográfica, 210-2, 214, 216

filtrar, 177-205; diferentes abordagens, 180-8; e capacidade de armazenamento, 177-9; e publicidade, 192-203; e superabundância de opções, 180; e valor da atenção, 188-91; filtro-bolha, 182

firewalls, 314

fixidez, 85-8

Flickr, 149, 214

fluência das mídias, 216

fluidez, 72, 86, 302

fluxos e fluir, 67-90; e a cultura das telas, 94; e compartilhamento, 11; e cópias grátis/ubíquas, 67,

68, 72-4; e criações dos usuários, 80-1, 83-4; e engajamento dos usuários, 88-9; e valores generativos, 74-9; em tempo real, 70-1; estágios, 87-8; streaming, 72, 81, 89; transição da fixidez ao, 85-8

fotografia e imagens: compartilhamento de, 150; democratização da, 83; e capacidade de armazenamento digital, 285; e Creative Commons (licenciamento), 149; e Google Photo, 47; e inteligência artificial, 37-8; e legendagem de fotos, 55; e *lifelogging*, 267-8; e novos gêneros de mídia, 209; e o imperativo da reprodução, 93; e produção de filmes clássicos, 213; e reconhecimento de conteúdo, 47, 217; e reconhecimento facial, 43, 47; imagens flexíveis, 218

Foursquare, 149, 265

fracassos épicos, 298

fraude, 197

freelancers (prosumidores), 121, 123, 125, 159-60

Freeman, Eric, 263

funções de reversão, 290

funções de voltar no tempo, 221

Fundo Monetário Internacional (FMI), 203

fungibilidade de dados digitais, 209

futuro, cegueira para o, 18-26

gastos totais ao longo do tempo de vida, 201

Gates, Bill, 145-6

Gelernter, David, 263-4

General Electric, 171

generativos, 75-9

gêneros de mídia, 208-9

genética, 75, 256, 305

gestão de cima para baixo *versus* de baixo para cima, 158-65

Gibson, William, 230

GIFs, 209

glúten, 260

GM, 198

Google: anúncios do AdSense, 192-4; apps de tradução do, 55; e busca-bilidade futura, 29; e *covisão* (vig-ilância mútua), 282; e inteligência artificial, 36, 41, 44; e inteligência visual, 218; e legendagem de fotos, 55; e leis de propriedade intelectual, 224; e *lifelogging*, 269-70, 273; e padrões de utilização dos usuários, 26, 157; e sistema de atenção do consumidor, 191, 197; e sistemas de filtragem, 184, 202; e tecnologia de realidade virtual, 231-2, 234; e tecnologia de reconhecimento facial, 273; e tecnologia inteligente, 241; Google Drive, 135; Google Glass, 234, 241, 266, 269; Google Now, 307; Google Photo, 47; número de buscas, 306-7; nuvem do, 137-8; projetos de digitalização de livros, 224

governo, 179, 188, 271, 274, 280, 282-3

GPS, tecnologia de, 243, 294

gravação de áudio, 268; *veja também* música e músicos

Greene, Alan, 36, 256

guardiões, 179

Guinness World Records, 298

habilidades de sobrevivência, 262

hackers, 271

Hall, Storrs, 284

Halo, 244

Hammerbacher, Jeff, 301

Harry Potter (Rowling), 219, 225

Hartsell, Camille, 271

hashtags, 150

Hawking, Stephen, 48

hierarquias, 309

hierarquias, 158-65

High Fidelity, 235

Hinton, Geoffrey, 44

hiperlinks: antifatos destacadas pelos, 299; de dados em nuvem, 134; de livros, 101, 105; e motores de busca do Google, 157; e remix-agem criativa, 216; teorias iniciais sobre, 23-4, 26

histórico de compras, 181

Hockney, David, 166

"holos", 312-7

HoloLens, 232

Homem de Ferro (2008), 239

HotWired, 23, 159, 161

humanidade, definição, 53

IBM, 34-5, 44-5, 137, 307

identificação de chamadas, 272, 282

imprensa/gráfica, 91, 93; *veja também* livros

impressoras 3D, 185

346 | INEVITÁVEL

individualismo, 291
indústria do código aberto, 145, 151, 153, 291
industrialização, 53-4, 62
informações "escuras", 277
informações "legíveis por máquina", 286
informações "selvagens", 277
informações agregadas, 150, 158
inovação, concursos de, 171
Instagram, 26, 149, 154, 214
Intel, 36
inteligência, 46-51; *veja também* inteligência artificial
inteligência artificial, 33-65; aplicações especializadas da, 46; aplicações potenciais da, 38-40; capacidade de aprendizagem da, 37, 44; capacidade de pensar de forma diferente, 47, 52, 56; como um acelerador da mudança, 34; como um reforço para a inteligência humana, 46; como uma inteligência alienígena, 52; criando tags para o conteúdo de livros, 104; custos da, 33, 57; dados alimentando a, 43; definindo a humanidade, 53; do Google, 41; e a atenção do consumidor como uma commodity, 191; e capacidade de armazenamento digital, 284, 286; e colaboração, 293; e consciência, 46; e efeito de rede, 44; e inteligência visual, 218; e *lifelogging*, 269; e o surgimento do "holos", 311; e questões com-

plexas, 51; e serviços baseados na nuvem, 135; e sistemas de filtragem, 187; e videogames, 247; em rede, 34; impacto da, 33; influência de avanços tecnológicos revolucionários, 42-4; investimento corporativo na, 36; no xadrez, 45-6; preocupações relativas a, 48; questões decorrentes da, 305; ubiquidade da, 34, 37; *veja também* robôs
interação, 227-54; custos da, 254; e "presença", 233-4; e os sentidos humanos, 236-44; e personalização em massa, 185; e profundidade da atenção, 302; e videogames, 244-51; efeitos sociais da realidade virtual, 252; evolução dos mundos virtuais, 235-6; situação da tecnologia atual, 227-31
interesses obscuros ou de nicho, 166-7
interfaces cérebro-computador, 242
internet: arquitetura de hiperlinks da, 23-4, 26, 157; aspectos inevitáveis da, 5; cegueira à evolução da, 20, 22-7; comercialização da, 22-3; como um bem comum público, 130; criação de conteúdo na, 24, 26-7; cultura de autopoliciamento, 26; e a atenção do consumidor, 190; e cópia de dados digitais, 68; e economia de compartilhamento, 154; e o surgimento do "holos", 313-4; e participação dos usuários, 27-8; e socialismo digital, 147; expectativas

iniciais, 19-20; fase nascente da, 31-2; fatores demográficos dos usuários da, 28; preocupações iniciais, 28; visão da humanidade a partir da, 25; *veja também* criação de conteúdo; web
internet banking, 273
Internet das Coisas, 188, 270, 303, 308
interpretação, 75
invenção e inventividade, 295
iPads, 166, 240-1
iPhones, 131
iTunes, 132, 286

Jefferson, Thomas, 223
jornais, 189
justiceiros, 283

Kahle, Brewster, 103
Kaliouby, Rana el, 237
Kapor, Mitch, 162
Kasparov, Garry, 45
Keeley, Larry, 159
Kickstarter, 167-8
Kindle, 273
Kiva, 170

Laboratório de Inteligência Artificial da Stanford, 218
Lanier, Jaron, 229-31, 235, 252
Leary, Tim, 230
Lei de Moore, 277
leis e sistemas jurídicos: aplicações da inteligência artificial no campo das, 59; códigos em comparação com, 94; e nuvens, 139; e remix-agem criativa, 224; e sistemas de vigilância, 222; livros de, 94, 96
leitura, 94, 97-8, 100-1, 110; *veja também* livros; e-books e leitores
Li, Fei-Fei, 218
libertarianismo, 291
lifelogging, 112, 222, 265-6, 268-9
lifestream, 263-5, 267, 270
LinkedIn, 36, 181
Linux (sistema operacional), 151, 153, 162, 293
liquidez, 72, 79-80, 82, 94, 99; *veja também* fluxos e fluir
livros: aspectos cognitivos dos, 110; como um estado conceitual de imaginação, 97; cultura dos, 92-4, 96; definição, 96-7; digitalização dos, 223; durabilidade dos, 107; e atenção do consumidor, 109, 190; e avaliações dos leitores, 79; e corporificação, 77; e imediatismo dos lançamentos, 74; e rebobinabilidade, 219; e técnicas de alfabetização e inovações, 214; e tecnologia de monitoramento, 273; filtrando a superabundância de opções, 180; fixidez dos, 85; impacto dos livros produzidos em massa, 91; incluídos na biblioteca universal, 108; *veja também* e-books e leitores
locação, 125-6
Local Motors, 172
Lost (série), 221, 302
Lucas, George, 213
Lyft, 68, 271

348 | INEVITÁVEL

Magic Leap, 232
Mágico de Oz, O (1939), 218
malária, 260
Malthus, Thomas, 262
Mann, Steve, 265-6
Manovich, Lev, 214
mapas, 292
marcas e *branding*, 179, 198
matemática, 51, 257, 261
Matrix (1999), 227
McDonald's, 31
McLuhan, Marshall, 69, 136
medo da tecnologia, 205
Meerkat, 83
megassucessos, filmes, 210-1, 219
memória, 264, 268
memória total e completa, 266
mensagens de texto, 95
mente coletiva, 163-4, 292, 301
mentes transumanas, 48
mentes, variedade de, 48-50
metadados, 277, 286
microfones, 238
Microsoft, 131-2, 232, 266
mídias sociais: e capacidade de
    armazenamento digital, 284; e
    intermediação de conteúdo, 161;
    e privacidade *versus* transparên-
    cia, 281; e tecnologia de moni-
    toramento, 273; influência sobre
    a opinião pública, 150; valor do
    conteúdo criado nas, 160; vídeo e
    som nas, 83
Minecraft, 235
miniaturização, 255
Minority Report (2002), 238, 274

MIT Media Lab, 236-8
modelagem 3D, 214, 228, 249
monitoramento, 255-87; automon-
    itoramento, 112, 255-6, 285; *veja
    também lifestream*; e capacidade
    de armazenamento digital,
    286; e cognificação, 10; e *covisão*
    (vigilância cooperativa), 279-83;
    e crescimento de dispositivos
    conectados, 303; e *lifestream*, 263;
    e personalização em massa, 185; e
    publicidade em plataformas sele-
    cionadas, 196; e sentidos sintéti-
    cos, 261-2; e sistema de atenção
    do consumidor, 197; e taxa de
    produção de informações, 276-83;
    e tecnologia de realidade virtual,
    236; monitoramento de rotinas,
    274; práticas atuais e tendências,
    255-61; tendência ao monitora-
    mento, 271-6
monitoramento da saúde, 186, 256-8,
    268
monitoramento de automóveis *veja*
    transporte
monitoramento de dieta, 256
monitoramento de exercícios físicos,
    256, 265, 274
monitoramento de fatores sanguí-
    neos, 256, 262
monitoramento de localização, 243,
    256, 261
monitoramento de oscilações de
    humor, 256
monitoramento de trânsito, 271
monitoramento do sono, 256, 258

monopólios, 224

monopólios corporativos, 314

motores de busca/navegadores, 273, 306, 308-9

motores de recomendação, 181

Mozilla, 162

mudança, 8-9, 18-27, 34

mundos sintéticos, 235, 247

música e músicos: aplicações da inteligência artificial na, 39; criação de, 79-81, 83; de não profissionais, 82; e cópias grátis/ubíquas, 72-3; e *crowdfunding*, 168; e interatividade, 237; e patronagem, 78; e problemas de propriedade intelectual, 223-4; e shows ao vivo, 77; liquidez da, 72-3, 79-84; reprodução de baixo custo da, 93; trilhas sonoras para conteúdos, 82; vendas de, 82; volume total de músicas gravadas, 177-8

Musk, Elon, 48

MyLifeBits, 266

Nabokov, Vladimir, 219

Napster, 72

Narrative (câmera), 267, 270

National Geographic, 298

National Science Foundation, 22

Nature, 36

Negroponte, Nicholas, 20, 236

Nelson, Ted, 23, 26, 265

Nest (termostato inteligente), 272, 303

Netflix: e acessibilidade *versus* propriedade, 117; e acesso sob demanda, 70; e avaliações dos usuários, 79; e economia de compartilhamento, 148; e motores de recomendação, 43, 164, 181; e programação por *crowdsourcing*, 171; e tecnologia de monitoramento, 273

Netscape (navegador), 19

Ng, Andrew, 43

nomes de domínio, 31

noosfera, 312

Northeastern University, 241-2

notas de rodapé, 215

novas formas de mídia, 208-9

novatos, 15, 19

Nupédia, 290

nuvens, 71, 134-40

olfato, 243

OpenOffice, 162

organizações sem fins lucrativos, 168

Oscar Awards, 201-2

overfitting (sobreajustamento), 182

Page, Larry, 41

Pandora, 181

patentes, 303

PatientsLikeMe, 156

patronagem, 77-8

PayPal, 71, 128-9, 132

pedômetros, 256

perdurabilidade, 75

Periscope, 83

personalização, 74-5, 184-5, 188, 205, 259, 281

pesquisas de medicamentos, 259

350 | INEVITÁVEL

pesquisas farmacêuticas, 259-60
Picard, Rosalind, 237
Picasso, Pablo, 308
Pichai, Sundar, 41
Pine, Joseph, 185
Pinterest, 36, 146, 149-50, 196
pirataria, 133
plataforma de "inteligência analítica pessoal", 257
PlayStation Now, 117
preços das commodities, 203
preços do cobre, 203
"presença", 233-4
prestação de contas, 280-3
privacidade, 133, 272, 274
produção de informações, 276-83; *veja também* criação de conteúdo
Progressive, seguradora, 270
projeção de campo de luz, 232
Project Jacquard, 241
Project Sansa, 234
propriedade, 120, 125, 130, 133, 136, 148
propriedade intelectual, 223
prosumidores (*freelancers*), 121, 123, 125, 159-60
publicação e editores, 159
publicidade, 189-203
público, 94, 159, 166-8

Quantified Self, encontro de grupos do, 256-8
Quid, 36
Quinn, David, 22

Radiohead, 78
rastreamento de movimentos das

mãos, 238
rastreamento do olhar, 235-6
realidade aumentada (AR), 232-3, 241, 243, 248-9
realidade virtual: e capacidade de armazenamento digital, 284-5; e imersão, 243-4; e interatividade, 227-32, 235-44; e práticas de computação, 238-9; efeitos sociais da, 252; headsets de, 236; natureza revolucionária da, 248; utilizações variadas da, 246
realismo, 227-30, 232
rebobinabilidade, 218, 220-2, 266
Receita Federal, 273
reconhecimento de emoções, 237
reconhecimento facial, 43-4, 47, 237, 273
Red Dead Redemption (game), 244-7
Red Hat, 75
Reddit, 146, 150, 153, 159, 283
redes neurais, 43-4
redes *peer-to-peer*, 138-9, 197-8
redes sociais, 182, 200
remixagem de ideias, 207-25; crescimento econômico, 207; e custo reduzido da criação de conteúdo, 210-1; e mídias visuais, 211-2, 214, 216, 218; e problemas de propriedade intelectual, 223-5; e rebobinabilidade, 218, 220-2; questões legais associadas com, 223-5
remixagem de vídeo, 211-2
replicação de mídias, 222-4
Rethink Robotics, 56
Revolução Industrial, 203
Rheingold, Howard, 159-60

robôs: Baxter, 56; bonecas, 40; capacidade de pensar de forma diferente, 56; categorias de trabalhos para, 58-64; confiança nos, 59; e capacidade de armazenamento digital, 284; e personalização em massa, 185; e sucesso pessoal, 63; estágios da substituição por robôs, 64; novos empregos relacionados aos, 62; robôs de trabalho pessoais, 63; robôs industriais, 56-7; surgimento dos, 53; treinamento, 56-7

Romer, Paul, 207, 224

Rosedale, Phil, 235

roupas, 39, 241-2

Rowling, J. K., 225

Rukeyser, Muriel, 109

Samsung, 231, 236

Santa Fe Institute, 207

Scanadu, 262

Scout (dispositivo de automonitoramento), 262

Second Life (game), 234-5

segurança, 236, 253

senhas, 237, 253

senhas de identificação, 237, 253

Sensory Substitution Vest, 242

sentido direcional, 261

sentidos sintéticos, 261-2

sequenciamento de DNA, 75

serviço de auxílio à lista, 305

serviços, 9, 68, 119-2, 134

serviços de assinatura, 120-2

serviços de instruções, 75

sexo virtual, 235

Shirky, Clay, 148, 159

Sidecar, 68

Simon, Herbert, 189

simulações de *holodeck*, 227

sinergia de plataformas, 131-3, 140

singularidade, 316

singularidade hard, 316

Siri, 307

sistemas de notação, 217

sites pornográficos, 217

sites relacionados à saúde, 194

Smarr, Larry, 257

Snapchat, 69, 214

Snowden, Edward, 280

socialismo digital, 146-9, 156

sociedade transparente, 279

sociedades baseadas em clãs, 281

software: como um serviço (SaaS), 121; software de código aberto, 145, 151-3

sonhar clicando, 300

SoundCloud, 81

Spielberg, Steven, 238

Spotify, 81, 117, 148, 181, 273

Square, 71, 132

Squid (camisa inteligente), 241

startups, 32, 37, 125, 197

Star Trek, 227

Star Wars (filmes), 213

Stoll, Cliff, 20

StumbleUpon, 146, 156

Super Bowl, 196, 198

superabundância, 180-1, 189, 203

superlativos, 297-9

suporte ao cliente, 26

352 | INEVITÁVEL

Suprema Corte dos Estados Unidos, 290
surfar pela web, 202, 300, 302
Swift, Taylor, 82

tags, 69, 104, 149-50
talentos matemáticos, 261
táxis de compartilhamento de corrida, 123, 271
technium, 294
tecnologia *blockchain*, 129
tecnologia de sensores, 243, 247, 286
tecnologia de upgrading, 14, 68
tecnologia IMAX, 227, 233
tecnologia implantável, 242
tecnologia incorporada, 238
tecnologia inteligente, 241, 272
tecnologia médica: aplicações da inteligência artificial em, 35, 60; burocracia na, 55; coleta de dados dos pacientes, 156; e *crowdfunding*, 168; e diagnósticos, 35; e *lifelogging*, 268; e medicamentos personalizados, 185-6; e tecnologia de monitoramento, 186, 255-60, 262, 268; fluxos futuros da, 87; novos empregos relacionados com a automação na, 62; personalização, 75; serviços de interpretação no campo da, 75
TED Talks, vídeos, 298
Tela de Todo o Conhecimento, 299
telar e telas, 91-115; automonitoramento com, 112; crescimento da Internet das Coisas, 303; cultura de, 93-4; e biblioteca universal, 102-5, 107-8; e criação de conteúdo, 94; e interconectividade do conteúdo, 101-2, 104-8, 111; e rebobinabilidade de mídias visuais, 218, 220-2; e tecnologia de realidade virtual, 234; e tensão cultural, 94; interatividade, 110; óculos como o futuro do, 111; ubiquidade das telas, 92, 109; *veja também* e-books e leitores
televisão, 94, 190, 239, 302
tempo, 69
tempo real, 72, 94, 110, 122-5, 140, 155
teoria da relatividade, 309
termostatos, 240, 272, 303
Time Machine (sistema de backup), 264
TiVo (gravador de vídeo digital), 220
Toffler, Alvin, 121, 159
tomadas elétricas, 272
toques de celular, 269
tornar-se, 13-32; e a narrativa protópica, 17-8; e a origem da internet, 31-2; e o descontentamento gerado pela tecnologia, 15-6; e o surgimento de conteúdo gerado por usuários, 24, 26-7; e o *upgrading*, 14-5; nossa cegueira para o, 18-27
tradutores, 55, 111
trailers, 217
transições de fases, 314-5
transporte, 47, 62, 68, 119-20, 124, 271; *veja também* Uber
Tumblr, 146, 149
TV Guide, 78
Twitter e:

Twitter e tuítes: como uma tecnologia de streaming, 69; compartilhamento de informações no, 156; e anonimato, 283; e conteúdo gerado por usuários, 26, 148; e etiqueta, 6; e hashtags, 150; e informações agregadas, 158; e inteligência artificial, 36; e remixagem criativa, 208; e sistemas de filtragem, 181-2; e tecnologia de automonitoramento, 257; influência sobre a opinião pública, 150

Uber: e o impacto social da conectividade, 293-4; e sistemas de filtragem, 185; e tecnologia de monitoramento, 271; modelo do, 123; redes *peer-to-peer*, 197; serviços sob demanda, 68, 122; sucesso do, 165
Uncharted 2 (game), 244
Underkoffler, John, 238
unidades de processamento gráfico (GPU), 42-4

varejistas na internet, 272
Varian, Hal, 306
velocidades de processamento, 313
vídeo e tecnologia de vídeo: e conteúdo criado pelos usuários, 89; e fluência das novas mídias, 216, 218; e *lifelogging*, 268; e rebobinabilidade, 218, 220-2; facilidade de criação de vídeos, 178; streaming, 220
videogames e indústria de videogames: e inteligência artificial,

36-7, 247; e profundidade do conteúdo, 302; e rebobinabilidade, 221; e remixagem criativa, 209; e tecnologia de realidade virtual, 232; e unidades de processamento gráfico (GPU), 42; interatividade dos, 110; interatividade dos, 244-51; narrativa nos games de realidade virtual, 246
vigilância, 247, 272, 274, 278-83
vigilância cooperativa ("*covisão*"), 279-83
vigilância domiciliar, 272
Vine, 83, 208
visão de raio X, 243, 249
visão em primeira pessoa, 244

Wachter, Udo, 261
Warhol, Andy, 225
Watson, 34-5, 44, 307
web: adiantando-se às necessidades dos usuários, 30; arquitetura de hiperlinks da, 23-4, 26, 157; cegueira à evolução da, 20, 22-7; conteúdo de páginas na, 95; e buscabilidade futura, 29; e design de sites, 236; e motores de busca do Google, 157; e o contexto do tempo, 29-30; e o medo da comercialização, 22-3; e tecnologia de monitoramento, 273; origens da, 24; surfando pela, 202, 300, 302; ubiquidade da, 30; *veja também* internet
WeChat, 69, 83, 132, 264
Weiswasser, Stephen, 21
Wells, H. G., 312

WhatsApp, 69, 83, 214

Wikipédia: ações colaborativas da, 145-6; conteúdo dinâmico na, 109; correção de erros na, 111; e a cultura das telas, 100; e Creative Commons (licenciamento), 146; e criação coletiva de conteúdo, 154, 289-94, 297; e edição não destrutiva, 221; e editores, 161, 163-4; e inteligência artificial, 43; interlinks na, 102, 104; modelo híbrido da, 155

Wire, The (série), 221, 302

Wired (revista), 21-3, 31, 158-9, 256

Wolf, Gary, 256, 269

Wolfram, Stephen, 257

xadrez e inteligência artificial, 45-6

Yahoo!, 36, 182, 305

Yelp, 149, 286

YouTube: e conteúdo criado pelos usuários, 26-7, 293; e convergência das mídias na internet, 303; e economia de compartilhamento, 149; e eventos improváveis, 297; e remixagem criativa, 211, 216; e tecnologia de monitoramento, 273; número de usuários, 153

"zilhão" (palavra), 284, 296

Zip, 68

CONHEÇA OUTROS LIVROS DA ALTA BOOKS!

Negócios - Nacionais - Comunicação - Guias de Viagem - Interesse Geral - Informática - Idiomas

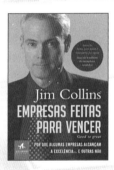

Todas as imagens são meramente ilustrativas.

SEJA AUTOR DA ALTA BOOKS!

Envie a sua proposta para: autoria@altabooks.com.br

Visite também nosso site e nossas redes sociais para conhecer lançamentos e futuras publicações!

www.altabooks.com.br

/altabooks ▪ /altabooks ▪ /alta_books

ALTA BOOKS
E D I T O R A

CONHEÇA OUTROS LIVROS DA ALTA BOOKS!

Negócios - Nacionais - Comunicação - Guias de Viagem - Interesse Geral - Informática - Idiomas

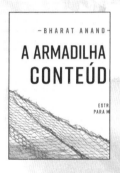

Todas as imagens são meramente ilustrativas.

SEJA AUTOR DA ALTA BOOKS!

Envie a sua proposta para: autoria@altabooks.com.br

Visite também nosso site e nossas redes sociais para conhecer lançamentos e futuras publicações!

www.altabooks.com.br

/altabooks ▪ /altabooks ▪ /alta_books

ALTA BOOKS
EDITORA

Este livro foi impresso nas oficinas gráficas da Editora Vozes Ltda.,
Rua Frei Luís, 100 – Petrópolis, RJ.